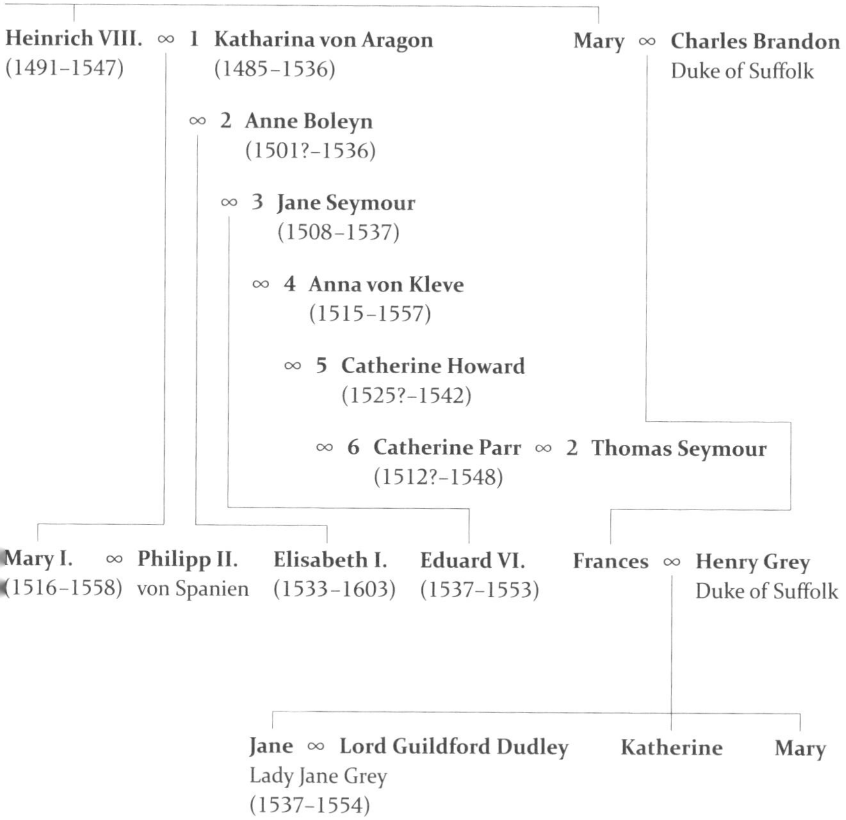

Heinrich VIII. ∞ 1	Katharina von Aragon			Mary ∞	Charles Brandon
(1491–1547)	(1485–1536)				Duke of Suffolk
	∞ 2 Anne Boleyn				
	(1501?–1536)				
		∞ 3 Jane Seymour			
		(1508–1537)			
			∞ 4 Anna von Kleve		
			(1515–1557)		
				∞ 5 Catherine Howard	
				(1525?–1542)	
				∞ 6 Catherine Parr ∞ 2	Thomas Seymour
				(1512?–1548)	

Mary I. ∞ Philipp II.	Elisabeth I.	Eduard VI.	Frances ∞	Henry Grey
(1516–1558) von Spanien	(1533–1603)	(1537–1553)		Duke of Suffolk

Jane ∞ Lord Guildford Dudley	Katherine	Mary
Lady Jane Grey		
(1537–1554)		

THOMAS KIELINGER
Die Königin

Geschult in Kalligraphie, wählte Elisabeth I. einen schwungvollen, dekorativen Schriftzug zur Unterzeichnung ihrer Dokumente

THOMAS KIELINGER

Die Königin

Elisabeth I. und der Kampf um England

BIOGRAPHIE

C.H.BECK

Für Hans-Peter Schwarz,
unvergessen

Mit 38 Abbildungen und einem Stammbaum

© Verlag C.H.Beck oHG, München 2019
Satz: Fotosatz Amann, Memmingen
Druck und Bindung: GGP Media GmbH, Pößneck
Umschlaggestaltung: Geviert, Grafik & Typografie, Katharina Fusseder
Umschlagabbildung: Elisabeth I., «Regenbogen-Porträt» (Ausschnitt), Marcus Gheeraerts d. J. zugeschrieben, 1602, Hatfield House, Hertfordshire,
© Bridgeman Images
Gedruckt auf säurefreiem, alterungsbeständigem Papier
(hergestellt aus chlorfrei gebleichtem Zellstoff)
Printed in Germany
ISBN 978 3 406 73237 9

www.chbeck.de

INHALT

Prolog		11
1	**Armada oder die Geburt der englischen Nation**	17
2	**Die Eltern. Der Bruch Heinrichs VIII. mit Rom**	31
3	**Elisabeths Jugend**	41
	Eine gelehrte Erziehung	41
	Thomas Seymour, der Verführer	52
	Lady Jane Grey, die Neun-Tage-Königin	57
4	**Das Duell mit Mary I.**	63
	Elisabeth tarnt sich als «Nikodemit»	63
	Philipp, der Spanier, und Mary heiraten	66
	Die Wyatt-Rebellion. Elisabeth im Tower	68
	Philipp beschützt Elisabeth. Die «blutige Mary»	74
	Vor den Pforten der Macht	79
5	**Am Ziel: Die Wende 1558/59**	83
	Ernennungen auf lange Sicht: Dudley und Cecil	83
	Die «zwei Körper» der Königin	87
	Souveränes Theater: Elisabeth und ihr Volk	89
	Die religiöse Einigung: Zwischen allen Stühlen	92
	Wie halten es Majestät mit der Ehe?	99

6 | Durch unruhige See 105
Europäisches Misstrauen. Der Vertrag von Edinburgh 105
Das Fiasko Le Havre: Eine prägende Lehre 110
Das Gespräch mit William Maitland of Lethington 112

7 | Robert Dudley, «Sweet Robin»,
Elisabeths Favorit 117
«Er ist wie mein kleiner Hund» 117
Die Bewerber um Elisabeth stehen Schlange 122
Der Tod von Dudleys Ehefrau: War es Mord? 127
Die erotische Spur Elisabeths 133

8 | Monarch und Parlament:
Die Queen in der Defensive 137
1563: Das Parlament trumpft auf 137
Puritanischer Widerpart: Peter Wentworth 141
«Ich werde mich nie zu irgendetwas zwingen lassen!» 146

9 | Maria Stuart in Schottland:
Das Scheitern 151
Robert Dudley nach Edinburgh? Welcher Affront! 151
Die Etappen eines tragischen Abstiegs 158

10 | Maria Stuart in England:
Die katholische Rebellion 163
Norfolk oder der Aufstand des Adels 163
Die Ridolfi-Verschwörung. Norfolks Ende 170
Papst Pius V. exkommuniziert Elisabeth 174

11 | Im Krisendreieck Spanien, Frankreich, Holland 181
Spanien oder wem gehört das Meer? 181
Frankreich umarmen, Holland unterstützen 190
Zwischenspiel in Kenilworth: Leicester reizt zu hoch 195
Herzog Alençon ad portas 199

John Stubbs oder die abgeschlagene Hand	205
Adieu, geliebter Frosch!	207
Mit Leicester in Holland scheitert Elisabeth	218

12 | Maria Stuart: Das Ende — 227
Die Jesuiten auf heimlicher Mission in England	227
Elisabeth im Fadenkreuz der Mörder	236
Gegenwehr rührt sich: Der «Bond of Association»	240
Walsinghams Triumph: Das Babington-Komplott	242
Maria auf dem Weg zur Hinrichtung	250

13 | Britisches Empire? — 263
Armada: Eigentlich will Elisabeth den Frieden	263
Vergebliche Suche nach der Nordwest-Passage	273
Walter Raleigh scheitert mit Virginia	281

14 | Die Königin und ihre Untertanen — 287
Der Elisabeth-Kult. Die Porträts	287
William Shakespeare: Wie es Eliza gefällt	301

15 | Graf Essex oder der letzte Aufstand — 305
Ein junger Adliger verweigert den Respekt	305
Das Ende der Hybris unterm Beil	316

16 | Elisabeth I.: Ende und Übergang — 329

Epilog — 347

Anhang
Dank	357
Zeittafel	359
Literatur	361
Bildnachweis	367
Personenregister	369

ZUR ENGLISCHEN DATIERUNG UND ZU DEN HERRSCHERNAMEN

Dieses Buch folgt dem in Elisabeths Zeit üblichen julianischen Kalender, der bis 1582 auch im übrigen Europa maßgebend war. Doch verfügte Papst Gregor XIII. 1582 eine Änderung, weil der alte Kalender auf einem Jahr von 365 ¼ Tagen basierte und damit dem Sonnenjahr um ein Weniges hinterherlief. Daher ließ der Papst im Oktober 1582 zehn Tage herausschneiden und auf den 4. Oktober den 15. folgen. Diesen jetzt gültigen Kalender, den gregorianischen, übernahm hinfort das katholische Europa, während der protestantische Teil – also auch England – ihn erst im 18. Jahrhundert einführte.

Die englischen und französischen Herrschernamen werden im Text fast durchgehend eingedeutscht, mit zwei Ausnahmen: Elisabeths Halbschwester Mary, die Katholische, die vor ihr den Thron bestieg und wegen ihrer blutigen Verfolgung protestantischer Häretiker in der Geschichte auch «Bloody Mary» genannt wird, bleibt unübersetzt Mary, Mary I. oder Mary Tudor. Dadurch soll sie von Maria Stuart, der schottischen Königin, leicht unterscheidbar sein. Und James VI. von Schottland, der als James I. Elisabeth auf dem Thron folgte, nennt auch die deutsche Geschichtsschreibung meistens mit seinem englischen Namen, ebenso wie seine Vorgänger James IV. und James V. Dies soll auch in diesem Buch beibehalten werden.

PROLOG

Was macht eine Frau, die im 16. Jahrhundert den Thron Englands bestieg, so herausragend, dass man sie auch noch 450 Jahre später auf Anhieb wiedererkennt? Sind es ihre starren, mehr fiktiven als realen Gesichtszüge, mit denen sie uns aus ihrer ausladenden Halskrause heraus anblickt, dem modischen Nonplusultra ihrer Epoche? Oder ist es der legendäre Ruf der jungfräulichen Königin, der ihr anhaftet wie eine die Zeiten überdauernde Auszeichnung, ihr Abwehrschild gegen eine von Männern dominierte Welt? Was sagt uns Elisabeth I. über England, das wir bisher noch nicht wussten oder übersehen haben? Ist die Insel, die sich heute aus dem Konstrukt der Europäischen Union zu befreien anschickt, in der Ära dieser Frau und ihrer Herrschaft gar schon vorgeprägt? Das würde Churchills Wort bestätigen: «Je weiter wir zurückschauen, desto weiter können wir nach vorne blicken.»

Die Versuchung ist in der Tat groß, den Firnis des Heute einfach hinwegzukratzen und darunter das Muster einer alten Identität freizulegen. Ganz so einfach kann es sich eine Biographie der großen Tudor-Königin allerdings nicht machen. Die Renaissance ist nicht unsere Zeit, der Humanismus nicht die Hochblüte der Menschenrechte. Im Gegenteil. Während die Bildung zu Elisabeths Zeit aus der Antike kräftige Anstöße erhält, die englische Literatur mit Shakespeare ihrem klassischen Höhepunkt zueilt, wohnt der Zeitgenosse grausamsten Hinrichtungen bei oder blutrünstigen Freizeitvergnügen wie der Stier- und Bärenhatz. Ein Bildersturm ist über das Land gefegt, ein konfessioneller Aufruhr, der die Klöster enteignete, entweihte, ihre Kirchen zerstörte und blindlings das Glaubenserbe des Mittelalters zertrat. Das Hohe und das Niedere sind, wie immer in der Geschichte, auch in dieser Zeit koexistent. Tiefe Gräben trennen die Bevölkerung, in deren Mitte sich zum Ende der elisabethanischen Ära ein mitteloser Bodensatz bildet, der Vagabundentum fördert, keine Zivilisation.

Aber in den 44 Jahren ihrer Herrschaft lebt die Königin ihrem Land dennoch einen Stil, man kann fast sagen: eine Façon vor, die sich der englischen DNA tief eingeprägt und einen Charakter angelegt hat, der bis heute anzutreffen ist. Dazu gehört die Fähigkeit, mit widersprüchlichen Tendenzen Umgang zu pflegen, sie auszuhalten, kurz: die Fähigkeit zum Kompromiss. Warum verfiel die Insel unter Elisabeth nicht den Glaubenskriegen, die zur gleichen Zeit Frankreich zerrissen und in anderen Teilen des Kontinents Religionskrisen auslösten, die sich schließlich im Dreißigjährigen Krieg eruptiv entladen sollten – an dem England so gut wie nicht beteiligt war? Immerhin hatte Elisabeths Vater über Nacht eine 1000-jährige Frömmigkeitskultur zum Einsturz gebracht und England vom Papsttum gelöst. Und immerhin hatte Elisabeths unmittelbare Vorgängerin, ihre ältere Halbschwester Mary, eine fanatische Rekatholisierung geprobt und in den fünf Jahren ihrer Thronzeit an die 300 protestantische Häretiker dem Flammentod übergeben. Konfliktstoff genug, um eine Versöhnung der Gesellschaft unmöglich zu machen. Elisabeths Antwort: der Anglikanismus.

Denn die anglikanische Kirche ist im Eigentlichen ihr Verdienst, nicht das ihres Vaters. Heinrich VIII. hat gespalten, seine Tochter das Potenzial zur Unversöhnlichkeit bekämpft und gebändigt. Vor die Alternative des römisch-katholischen oder des protestantischen Wegs gestellt, wählte die Königin die Mitte, die «via media», eine Mischform aus beiden. Kritiker in den verfeindeten Lagern nannten das abfällig ein «mingle-mangle», ein Mischmasch, das niemanden so richtig befriedige. Die Königin jedoch widersetzte sich ebenso stark dem Fanatismus, der sie durch die katholische Maria Stuart zu ersetzen suchte, wie den calvinistischen Ideologen, die England einer puritanischen Freudlosigkeit ausliefern wollten, was erst fünfzig Jahre nach Elisabeth unter dem Usurpator Oliver Cromwell gelang. Der Pragmatismus, den Elisabeth vertrat, setzte sie zeitweilig sogar dem Verdacht religiöser Indifferenz aus. «Es gibt nur einen Christus, Jesus, nur einen Glauben. Alles andere ist ein Disput über Trivialitäten.» Was für eine Theologin! Wenn es so etwas wie religiöse Realpolitik gibt, dann war es dieser Satz, der dem latenten Glaubenskrieg, dem protestantisch-katholischen Sprengsatz in ihrem Land die Lunte austrat. In der Tugendlehre des Politischen gebührt dieser Frau ein herausragender Platz.

Ausgewogenheit suchte sie – wie in der Religion, so in der Außenpolitik. Die Sicherung der immer gefährdeten Nation, der Frieden, manchmal zum Preis fragwürdiger Kompromisse: Das waren Elisabeths Ziele, während die Heißsporne unter ihren Beratern ein stärkeres militärisches Engagement empfahlen, zugunsten bedrohter Protestanten auf dem europäischen Festland oder in Schottland. «England to the front!» war gleichsam das Credo der königlichen Räte. Nicht so Elisabeth. Hunderte von Zweifeln bedrängten ihre Brust, ob ein Einsatz nicht die Kräfte Englands überstieg, den Haushalt ruinieren und das Land geschwächt zurücklassen würde. «Perfides Albion!», müssen hugenottische Freunde in Frankreich und protestantische Verbündete in Holland wiederholt gedacht haben, wenn aus London die Antwort auf Bitten um Hilfe ein übers andere Mal widersprüchlich ausfiel. «Answer answerless», eine Antwort ohne Antwort, war die ewige Beschwerde auch bei Hof über die Königin, die Zaudernde, die Freunde und Berater schier verzweifeln ließ. Dabei war es im Grunde nichts anderes als ihre Sorge um das Familiensilber, um England, was sie zurückprallen ließ vor übereilten Entschlüssen. Ein Kampf gegen Maximalisten, überall.

Der Patriotismus, der sich in ihrer Ära zum ersten Mal herausbildete, als Bewusstsein eines homogenen Nationalgefühls, fand seine Nahrung in dieser Entschlossenheit der Monarchin, das ihr anvertraute Erbe zu bewahren. Dass England sich aus den kriegerischen Verwicklungen Kontinentaleuropas weitgehend heraushielt, aber Spanien schließlich die Stirn bot – das wurde der rote Faden der Nation im elisabethanischen Zeitalter, und es war das Verdienst von «Gloriana» – der Beiname der Königin in ihren späteren Jahren. Es erfüllte die Zeitgenossen letztlich mit großer Dankbarkeit, einem Grundgefühl, das auch Elisabeths Frömmigkeit ausmachte, wie in vielen ihrer gedruckt erschienenen Gebete überliefert.

Für den Imperialismus einer späteren Zeit dagegen war bei der Königin noch kein Platz. Das Empire lässt sich hier aus der Rückschau erst in Umrissen erkennen; noch ruht es, ein Embryo, im Schoß der Geschichte. Doch die maritime Auseinandersetzung mit Spanien eskalierte und ließ einen Machtwillen erkennen, der prägend werden sollte. Zuerst bei Elisabeths «sea dogs», den wagemutigen Draufgängern auf den Meeren der Welt. Der Mut, sich dem Unbekannten auszusetzen, in einer Nussschale wie der «Golden Hind», in der Francis Drake 1577–1580 die Welt umsegelte, war der Gipfel einer Kultur des Risikos. Zugleich markierte er den Moment, von dem ab Spaniens Seeherrschaft gebrochen war, und wurde zur Quelle des Stolzes für Elisabeths Untertanen.

Doch die Königin sah, anders als manche Visionäre in ihrem Umkreis, in den Triumphen auf See noch keinen Schritt zu außerenglischen Eroberungen. Der tastende Versuch einer Koloniegründung in der Neuen Welt, in Virginia, war eben nicht mehr als dies – ein tastender Versuch, in der Phantasie Walter Raleighs ausgeheckt und bald wegen widriger Umstände aufgegeben. Viel näher stand der Monarchin die sanktionierte Plünderung spanischen Reichtums, der mit der kolonialen «flota» aus den südamerikanischen Schatzkammern den Seeweg zurück nach Spanien suchte. Die Raubzüge der Piraten waren Teil einer englischen Nadelstich-Politik, mit deren Hilfe das Land allmählich in den Stand einer ernst zu nehmenden Macht vorrückte, ohne dass dies als Ziel eigens deklariert worden wäre.

Kernthese von Elisabeths berühmter Rede in Tilbury 1588, nach dem Sieg über die Armada, war die Schlussfolgerung, dass es nun niemand mehr würde wagen können, England anzugreifen oder gar zu besetzen. Das war kein Trompetenstoß der Parität mit Spanien, sondern das stolze Bekenntnis der Unangreifbarkeit, eine Philosophie der Defensive. Erst nach Elisabeth wurde daraus der Grundpfeiler einer über die Meere expandierenden Weltmacht, deren Umrisse sich unter der Tudor-Königin wohl abzuzeichnen begannen, aus der sie selbst aber keine Ideologie machen wollte. Der Zusammenhalt des Gemeinwesens war ihr wichtiger als der zweifelhafte Ruhm fremder Eroberungen. Außenpolitisch für England kämpfen hieß für die Königin meist, den Einsatz zu dosieren und ihn, wenn nötig, zu beschränken.

«Balance of power», die englische Erkennungsmelodie, erscheint unter Elisabeth als kunstvolle Taktik, Verwirrung zu stiften unter den kontinentalen Mächten, um sie davon abzuhalten, England anzugreifen. Dafür setzte die hochgebildete Frau in den ersten 25 Thronjahren auch ihren größten Trumpf ein: das Versprechen ihrer Hand zur Ehe. «Die beste Partie in ihrem Sprengel», wie man von ihr sagte, verursachte geradezu Staus im Gedränge ihrer Freier. Wie sie den einen gegen den anderen ausspielte, immer in dem Versuch, für England neue Fristen auswärtigen Friedens auszuhandeln, war so sehr Glanzstück ihrer Diplomatie wie persönlicher Verzicht. Sie war mit England verheiratet und nutzte die Aura ihrer Sinnlichkeit, ihren Sex-Appeal, einzig zur Verstetigung ihrer Attraktivität, ohne dabei ihre Selbständigkeit aufzugeben. Das machte sie einsam, aber mächtig.

Wenn Heinrich IV. von Frankreich 1593 zum Katholizismus konvertierte, um den inneren Frieden seines Landes nach Jahrzehnten der Religionskriege wiederherzustellen, mit der viel kolportierten Prämisse, Paris sei «eine Messe wert», so hätten die Bewerber um die Hand der Königin eine Welt für sie gegeben. Doch scheiterte es immer wieder an der Weigerung Elisabeths, den Protestantismus zu opfern, ebenso wie ihre ungeteilte Herrscherposition, die sie an der Seite eines Gemahls verloren hätte. So kämpfte sie um ihre Ehelosigkeit wie um den Ausweis höchster Majestät. Die Unangreifbarkeit Englands und die Unangreifbarkeit der «Virgin Queen» waren eins. Ihr Geschlecht war den Frauenverächtern eine dauernde Herausforderung, für sie selber dagegen die Quelle ihrer fast mystischen, dabei prekären Stabilität. Sie hielt die Nation mit den diversen Brautwerbern in Atem, aber gleichzeitig in tiefer Sorge ob der ungeklärten Thronfolge, über die sie sich partout nicht äußern wollte.

In den Annalen ragt Elisabeth I. als eine Gründungsfigur englischer Identität hervor. Diesen Zusammenhang zu entschlüsseln, macht die erneute Annäherung an sie und ihre Zeit zu einem vielversprechenden Abenteuer.

KAPITEL 1

**Armada oder
die Geburt der englischen Nation**

Am Nachmittag des 19. Juli 1588, nahe der Landzunge Cornwalls, die man «Lizard» nennt, die «Eidechse», zeichnen sich in milchiger Ferne die Umrisse einer Formation von Schiffen ab, deren Zahl sich zunächst nur schwer abschätzen lässt, während ihr Zweck keinem Zweifel unterliegen kann: Die Weltmacht des 16. Jahrhunderts, Spanien, ist mit ihrer Armada, der mächtigen Flotte, zum «Enterprise of England» aufgebrochen, der seit Langem angedrohten Invasion. Die Legende will wissen, dass Sir Francis Drake, Englands Seeheld, der gerade auf den Höhen von Plymouth mit seinen Kumpanen Bowling spielte, sich nicht aus der Ruhe bringen ließ, als man ihm die Nachricht vom Herannahen der Armada überbrachte. «Es wird schon noch Zeit sein, dieses Spiel zu beenden und die Spanier zu schlagen», so seine Antwort. «Keep calm and carry on» gilt bis heute als Motto der englischen Nation. Die Anekdote ist eine patriotische Saga, von Generation zu Generation weitererzählt. Verbrieft oder nicht, Drake kannte die Gezeitenlage um Cornwall – die Ebbe hätte es, kurz vor ihrem Tiefpunkt, nicht erlaubt, die eigene Flotte rasch gefechtsklar zu machen. Das mag ihn bewogen haben, seiner Neigung zum Großsprechen nachzugeben; auf seinen Ruhm durfte er sich jedenfalls durchaus etwas einbilden.

So nahm das Duell zwischen dem katholischen Herrscher von Gottes Gnaden, Philipp II. von Spanien, und der 55-jährigen Häretikerin Elisabeth I. von England, der Protestantin, seinen Lauf. In einer Zangenoperation sollte die Armada, 130 Schiffe stark, sich mit den Truppen des Herzogs von Parma in den spanischen Niederlanden verbinden, um den nötigen Flankenschutz zu geben für die Flachschiffe, mit denen Parma seine 17 000 Soldaten von Flandern an die englische Küste transportieren wollte. Danach würde die Armada ihre eigene Besatzung von 15 000 Mann anlanden und ebenfalls gen London in Marsch setzen – immer unter der Voraussetzung, dass die englische Flotte zuvor besiegt war. Es war eine kühne Annahme. Würde der Plan aufgehen?

Für Philipp war es nicht nur ein Kreuzzug gegen die protestantische Königin, seine Schwägerin (er war mit Mary, Elisabeths Schwester und katholischer Vorgängerin, verheiratet gewesen), nicht nur der Versuch, England zu rekatholisieren. Es ging auch um die Vormacht Spaniens in Europa und um die Verteidigung der Seeroute zu den Eroberungen in der Neuen Welt, den Gold- und Silberminen Mexikos und Südamerikas. Allzu lange schon hatten Elisabeths «sea dogs», diese See-Abenteurer und Freibeuter in ihrem Dienst, an Philipps Dominanz gekratzt, zuletzt immer dreister, allen voran der gefürchtete Francis Drake, «El Draco», wie man ihn in Madrid halb ehrfurchtsvoll, halb verwünschend nannte. Der hatte mit seiner dreijährigen Erdumsegelung der spanischen Weltherrschaft einen ersten Dämpfer versetzt. Der Stolz Philipps war aufs Äußerste herausgefordert. Auch die Unterstützung der Tudor-Monarchin für die aufständischen Protestanten in den spanischen Niederlanden, seiner Domäne, forderte ihn heraus. Die Hinrichtung der katholischen Maria Stuart 1587 und ein Überfall Drakes auf die spanische Flotte in Cádiz hatten das Fass zum Überlaufen gebracht. Dem König reichte es.

Doch für England, die Insel der 4 Millionen, ging es um noch mehr: Auf dem Spiel stand sein Überleben schlechthin gegenüber dem iberischen Moloch, der keinen Frieden, keinen Waffenstillstand mit dem abtrünnigen Königreich mehr in Erwägung zog. Der Kampf mit der Armada war ein Kampf um die Zukunft der englischen Nation. Wer würde siegen – wer war hier Amboss, wer Hammer? Ein solches existentielles Entweder-oder hat Goethe in seinem Gedicht «Kophtisches Lied» in berühmte Zeilen gekleidet:

Du mußt steigen oder sinken,
Du mußt herrschen und gewinnen
Oder dienen und verlieren,
Leiden oder triumphieren,
Amboß oder Hammer sein.

Darum ging es. Elisabeth und ihre Berater machten sich keine Illusionen, was ihnen blühen würde, sollte die spanische Invasion Erfolg haben. Philipp hatte eine schwarze Liste anfertigen lassen über «die wichtigsten Teufel, die am Hof und im Kronrat Englands herrschen»: Sie sollten beseitigt werden, sobald die spanischen Truppen in London einmarschiert waren. Der Scharfmacher unter den katholischen englischen Emigranten in Rom, Kardinal William Allen, gab den Ton vor, als er Elisabeth in einem hasserfüllten Pamphlet als «infame, verruchte, verfluchte exkommunizierte Häretikerin» verdammte, «geradezu eine Schande für ihre Weiblichkeit und ihren Herrschernamen, bekannt als inzestuöser Bastard, in Sünde gezeugt und geboren von einer verrufenen Kurtisane, Anne Boleyn».

Den Widerstand Englands zu brechen, sollten sich in der Geschichte noch andere Möchtegern-Eroberer erträumen. Napoleon zum Beispiel, aber auch die SS, die 1940 in einem unauffällig-harmlos getarnten «Informationsheft Großbritannien» vorsah, nach gelungener Invasion durch die Nazis Einsatztruppen des SS-Sicherheitsdienstes nach England zu schicken, um die führenden Köpfe des Landes zu verhaften. Passend dazu erstellte sie ebenfalls eine Liste der Namen, auf die man es abgesehen hatte. Unter allen Trophäen, nach denen es europäische Gegner gelüstete, war England die verlockendste, freilich auch die diffizilste, denn die Insel besaß mit dem Meer einen natürlichen Schutzwall, und den hatten zum letzten Mal die Normannen überwunden, 500 Jahre vor der Armada.

Aber Philipp fühlte sich der Aufgabe gewachsen, im Glauben an Gott, die Gegenreformation und die spanische Übermacht. In seiner mönchischen Klause im Escorial nahe Madrid erbaute er sich täglich an einem Fresko von Spaniens großem Seesieg bei den Azoren über eine vereinte Flotte aus Franzosen, Engländern und Portugiesen 1582, in dessen Folge er die Azoren seinem Reich einverleibt hatte. Jetzt sollte die Armada das nächste Heldendatum schaffen. Dem Anführer des Unternehmens, Don Alonso Pérez de Guzmán, siebter Herzog von Medina Sidonia, hatte Philipp vor Beginn alle Zweifel zu nehmen versucht: «Wenn Sie scheitern, dann scheitern Sie, aber unser Anliegen ist das Anliegen Gottes, und so werden Sie nicht scheitern. Nehmt Euch ein Herz und lauft aus, so schnell Ihr könnt.» Auf den Fahnen der Spanier, die vom Papst gesegnet wurden, prangte der Satz: «Steh auf, oh Herr, und tritt ein für Deine Sache.»

Spanischer Tradition gemäß durfte an Bord der Schiffe keine Messe gelesen werden, weil die Hostie vom Wind hätte hinweggeweht und der Kelch umgestoßen werden können. Dafür achtete man auf die Einhaltung der sieben Tageszeiten des Stundengebets, der Horen, von der Matutin bis zur Vesper, die von Knabenchören gesungen wurden. Medina Sidonia fügte Lieder an die Jungfrau Maria hinzu, ein Salve Regina am Morgen, ein Ave Maria am Abend. Wenn ein Schiff der Armada bis in Hörweite gelangte, glaubten die Engländer, einer schwimmenden Kathedrale zu begegnen, mit Chorknaben, deren Stimmen zuweilen den Wind, das Flattern der Segel und das Ächzen der Planken übertönten.

Solche Selbstbauuung hatten die Spanier offenbar mehr als nötig bei einem Kommandeur wie dem Herzog von Medina Sidonia, der keine See-Erfahrung besaß. Philipp hatte sich nach dem Tod des 1588 verstorbenen Marquis de Santa Cruz für den Herzog, den reichsten Aristokraten Spaniens, als Nachfolger entschieden, da er sich viel von dessen Grandezza versprach. Doch Medina Sidonia war ein Bedenkenträger: «Señor, ich bringe nicht die Gesundheit mit fürs Meer, denn bei den wenigen Malen wurde ich schnell seekrank und von wechselnden Stimmungen überwältigt.» Überhaupt, «ich verstehe das Unternehmen gar nicht, weiß nichts von der Armada».

Das sollte sich bald ändern. Sidonia lernte schnell hinzu, auch, wie man seine Übelkeit überwindet. Als Erstes freilich hatte er ein metereologisches Handicap gegen sich: 1588 war ein stürmisches Jahr, schon im Mai hatte der Admiral in der Biscaya umkehren und sich für zwei Monate zum galizischen La Coruña zurückflüchten müssen. Zudem dienten auf englischer Seite, anders als in Spanien, fast nur erfahrene Seeleute, angefangen mit dem adeligen Kommandeur Lord Admiral Howard of Effingham bis hin zu so erprobten «sea dogs» wie dessen Stellvertreter Drake oder Martin Frobisher, Humphrey Gilbert und John Hawkins. Die halfen bei der Arbeit an Bord mit, im Gegensatz zu den Führungsebenen der Spanier, die sich zu fein dafür waren. Im Übrigen gingen die Engländer dem von Spanien bevorzugten Szenario, der Schlacht auf offenem Meer, aus dem Wege und zogen sich lieber in den englischen Kanal zurück, wo rund um Plymouth in Devon circa einhundert Schiffe bereitlagen. Sie würden bei Nacht und Flut eine Position hinter den Spaniern einnehmen und sie im Aufwind vor sich hertreiben können. Alexander Farnese, der Herzog von Parma, und seine Truppen waren zur Untätigkeit verdammt, solange die Armada die numerisch ähnlich starke englische Flotte nicht niedergerungen hatte.

Der wichtigste Vorteil Englands allerdings lag in seinen Schiffstypen. Meist jüngeren Datums, gebaut in den 1570ern, waren die Schiffe auf Schnelligkeit und Manövrierbarkeit angelegt und mit Kanonen bestückt, von denen jede zehn Mal pro Stunde nachgeladen werden konnte – eine technische Neuerung, die schlachtentscheidend wurde. Die hölzernen Kastelle der spanischen Galeonen und Karacken mit ihren turmartigen Aufbauten waren den kleinen, wendigeren Schiffen der Engländer nicht gewachsen, deren Entwicklung Elisabeths Vater Heinrich VIII. eingeleitet hatte. Walter Raleigh, der neue Favorit der Königin, pries die Überlegenheit der englischen Flotte: «Die größten Schiffe, die spanischen, sind am wenigsten zweckmäßig, sie liegen sehr tief im Wasser und kosten eine Menge Geld. Dagegen wird ein Schiff von nur 600 Tonnen genauso viel Bewaffnung mitführen wie ein 1200-Tonner, und das kleinere wird seine Breitseite zwei Mal gewendet haben, ehe das größere es auch nur einmal geschafft hat.» Elisabeths Schiffe segelten einfach rascher und konnten, wenn nötig, auch entsprechend schneller einer gefährlichen Situation entrinnen. Hatten in der Antike bei der Schlacht von Salamis nicht auch die wendigen griechischen Schiffe über die schwerfälligeren des Perserkönigs Xerxes gesiegt? Die Strategie der Spanier zielte aufs Entern, auf den Versuch, längsseits der feindlichen Schiffe zu gehen und auf ihr Deck zu springen. Auf den Nahkampf kam es ihnen an, Mannschaft gegen Mannschaft. Wollte man den Unterschied der beiden Flotten auf eine griffige Formel bringen, so könnte man sagen: Truppentransporter gegen Kanonentransporter, die einen auf die Landschlacht, die anderen auf die Seeschlacht ausgerichtet. Die 15 000 Mann starke Armada-Besatzung bestand aus 8000 regulären Soldaten und 7000 Seeleuten, Letztere waren ebenfalls militärisch trainiert, das heißt für einen Landkampf vorbereitet. Ein überflüssiger Vorteil, denn Admiral Howards Kanonen mit ihrem weitreichenden Mündungsfeuer hielten die Spanier in gebührendem Abstand, die so einfach nicht zu ihrer bevorzugten Strategie kamen, die feindlichen Schiffe zu entern.

Ein mehrere Tage dauernder Zermürbungswettbewerb bildete den Auftakt der Schlacht, bei dem sich Howard schon als Erfolg anrechnete, dass er die Armada daran hindern konnte, irgendwo entlang der englischen Südküste zu ankern. Dennoch kann sich die spanische Flotte gegen die Unbill des unruhigen Wetters durchkämpfen, bis sie am 27. Juli vor Calais ankommt und dort Anker wirft. Parma freilich ist entsetzt: Wie, Medina Sidonia hat noch die gesamte englische Flotte hinter sich? Unter diesen Umständen kann die flandrische Armee auf keinen Fall an eine Invasion denken. Wie sollen die Flachboote, Transporter zur Überquerung des Kanals, die Einschiffung wagen, wenn überall noch Howards Schiffe drohen? Auch Holländer übrigens, die sich im Flachwasser entlang der Küste mit seinen vielen Flussarmen besser auskennen und mit ihren «flyboats» den spanischen Flachbooten allemal überlegen sind.

Philipp wiederum litt unter einem psychologischen Manko: Auf Störungen und Verzögerungen, so unvermeidlich bei dem geplanten Rendezvous der Armada mit den Elitetruppen in Flandern, war er nicht eingestellt. Er sah nichts als den Sieg seiner Geschwader und die offene Flanke Englands. Gott würde ihn schon nicht scheitern lassen. Der englische Kanal aber ließ sich mit minutiösen Vorgaben aus Madrid nicht gefügig machen. Darauf verstand Elisabeth sich dafür umso besser, die ihren Kapitänen freie Hand ließ, sich auf die jeweilige Lage nach eigener Einschätzung einzustellen, ihren Entscheidungen keinen unverrückbaren Plan zugrunde zu legen, kurz: flexibel zu bleiben. Was ein Glaubenssatz wurde in der englischen Navy. Noch über 200 Jahre später wird Admiral Nelson 1805 am Vorabend der Schlacht von Trafalgar seinen Kapitänen einschärfen: «Nichts ist sicher in einer Seeschlacht, etwas muss dem unberechenbaren Augenblick überlassen bleiben.» Das verriet eine gereifte maritime Mentalität, die gewohnt war, mit den Risiken der Seefahrt umzugehen.

Der unberechenbare Augenblick segelte jetzt aber mit tödlicher Gradlinigkeit auf den Feind zu, auf die vor Calais ankernde Armada. In der Nacht des 28. Juli stecken die Engländer acht ihrer Schiffe, die sie mit Pech, Schwefel, Schießpulver und Teer geladen haben, in Brand und lassen sie im starken Nordwest ins Zentrum der spanischen Formation fahren, wo sie unter schrecklichem Getöse explodieren. «Hellburners», «Höllenbrenner», nennt man solche schwimmenden Vernichtungsträger, die auch den Spaniern nicht unbekannt waren. Es gelingt diesen, zwei Feuerschiffe von ihrer Route wegzudrängen, doch die übrigen sechs stiften heillose Panik in der spanischen Flotte. Die meisten Schiffe kappen ihre Leinen, lassen die Anker zurück und driften steuerlos ins offene Wasser des Kanals. Dort versammelt sich, was noch seetüchtig ist, am 29. Juli nahe dem Ort Gravelines in Sichtweite der flämischen Küste und liefert der englischen Flotte ein achtstündiges Gefecht; es ist der eigentliche Höhepunkt der Armada-Schlacht. Unerbittlich regnet es Tod und Verderben aus englischen Kanonen auf die Spanier, zerfetzt ihre Segel, durchschlägt die Schiffswände. Dann kommt ein Sturm auf, der die Armada gefährlich nahe an die Küste drängt, sodass sich Sidonia entschließt, mit seinen demoralisierten Mannschaften den Heimweg nach Spanien einzuschlagen. Vom starken Wind entlang der Ostküste Englands nach Norden getrieben, geht es über Schottland und die Shetland-Inseln in weitem Bogen entlang der Westküste Irlands und die Biscaya zurück nach Santander und La

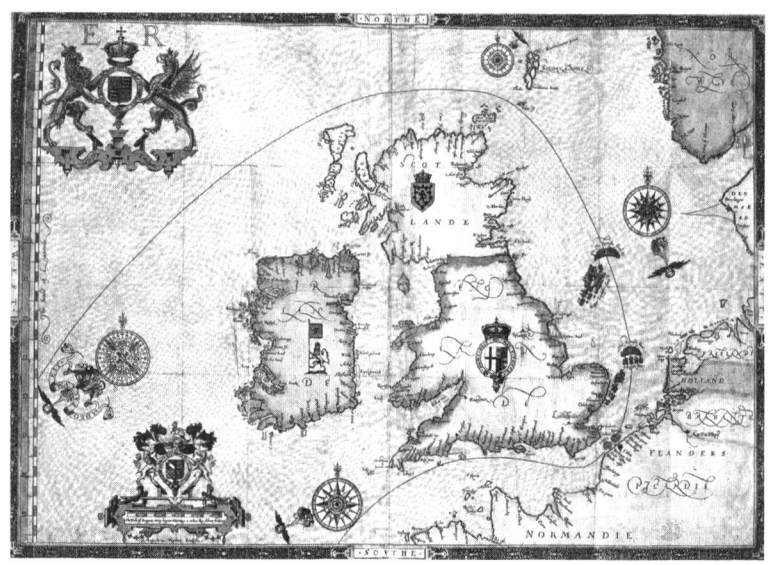

Die Fluchtroute der Armada, nach einer zeitgenössischen Landkarte

Coruña. Es werden nur sechzig der ursprünglichen 130 Schiffe ankommen, mit stark dezimierten Mannschaften. Viele Männer kommen noch in Irland um, wo sie ausgezehrt Hilfe suchten, aber auf englische Soldaten trafen, die mit ihnen kurzen Prozess machten. Spaniens Reputation liegt in Trümmern.

So langsam war die Kommunikation in diesem Jahrhundert, dass während der Flucht der Armada über die Nordsee am englischen Hof lange Unkenntnis herrschte über das genaue Kriegsgeschehen. Ein Gerücht machte vielmehr die Runde: Drake, der Darling der Nation, ist gefangen genommen worden! In dieser Stunde, Anfang August, entschließt sich Elisabeth, ihre Truppen zu besuchen, um ihnen Mut zuzusprechen. Sie will nach Kent an die Südküste reiten und dort Stellung beziehen. Eine Queen, die sich in eine Amazone verwandelt? William Cecil, Lord Burghley, ihr wichtigster Berater, ist entgeistert: «Ich kann dem nicht zustimmen», schreibt er ihr lapidar. Ähnlich wird Anfang Juni 1944 König Georg VI. einschreiten, als sein Premierminister Churchill sich anschickt, zu den ersten Truppen zu stoßen, die am D-Day den Kanal überqueren würden: Der König untersagt es. Das gelingt Elisabeths Beratern nicht – Graf Leicester zum Beispiel, der ihr persönlich am nächsten steht, ist geradezu begeistert von der Idee, schlägt aber einen anderen Schauplatz für das Treffen der Königin mit ihren Bewaffneten vor: Tilbury am Nordufer der Themse. Das ist keineswegs gefahrlos, denn auf der Themse hatte man ursprünglich die Spanier erwartet, in mächtigem Durchstoß auf London. Wo nur ist jetzt die Armada? Leicester spürt die Chance zu einem historischen Auftritt. Haben er und Geheimdienstchef Francis Walsingham gar schon gerüchteweise von der Flucht der Spanier gehört, und ist er deshalb so spontan für den Plan der Queen? Aber Parma könnte noch landen. Die Gefahr ist also noch nicht gebannt.

Am 8. August trifft Elisabeth auf einer Barke in Tilbury ein. In sumpfigem Gelände hat man ihr einen Weg aus Holzplanken gezimmert. Dann speist sie mit Leicester in einem Zelt inmitten des Heerlagers, dessen Reihen sie anschließend abschreitet. Der Applaus ist stark – «es klang wie Donner», wie ein Augenzeuge später berichtet. Am Tag danach erscheint sie erneut unter den Milizen – ein stehendes Heer kannte England bis dato noch nicht, die Stärke des Militärs lag einzig auf dem Meer, für einen Landkampf mussten die Grafschaften mühevoll Personal aufbieten, teilweise gegen große Widerstände. Die Königin glänzt auf ihrem Grauschimmel, mit einem silbern-stählernen Brustpanzer über dem Mieder, vor ihr Hofbeamte mit den Insignien ihrer Hoheit. Und nun hält sie die Ansprache, die über alle Zeiten wie ein Kometenschweif ihren Ruhm begleiten wird – die «Armada Speech», Englands Unabhängigkeitserklärung anno 1588, mit diesen Kernpassagen:

Mein geliebtes Volk!
Manch einer, dem unsere Sicherheit am Herzen liegt, versucht, uns einzureden, wir sollen Vorsicht walten lassen, wenn wir bewaffneten Massen gegenüberstehen, aus Angst vor Verrat. Ich versichere euch aber, dass ich mein Leben nicht in Misstrauen gegenüber meinem treu ergebenen Volk hinbringen will. Mögen Tyrannen sich fürch-

ten. Ich habe mich immer so verhalten, dass ich auf Gott alle meine Kräfte und meinen Schutz in die treuen Herzen und den guten Willen meiner Untertanen gelegt habe. Daher bin ich jetzt, wie ihr seht, nicht zu meinem Vergnügen, zu meiner Zerstreuung zu euch gekommen, sondern mit dem Entschluss, inmitten des Schlachtgetümmels unter euch zu leben oder zu sterben, meine Ehre und mein Blut für meinen Gott, mein Königreich und mein Volk zu geben, und sei es im Staub.

Ich weiß, dass ich zwar den Leib eines schwachen, kraftlosen Weibes habe, dafür aber Herz und Mark eines Königs, noch dazu eines Königs von England, und ich kann nur darüber lachen, dass Parma oder Spanien oder irgendein Herrscher Europas es wagen sollte, die Grenzen meines Reiches zu überschreiten. Ehe durch mich Unehre über mein Land kommt, will ich daher selber zu den Waffen greifen, will selbst euer General, Richter und Belohner jeder einzelnen eurer tapferen Handlungen auf dem Schlachtfeld sein.

Niedergeschrieben hat den frei gesprochenen Wortlaut Leicesters Kaplan Dr. Lionel Sharpe, entweder gleich oder am Tag danach, zur Verbreitung bei denen, die die Ansprache nicht hören konnten im Zeitalter ohne Mikrophone und Lautverstärker. Der größte Verstärker freilich wurde der Ruhm, die Fama der «Armada Speech» selber. Sharpe gab den Text erst viele Jahre später an den Herzog von Buckingham, gedruckt erschien er gar erst 1654.

Die Rede atmet getreulich Elisabeths Stil in Momenten großer Erregung und Leidenschaft: Das «ich» dominiert statt des Pluralis majestatis, des «wir», bis es auf die geschlechtsspezifischen Bilder zuläuft – den «Leib eines schwachen, kraftlosen Weibes» und das «Herz und Mark eines Königs». Dieser Kontrast, die Dualität der Geschlechtlichkeit in einem Körper, hebt die Königin über alle Herrscher ihrer Zeit hinaus. Die Inschrift in einer Kirche in Norfolk unter einem zeitgenössischen Bild von der Schlacht unterlegt der Rede einen triumphalen Sinn: «Der Feind mag mich herausfordern wegen meines Geschlechts – dass ich eine Frau bin. Das werfe ich ihm zurück: Es sind doch nur Män-

«Dass ich zwar den Leib eines schwachen, kraftlosen Weibes habe, dafür aber Herz und Mark eines Königs»:
Elisabeth I. auf dem Armada-Porträt von George Gower
in der Woburn-Abtei im Norden Londons

ner.» Leiser Hohn schwingt mit, die jungfräuliche Königin wird zu einer neuen Kultfigur: Gloriana oder «Eliza triumphant».

Auf dem Armada-Porträt von George Gower in der Woburn-Abtei im Norden Londons ruht Elisabeths rechte Hand auf einem Globus, als wollte der Maler die Zeitenwende markieren. Das Motto Philipps II., «Non sufficit orbis», «Die Welt ist nicht groß genug», wird mit diesem Gemälde gleichsam entthront: Jetzt hat sich eine andere in diese Welt gedrängt, die für Spanien plötzlich um so viel kleiner geworden ist.

Oft findet man die Rede von Tilbury ohne den ersten Absatz zitiert, was den Lesern das eigentliche Drama vorenthält: dass hier eine Monarchin dem möglichen Attentat trotzt, indem sie sich ungeschützt unter die Versammelten wagt. Mehrere geplante Anschläge auf Elisabeths Leben waren in den 1580er Jahren aufgedeckt worden – katholische

Verschwörer hatten versucht, Maria Stuart mithilfe Spaniens anstelle des «Bastards» Elisabeth auf den englischen Thron zu heben. Leicht hätte sich ein Gleichgesinnter unter die Menge in Tilbury mischen und die Königin ermorden können. Unter dem «geliebten Volk», bewaffnet für den Kampf gegen Spanien, genügte ein Schuss in die andere Richtung, um den Triumph über die Armada in eine Fatalität für England zu verwandeln. Elisabeth zielte auf den Beifall, der ihr aufgrund ihrer Mutprobe, ihrer demonstrierten Furchtlosigkeit sicher war. Danach geht es Satz um Satz auf den magischen Kern ihrer Rede zu.

Bald wurde es modisch, vom «protestantischen Wind» zu sprechen, der England den Sieg gebracht hatte. Armada-Münzen und -Medaillen zeigten Inschriften wie «Venit, vidit, fugit» – «Er kam, er sah, er floh» – oder «Flavit Jehova et dissipati sunt» – «Jehova blies, und sie wurden zerstreut». Die hübsche Propaganda-Wendung verwischte jedoch die Rolle, die Howards Flotte vor allem bei Gravelines gespielt hatte, wenn auch der Sturm den Spaniern den Rest versetzte. In die Irre geht daher auch der Armada-Mythos vom Sieg Davids über Goliath. Die Lage für England hatte nur für den Fall schlecht ausgesehen, dass Parmas Truppen gelandet wären: Dann hätte man ihnen nichts Gleichwertiges entgegenstellen können. Auf dem Wasser dagegen hatten die englischen Kapitäne den Gegner im Griff.

Das Jahr 1588 gab dem englischen Nationalstolz, den Elisabeth seit Beginn ihrer Herrschaft dreißig Jahre zuvor wie eine kostbare Pflanze gehegt und gepflegt hatte, mächtigen Auftrieb. Sie wollte nicht Königin der Protestanten sein, sondern der Engländer, das war ihr Refrain. Dennoch fühlte sie sich nach dem Armada-Sieg bestätigt, dass Gott sie erwählt hatte, ihr Land zu regieren und damit auch den Protestantismus – in seiner anglikanischen Version – zu sichern. Quer durch alle Reihen, ob Anglikaner, strenge Puritaner oder Katholiken, scharte sich die Gesellschaft nun um ihre Königin. Selbst in dem Priesterseminar in Rom, wo man sich auf die Missionierung Englands vorbereitete, jubelten die Studenten, als sie vom Sieg über die Armada hörten. Patriotismus, das Bewusstsein einer singulären Stellung in Europa, wurde zum neuen Bindeglied der Engländer, gemischt mit einer Spur Fremdenfeindlichkeit. Elisabeths Ruf stand, auch im Ausland, im Zenit. Sogar Papst Sixtus V., der beständig Philipp II. gedrängt hatte, endlich gegen die englische Häretikerin vorzugehen, griff zu einem Lob: «Sie ist sicher eine große Königin, und wäre sie nur katholisch, würde sie unsere geliebte Tochter sein. Seht doch, wie gut sie regiert! Sie ist nur eine Frau, nur die Herrin über die Hälfte einer Insel, und doch wird sie von Spanien, von Frankreich, vom Kaiser gefürchtet, von allen!»

Das Hohelied stolzer Eigenständigkeit sollte Shakespeare bald nach der Armada-Schlacht singen. Es ist bis heute das am häufigsten herbeigerufene Zitat, wenn man die englische oder britische Spur in der Geschichte auf den Punkt bringen möchte. In «König Richard II.» (1599) formuliert John of Gaunt den literarischen Gründungstext des englischen Patriotismus:

Dies Volk des Segens, diese kleine Welt,
Dies Kleinod, in die Silbersee gefasst,
Die ihr den Dienst von einer Mauer leistet,
Von einem Graben, der das Haus verteidigt
Vor weniger beglückter Länder Neid;
Der segensvolle Fleck, dies Reich, dies England (...)

Solcher Nationalstolz hat über die Jahrhunderte hinweg ausgestrahlt. 1930 schrieb Winston Churchill in einem Aufsatz für die amerikanische Zeitschrift «Saturday Evening Post» unter dem Titel «Die Vereinigten Staaten von Europa», Großbritannien werde nie zu diesen «Vereinigten Staaten» gehören, «denn wir haben unsere eigenen Träume und Aufgaben. Wir stehen zu Europa, gehören aber nicht dazu; wir sind verbunden, aber nicht umfasst; wir sind interessiert und assoziiert, aber nicht absorbiert; wir gehören zu keinem einzelnen Kontinent, sondern zu allen.» Das war auch 1946 sein Credo, als er in einer Rede in Zürich den Anstoß zu den – wie er sie erneut nannte – «Vereinigten Staaten von Europa» gab, mit England als leutseligem Paten, nicht als konstitutionellem Mitglied.

So interpretieren auch heutige «Brexit»-Anhänger manchmal die britische Ausnahmestellung als eine geographisch und historisch bedingte Gegebenheit. Noch immer fühlen sie sich als die späten Erben einer großen Königin, die Spanien den Fehdehandschuh hinwarf «oder irgendeinem Herrscher Europas, der es wagen sollte, die Grenzen meines Reiches zu überschreiten». Es ist freilich das Unglück klassischer Zitate, dass sie, sobald sie in die Gegenwart gehoben werden, zu falschen Analogien führen können und möglicherweise zu einem historischen Irrweg. Die EU ist nicht das Spanien Philipps II., und die Welt, in welche die Elisabethaner auszugreifen sich anschickten, ist eine andere als die des 21. Jahrhunderts. Doch die Gegenwart der Insel und ihrer Beziehung zum europäischen Kontinent ist noch schwerer zu fassen als die Vergangenheit und auch nicht Thema dieses Buches. Schauen wir lieber nach, woher Gloriana, die große Königin, stammte und wie sie dazu kam, ihr Land auf einzigartige Weise zu prägen.

KAPITEL 2

Die Eltern.
Der Bruch Heinrichs VIII. mit Rom

Verschlungen sind die Wege der Geschichte. Wo bleibt im Wirrwarr des Heute die erkennbare Linie? Was hat Bestand, was wird den Tag nicht überstehen? Diese Frage schien sich im England des Jahres 1521 nicht zu stellen, denn seit 1509 regierte der allerchristlichste Tudor-Herrscher Heinrich VIII., katholisch und dem Papst treu ergeben, ohne auch nur eine Andeutung, dass sich daran je etwas ändern könnte. Heinrich ist sogar erbost über die Unruhe, die dieser deutsche Rebell Luther mit dem Ablassstreit in die Kirche getragen hat, und er erregt sich höchstherrschaftlich über dessen Frontalangriff gegen einen wichtigen Aspekt des Glaubens, die Gültigkeit der sieben Sakramente. Das ist für ihn theologischer Hochverrat an der «una sancta catholica» selber, gegen den sich ein christlicher Fürst einfach zum Widerspruch aufgerufen fühlen muss – der Papst soll wissen, welch verlässlicher Sohn der Kirche am Rande Europas über die reine Lehre wacht. So entsteht die Streitschrift «Assertio Septem Sacramentorum adversus Martinum Lutherum», Heinrichs Verteidigung der sieben Sakramente gegen Luthers theologischen Frevel, zugleich ein überzeugendes Bekenntnis zur unantastbaren päpstlichen Autorität.

Der König lässt ein Exemplar des Entwurfs Thomas Morus zukommen, damals noch nicht Lordkanzler, aber immerhin schon hochgeachtetes Mitglied des «Privy Council», des Kronrats. Was sein geschätzter juristischer Berater von der Schrift halte? Morus' Antwort ist verblüffend, und sie allein könnte die vielfach aufgestellte Behauptung widerlegen, er habe dem König bei der Abfassung der «Assertio» geholfen.

Morus nämlich rät davon ab, dem Papst und seinem Primat derart zu schmeicheln, wie es der beflissene königliche Verfasser in seiner Verteidigungsschrift tut: «Der Papst ist ein Fürst wie Eure Majestät und hat Bündnisse mit allen anderen Fürsten. Es mag sogar später einmal geschehen, dass Euer Gnaden und er verschiedener Meinung über einen Bündnispunkt werden und dass ein Bruch mit ihm und ein Krieg zwischen Euch und ihm entsteht. Deshalb halte ich es für besser, etwas vorsichtiger von Seiner Autorität zu handeln.» Welche Weitsicht, welche geradezu prophetische Klugheit! Doch Heinrich bleibt bei seinem Text.

Es ist ein erstaunlicher Austausch der Positionen. Der König gibt sich als der wahre «Defensor fidei» zu erkennen, als «Verteidiger des Glaubens», als den Papst Leo X. ihn im Oktober 1521 ehren wird – eine Auszeichnung, an die das britische Königshaus bis in die Moderne anknüpft: Noch heute findet sich auf britischen Münzen neben dem Bild des Souveräns die Abkürzung «D. F.». Morus dagegen, der scharfsichtige Gelehrte, sieht die zeitgebundenen Schwächen der Kirche und die Verstrickungen des Papsttums als weltlicher Macht in die Händel des Jahrhunderts. Als Fürst über seinen eigenen Besitz, seinen eigenen Staat, trug der Papst neben seiner geistlichen Verantwortung für die weltweite Kirche eben immer auch ein weltliches Zepter und betrieb irdische Realpolitik. Daher war Vorsicht geboten bei einer zu tiefen Verbeugung vor der Hoheit des Pontifex maximus, mochte der Anlass, die Breitseite gegen Luther, auch ein würdiger sein. Dem Juristen Morus stand die Möglichkeit vor Augen, dass die Interessen seines Herrschers mit denen des Papstes einmal kollidieren möchten.

Und was für eine Kollision es wurde! Weniger als ein Jahrzehnt nach der «Assertio» bat der englische König den Medici-Papst Clemens VII. um einen «kleinen Gefallen» – die Scheidung von seiner Ehefrau Katharina von Aragon, damit er seine neue Liebe, Anne Boleyn, heiraten und sich damit die Hoffnung auf einen männlichen Thronerben erfüllen könnte. Hatte der Verteidiger des Glaubens sich diese Gunst nicht verdient? Am Ende war der päpstliche Primat für ihn kein unumstößlicher Grundsatz mehr. Denn jetzt ging es nicht um die sieben Sakramente, sondern um das Interesse der englischen Monarchie an einer gesicher-

Die Eltern. Der Bruch Heinrichs VIII. mit Rom 33

*Verzauberte Heinrich VIII. mit Koketterie und Schlagfertigkeit:
Anne Boleyn, Elisabeths Mutter*

ten Thronfolge. Zwar waren Frauen davon nicht ausgeschlossen, und Mary, das einzige überlebende Kind aus der Ehe Heinrichs mit der spanischen Katharina von Aragon, hatte einen legitimen Anspruch auf den Thron. Aber es gab Vorbehalte wie den, dass eine Königin nie Truppen in die Schlacht würde führen können. «Das Schlachtfeld ist unpassend für die Beschränktheit einer Frau», meinte der in Kriegen mit Frankreich nicht gerade erfolgreiche König. Auch teilte er grundsätzlich die Überzeugung der Zeit, wonach eine Frau, sollte die Herrschaft an sie fallen, nicht lange ohne einen Mann auskommen könne, der nach göttlichem Gesetz dann ihr «Gouverneur» und Kopf werden müsse, kurzum: der eigentliche Herrscher. Tatsächlich fürchtete Heinrich, eine Frau als Thronerbin sei das Rezept für einen Bürgerkrieg.

Aber ein Ausweg aus dem Dilemma zeichnete sich bereits ab, und der hatte einen Namen: Anne Boleyn, eine am französischen Hof erzogene junge Dame und seit ihrem fünfzehnten Lebensjahr Ehrenfräulein («maid-of-honour») bei Katharina. Mit der Koketterie ihres lebhaften Wesens hatte sie Heinrich restlos verzaubert. Scharfzüngig und schlagfertig, «ließ sie Sanftmut und höfische Freundlichkeit fade erscheinen», wie es hieß. Es war der Aufschlag ihrer schwarzen Augen, dieses gewisse Etwas der Verheißung, was die Männer faszinierte und den König in ihren Bann schlug. Doch war sie auch klug: Den Fehler ihrer älteren Schwester Mary wollte sie nicht wiederholen, die sich von Heinrich hatte verführen lassen, bis er, dieser sexuelle Protz, bald das Interesse an ihr verloren hatte. Anne dagegen hielt den König hin, ließ ihn sechs Jahre lang um ihre sexuelle Gunst buhlen, bis er versprach, sie zu heiraten. Nicht als Mätresse – als Königin wollte sie in die Geschichte eingehen. Als Mutter der großen Elisabeth würde ihr dieser Platz im Gedächtnis der Nachwelt auf ungeahnte Weise zufallen.

Es war das erste Mal, dass irgendjemand «nein» zu Heinrich VIII. gesagt hatte. Seine Betörung, so meinte der französische Gesandte, Kardinal Jean du Bellay, war derart, «dass nur Gott seinen Wahnsinn hätte mildern können». Seufzer der Leidenschaft durchziehen Heinrichs Briefe an Anne, ungewöhnlich für einen Mann, dem das Schreiben eigentlich nicht lag: «Ich bitte Euch daher von ganzem Herzen, mir, was die Liebe zwischen uns beiden angeht, Eure ganze Absicht kundzutun. Diese Antwort zu verlangen, zwingt mich die Notwendigkeit, da ich seit über einem Jahr von der Pein der Liebe verwundet bin und nicht weiß, ob ich scheitern oder einen Platz in Eurem Herzen und Eurer Liebe finden werde.» Die Ironie der Geschichte will es, dass dieses amouröse Kompendium, Heinrichs Liebesbriefe an Anne Boleyn, auf nicht mehr nachzuverfolgenden Wegen irgendwann in den Besitz der Vatikanischen Bibliothek gelangte.

Aber der Papst konnte dem König nicht entgegenkommen, denn Katharina von Aragon war die Tante Kaiser Karls V. Dessen Truppen hatten im Jahr 1527 Rom geplündert – der berühmte «Sacco di Roma» – und den Papst in der Engelsburg gefangen gesetzt. Obendrein konnte

Clemens VII. nicht riskieren, durch Erfüllung der Bitte des englischen Monarchen den Zorn der spanischen Herrscher Ferdinand und Isabella, der Eltern von Katharina, herauszufordern. Wie Recht Thomas Morus doch hatte: «Der Papst ist ein Fürst wie Eure Majestät und hat Bündnisse mit allen anderen Fürsten» – und nicht zu vernachlässigende Eigeninteressen.

Doch Heinrich war mehr als zuversichtlich, von Rom den gewünschten Dispens zu erhalten, hatte Clemens VII. doch auch in anderen Fällen solcher Art «ausgeholfen» und königliche Ehen geschieden. Bibelfest wie die Besten im Lande, hielt der König sein Scheidungsbegehren ohnehin für absolut unabweislich. Denn war Katharina nicht die Ehefrau seines ältesten Bruders Arthur gewesen, des Thronfolgers, der 1502 fünfzehnjährig gestorben war? Das Alte Testament aber ächtete die Ehe mit der Witwe des eigenen Bruders. Im 3. Buch Moses steht in Kapitel 20,21: «Wenn jemand seines Bruders Weib nimmt, das ist eine schändliche Tat; sie sollen ohne Kinder sein, darum, dass er seines Bruders Blöße aufgedeckt hat». Zwar hatten Heinrich und Katharina eine Tochter, doch hielt der König das Ausbleiben eines männlichen Erben nach wiederholten Fehlgeburten seiner Frau für einen vergleichbaren Fluch. Die Beteuerung von Katharina, die Ehe mit Arthur sei nie vollzogen worden, galt ihm nichts, das Bibelwort war für ihn Begründung genug. Papst Julius II. hätte 1509 seine Heirat mit Arthurs Witwe gar nicht erlauben dürfen, argumentierte er.

Wir müssen das Hin und Her um seinen Casus – «the King's matter» –, für den Heinrich eine Heerschar englischer und europäischer Gelehrter bemühte, hier nicht nacherzählen. Seine Ehe konnte letztlich nur geschieden werden, indem er sich zum Oberhaupt der Kirche in seinem Land aufwarf, unter Zustimmung des Parlaments, das von nun an, wann immer der Bischof von Rom erwähnt wurde, hinzufügte: «auch Papst genannt». Dieser Umschwung kam nicht unerwartet: Die Papst-Kritik des englischen Katholizismus hatte eine lange Vorgeschichte. Schon immer hatte der heimische Klerus sich gegen Einmischungen Roms gewehrt, gegen die «Feinde aus fernen Landen», wie es Robert Grosseteste, Bischof von Lincoln und ein bedeutender Theologe seiner Zeit, auf dem Konzil von Lyon 1254 formuliert hatte. Einhundert Jahre später startete der Oxforder Theologe John Wycliffe eine regelrechte Kampagne gegen vatikanischen Machtwillen und den Verfall urchristlicher Bescheidenheit. «Die Könige Englands», so verkündete auch Heinrich VIII. bereits 1515, lange vor der Trennung von Rom, «haben nie eine andere Hoheit über sich anerkannt als allein Gott.»

Thomas Cranmer, der neue Erzbischof von Canterbury, sprach am 23. Mai 1533 die Scheidung des Monarchen von Katharina von Aragon aus, nachdem Heinrich und Anne Boleyn bereits im Januar heimlich geheiratet hatten, der König also praktisch vier Monate lang in Bigamie gelebt hatte. 1534 folgte der Suprematsakt, mit dem der Monarch zum Kopf der Kirche seines Landes wurde. Für England bedeutete diese Zäsur das Ende der Dualität des mittelalterlichen Christentums: Das Oberhaupt des Staates und das der Kirche waren jetzt in einer Person zusammengefallen. Seit Heinrich VIII. hieß es: »One king, one law, one faith» – «Ein König, ein Gesetz, ein Glaube».

Heinrichs Eheschließung mit Anne Boleyn war freilich alles andere als beliebt. Der alte Glaube lebte noch, und gerade die Frauen fühlten sich durch die Ehebrecherin Anne herausgefordert. Der Widerstand gegen sie, gegen «Nan Bullen», wie man ihren Namen verächtlich verdrehte, wuchs. Zwei Lager taten sich auf: Die Verteidigung der Ehe mit Katharina von Aragon wurde zunehmend Teil der katholischen Orthodoxie, während die protestantischen Reformer sich hinter der Verbindung Heinrichs mit Anne Boleyn scharten. Das war dem König fast peinlich, stand er doch bis auf den Streit um die Rolle des Papsttums nicht im Dissens mit der katholischen Doktrin und fühlte sich ein Leben lang als gläubiger Katholik. 1539 setzte er sogar die «Six Articles» durch, ein «Gesetz zur Abschaffung von Vielfalt der Meinungen» zur Religion, womit der traditionelle Glaube gegen die protestantischen Eiferer neu definiert und festgeschrieben wurde. Wie willkommen auch immer ihm jede Unterstützung für seine Ehe mit Anne Boleyn war, konnte er es doch nur bedauern, von den Vertretern der «falschen» Religion dafür Beifall zu erhalten.

Eine Anhängerin dieser Religion war auch Anne selber, ein zusätzlicher Faktor für Heinrichs spätere Entfremdung von ihr – auch im

Religiösen sollte sie sich als Femme fatale erweisen. Enthusiastisch folgte sie der von Luther angestoßenen Entwicklung, mit der sie in Frankreich vertraut geworden war. Die Protestanten betonten vorrangig das in der Predigt verkündete Wort Gottes, die Bibel – das auf der Insel in englischer Sprache vernommen werden sollte, was noch lange unter Strafe stand. Anne machte sich sogar für den verfolgten Bibelübersetzer William Tyndale stark, der aus England hatte fliehen müssen, um in Antwerpen seine bahnbrechende Übersetzung des Neuen Testaments aus dem Griechischen zu vollenden. Er vertrat den schlichten, aber revolutionären Grundsatz, «der Knabe hinter dem Pflug» müsse das Wort Gottes ebenso lesen können wie Priester und andere des Lateinischen mächtige Vermittler.

Mit Tyndales Übersetzung der Heiligen Schrift durchlief England insgesamt eine religiöse Emanzipation. Die Religion des Sehens und des Glaubens, die Frömmigkeit der Rituale, darunter die Heiligen- und Reliquienverehrung, Pilgerfahrten und anderes, wurde durch eine Religion des Wortes ersetzt. Die Engländer wandelten sich zu einer Gesellschaft der Leser und Predigthörer – und die englische Sprache als literaturfähiges Medium blühte auf. Shakespeare wäre ohne diese Wende, die mit Tyndale begann, nicht denkbar gewesen. Freilich war dem ein Bildersturm vorausgegangen, der Englands bildliches Erbe fast zerstörte – Gemälde, Statuen, Schreine, eine religiöse Spur des Mittelalters. Unter Heinrichs Lordkanzler Thomas Cromwell begann auch die gewaltsame Auflösung der Klöster und ihres Besitzes; es wurde der größte Landtransfer in der englischen Geschichte, der die königlichen Kassen auffrischte und eine ganze Schicht des niederen Adels, die Gentry, zu vermögenden Landbesitzern machte. Wenig Proteste erhoben sich dagegen – der Anti-Klerikalismus war seit Langem eine Mode und wurde in vielen Satiren gefeiert.

Doch zurück zu dem liebestollen englischen Monarchen, der sich sehnlichst einen Sohn zur Sicherung der Tudor-Dynastie wünschte. Beide, er und seine neue Ehefrau, waren überzeugt, dass Anne, als sie 1533 schwanger wurde, einen Sohn gebären werde, auch Ärzte und Astrologen hatten es vorausgesagt. Namen wie Edward oder Henry standen bereit. Auch waren Dutzende von Benachrichtigungen über die Geburt eines Prinzen im Voraus geschrieben worden. Doch dann kam am 7. September 1533 «nur» ein Mädchen zur Welt, eine Elizabeth, und sämtliche vorbereiteten Dokumente mussten geändert werden. Da aber in den Ankündigungen, die von einem «Prince» sprachen, hinter dem «ce» nur Raum für noch einen weiteren Buchstaben blieb, musste das fällige «Princess» sich mit einem «s» zufriedengeben – «Princes». Die Geburt der Frau, die zur größten Königin Englands aufsteigen sollte, wurde der Welt mit einem Schreibfehler bekannt gemacht.

Die Enttäuschung des Königs war groß: Hatte er seinen Ruf und damit vielleicht gar sein ewiges Seelenheil durch die Scheidung von seiner ersten Frau für ein Mädchen in Gefahr gebracht? Dennoch hielt er zunächst zu Anne – es konnte ja in der Folge durchaus noch der gewünschte Sohn erscheinen. So ließ er die Taufe mit gebührendem Pomp über die Bühne gehen, und nur das anberaumte Lanzenturnier für den erwarteten männlichen Nachfolger wurde abgeblasen. Der Botschafter Karls V. ließ derweil seiner Schadenfreude über das Missgeschick des Königspaares freien Lauf. Er erboste die Mutter mit seiner Weigerung, der Taufe beizuwohnen, sagte jedem, der es hören wollte, das Kind sei ein «Bastard», und machte sich über die Experten lustig, die einen Sohn vorhergesagt hatten.

Anne Boleyns Einfluss auf ihren Mann schwand, als nach Elisabeth zwei Fehlgeburten folgten. Sie wurde widerspenstig, gereizt, oft geradezu hysterisch. Ihr häufiges Auftrumpfen, das der König so anziehend gefunden hatte, als er noch um sie warb, fand er an der Ehefrau nur noch ärgerlich. Auch am Hof fiel sie wegen ihrer teilweise unflätigen Sprache auf. Ihre Auseinandersetzungen mit Jane Seymour, Heinrichs neuer Flamme, einer ihrer eigenen Hofdamen, waren Legende.

Am 7. Januar 1536 starb Katharina von Aragon in Kimbolton Castle, Cambridgeshire, wohin sie nach Heinrichs Willen in den letzten Jahren ihres Lebens verbannt gewesen war. Sie hatte es abgelehnt, sich still in ein Kloster zurückzuziehen und der Wiederheirat des Königs durch diskrete Einwilligung den Weg zu ebnen. Treu ihrem Glauben und mit einem Gutteil der öffentlichen Meinung auf ihrer Seite, konnte sie nie akzeptieren, dass ihre Ehe ungültig sei. Das Argument Heinrichs, er habe diese Ehe aus Gewissensgründen verlassen, ließ sie nicht zu. Lag es nicht deutlich vor aller Augen, dass nicht sein Gewissen, sondern seine Libido das treibende Motiv gewesen war?

Doch so einfach lagen die Dinge nicht. Heinrichs Skrupel hinsichtlich der Rechtmäßigkeit seiner ersten Ehe waren insofern ehrlich, als er wirklich glaubte, die «Sünde» der biblisch nicht sanktionierten Verbindung sei der Grund für das Ausbleiben eines Erben gewesen. Und das konnte für das Reich nur Instabilität bedeuten. Denn die Tudor-Monarchie war erst 1485 von seinem Vater Heinrich VII. nach dem Sieg über Richard III. auf den Bosworth Fields gegründet worden und galt alles andere als gefestigt. Heinrich VIII. trieb das unsichere Fundament des Throns tatsächlich um. Ein männlicher Erbe war keine fixe Idee von ihm, sondern dynastische Notwendigkeit. Seine Leidenschaft für Anne Boleyn hatte den Entschluss zur Wiederheirat nur unwiderstehlich gemacht. Eros und die Sicherung der noch jungen Tudor-Linie standen somit Pate bei der Wende Englands zum Protestantismus.

Für Anne Boleyn brach mit Katharinas Tod ein Stützpfeiler ihrer Existenz weg – solange die Aragonierin lebte, war sie sicher gewesen, dass der König sich nicht auch von ihr trennen könnte. Aber am 29. Januar 1556, als Katharina in der Abtei von Peterborough beerdigt wird, erleidet sie eine Fehlgeburt. Den vierzehn Wochen alten Fötus kann man gerade schon als männlich erkennen. In ihrer Not, und um Heinrich wieder für sich zu gewinnen, betont die Queen jetzt wie in alten Zeiten ihre sexuelle Ausstrahlung, was diesmal ihren Untergang besiegelt. Der König, auf der Suche nach Wegen, sie loszuwerden, verfällt auf die Behauptung, er sei von ihr verhext worden. Im übertragenen Sinne traf das durchaus zu, doch nach dem Verständnis der Zeit konnte es die Todesstrafe nach sich ziehen. Die war der Königin sicher, als Thomas Cromwell, Heinrichs Jago, dem König Beschuldigungen gegen Anne zuflüsterte, angebliche Indizien für mehrfachen Ehebruch, darunter mit einem Tänzer und Musiker namens Mark Smeaton und drei Gentlemen der «Privy Chamber» des Königs, seiner Privatgemächer. Auch Inzest mit ihrem Bruder hängte man der Königin an sowie despektierliche Reden über den König und seine angebliche Impotenz. Das war Hochverrat.

Von ihrem Fenster im Tower kann die 35-Jährige das für sie errichtete Schafott sehen. «Ich habe einen kleinen Hals», lacht sie, zum Scharfrichter gewandt. Heinrich ist weit weg, auf der Jagd. Er hat einen französischen Henker engagiert, der Anne mit einem einzigen Schwertschlag enthaupten wird. Minuten vor ihrer Hinrichtung am 19. Mai 1536, die von einer schweigenden Menge verfolgt wird, betet Elisabeths Mutter «for the life of the King, my sovereign lord and yours». Elf Tage später heiratet Heinrich Jane Seymour.

KAPITEL 3

Elisabeths Jugend

a Eine gelehrte Erziehung

Die kaum Dreijährige, die Elisabeth zur Zeit der Hinrichtung ihrer Mutter war, konnte noch nicht ermessen, was das Schicksal ihr angetan hatte. Die Erziehung lag in den Händen von Gouvernanten, darunter als Erster Lady Bryan, dann Katherine Champernowne, die 1545 Sir John Ashley heiratete, einen Bediensteten aus Prinzessin Elisabeths Hofstaat, und als «Kat Ashley» in die Geschichte eingegangen ist, treu bis zum Tod 1565 an der Seite ihrer Herrin. Die Mutter war für Elisabeth eine entfernte Figur, der Verlust einer ihrer Erzieherinnen hätte das Kind tiefer getroffen.

Jane Seymour, Heinrichs neue Ehefrau, schenkte im Oktober 1537 dem Tudor-Monarchen endlich den gewünschten Sohn, Edward. Sie selber starb zehn Tage später 29-jährig im Kindbett. Der Junge rückte nun an die Nummer eins der Thronfolge, die Ehe mit Anne Boleyn wurde annulliert. Wie ihre Halbschwester Mary aus Heinrichs Ehe mit Katharina von Aragon war damit auch Elisabeth das uneheliche Geschöpf einer für ungültig erklärten Verbindung, nach dem Sprachgebrauch der Zeit mithin ein Bastard, wie der habsburgische Botschafter schon bei ihrer Geburt gehöhnt hatte. Ein Gesetz über die Thronfolge setzte zwar 1544 Mary und Elisabeth als Erbinnen wieder ein, doch ohne ihre Unehelichkeit aufzuheben. Der Sohn blieb als Einziger legitim.

Dass dies für die Thronfolge keine Rolle spielte, erkennt man schon auf dem großen, in der Holbein-Nachfolge 1543/44 entstandenen Gemälde «The Family of Henry VIII» aus dem Palast von Westminster. Es ist wahrlich eine Patchwork-Familie nach heutigem Verständnis. Da sieht man den König in der Mitte thronen, seine rechte Hand auf der Schulter des eng bei ihm stehenden Filius, flankiert von dessen Mutter Jane Seymour zur Linken des Monarchen. Die ist aber zur Zeit der Entstehung des Bildes gar nicht mehr am Leben, vielmehr ist jetzt Catherine Parr Heinrichs sechste – und letzte – Ehefrau, nach Anna von Kleve und Catherine Howard. Doch da er keine Kinder mit ihr hatte, fand sie keinen Platz in diesem Panorama der Thronfolge. Dafür steht in weitem Abstand links vom König Mary, seine Älteste, geboren 1516, und rechts Elisabeth, geboren 1533. Sie sind neben Eduard die Erbinnen, unbeschadet ihrer Illegitimität – katholisch erzogen die eine, protestantisch die andere.

Doch wie ist Elisabeth in ihrem späteren Leben mit dem frühen Tod der Mutter umgegangen? Sie hat nie ein Wort darüber verloren, dafür ehrte sie das Andenken an sie in bezeichnenden Gesten der Anhänglichkeit, auch später in ihrer Personalpolitik. So wird sie als Königin wichtige Posten in ihrem Hofstaat der erweiterten Boleyn-Familie übertragen und Annes geistlichen Beistand Matthew Parker zum ersten ihrer Erzbischöfe von Canterbury erheben. Später wird sie einen Ring mit Emaille-Porträts von ihr selbst und Anne tragen. Und sie wird das Motto ihrer Mutter übernehmen: «Semper eadem», immer das oder die gleiche, ein Bekenntnis zu Stabilität und Kontinuität als Richtlinien ihres Regierens. Vergangenheitsbewältigung à la Elisabeth.

Kat Ashley als Gouvernante der dreijährigen Prinzessin erwies sich als glücklicher Umstand für deren weitere Entwicklung. Sie setzte Anne Boleyns Überzeugung vom Wert guter Bildung in die Tat um und führte, selbst erstklassig erzogen, die Heranwachsende in die Anfangsgründe von Astronomie, Geographie, Geschichte, Mathematik und Sprachen wie Französisch, Italienisch oder Spanisch ein. Nadelarbeit wie Sticken durfte nicht fehlen, dazu Reiten und Tanzen. Elisabeth rühmte Kat Ashley später für deren Mühe und den Aufwand, ihr «Lernen und Aufrichtigkeit» beigebracht zu haben. Aufrichtigkeit bedeutete bei Elisabeth seit frühester Zeit auch ein ausgeprägtes Gefühl für das eigene Interesse, für den Abstand zum Tanz der Veränderungen ringsum, gegen deren Gefährdungen sie sich sichern musste. Eine

Eine gelehrte Erziehung

«The Family of Henry VIII»: Wandgemälde (Ausschnitt) aus dem Palast von Westminster. Die rechte Hand des Königs ruht auf seinem Sohn Eduard, der ihm als Eduard VI. auf dem Thron folgen sollte. Links von ihm Eduards Mutter Jane Seymour, außen Elisabeth und Mary

scharfe Beobachterin der Wechselfälle der Zeit, ob Glaubenskämpfe oder Machtkämpfe bei Hof, ging sie früh ihren eigenen Weg wie durch einen Dschungel der Unwägbarkeiten. Sie war nur zu gut vertraut mit dem alten Topos vom Rad der Fortuna, dem «Wheel of Fortune», der kapriziösen Natur des Schicksals.

Die Kinder Heinrichs VIII. hatten das Glück, in einer Zeit geboren zu sein, in der das Ideal der Bildung von Prinzen und adligen Frauen sich vollkommen durchgesetzt hatte. Der Geist des großen Desiderius Erasmus durchwehte ihre Erziehung. Auch Baldassare Castiglione hatte in seinem erstmals 1528 gedruckten «Libro del Cortegiano», dem «Buch vom Hofmann», attestiert, dass «alles, was die Männer begreifen können, auch von den Frauen begriffen werden kann und dass, wohin der Verstand des einen dringt, der der anderen auch dringen kann». Diese Überzeugung demonstrierte Thomas Morus auf berühmte Weise, indem er seinen drei Töchtern und dem Kind der Ältesten, Mary Roper, hingebungsvoll Latein und Griechisch beibrachte, Moralphilosophie,

Mathematik, Musik und Astronomie. Seine Lieblingstochter Margaret zum Beispiel war sprachlich so überragend, dass sie Morus' bestem Freund Erasmus in dessen Latein Fehler nachweisen konnte.

Allerdings waren das Ausnahmen von der populären Vorstellung des 16. Jahrhunderts von der Frau als einem grundsätzlich inferioren Wesen, das in jeder Beziehung dem Manne unterlegen und den eigenen Launen und Gefühlsausbrüchen ausgeliefert sei. Der neue reformerische Glaube gab diesem Vorurteil noch seine theologische Ummäntelung, mit einer unablässig zitierten Stelle aus dem 1. Korintherbrief des Paulus (14,33–36): «Wie in allen Gemeinden der Heiligen lasset eure Weiber schweigen in der Gemeinde; denn es soll ihnen nicht zugelassen werden, dass sie reden, sondern sie sollen untertan sein, wie auch das Gesetz sagt. Wollen sie aber etwas lernen, so lasset sie daheim ihre Männer fragen. Es steht den Weibern übel an, in der Gemeinde zu reden.»

Bei Hof galten andere Usancen, erst recht bei Heinrichs letzter Ehefrau, Catherine Parr, die in Elisabeths Leben eine entscheidende Stelle einnehmen sollte. Mit ihr bekam die Prinzessin 1543 eine Stiefmutter, die sich so liebevoll wie gezielt um das Kind kümmerte und in ihm das Interesse für die Lehren der Reformation weckte, die bereits zum Credo ihrer Mutter gehört hatten. In den Schriften und Briefen von Catherine verband sich der reformierte Glaube mit strikter Unterwerfung unter den Willen des Königs – ein lebenswichtiger Kompromiss, denn mit ihren religiösen Überzeugungen kollidierte die Königin zeitweilig mit Heinrichs grundkatholischer Einstellung. Daher wählte sie statt Aufsässigkeit und Streitsucht, den unglücklichen Talenten Anne Boleyns, die Sprache artiger Fügsamkeit, was Heinrichs Ego schmeichelte und ihn sogar zuhören ließ, wenn Catherine ihm die Lehren des deutschen Reformators erläuterte.

Die clevere Catherine. In ihren Briefen an den König sprach sie von der Hoffnung einer verdienstlosen Frau, die sich in die Arme ihres Mannes begebe wie die treue Seele in Gottes Gnade. David Starkey, Englands führender Historiker der Monarchie, geht in seiner Studie der jungen Elisabeth, «Elizabeth. Apprenticeship», sogar so weit, von

Sie wird im Leben von Prinzessin Elisabeth eine entscheidende Rolle spielen: Catherine Parr, die sechste und letzte Ehefrau Heinrichs VIII.

«Blasphemie» zu sprechen mit Blick auf die Taktik der Königin, die Unterwerfung unter den König in die Nähe von Gottesverehrung zu rücken: Da fallen der König der Könige und der irdische Monarch, das Heilige und das Profane in eins zusammen. Dies Bild hatte auch Elisabeth vor Augen – den König in seiner irdischen und göttlichen Majestät. Es erklärt, warum sie nach der Hinrichtung ihrer Mutter offensichtlich keine Ressentiments gegenüber dem Vater entwickelte, dessen gottgeweihte Größe für sie – und die Zeitgenossen – alle irdischen Mängel überstrahlte.

Das Einverständnis zwischen Catherine Parr und Elisabeth in Fragen von Religion und Bildung war einzigartig – in der Bildung war die Prinzessin ihrer Stiefmutter voraus, in Religionsfragen war Catherine die Tonangebende. Zu Neujahr 1545 verfasste die Elfjährige als Geschenk für die Königin eine Übersetzung eines 21 Seiten langen religiösen Poems der Marguerite d'Angoulême, Königin von Navarra und Schwester des französischen Königs Franz I., mit dem Titel «Miroir de l'âme pécheresse», «Spiegel der sündigen Seele». Unter den Schriften dieser Freidenkerin ragt der 1531 veröffentlichte «Miroir» als besonders erstaunliches Werk hervor. Es ist der Traktat einer weiblichen Seele auf der Suche nach Christus als ihrem Vater-Bruder-Liebhaber. Erasmus bezeugte dem Text «die Klugheit eines Philosophen – Keuschheit, Mäßigung, Frömmigkeit, eine unbesiegbare Stärke der Seele und wunderbare Verachtung für alle Eitelkeiten dieser Welt». Elisabeths Wahl des Geschenks verrät, wie weit Catherine Parr mit ihrer Mission, in der Prinzessin den protestantischen Glauben zu verankern, bereits vorgedrungen war.

Mit der Übertragung des gereimten Französisch in englische Prosa demonstrierte die Elfjährige mehr als linguistische Begabung, vielmehr auch ein erstaunliches Einfühlungsvermögen in die übermittelte mystische Botschaft. Im Begleitbrief an ihre Stiefmutter fasst sie wie eine gelehrige Schülerin zusammen: «Das Buch handelt davon, wie die Seele, während sie meditiert, wer sie ist, begreift, dass sie nichts Gutes oder Gültiges zu ihrer Rettung beitragen kann, es sei denn durch die Gnade Gottes, als dessen Mutter, Tochter, Schwester und Gemahlin sie sich kraft der Heiligen Schrift erweist. Und wie sie darauf vertraut, dass durch Seine unbegreifliche Liebe, Gnade und Vergebung sie, als von der Sünde zur Reue Geleitete, gläubig auf Rettung hoffen darf.» Das war ein weit über die protestantischen Anfänge ihrer Mutter hinausgehendes Bekenntnis zur Reformation in fast Luther'scher Reinkultur. David Starkey nennt die Übersetzung einen «Gründungstext von Elisabeths Biographie».

Der Vater wird von ihr ein Jahr später mit einem Neujahrsgeschenk bedacht, und erneut enthüllt Elisabeths Begleitschreiben – es ist ihr einziger bekannter Brief an Heinrich VIII. – den ausgreifenden Geist einer Frühreifen, die sich an den Vater «nicht als Imitator Eurer Tugenden, vielmehr deren Erbin» wendet. Diesmal hat sie sich Catherine Parrs eigene «Gebete oder Meditationen» zum Übersetzen vorgenommen, 117 Einzeltexte, aber die sprachliche Herausforderung ist noch viel größer als im Vorjahr: Elisabeth legt die auf Englisch verfassten Meditationen dem Vater in drei Fremdsprachen vor – Französisch, Italienisch und Latein; Lateinisch ist auch der Brief an den Vater geschrieben. Dem festlichen Anlass zuliebe und überwältigt von der Hoheit des Adressaten befleißigt sie sich einer besonders klar zu lesenden Schönschrift in italienischen Lettern. Das von ihr übersetzte «würdige» Werk, so schreibt sie, «komponiert von einer Königin als Untertanin ihres Königs und übersetzt von mir, Eurer Tochter», verdiene diese weitere Verbreitung in den gewählten drei Sprachen. Einschmeichelnd appelliert die Prinzessin an «Eure väterliche Güte und königliche Klugheit, die diese innere Bemühung meiner Seele nicht weniger schätzen mag als andere ehrenvolle Werke». In altklugen Perioden fast hagiographischen Zuschnitts preist sie den König, «den Philosophen als Gott auf Erden ansehen», und empfiehlt ihm Catherines Meditationen, «die uns dem Himmel nahebringen und uns gleichzeitig auf Erden himmlisch und göttlich im Fleische machen, doch inmitten andauernden und unendlichen Elends uns selbst gesegnet und glücklich zurücklassen».

An Bildung und einem ausgeprägten Sinn für die Möglichkeiten der Sprache übertraf Elisabeth als Königin den eigenen Hof und ausländische Potentaten um ein Vielfaches, ihr formidabler Intellekt wies jeden Möchtegern-Herausforderer in die Schranken. Noch die 64-Jährige wird 1597 einem polnischen Botschafter, der seinen Antrittsbesuch dazu missbrauchte, ihr auf Lateinisch Versäumnisse in den Beziehungen zu Polen anzukreiden, in gekonntem Latein die Leviten lesen. Sie war stolz auf ihre Vielsprachigkeit und blickte nach der Abkanzlung des Diplomaten in die Runde, um Beifall zu heischen für ihr Latein, das ihr «nach vielen Jahren des Rostens» noch zur Verfügung stand.

Für die weitere Bildung der Prinzessin war eine Gruppe von Dozenten an der Universität Cambridge verantwortlich, namentlich am St John's College, dem führenden Zentrum humanistischer Gelehrsamkeit, gleichzeitig einem Hort reformerischen Denkens. Lehrer an diesem College waren unter anderem der erste Gräzist der Universität, John Cheke, sodann William Grindal und der ihm 1548 nachfolgende Roger Ascham. Dieser hatte die von Thomas Morus angewandte Methode der «doppelten Übersetzung» übernommen – zuerst aus dem Griechischen oder Lateinischen in die Muttersprache und dann, in gebührendem Abstand, die Rückübersetzung, unter Verwendung von möglichst vielen Vokabeln des jeweiligen Originals. Eine halsbrecherische Übung, die man heute keinem Studenten, geschweige denn Schülern zumuten würde. Die Sprache wurde ein Angelpunkt von Elisabeths Erziehung – die Prinzessin war «my brightest star», «mein leuchtendster Stern», erinnerte sich Ascham später.

Der Tag begann für sie mit dem griechischen Neuen Testament, worauf als literarische und stilistische Beispiele Sophokles oder der Philosoph und Rhetoriker Isokrates folgten. Am Nachmittag und frühen Abend las man gemeinsam Klassiker des guten Stils wie Cicero oder den Historiker Livius. Ciceros Lehrbuch der Rhetorik, «De Oratore», entsprach ganz und gar dem Geist der Renaissance, die auf rhetorische Schulung großen Wert legte. Elisabeths religiöse Unterweisung ergänzte Ascham mit den Schriften des hl. Cyprian aus Karthago aus dem 3. Jahrhundert über die Bedeutung der Einheit der Kirche sowie mit Philipp Melanchthons «Loci communes rerum theologicarum», in denen der deutsche protestantische Vordenker allgemeine Grundbegriffe der Theologie erläuterte. Zeit ihres Lebens fühlte sich Elisabeth ihrer Geistlichkeit, was theologische Kenntnisse anging, ebenbürtig und überlegen in allgemeiner Gelehrsamkeit.

Doch war es kein bloßes Spiel mit brillanter Sprache. Der Inhalt ihrer Studien hinterließ oft einen längerfristigen Abdruck bei ihr als das sprachliche Gewand, in dem sie ihn aufnahm. Großen Eindruck machte auf die Schülerin die Rede des zyprischen Königs Nicocles an sein Volk, die Isokrates als Lehrbeispiel für gutes Regieren erfunden hatte. In dem Text begegnete Elisabeth goldenen Regeln der Staatskunst, die sie später als Herrscherin umzusetzen versuchen sollte. «Als euer König», so lässt Isokrates den Nicocles reden, «glaube ich, dass Mäßigung und Gerechtigkeit die zwei größten Tugenden sind und dass überall dort, wo nicht die eine oder die andere dieser Qualitäten vorherrscht, die Ursache größten Übels liegt. Ich dagegen halte dafür, dass Handlungen, die von Mäßigung und Gerechtigkeit geleitet sind, dem Leben höchsten Gewinn bringen.» Mit «Mäßigung» und «Gerechtigkeit» rief Isokrates zwei der vier Kardinaltugenden auf, die seit der Antike Gültigkeit besaßen. «Sweet sister Temperance», «süße Schwester Mäßigung», nannte bereits der vier Jahre jüngere Eduard seine Schwester.

Auch für die Ablehnung von Eroberungsfeldzügen, die bei der späteren Königin zu beobachten sein wird, findet sich in der Nicocles-Rede ein bezeichnendes Vorbild. «Eine solche Achtung habe ich vor der Wohlfahrt der Menschen», spricht der König, «dass ich nicht wie andere Herrscher, die sich ein wenig stärker fühlen als ihre Nachbarn, deren Land abschneiden und es mir einverleiben würde. Ich würde es nicht einmal annehmen, wenn man es mir anböte. Ich freue mich lieber an dem, was rechtens mir gehört, als durch gewaltsames Vorgehen ein größeres Reich zu erwerben.» Mit solchen Gedanken wird Elisabeth auf Abstand zu ihren Beratern gehen, die ein größeres Auftrumpfen jenseits englischer Grenzen favorisierten. Dem Credo der Königin begegnen wir am deutlichsten 1593 in der Rede der 60-Jährigen vor ihrem Parlament, ein Beleg dafür, welch tiefe Wurzeln das Isokrates-Studium in ihr geschlagen hatte: «Man mag es mir als Einfalt auslegen, dass ich in der ganzen Zeit meiner Herrschaft nicht darauf aus war, mein Territorium zu erweitern. Es kam mir nie in den Sinn, bei meinen Nachbarn einzufallen oder irgendetwas zu usurpieren. Ich bin zufrieden, Königin zu sein über das, was mir gehört, und als gerechte Fürstin zu regieren.»

War sie ein Blaustrumpf, wie man als Folge ihrer intellektuellen Schulung annehmen könnte? Alles andere als das. Wie Kat Ashley glaubte auch Ascham an die alternative Betätigung im Freien, an Reiten, Jagen und Schießen mit Bogen und Armbrust, das Trio der Leidenschaften in Elisabeths ganzem Leben. Dazu kam die Liebe zu Tanz und Musik. Das Zusammenspiel von geistiger und physischer Übung, ein griechisches Ideal, leitete auch Aschams Denken. Er war überhaupt für seine Zeit ein höchst fortschrittlicher Pädagoge, der in seinem Buch «Schoolmaster» gegen die übliche körperliche Bestrafung von Kindern zu Felde zog und die Liebe zum Lernen betonte, «die ihnen oft ausgetrieben wird, ehe sie überhaupt wissen, was Lernen bedeutet». Elisabeth war sich freilich ihrer überragenden Begabung bewusst, und manche hielten sie für stolz und hochnäsig. Doch ist es wohl eher so, dass sie Dummköpfe schwer ertragen konnte – «she didn't suffer fools gladly», wie es das einschlägige Idiom formuliert. Das ließ sie in der Zeit ihrer Herrschaft manchen Neunmalklugen wissen.

Als Teenager schenkt sie ihrem Bruder ein Jugendbild von sich und bemerkt in dem begleitenden Brief: «Für mein Gesicht könnte ich rot werden, aber meinen Geist zu präsentieren, werde ich mich nie schämen.» Ein Satz voll Schauspielerei, denn Elisabeth war zu einer durchaus attraktiven Erscheinung herangereift, die sich auch für ihr Äußeres nicht zu schämen brauchte, auch wenn sie keine Schönheit im herkömmlichen Sinne war. Das Gemälde zeigt sie in Vollgestalt in blutrotem Gewand, unter dem in einem vorderen Ausschnitt die elegante Stickerei eines Unterkleides hervorlugt, dessen Muster sich auf der Innenseite der modisch weit geschnittenen Ärmel wiederholt. Auf Elisabeths Haar sitzt der letzte Schrei von einem französischen Kopfschmuck, der das Gesicht freilässt, statt es nach Tudor-Mode mit einer Haube zu umrahmen. Um den Hals liegen die unvermeidlichen Perlen, die zusätzlich um ihre Hüfte gelegt sind. Perlen zieren auch den Mieder, dezent, aber unübersehbar in ihrer Eleganz. Es ist Elisabeths Vorzugsschmuck, das Symbol der Reinheit, Schönheit und Vollkommenheit. Von ihren überlangen Fingern steckt einer in einem Buch, das sie gerade liest, hinter ihr die aufgeschlagene Bibel auf einem Pult. Leicht geschürzte Vorhänge drapieren den Bildhintergrund, wie zur Andeutung eines ungelüfteten Geheimnisses. Der Blick des Mädchens aus dunklen Augen verrät unkindliche Vorsicht, wie in Ahnung einer kommenden Bedrohung. Die lässt nicht lange auf sich warten.

«Meinen Geist zu präsentieren, werde ich mich nie schämen»:
Das Jugendbildnis Elisabeths als Dreizehn- oder Vierzehnjährige,
das sie ihrem Bruder Eduard zum Geschenk machte, mit einem
berühmten Begleitkommentar

b Thomas Seymour, der Verführer

Heinrich VIII. starb am 27. Januar 1547, nachdem er noch am 30. Dezember sein Testament beglaubigt hatte. Die Thronfolge der Tudors sollte dementsprechend nach seinem minderjährigen Sohn Eduard und dessen etwaigen Kindern auf seine – illegitimen – Töchter Mary und Elisabeth übergehen und von diesen, falls sie ohne Nachkommen blieben, auf die Erben seiner jüngeren Schwester Mary, die Brandons aus Suffolk. Mary hatte in zweiter Ehe Charles Brandon, den Grafen von Suffolk, geheiratet. Ihre Tochter Frances, verheiratete Grey, hatte selber drei Mädchen – Jane, Katherine und Mary. Auf diese Nachkommen mithin sollte nach Heinrichs Willen die Thronfolge letztlich zulaufen, es war der protestantische Teil seiner Verwandtschaft. Die schottischen Verwandten hingegen aus der Ehe von Heinrichs älterer Schwester Margaret mit dem Stuart James IV. von Schottland kamen nicht in Betracht. Sie waren katholisch geblieben, dazu Ausländer und Bündnispartner Frankreichs. Heinrich VIII. hatte sie, die «heimischen Rebellen», vergeblich mit seinem Thron verbinden wollen, durch einen Ehevertrag zwischen seinem Sohn Eduard und Margarets Enkelin Maria Stuart. Das schottische Parlament hatte abgelehnt – ein englischer Prinz als König in Schottland? Undenkbar.

Der Tod des Monarchen wurde drei Tage lang geheim gehalten, während derer die Räte frenetisch an einer Einigung über die Modalitäten der jetzt fälligen Regentschaft («Regency») arbeiteten, der Vertretung des erst neun Jahre alten neuen Königs. Im Kronrat warf sich Edward Seymour, der Graf von Hertford, erst zum Herzog von Somerset, danach zum Lord Protector auf, zum Lenker Englands – ein Titel, den erst wieder Oliver Cromwell fast hundert Jahre später für seine Alleinherrschaft wählen wird. Auch Seymours jüngerer Bruder Thomas schnitt bei der Postenverteilung glänzend ab, er wurde Baron Seymour of Sudeley in Gloucestershire und zugleich Lord High Admiral, also Chef der Navy. Durch die Heirat ihrer Schwester Jane, der dritten Ehefrau Heinrichs VIII., waren die Seymours zu Mitgliedern der königlichen Familie geworden, zu Onkeln Eduards und seiner Halbschwester Elisabeth. Damit befanden sie sich in der Regency gewissermaßen in einer Pole-Position. Der jüngere Seymour, Thomas, hochgewachsen und gutaussehend, war ein «ladies' man», ein Magnet für die Schönen bei Hof, der physische Prototyp aller späteren Favoriten Elisabeths.

Er und Catherine Parr waren sich bereits vor der Heirat Catherines mit Heinrich so gut wie versprochen gewesen, was aber nicht reifen konnte, weil der König die bereits zweimal verwitwete Catherine als seine Gemahlin beanspruchte. Die Frau, immer fügsam, konnte – und durfte – nicht widerstehen. Jetzt aber erneuerten Thomas Seymour und sie ihre Liebe zueinander und heirateten heimlich drei Monate nach Heinrichs Tod, was einen Skandal auslöste, denn zur Heirat mit der «Queen Dowager», der Königinwitwe, hätte es der Zustimmung des Kronrats bedurft. Catherine Parr nahm nun Elisabeth in ihrer Residenz Chelsea Manor auf, wodurch Thomas Seymour, ihr Mann und Elisabeths Onkel, zum Vormund der Prinzessin wurde.

Doch da passiert etwas Unbegreifliches: Catherine, die in religiösen Fragen so Gewissenhafte, legt gegenüber Elisabeth und der Attraktion, die sich zwischen dem Mädchen und Seymour anbahnt, ihr Urteilsvermögen beiseite und macht zu der teilweise lasziven Herumtollerei zwischen dem Onkel und seiner Nichte nur gute Miene. Unglaubliche Szenen kommen später in den Geständnissen von Thomas Parry, Elisabeths Kämmerer, und ihrer geliebten Kat Ashley zutage. Seymour, der sich in den Besitz des Schlüssels zu Elisabeths Schlafgemächern gebracht hat, turtelt mit dem Teenager, beide in ihren Schlafgewändern, gibt ihr einen Klaps oder verfolgt sie bis in ihr Bett, wo sie sich in die äußerste Ecke zurückziehen muss, um weitere Aufdringlichkeiten abzuwenden. Ist sie die verfolgte Maid, oder genießt sie in Wirklichkeit das Spiel und seine sexuelle Stimulanz wie eine Initiation? Anfänglich hält Catherine alles für harmlose Späße, ohne zu bedenken, in welche Gefahrenzone sie das Mädchen bringt, eine Tudor-Erbin, die ihren Ruf zu verlieren droht und damit den Platz in der Thronfolge. Gelegentlich macht sie bei den Spielen sogar mit, begleitet einmal ihren Mann in Elisabeths Schlafzimmer, wo sie die Prinzessin in ihrem Bett nach Vergnügen kitzeln kann, oder hält ihn ein anderes Mal von hinten fest, während er seiner Nichte das Kleid zerschneidet, Streifen für Streifen. Der Mann, den man nach modernen Vorstellungen wahrscheinlich einen Pädophilen nennen müsste, versucht erst gar nicht groß, sich zu verstellen, die Dienerschaft ist Zeuge davon, was dieser Hasardeur mit sich und dem Schicksal Elisabeths anstellt.

Im März 1548 ist Catherine schwanger, mit 35 Jahren eher spät für eine Frau im 16. Jahrhundert. In ihrem Fall ist dies besonders ungewöhnlich, da sie in den drei vorangegangenen Ehen ohne Kind geblieben war. Die Schwangerschaft öffnet ihr die Augen für die riskante Ménage-à-trois, die sich in ihrem Haus zu entfalten droht. Auch Eifersucht muss eine Rolle spielen – eines Tages findet sie Lord Seymour in Umarmung mit Elisabeth, und es dämmert ihr, wie weit, viel zu weit alles bereits gegangen ist. So schickt sie Elisabeth zu einer Schwester von Kat Ashley nach Cheshunt am Nordrand Londons, in gute, unbescholtene Hände. Sie selber stirbt am 7. September 1548, eine Woche nach der Geburt ihrer Tochter, am Kindbettfieber, dem Fluch aller Wöchnerinnen damals; auch die Tochter überlebt nicht. Seymour, nicht genug damit, dass er die Regentschaft seines Bruders Edward in den Augen des Kronrats anzuschwärzen trachtet, erneuert nun sein Interesse an Elisabeth und einer Heirat mit ihr. Ignoriert er einfach, dass Heinrich in seinem Testament verfügt hat, seine Kinder dürften nur mit Zustimmung des Kronrats heiraten? Wie kann der bereits unangenehm aufgefallene Lord High Admiral annehmen, mit seinem Plan in der Regierung Gehör zu finden, von Elisabeth ganz zu schweigen?

Die Nemesis wartet schon. Dem Niedergang des Thomas Seymour geht eine Farce voraus: In der Nacht zum 17. Januar 1549 dringt er in den Schlaftrakt Eduards VI. im Hampton-Court-Palast vor – um den König zu kidnappen und damit das wichtigste Faustpfand seines Anspruchs als «Gouverneur» des Jungen in die Hand zu bekommen? Das Motiv bleibt unklar. Jedenfalls weckt das Geräusch des Eindringlings den Lieblingshund Eduards, einen Spaniel. Der beginnt zu bellen, worauf Seymour das Tier erschießt. Prompt wird er gefasst und in den Tower geworfen. Am 22. Februar verklagt der Kronrat den Tollkühnen auf

Hochverrat, wobei sein heimliches, unerlaubtes Werben um Elisabeth sowie der Versuch, seinen Bruder zu stürzen, die wichtigste Rolle spielen. Es wird buchstäblich kurzer Prozess mit Seymour gemacht, am 20. März folgt die Enthauptung.

Die Periode zwischen Januar und März 1549 ist für Elisabeth die größte Herausforderung ihrer frühen Jahre: Wie soll sie aus der Schlinge freikommen, die sich mit dem Sturz Lord Seymours auch um ihren Hals zu legen droht? Dass sie besser nicht zu eng mit dem Namen Seymour in Verbindung gebracht werden sollte, war ihre Erkenntnis schon beim Tod ihrer Stiefmutter Catherine im Jahr zuvor: Kat Ashleys Rat, dem Witwer ein Kondolenzschreiben zu schicken, schlug sie aus: «Ich will es nicht tun, denn er braucht so etwas nicht.» Was sie in Wirklichkeit meinte, war: *Sie* brauchte es nicht, die Assoziation mit einem Abenteurer, auch wenn die süße Erinnerung an ihn noch lebhaft in ihr rumorte und sie Berichten zufolge lächelte, wann immer sein Name lobend zur Sprache kam.

Doch die Verhöre im Umkreis des Prozesses gegen Seymour, die auch ihr bevorstehen, sind eine harte Prüfung: Könnte man ihr nachweisen, dass sie mit dem Verklagten in heimlichem Einverständnis über eine spätere Ehe stand, wäre das fatal für sie, denn ein Verstoß gegen die Auflage von Heinrichs Testament, dass bei Ehefragen der Kronrat zu bestimmen habe, kann nur den Ausschluss aus der Erbfolge nach sich ziehen, wenn nicht Schlimmeres. Elisabeth hat sich zum Glück nichts derart Gravierendes vorzuwerfen – aber würden ihr das auch die sie Verhörenden abnehmen? Noch vor der Verhaftung Seymours hat ihr Kämmerer Thomas Parry, eingedenk der Intimitäten in Chelsea, Elisabeth einmal geradeheraus gefragt: «Angenommen, der Kronrat sähe die legalen Erfordernisse für eine Heirat mit Lord Seymour erfüllt und würde ihr zustimmen – würde Lady Elisabeth ihn heiraten?» Worauf der Teenager eine berühmte Antwort gab, so ausweichend wie auch später immer, wenn das Thema Ehe an sie herantritt: «Wenn es so weit ist, werde ich das tun, was Gott mir eingibt.»

Diese Eingebung stand der Fünfzehnjährigen nach der Verhaftung Seymours nicht zur Verfügung, vielmehr war sie jetzt ganz auf ihre eigene Kunst angewiesen, sich der drohenden Katastrophe zu entwinden. Zum Glück ließen sich Beweise von Ehe-Kungeleien zwischen ihr und Thomas Seymour nicht finden. Das gelang auch Sir Robert Tyrwhitt nicht, der die Verhöre führte. «Meine Dienerschaft und ich», konstatierte Elisabeth gegenüber dem Abgesandten des Kronrats, «sind uns einig: Nie werde ich ohne Zustimmung des Königs oder seines Regenten heiraten.» Wie gut sie das Testament ihres Vaters verinnerlicht hatte! Tyrwhitt vermutete ein abgekartetes Spiel zwischen ihr, Ashley und Parry und schrieb frustriert an den Protektor Somerset, es sei «nichts aus Elisabeth herauszuholen außer mit großer List. Sie hat einen scharfen Verstand.»

Schließlich ging die Prinzessin, ihres Sieges sicher, zum Angriff über und verlangte in einem Brief an den Lord Protector Somerset, er möge dafür sorgen, dass allen verleumderischen Gerüchten über sie, wie dem, dass sie mit einem Kind von Seymour im Tower säße, widersprochen werde – sie seien ein Angriff auf die Ehre einer Thronfolgerin.

Somerset schrieb zurück, sie solle ihm die Namen der Verleumder nennen, was Elisabeth entrüstet von sich wies: «Zu denunzieren würde mir einen schlechten Ruf eintragen und die Menschen gegen mich aufbringen, was mir widerwärtig wäre». Stattdessen schlug sie eine Proklamation des Kronrats vor, ein Dementi aller ehrenrührigen Erfindungen über sie. Das geschah auch prompt. Einen letzten Aufstand zettelte sie gegen den Plan an, ihr anstelle von Kat Ashley Lady Tyrwhitt als Erzieherin zur Seite zu stellen. Sir Robert resignierte: Mit Elisabeth werde kein Mann fertig, eigentlich wäre es «passend, wenn sie zwei Gouvernanten hätte statt nur einer».

Was konnte die künftige Königin aus der Krise über die Menschen in ihrer Umgebung und über sich selber lernen? Ihre kolportierte Reaktion, als sie von der Hinrichtung Seymours erfuhr, war lakonisch, dabei tiefgründig: «An diesem Tag starb ein Mann mit viel Witz, aber sehr wenig Urteilskraft.» Als aber Hugh Latimer, König Eduards persönlicher geistlicher Beistand und Chefprediger des neuen Regimes, nach Seymours Tod das Andenken an diesen in einer herabsetzenden Tirade beschmutzte, entrüstete sie das zutiefst und ließ in ihr eine Abneigung gegen die Spitzen des Klerus wachsen, die sie ihr Leben lang nicht loswurde. Denunziation und Verleumdung der Toten – gegen beides wehrte sich ihr Ehrgefühl. Ein Verhalten, das ihrem zweiten Wahlspruch entsprach: «Video et taceo», ich sehe – und schweige.

Umso lebhafter standen ihr die Gefahren der Liebe vor Augen. Ihre Mutter und Catherine Howard, Heinrichs vierte Ehefrau, waren hingerichtet worden, Letztere neunzehnjährig wegen erwiesener Untreue. All das muss bei Elisabeth einen tiefen Vorbehalt gegen die Ehe ausgelöst haben. Ein weiterer Grund dafür kam hinzu, die damalige Häufigkeit des Todes von Frauen im Kindbett. Sollte sie den Thron – wenn nicht sogar ihr Leben – einer Heirat zuliebe aufs Spiel setzen? Zwei ihrer Stiefmütter, Jane Seymour und Catherine Parr, waren an Komplikationen bei einer Geburt gestorben. Auch was Fehlgeburten anging, sah die Bilanz der Tudors nicht ermutigend aus: Anne Boleyn hatte drei, Katharina von Aragon sogar vier gehabt, bald würden zwei Phantom-Schwangerschaften von Elisabeths Halbschwester Mary hinzukommen. «Die gynäkologische Spur der Tudors weckte bei Elisabeth keine Zuversicht über ihre eigene Fruchtbarkeit», schreibt Tracy Borman in «The Private Lives of the Tudors».

c *Lady Jane Grey, die Neun-Tage-Königin*

Neun Jahre liegen zwischen der Hinrichtung Thomas Seymours und Elisabeths Inthronisierung im November 1558. Neun Jahre der Turbulenzen, instabiler Regierungen, neun Jahre der Macht, die sich zu etablieren versucht, gestürzt wird oder kränkelnd dahinsiecht. Kein gutes Omen für die Stabilität der Tudor-Monarchie. Unter dem minderjährigen Eduard VI. sind die verschiedenen Lager von feindseligem Misstrauen gegeneinander infiziert und mehr am Ausstechen etwaiger Konkurrenten interessiert als an der Wohlfahrt des Landes. Als dann der König im Juli 1553 mit kaum sechzehn Jahren auch noch stirbt, tritt das Problem der Nachfolge wie ein Menetekel erneut an den Tag. Konflikte von Shakespeare'schem Zuschnitt zeichnen sich ab.

Noch ungeklärt sind die konfessionellen Fragen in dieser eben erst in den Protestantismus gezwungenen Gesellschaft. In Devon und Cornwall braut sich ein Aufstand zusammen gegen das von Erzbischof Thomas Cranmer 1549 verordnete «Book of Common Prayer», mit dem dieser versucht, alle katholischen Rituale endgültig auszulöschen. Dagegen protestiert der katholische Südwesten Englands, verlangt die Rücknahme der meisten von Cranmers Erlassen und fordert die Rückkehr zu den «Sechs Artikeln» der katholischen Lehre aus Heinrichs letzten Regierungsjahren. Edward Seymour geht brutal gegen die «Prayer Book»-Rebellion vor, holt zur Verstärkung italienische und deutsche Söldner ins Land und lässt mehr als 5000 Dissidenten niedermachen, ein Massaker, für das sich der anglikanische Bischof von Truro in Cornwall noch vor zehn Jahren in bewegenden Worten entschuldigte.

Im selben Jahr bricht in Norfolk im Osten der Insel eine andere Wunde auf, sie berührt nicht das religiöse Problem, sondern die wirtschaftliche Transformation Englands im 16. Jahrhundert: die Frage der Landwirtschaft. Die ländlichen Landlords, Kern der aufsteigenden Gentry, des halbadligen Besitzstandes, haben seit Langem große Agrarflächen dem Anbau entzogen und in «enclosures» verwandelt, abgezäunte Weiden für Schafe und die einträgliche Wollproduktion, die weniger Personal verlangt als die agrarwirtschaftliche Nutzung der Ländereien. Damit wird den Pächtern, den Kleinbauern, die von Ackerbau und Viehzucht abhängen, ihr ökonomisches Überleben fast unmöglich gemacht. Norfolk ist die erste Grafschaft, in der ein sich landesweit ausbreitender Groll ausbricht. Der Kronrat, der unzufrieden darüber ist, dass Somerset verständnisbereit auf diesen Unmut reagiert, schickt John Dudley, den Earl of Warwick, nach Norfolk, der «Kett's Rebellion» – so benannt nach dem Anführer Robert Kett – blutig niederschlägt.

Der Lord Protector steht nach diesen beiden Krisen in seiner Führung geschwächt da. Noch im Oktober 1549, nur sieben Monate nach der Hinrichtung seines Bruders Thomas, wird auch er gefangen genommen und wegen Mängeln seiner Amtsführung in den Tower verbracht.

John Dudley ist jetzt der Mann der Stunde, schiebt sich an Somersets Stelle an der Spitze der Regency, nennt sich aber nicht mehr Protektor, sondern nur «Lord President of the Council». Ohne Zweifel ein Coup d'État. 1551 lässt er sich zusätzlich zum Herzog von Northumberland ausrufen. Man könnte meinen, wir erzählten ein Bühnenstück, doch es ist Tudor-Geschichte in der Mitte ihrer Lebenszeit, das Rad der Fortuna dreht sich in wilder Beschleunigung.

Ein Wort zu den Namen in dieser Erzählung. Beim Studium der Tudor-Ära und der englischen Adelsgeschichte überhaupt begegnet man oft bei einzelnen Namen einer verwirrenden Titelvielfalt und stutzt, ob man noch weiß, mit wem genau man es jeweils zu tun hat. Durch zweite und dritte Ehen und deren Genealogie oder einfach nur durch Beförderungen heften sich an bestimmte Namen immer neue Adelstitel, und so laufen die bekannten Personen dann unter neuer Bezeichnung durch das nächste Kapitel ihrer Geschichte. John Dudley ist solch ein Fall, dessen Sohn Robert in Elisabeths Gunst ganz nach oben steigen wird und als Graf Leicester ihr späterer Favorit wird, durch Schillers «Maria Stuart» auch uns ein geläufiger Name. Seinem Vater John begegnet man unter Heinrich VIII. zum ersten Mal als Viscount Lisle, der sich in Schottland militärisch bewährt. Nach dem Tod des Königs, als die Kronräte sich gegenseitig Pfründe und Titel zuschanzen, wird aus Viscount Lisle der Earl of Warwick und Lord Great Chamberlain of England. 1551 dann macht er sich selber zum Herzog, zum Duke of Northumberland, und mit diesem Titel firmiert er von nun an in der Tudor-Geschichte. Aber er ist und bleibt der Herkunft nach immer John Dudley, ob als Viscount Lisle, als Earl of Warwick oder Duke of Northumberland. Dudley ist auch der Name, den seine große Kinderschar trägt, darunter vor allem die fünf erwachsenen Söhne, mit denen er Großes, Umstürzlerisches vorhat.

Doch zurück zu Edward Seymour, Herzog von Somerset, dem abgesetzten und inhaftierten Protektor, der sogar noch einmal freikommt und in den Kronrat zurückkehrt. Aber es ist eine trügerische Rehabilitierung – Northumberland wartet nur auf eine günstige Gelegenheit, den Konkurrenten endgültig loszuwerden, was ihm im Oktober 1551 gelingt, und zwar wegen erwiesener Umtriebe, ihn, Northumberland, zu stürzen. Somerset wird im Januar 1552 hingerichtet, fast drei Jahre nach seinem Bruder. So enden die beiden Onkel Elisabeths, die Brüder ihrer 1537 gestorbenen Stiefmutter Jane Seymour, auf ganz ähnliche Weise. Dem vierzehnjährigen König, Janes Sohn, der ein Tagebuch mit lauter lakonischen Eintragungen führt, fällt zum Tod von Edward Seymour nur eine Art Aktennotiz ein: «Dem Herzog von Somerset wurde der Kopf auf dem Tower Hügel abgeschlagen, zwischen acht und neun Uhr morgens.» Such is life.

Das Leben? Mit dem des jungen Königs geht es jetzt rapide zu Ende. Anfang 1553 entwickelt er Symptome von Tuberkulose, man wird bei seiner Obduktion auf einen Lungentumor schließen. Northumberland wittert seine Chance, in die Thronnachfolge einzugreifen, er steht dem König nahe, was jetzt ausschlaggebend wird, während Eduard über sein Erbe grübelt. Noch gilt Heinrichs VIII. Testament, wonach auf Eduard die Töchter Mary und Elisabeth folgen sollen und danach erst die Erben von Heinrichs jüngerer Schwester Mary und dem Herzog von Suffolk, Charles Brandon. Aber dem sterbenden König missfällt die Aussicht, dass mit seiner Halbschwester Mary eine Frau seine Nachfolge antreten soll, eine streng katholische außerdem, die versuchen könnte – was schließlich eintritt –, das protestantische Ruder herumzuwerfen und England zu rekatholisieren.

Das Unerhörte passiert: Eduard ändert das Testament seines Vaters in einem «Devise for the Succession» genannten Dokument, von dem die Wissenschaft bis heute rätselt, ob es den ehrgeizigen Einflüsterungen Northumberlands entsprang oder dem Willen des Monarchen selber, der im sechzehnten Lebensjahr die Fragen des Tudor-Königtums allmählich verstand und sie auf seine Weise zu beantworten suchte. Jedenfalls enterbt Eduard seine beiden Schwestern – Mary, weil er Gefahr für den englischen Protestantismus wittert, und Elisabeth, seine «sweet sister Temperance», weil sie wie Mary dem Grundsatz vom Vorrang der männlichen Erbfolge im Wege steht. Dass er bei den Brandons nur männliche Erben zulässt, überrascht dennoch, denn dort finden sich vorerst nur Frauen: Frances und Eleanor Brandon, die Töchter

Mary Tudors, sowie die drei Mädchen aus der Ehe von Frances mit Sir Henry Grey, Jane, Katherine und Mary.

Mangels männlicher Erben muss Eduard daher einen Kompromiss schließen. Er ändert sein Testament und schreibt statt des ursprünglichen Satzes «Die Krone geht an Lady Janes männliche Erben» jetzt: «Die Krone geht an Lady Jane und ihre männlichen Erben». Jane soll also laut der «Devise for the Succession» Eduard als Erste auf dem Thron folgen. Der König nennt es ausdrücklich eine «Ausnahme» vom Prinzip des Vorrangs männlicher Nachfolge.

Das aber ist die Stunde von John Dudley, dem Herzog von Northumberland, seine Familie in unmittelbare Nähe des Throns zu rücken. Noch am 25. Mai 1553 vermählt er seinen Sohn Guildford mit der sechzehnjährigen Jane Grey – gerade rechtzeitig, denn der König stirbt am 6. Juli. Auch sein Tod wird wie der Heinrichs VIII. tagelang geheim gehalten, bis Northumberland seine Karten für das kommende Hasardspiel geordnet hat. Am 10. Juli lässt der Kronrat, mehr von Northumberland gezwungen als überzeugt, im Tower von London, der nicht nur Gefängnis ist, sondern zugleich die erste Adresse aller Königspaläste, Jane Grey als Königin von England ausrufen.

Doch hat Northumberland einen großen Fehler begangen: Vor der Proklamation von Jane Grey hätte er Heinrichs Tochter Mary, nach dessen Willen die erste Thronanwärterin, festsetzen lassen müssen. Die aber ist, als sie vom bevorstehenden Tod des Königs hörte, schleunigst auf ihre Güter nach Norfolk ausgewichen, wo sie sich auf die Loyalität ihrer Pächter und Berater verlassen kann. Dort ruft sie sich selber zur Königin aus und ermahnt den Kronrat, Gleiches zu tun und «ihr Recht und ihren Anspruch» auf den Thron zu respektieren.

Northumberlands Coup kann nur in der Katastrophe für ihn enden – die Revolution frisst ihre Kinder. In London sehen die Köpfe der Regency ihren Fehler, die Proklamation von Jane, ein und bestimmen am 19. Juli Mary zur Königin. Northumberland, der mit seinen Milizen in Cambridge zum Kampf bereitstand, stimmt unter dem Druck des Kronrats zu. Es rettet ihn nicht mehr: Am 24. Juli 1553 wird er festgenommen und einen Monat später, am 22. August, wegen Hochverrats hingerichtet.

Neun Tage lang war Lady Jane Grey, die Enkelin von Mary Tudor, der jüngeren Schwester Heinrichs VIII., Königin von England. An der anderen Mary, der Tochter von Heinrich und Katharina von Aragon, kam die Geschichte jetzt nicht mehr vorbei. Der Anfangsjubel um Mary I. erklärt uns einiges über die konstitutionelle Verankerung der Monarchie im Bewusstsein der Zeit: Selbst bei Protestanten, die eigentlich dieser katholischen Frau fremd gegenüberstanden, überwog die testamentarisch festgelegte Legitimität der Thronfolge alle religiösen Vorbehalte. So konnten sie Mary die Loyalität zunächst nicht versagen. Auch hatten die Menschen genug von Northumberland und den anderen Dudleys und zogen die wahre Tudor-Erbin, Heinrichs Tochter, den Brandons aus Suffolk vor.

Mary wollte gnädig mit der Grey-Familie umgehen und deren Leben schonen, sie war befreundet mit Frances Brandon, der Mutter der drei Grey-Mädchen. So blieb die Verurteilung wegen Hochverrats – Jane hatte mehrere offizielle Dokumente mit «Jane, the Quene» unterzeichnet – zunächst unausgeführt. Das änderte sich im Januar 1554 mit der Wyatt-Rebellion, einem protestantischen Protest gegen Marys geplante Ehe mit dem spanischen Kronprinzen Philipp. Damit war das Schicksal der siebzehnjährigen Ex-Königin und ihres Mannes, Lord Guildford Dudley, besiegelt. Am 12. Februar 1554 kamen beide unters Beil, elf Tage später folgten ihr Vater und seine Brüder. Die überlebenden Dudleys dagegen, Kinder des Verräters Northumberland, wurden begnadigt. Sie konnten sich – auch Robert, Elisabeths späterer Favorit – in spanischen Diensten militärisch auszeichnen und sich, obwohl Mitglieder einer Verschwörer-Familie, rehabilitieren.

KAPITEL 4

Das Duell mit Mary I.

a Elisabeth tarnt sich als «Nikodemit»

Fünf Jahre vor Elisabeths Ankunft auf dem Thron steht England vor einer Zerreißprobe – welche Religion, die protestantische oder die katholische, soll künftig maßgeblich sein? Bis 1553 war der neue Glaube nur erst zaghaft in die Lebensgewohnheiten der Menschen eingedrungen, es waren vor allem der Hof und die geistliche Elite unter Führung von Erzbischof Thomas Cranmer, die die protestantische Wende propagierten und vorantrieben. London war schon damals tonangebend. Aber weite Teile des Landes hingen noch immer am katholischen Glauben, wie wir am «Prayer Book»-Aufstand von 1549 sahen, und freuten sich entsprechend über die Thronbesteigung der katholischen Mary. Konnten mit ihr nicht die lutherischen Häretiker aus ihren inzwischen erreichten Positionen verdrängt und die Trennung von Rom aufgehoben werden?

Eine Mahnung zur Umkehr artikulierte ausgerechnet Northumberland kurz vor seiner Hinrichtung, einem Spektakel, das an die 10 000 Zuschauer anlockte. Er war zum Katholizismus zurückgekehrt und hatte Klage geführt über «die Plagen, die unser Reich und uns heimgesucht haben, dafür, dass wir in den letzten sechzehn Jahren unseren Glauben verließen». Auf dem Schafott, wo Verurteilten traditionsgemäß ein letztes Wort zustand, bekräftigte er diese Aussage: «Und noch etwas muss ich euch guten Leuten sagen – ich warne und ermahne euch: Hütet euch vor diesen aufwieglerischen Predigern und Lehrern einer neuen Doktrin, die vorgeben, Gottes Wort zu verkünden, aber in Wahrheit nur ihre eigene Phantasie verbreiten.»

So dachte auch Mary, die neue Queen. Es war eine Herausforderung

Unter Erzbischof Thomas Cranmer wurde die protestantische Wende vorangetrieben: Allegorisches Gemälde der Herrschaft Eduards VI., mit dem liegenden Heinrich VIII. links und dem besiegten Papst im Vordergrund

für Elisabeth: Wie sichert man das eigene Überleben, wenn man einem anderen Glauben anhängt als die Königin? Die Unzufriedenen im Lande sahen in ihr, der Protestantin, die Kontrastfigur zu Mary. Damit war ein möglicher Aufstand nur einen Fußbreit entfernt. Mary, argwöhnisch, wusste vom Appeal ihrer inzwischen fast zwanzigjährigen Schwester, und welcher Magnet diese für potenzielle Rebellen war. Sie hielt daher ein scharfes Auge auf die Konkurrentin, immer in Erwartung, sie irgendwann in flagranti bei dem Versuch ertappen zu können, sie, die Königin, zu stürzen.

Aber Mary rechnete nicht mit der hochentwickelten Vorsicht der siebzehn Jahre Jüngeren, die sich auf keinen Fall eine Blöße geben wollte, die zu ihrem Schaden hätte ausgelegt werden können. Ein Katz-und-Maus-Spiel war die Folge. Elisabeth legte sich die Tarnung einer willigen Prinzessin zu, die angeblich «nachlernen» wollte in Fragen der katholischen Lehre, die um einschlägige Literatur bat, aber im Grunde in die innere Emigration abtauchte wie Roger Ascham, der große Gelehrte, oder William Cecil, der Verwalter ihrer Ländereien, der schon in Diensten Northumberlands gestanden hatte. Johannes Calvin sollte Dissidenten, die Übereinstimmung mit der gängigen Lehre heuchelten, verächtlich «Nikodemiten» nennen, in Anklang an die Figur des Nikodemus aus dem Johannes-Evangelium. Dieser, ein Mitglied des jüdischen Hohen Rats, des Sanhedrin, ein Mitglied des Establishments also, kam des Nachts heimlich zu Jesus, dem kontroversen Prediger, um von ihm zu lernen. Ähnlich empfahl es sich für Elisabeth und andere prominente «Nikodemiten», nicht aufzufallen und die Amtszeit der Schwester so gut es ging durchzustehen. Elisabeth war ja laut Heinrichs Testament nach Mary an der Reihe, musste also nicht mit den Füßen scharren vor Ungeduld.

Wie anders doch als bei Elisabeth die Jugend der 1516 geborenen Mary verlaufen war. Einen größeren Kontrast kann man sich nicht denken. Sie war nach der paulinischen Devise erzogen worden, dass die Frau sich unbedingt dem Mann unterzuordnen habe. Solch tugendsame Unterwerfung verstärkte bei Mary ein Grundgefühl der Insuffizienz – dass sie ihrem Urteil nicht trauen könne und als Frau zum souveränen Herrschen einfach ungeeignet sei. Anne Boleyn steigerte dieses Minderwertigkeitsgefühl bei ihr noch durch gezielte Gesten protokollarischer Erniedrigung. Unsicherheit, Angst und Wutausbrüche waren die Folge, eine Psyche, die in Gefahr war, ihre Balance zu verlieren. Die erzwungene Trennung von der Mutter tat 1531 ein Übriges, um die Fünfzehnjährige in einen Abgrund der Verzagtheit zu stürzen. Heinrichs Verachtung für Mutter und Tochter, die sich seinem Supremat über die Kirche nicht beugten, war grenzenlos – bis zu Katharinas Tod 1536 durften sich sie und Mary nicht mehr wiedersehen. Mary hatte daraufhin ihre erste «Hysterie», wie Maureen Waller in «Sovereign Ladies» darlegt – nach damaligem Sprachgebrauch Anzeichen einer unregelmäßigen Monatsblutung. Depressionen traten auf, Kopfschmerzen, Herzrasen, Atemnot und Unterleibsschwellungen. Eine tiefe Melancholie ergriff Besitz von ihr, ein Problem schon ihrer Großmutter Isabella von Kastilien und ihres Cousins Karl V. Einziger Halt war ihre unwandelbare Verwurzelung im alten, im katholischen Glauben.

b Philipp, der Spanier, und Mary heiraten

Zeit ihres Lebens stützte sich Mary, die Halbspanierin, die sich nie besonders englisch fühlte, vornehmlich auf spanische Ratgeber, zumal auf wechselnde spanische Botschafter am Hof. Bei ihrem Regierungsantritt war Simon Renard, der Gesandte Habsburgs, ihr Intimus in allen Fragen, die jetzt auf sie zukamen; sein Einfluss übertraf selbst den des Kronrats. Renard kannte Mary gut genug und wusste, dass sie ein Königtum ohne einen Ehemann für schlechterdings abwegig hielt. So machte er sich zum Heiratsvermittler für Philipp, den einzigen Sohn Karls V., der in Spanien bereits als Regent herrschte und 1555 nach der Abdankung seines Vaters als Philipp II. König von Spanien, den Niederlanden, Neapel und den beiden Sizilien werden sollte, darüber hinaus König der spanischen Besitztümer in der Neuen Welt – der mächtigste katholische Herrscher in Europa. Bei Renards erstem Versuch, Philipp ins Spiel zu bringen – es war Marys Krönungstag, der 1. Oktober 1553 –, bleibt die Königin noch zögerlich: Philipp ist elf Jahre jünger als sie, die 37-Jährige, und im Übrigen müsse sie zugeben, «Gedanken der Wollust» seien ihr völlig fremd. Wenn der Mann zu einer Liebesbeziehung neige, sei das «nicht ihr Begehr».

Renard lässt nicht locker und schildert Mary eindringlich die Feinde, denen sie ohne Mann alleine gegenüberstehen würde – die protestantischen Häretiker, die Parteigänger des hingerichteten Northumberland, die schottisch-französische Allianz und, nicht zu vergessen, ihre Halbschwester, auf der die Hoffnungen vieler Gegner ihres Regimes ruhen. Zehn Tage später und Mary ist wie verwandelt, Renard kann sein Glück kaum fassen: Die Queen und der Gesandte knien in ihren Privatgemächern vor dem Altar, singen gemeinsam ein «Te Deum», wonach sich Mary erhebt und wie verklärt deklariert, Philipp sei für sie vom Himmel gesandt – sie werde ihn «vollkommen lieben». Wie gut, dass sie nicht weiß, wie Philipp gleichzeitig in einem Gespräch diese Liaison einschätzt – als ein Opfer seinerseits, um England für Spanien «zu retten», nicht als Ausdruck einer Liebe zu Mary, der «alternden Jungfrau»,

Philipp, der Spanier, und Mary heiraten 67

Mary I. Tudor und Philipp II. von Spanien als Ehepaar

als die er sie beschreibt. Nach Marys Tod wird er an seine **Schwester** Johanna schreiben: «Ich spürte ein angemessenes Bedauern über **ihren** Tod.»

Im englischen Parlament reagiert man entsetzt auf den Heirats**plan**, einhellig wird der Spanier abgelehnt. Auf den unteren Rängen der Gesellschaft war Ausländerhass schon seit Längerem gang und gäbe, **aber** seit Heinrich VIII. England 1534 als «Empire unto itself» ausgerufen hatte, drang Xenophobie auch in die Elite als intellektuell und politisch akzeptabel vor. Doch es half nichts – schon im Januar 1554 traf **eine** große spanische Abordnung in London ein, um den Ehekontrakt auszuhandeln. Bei der Verkündigung der Klauseln in der Empfangshalle des Palastes von Whitehall suchte Stephen Gardiner, Bischof von Winchester und Lord Chancellor, die Zuhörer zu versöhnen: «Kein Spanier wird in den Kronrat aufgenommen oder erhält Aufsicht über Burgen oder Schlösser oder Stellungen am Hof oder irgendwo in England». Diesem Punkt stimmte Mary überraschenderweise zu: Konstitutionell behielt sie einen klaren Kopf und teilte Renard mit, eine Einmischung in die Regierung des Königreichs würde sie Philipp nicht erlauben, auch nicht die Besetzung von Stellen durch Fremde, «denn das Land würde solches nie dulden». Doch Mary irrte, wenn sie glaubte, mit einem katholischen Ehemann würde die Rekatholisierung Englands besonders gut gelingen. Das Gegenteil war der Fall: Die Unpopularität ihrer Heirat und die Feindseligkeit gegenüber Spanien sollten die katholische Religion erst recht als etwas Fremdes, Ausländisches ins Bewusstsein heben.

c Die Wyatt-Rebellion. Elisabeth im Tower

Mary war zunächst dankbar, dass ihre Schwester sich gutwillig zeigte, sich unter Tränen für ihre «Ignoranz» in Sachen der Religion entschuldigte und bat, durch einen Priester im katholischen Glauben unterwiesen zu werden; zur Messe wolle sie Mary regelmäßig begleiten. Doch nahm die Leidensmiene, die Elisabeth beim Gang zur Messe zeigte, ihr in den Augen der katholischen Partei viel an Glaubwürdigkeit. Auch Simon Renard meinte, sie heuchele, «um ihr Spiel desto besser spielen zu können». Ähnlich schrieb Antoine de Noailles, der französische Botschafter, an seinen Herrn, König Heinrich II., man glaube in London allgemein, Elisabeth besuche die Messe nicht aus ehrlicher Frömmigkeit, sondern «aus Furcht vor Gefahren, denen sie ansonsten ausgesetzt wäre».

Das traf die Wahrheit sehr genau. Denn Mary verriet Anzeichen eines religiösen Fanatismus, der mit Häretikern bald kurzen Prozess machen würde: 284 Protestanten wurden bis zum Ende ihrer Herrschaft im November 1558 «zum Heile der eigenen Seele» verbrannt, weitere einhundert starben in Gefängnissen, oft in Erwartung des Todes auf dem Scheiterhaufen. John Foxe, der Historiker und Märtyrologe, wird 1563 ein erstes Kompendium über die protestantischen Opfer von Verfolgungen veröffentlichen, die «Actes and Monuments», geschmückt mit großflächigen Holzschnitt-Illustrationen. Als «Foxe's Book of Martyrs» werden sie neben der Bibel zum meistverkauften Buch im England des 16. Jahrhunderts. Wir finden es später an Bord der englischen Schiffe, die 1588 gegen die spanische Armada kämpfen. Das Buch und die spanische Inquisition lösen eine mächtige Welle des Anti-Katholizismus in England und Schottland aus. Im populären Verständnis verschmolz Spanien damals mit dem Katholizismus zu einem Symbol absoluten Horrors.

Wie lange aber mochte es dauern, bis Prinzessin Elisabeth vom Fanatismus Marys eingeholt werden würde? Darauf wollten es führende Köpfe der Gentry, des niederen Adels, nicht ankommen lassen. Ein Aufstand gegen Marys vorgesehene Heirat mit Philipp von Spanien wurde ihr Programm, mit Sir Thomas Wyatt aus Kent als dem Motor des Ganzen. Geplant war, Mary und den Spanier durch Elisabeth und Edward Courtenay zu ersetzen, den Earl of Devon, der seinen Stammbaum auf den Plantagenet-König Eduard IV. im 15. Jahrhundert zurückführen und somit königliches Blut für sich behaupten konnte. Doch es war alles so kühn erdacht wie miserabel organisiert – die Regierung hatte im Vorfeld Wind bekommen, und der Aufstand brach zusammen, noch ehe er richtig begonnen hatte. Ende Februar 1554 wurde Wyatt festgenommen. An die neunzig Rebellen erlitten zusammen mit ihm den grausamsten aller Tode, der für Hochverrat bestimmt war – sie wurden gehängt, ausgeweidet und geviertelt, ihre Köpfe öffentlich zur Schau gestellt.

Wyatt und seine Komplizen hatten ungeprüft angenommen, die Straßen Londons würden blind dem Schlachtruf folgen: «Wir werden keinen Ausländer als unseren König hinnehmen!» Gewiss, der Abscheu gegen die spanische Heirat reichte tief. Doch stärker war die Bindung an die Monarchie als eine nationale Institution, der man Loyalität schuldete auch jenseits der Vorbehalte gegenüber der jetzigen Königin.

Und Elisabeth? War sie in den Aufstand oder seine Vorbereitung verwickelt? Zum zweiten Mal nach der Seymour-Affäre geriet sie ins Visier von Verdächtigungen, die diesmal weitaus bedrohlicher waren. Die Aufforderung Marys, nach London zu kommen und sich den Anschuldigungen zu stellen, traf sie wie die Bestätigung ihrer dunkelsten Ahnungen. Sie verließ Ashridge House in Hertfordshire, eines der ihr von Heinrich VIII. überschriebenen Anwesen, in langsamen Etappen, blass, kränkelnd und hoheitsvoll ganz in Weiß gekleidet, wobei sie die Vorhänge ihrer Sänfte oft zurückzog, damit die Menschen sie sehen konnten: Ihr großes Talent zur Kommunikation, zu «public relations», würden wir heute sagen, kam hier zum ersten Mal zum Vorschein. Am 23. Februar 1554 trifft sie in London ein, kurz nach Beginn des Wyatt-Prozesses. Aber niemand kann irgendwelche Schuldbeweise gegen sie vorbringen. Wyatt beteuert noch auf dem Schafott laut ihre Unschuld, sogar die Folter hat ihm nichts Belastendes gegen Elisabeth entlocken können. Doch Renard stichelt weiter – «vor der Prinzessin Elisabeth muss man sich sehr in Acht nehmen, ihr Geist ist voller Beschwörungen». Wenn man sich jetzt, wo die Gelegenheit günstig sei, Elisabeths nicht entledige, werde die Königin nie vor ihr sicher sein. Warum sollte man sie nicht in den Tower werfen?

Genau das beschließt am Ende der Kronrat. Am Karfreitag soll Elisabeth per Boot von Whitehall aus zum Tower gebracht werden, dem Ort der Hinrichtung ihrer Mutter. Man hat die Route zu Wasser statt durch die Straßen Londons gewählt, um mögliche spontane Demonstrationen für die zu Inhaftierende zu vermeiden. Wenigstens erlaubt man Elisabeth, einen Brief an die Königin, ihre Halbschwester, zu schreiben, will sie sich doch reinwaschen vom Vorwurf der Mittäterschaft bei der Wyatt-Rebellion. Es wird, wie David Starkey zu Recht geschrieben hat, «der Brief ihres Lebens». Bedenkt man Elisabeths düstere Ahnungen, dann beeindruckt die ruhige Hand, mit der sie in gut lesbarer Schrift ihre Beschwerden zu Papier bringt. Sie moniert unter anderem, dass ihr «ohne Nachweis meiner Schuld durch Euren Staatsrat der Befehl überbracht wurde, mich in den Tower zu begeben, jenen Ort, der für Verräter, nicht aber für eine treue Untertanin geeignet ist». Das Schreiben läuft auf eine zweite Seite über, nimmt dort aber nur zehn Zeilen in

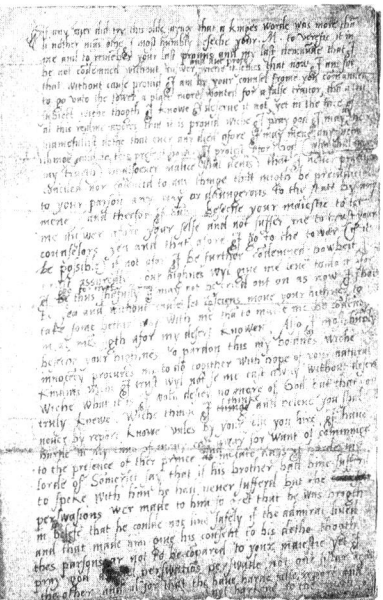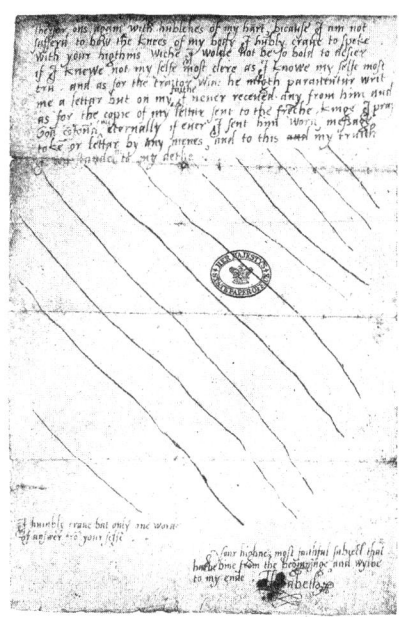

In einem Bittbrief an ihre Halbschwester, die katholische Mary I., schraffiert Elisabeth die nicht vollgeschriebene zweite Seite, um Fälschungen vorzubeugen

Anspruch. In Kenntnis der Hinterhältigkeiten bei Hof, der Tricks und Fallstricke, mit denen dort manchmal gearbeitet wird, lässt sich Elisabeth etwas Geniales einfallen: Sie füllt den verbliebenen unbeschriebenen Platz der zweiten Seite mit parallelen Diagonalstrichen, damit keine verräterische Hand ihr Schreiben mit einem Zusatz fälschen kann.

Sie hat sich Zeit genommen für den Brief, mit der Folge, dass die Wasserroute am vorgesehenen Freitag nicht mehr befahrbar ist. Denn die Themse, ein Gezeitenfluss, nähert sich gerade dem Höchststand, und der erlaubt keine Durchfahrt mehr zwischen den zwanzig Bögen der London Bridge, der einzigen Flussüberquerung Londons in jener Zeit. So kann die Einlieferung in den Tower erst am Karsamstagmorgen stattfinden. Elisabeth hat einen Tag gewonnen, und mehr als das: Der Brief, den die Wissenschaft heute den «Tide Letter» nennt, den bei Flut geborenen Brief, zeigt ihre Entschlossenheit, um ihren Kopf zu kämpfen – denn um nichts weniger als den geht es jetzt.

Nicht am berüchtigten «Traitor's Gate», dem Tor für die Hochverräter, gelangte Elisabeth ins Innere der Festung, wie ihr erster Biograph William Camden im 17. Jahrhundert in seinen «Annales» verbreitete, zur Steigerung der Dramatik des Augenblicks. Vielmehr ging sie über eine Zugbrücke am Tower Wharf, der allgemeinen Anlegestelle der Festung, an Land, wo sie vor den Wächtern unter Tränen beteuerte, sie sei keine Verräterin, sondern «eine treue Untertanin». Jenseits des Apartments, in dem ihre Mutter die zwei Wochen vor ihrer Hinrichtung verbracht hatte, konnte Elisabeth im Innenhof noch das Schafott sehen, auf dem am 12. Februar 1554 Lady Jane Grey ihr Leben verloren hatte. Ein Teil ihrer Dienerschaft durfte sie begleiten.

Die fast zwei Monate im Tower kamen Elisabeth wie das Vorspiel zum Untergang vor. Dass Gott sie aus dieser Gefahr erlöst habe, konnte sie später als Königin immer nur mit dem biblischen Bild von der Rettung Daniels in der Löwengrube fassen. Es gab wenige Lichtblicke. Einer muss offenbar der gleichaltrige Robert Dudley gewesen sein, der nach dem Staatsstreich Northumberlands zur Inthronisierung von Jane Grey zusammen mit seinen Brüdern noch immer im Tower einsaß, im «Beauchamp Tower», während Elisabeth im «Bell Tower» festgesetzt war. Die Haftbedingungen erlaubten der Prinzessin Freigänge im Garten oder in den Zwischentrakten des Gefängnisses, und obwohl beide, Elisabeth und Robert Dudley, später nie ein Wort über ihre gemeinsame Zeit im Tower verloren, geht die Geschichtsschreibung davon aus, dass hier wahrscheinlich eine Grundlage der engen Beziehung zwischen dem späteren Favoriten und seiner Königin gelegt wurde.

Während ihrer Haft kam Elisabeth ihr forensischer Verstand zu Hilfe: Was Robert Tyrwhitt zur Zeit des Seymour-Skandals nicht gelungen war (siehe Kap. 3b) – sie zum Eingeständnis irgendwelcher Schuld zu bewegen –, gelang auch nicht den Notablen, die sie diesmal im Tower verhörten. Die Beweise, dass sie irgendeine aktive Rolle in der Verschwörung gespielt hatte, waren dürftig. Auch wusste sie um die Spaltung im Kronrat, wo man sich nicht einigen konnte, was mit ihr geschehen sollte – wir dürfen etliche Nikodemiten unter den Mitgliedern vermuten. Dem Vorschlag des spanischen Botschafters, Elisabeth den Prozess zu machen, widersprachen gewichtige Stimmen: Falls Elisabeth verurteilt würde und Mary ohne Kind bliebe – würde dann nicht ein Bürgerkrieg drohen, das Ende der Tudor-Dynastie? So rang man sich schließlich zu einer milderen Bestrafung durch und verordnete Hausarrest in der stark vernachlässigten ehemaligen königlichen Residenz Woodstock nahe Oxford. Dort gelangte Elisabeth nach zwei Monaten im Tower in die Obhut von Sir Henry Bedingfield, einem etwas langsamen, dabei beflissenen Landedelmann aus Norfolk, der freilich seiner Gefangenen und ihrem Intellekt, wie sich bald erwies, nicht im mindesten gewachsen war.

Ihr Weg nach Woodstock entlang des Flusslaufes der Themse glich mehr einem Triumphzug als dem langsamen Verschwinden einer in Ungnade Gefallenen; Jubel und Sympathiebekundungen begleiteten sie. Bei ihrer Ankunft rief Elisabeth den wartenden Dienern zwei lateinische Wörter zu: «tamquam ovis», «wie ein Schaf», womit sich die Prinzessin auf eine Bibelstelle bezog (Matthäus 10,16): «Ich sende euch wie ein Schaf mitten unter die Wölfe; darum seid klug wie die Schlangen und ohne Falsch wie die Tauben.» Diese Version passte weitaus besser zur kampfbereiten Elisabeth als das fromme Bild vom Schaf und der Schlachtbank, ihr öffentliches Image. Die Schlange wurde eines ihrer Lieblingssymbole, schon als Nikodemit hatte sie sich «klug wie die Schlangen» erwiesen. Eingeritzt in ein Fenster in Woodstock fand sich später dieser Dreizeiler: «Much suspected by me./Nothing proved can be./Quoth Elizabeth the prisoner» – viel verdächtigt, nichts bewiesen, sagt Elisabeth, die Gefangene.

Die Art, wie sie Bedingfield behandelte, war die eines weiblichen Bully, der seine Überlegenheit in Status und Intellekt schamlos ausnutzte. Sir Henry wurde von ihr ins Gesicht als Trottel und Einfaltspinsel beschimpft. Wo ihr Vater einst durch seine physische Präsenz bedrohlich gewirkt hatte, konnte sie mit schneidenden Worten ähnlich einschüchtern, wie sie als Königin oft demonstrieren sollte. Auch in religiösen Fragen verhielt sie sich sperrig. Den katholischen Gottesdienst musste sie nolens volens mitmachen, aber sie bestand auf einer Bibel auf Englisch, obwohl sie mit dem Latein keine Probleme gehabt hätte – die englische Bibel war eben der Inbegriff des reformierten Glaubens. Bei den traditionellen Fürbitten nach der Messe ließ sie das Responsorium «Wir bitten Dich, erhöre uns» immer dann aus, wenn Philipps Name erwähnt wurde. «Sie wollte nicht für ihre eigene Irrelevanz beten», wie Starkey formuliert. Die Konditionen der Haft waren höchst paradox: Während sich Bedingfield und sein Schützling Zankereien um kleine Hafterleichterungen lieferten, durfte Elisabeths Kämmerer Thomas Parry sich im «Bull Inn» im nahegelegenen Ort Woodstock einrichten, Besucher und Sympathisanten empfangen und für seine Herrin den Kontakt zur Außenwelt aufrechterhalten.

d Philipp beschützt Elisabeth. Die «blutige Mary»

Wir schreiben den April 1555, Mary und Philipp haben Ende Juli 1554 geheiratet, jetzt ist die Königin hochschwanger – glaubt sie jedenfalls. Um ihren Triumph gegenüber ihrer Rivalin auszukosten, hat sie Elisabeth am 17. April zu sich nach Hampton Court beordert, damit sie Zeuge werde von der Geburt eines Nachfolgers oder einer Nachfolgerin, des Garanten von Englands katholischer Zukunft. Für Elisabeth ist es nach fast einem Jahr Hausarrest der erste freie Ausritt, aber sie macht sich keine Illusionen: Mary wird ihr gewiss neue Vorwürfe in der Wyatt-Frage machen, zu tief steckt in der Königin der unausrottbare Verdacht gegenüber ihrer jüngeren Halbschwester. Zwei Wochen lässt Mary Elisabeth in Hampton Court warten, ehe sie sie plötzlich eines Abends spät zu sich zur Audienz rufen lässt. In dem Raum kommt es Elisabeth so vor, als sei noch eine dritte Person anwesend, versteckt hinter einem Teppichbehang, oder nennen wir es einfach eine Art spanische Wand. Das Gespräch beginnt mit Worten der Unterwürfigkeit, Elisabeth kniet vor der Königin:

Gott beschütze Eure Majestät, ich werde immer eine so treue Untertanin sein wie nur irgendjemand; was immer man Ihnen berichtet, es ist so und nicht anders.
Mary: *Du bleibst also steif und fest bei deiner Aussage [nicht an der Wyatt-Rebellion beteiligt gewesen zu sein]? Vielleicht willst du auch sagen, du seiest ungerecht bestraft worden.*
Elisabeth: *Das würde ich zu Eurer Majestät nie sagen.*
Mary: *Vielleicht aber zu anderen?*
Elisabeth: *Nein. Ich habe die Bürde getragen und muss sie auch weiterhin tragen. Ich bitte Eure Majestät demütigst, eine gute Meinung von mir zu haben und zu glauben, dass ich von Anfang an Eure treue Untertanin gewesen bin und bleiben werde, solange ich lebe.*

Mary, den Kopf schüttelnd, murmelt ein leises «Wer weiß?». Sie reibt sich an dem Stolz der Jüngeren, die weder um Gnade noch um Verzeihung bettelt. Mary will ein Schuldbekenntnis, aber sie bekommt es nicht. Wer rettet Elisabeth vor dem ungestillten Hunger ihrer Schwester nach Bestrafung? Wer zähmt Marys aufgestauten Groll? Es ist der Lauscher hinter der Teppichtarnung, ein Spanier – niemand anders als Marys Gemahl Philipp. Während die Königin unwandelbar an eine bevorstehende Geburt glaubt, hat er längst seine Zweifel und beginnt, sich auf das Schlimmste einzustellen – eine Phantomschwangerschaft, als die sich Marys Zustand tatsächlich bald erweisen wird. Seine Zweifel verbinden sich mit strategischer Sorge: Was, wenn Mary kinderlos bliebe, was bei ihrem Alter – sie ist jetzt 39 – im 16. Jahrhundert für wahrscheinlich gelten muss? Wer rückt dann auf den englischen Thron, auf den er selber laut parlamentarischen Beschlüssen kein Anrecht hat? Die Katholikin Maria Stuart etwa, Enkelin von Margaret, der ältesten Schwester Heinrichs VIII.? Die schottische Maria, die in Frankreich aufwächst, ist dem Dauphin, dem französischen Thronfolger, versprochen und damit, sollte sie auf Mary folgen, potenzielle Herrscherin in drei Reichen: Frankreich, England und Schottland. Spanien wäre umringt von Feinden auf beiden Seiten des Kanals – ein Albtraum.

Philipp hat begriffen, wie kostbar für ihn nach Mary Elisabeth sein würde. Zwar ist sie keine Katholikin, aber das kann hinter dem wichtigeren strategischen Kalkül zurücktreten. Besser eine mit Spanien verbündete Protestantin auf dem englischen Thron als Frankreichs Schatten über der europäischen Politik. Die Koordinaten ändern sich: In diesem Moment hat sich Fortuna für Elisabeth entschieden. In Philipp von Spanien erhält die Prinzessin ihren wichtigsten Protektor.

Der Spanier, dessen Kompetenzen in England gleich null waren, leistete dem Land durch seinen Schutz Elisabeths einen großen Dienst – vielleicht seinen größten überhaupt. Es ist im Lichte der späteren Rivalität zwischen Elisabeth I. und Philipp II. von exquisiter Ironie, wie sich beide zu diesem frühen Zeitpunkt im Zeichen ihrer konvergierenden Interessen trafen. Philipp hatte sich hinter der spanischen Wand versteckt, um zu hören, ob Mary auch wirklich seiner Weisung folgte, Elisabeth nicht weiter zu behelligen. Auch Simon Renard, der Botschafter, ein treuer Diener seines Herrn, machte eine Kehrtwendung. Er, der noch ein Jahr zuvor für Elisabeths Liquidierung eingetreten war, plädierte jetzt dafür, sie als Thronerbin zu respektieren. Sie durfte nun auch an den Hof zurückkehren, wo Philipps Machtwort galt: Keine Nachstellungen gegen Elisabeth!

Ihrem Ehemann in solchen Fragen zu widersprechen war nicht Marys Art. Schließlich glaubte sie an den Mann als ihren «Gouverneur», fühlte sich himmlisch aufgehoben an Philipps Seite und handelte nach seinen Weisungen. Als er jedoch Ende August 1555 England in Richtung Brüssel verließ, um sich seinen Staatsgeschäften zu widmen und eine neue Kampagne gegen Frankreich vorzubereiten – er wird erst im März 1557 für kurze dreieinhalb Monate nach England zurückkehren –, fiel die Königin in tiefe Depression, ihr Trauma der Insuffizienz kehrte zurück. Wenn es noch eines Beweises bedurft hätte, wie wenig dem Spanier an seiner Ehefrau gelegen war und wie ihn das Leben in England langweilte, dann hätten diese langen Abwesenheiten ihn geliefert. Freilich verletzte es auch sein Ehrgefühl, dass ihm die englischen Gesetze keine herrschaftlichen Befugnisse einräumten und keine Krönung gestatteten.

Rührend hält Mary dagegen an ihrer Liebe zu ihrem Mann fest, schreibt ihm beinahe täglich. Aber alleingelassen zu sein heißt leider

Philipp beschützt Elisabeth. Die «blutige Mary» 77

Überantwortete fast 300 Protestanten als Häretiker dem Feuertod: Mary I., die «Blutige»

auch, ihrer wachsenden Paranoia gegenüber Häretikern anheimzufallen, die sie mit steigender Unnachgiebigkeit verfolgt. Hat Gott sie nicht mit der irrtümlichen Schwangerschaft dafür bestrafen wollen, dass sie nicht streng genug gegen die Feinde des wahren Glaubens vorging? Schon im Januar 1555 wurden die mittelalterlichen Häresiegesetze, die unter Eduard VI. abgeschafft worden waren, wieder eingesetzt. Sie erlauben, Unbekehrbare dem Feuertod zu übergeben. Damit will Mary Seelen retten, nicht sie bestrafen, denn Häresie gefährdet das ewige Seelenheil. So verwandelt sich Mary Tudor in «Bloody Mary», die blutige Mary.

Im Oktober 1555 ist die Reihe an den Bischöfen Latimer und Ridley, zwei führenden Köpfen der reformierten Kirche. «Sei guten Mutes,

21. März 1556: Erzbischof Cranmer, führender Kopf der protestantischen Wende, stirbt unter Mary I. den Feuertod, obwohl er dem neuen Glauben abgeschworen hat. Aus Reue darüber streckt er ostentativ die Hand, mit der er widerrufen hat, in die Flammen.
Zeitgenössischer Holzschnitt

Meister Ridley, und halte dich wie ein Mann», ruft Latimer dem Mitverurteilten zu, während die Flammen beider Scheiterhaufen bereits lodern. «Wir werden heute in England eine Kerze anzünden, die nach Gottes Gnade, wie ich hoffe, nie ausgelöscht werden wird.» Unvergessene Worte in den Annalen der protestantischen Märtyrer. Auch Thomas Cranmer, der einst als Erzbischof von Canterbury Heinrich VIII. und Katharina von Aragon geschieden und unter Eduard VI. den Protestantismus forciert durchgesetzt hat, entkommt seinem Schicksal nicht. Zunächst schrecken die Feuerqualen ihn wie Hunderte andere auch – sechsmal widerruft er seinen Glauben, schwört Luther und Calvin ab, bereit, zum Katholizismus zurückzukehren. Doch obwohl das kanonische Recht vorsieht, dass Protestanten, die mit Unterschrift ihre Umkehr besiegeln, begnadigt werden sollen, statuiert Mary an Cranmer ein Exempel: Seine «Missetat und Verbohrtheit gegen Gott» seien derart, dass er keine Schonung und Gnade verdiene. In ihm sieht sie das personifizierte Verhängnis, das mit dem Protestantismus über England gekommen ist. Cranmer, der erkannte, dass nichts ihn retten würde, widerrief am 21. März 1556 feierlich alle Widerrufe, mit einer Breitseite gegen den Papst, «den Antichristen mit all seiner falschen Doktrin». Zum Beweis der Reue über den Verrat an seinem Glauben hielt er die Hand, mit der er seine ursprünglichen Widerrufe unterschrieben hatte, ostentativ ins Zentrum der Flammen.

Der Tod Cranmers wurde zu einem Propaganda-Desaster für die Königin. Renard warnte seinen Herrn in dessen Amtssitz Brüssel: Die Verbrennungen könnten die Akzeptanz der römischen Kirche in England endgültig untergraben. Doch Philipp griff nicht ein. Die Praxis der Autodafés gegen Andersgläubige war in Spanien bereits Tradition und würde bald auf die spanischen Niederlande übertragen werden, zum Schrecken der holländischen Protestanten. In England dagegen wuchs der Abscheu. Hatte es unter Heinrich VIII. noch weitgehend öffentliche Zustimmung zur Hinrichtung im Feuer gegeben, unter Schmähungen der Verurteilten, so hatte sich die Stimmung inzwischen zu Mitleid und Sympathie für die Opfer gewandelt. Die Vollstrecker der Todesurteile erlaubten auch schon mal einen Beutel Schießpulver um den Hals oder die Hüfte des zum Tode Verdammten, um dessen Agonie durch eine Explosion zu verkürzen.

Je schärfer der religiöse Terror schnitt, desto mehr Zulauf erhielt Prinzessin Elisabeth, die erhoffte Erretterin. Der Countdown lief. Zum letzten Mal loderten die Scheiterhaufen am 11. November 1558, sechs Tage vor Marys Tod und Elisabeths Ankunft auf dem Thron.

e Vor den Pforten der Macht

Im März 1557 erschien Philipp ein einziges Mal noch in London, für knapp vier Monate, um Mary und das Parlament zu bewegen, sich an seinem für Juni geplanten Feldzug gegen Frankreich zu beteiligen. Was man ihm bewilligte. Aber nach sieben Monaten verlustreicher Kämpfe passierte am 1. Januar 1558 das größte anzunehmende Unglück: Calais, seit der Mitte des 14. Jahrhunderts in englischer Hand, wurde von den Franzosen erobert. Damit verlor England seinen letzten Stützpunkt auf dem Kontinent, den Rest des anglo-französischen Imperiums des Mittelalters. Mary wurde von Gram und Selbstvorwürfen verzehrt; man werde nach ihrem Tod, so jammerte sie, den Namen Calais in ihr Herz graviert vorfinden.

Nach dem Besuch Philipps hatte erneut die Wahnvorstellung einer Schwangerschaft von ihr Besitz ergriffen: Sie erwartete eine Niederkunft für den März 1558. Aber auch das erwies sich, grausame Wiederholung, als Einbildung. Zudem hatte Philipp sein Versprechen nicht eingehalten, bald zu ihr zurückzukehren. Unter der Wucht des dreifachen Verlustes – von Calais, dem imaginierten Kind, dem Ehemann – nahmen Marys Depressionen zu. Dreimal setzte sie zu einem Testament an, wie in einem Versuch, sich schrittweise der Realität des Abschieds zu nähern. Erst in der letzten Version vom 6. November 1558 erkannte sie Elisabeth offiziell als ihre Erbin an – jedoch unter der Bedingung, sie möge den wieder eingeführten katholischen Glauben hochhalten.

Elisabeths Antwort darauf ist uns in zwei Quellen überliefert, und die klaffen weit auseinander. Jane Dormer, eine frühere Hofdame von Mary, verheiratet mit dem neuen spanischen Botschafter Graf de Feria, schrieb in ihren Erinnerungen, Elisabeth habe ausgerufen: «Die Erde mag sich öffnen und mich verschlingen, wenn ich nicht wahrhaft römisch-katholisch bin.» Edwin Sandys, ein anglikanischer Bischof, der bald aus dem von Mary verhängten Exil zurückkehrte, berichtete es anders. Gegenüber zwei Mitgliedern des Kronrats habe Elisabeth geantwortet: «So viel verspreche ich – dass ich die Religion nicht ändern werde, sofern sie nachweislich auf dem Wort Gottes beruht, das die einzige Grundlage und Quelle meiner Religion sein wird.» Die Religion, sofern sie auf dem Wort Gottes beruht: Das ist ein deutlich protestantisches Credo. Nimmt man beide Statements zusammen, so erscheint das Bild einer Diplomatin, die in der Versöhnung des Gegensätzlichen den Weg der Heilung finden will. Ihre erste Antwort soll den mit Marys

Weggefährten besetzten Kronrat und die Katholiken insgesamt beruhigen, die zweite ihre protestantischen Freunde und Helfer.

Am 10. November, eine Woche vor Marys Tod, speist Graf de Feria mit Elisabeth in der Brocket Hall, nicht weit von ihrem Wohnsitz Hatfield House entfernt – er will sich rechtzeitig mit der kommenden Königin ins Benehmen setzen. Dabei bedankt sich die (Noch-)Prinzessin artig für alles, was Philipp für sie in der Vergangenheit getan habe. Aber dann provoziert der Botschafter die Königin in spe: Sie schulde ihre Nachfolge nicht der sterbenden Mary oder dem Kronrat, sondern allein der Unterstützung durch Philipp, den spanischen König. Das ist zu viel des Lobes für den Spanier, Elisabeth reagiert erregt und will überhaupt nichts wissen von der Rolle, die Philipp in ihrem Überleben gespielt hat: Das Volk habe sie da hingesetzt, wo sie jetzt sei, «und weder Eure Majestät noch der englische Adel haben damit etwas zu tun». Genau dies, die Liebe des Volkes, habe Mary verspielt, «weil sie einen Ausländer geheiratet hat». De Feria berichtet an den König: «Sie kommt mir vor wie eine Frau von großer Eitelkeit, aber scharfsinnig. Ich fürchte, in Sachen der Religion wird sie nicht den richtigen Weg einschlagen. (...) Sie scheint hoch entrüstet über alles, was ihr in der Thronzeit ihrer Schwester widerfahren ist.»

Noch mehr entrüstet sich Elisabeth über ein Pamphlet, das der puritanische Prediger John Knox aus seinem Genfer Exil wenige Monate vor Marys Tod veröffentlicht hat – eine vor Frauenfeindlichkeit strotzende Schrift, deren Titel bereits Programm ist: «Der Erste Stoß der Trompete gegen das monströse Regiment von Frauen». Man muss sich Knox in seinem Hass wie eine frühe Form des nordirisch-protestantischen Feuerspeiers Ian Paisley aus den letzten Jahrzehnten des 20. Jahrhunderts vorstellen, eines Kreuzfahrers gegen den Papismus wie Knox gegen die Frauenherrschaft. Obwohl spezifisch gegen Mary und andere führende Frauengestalten des 16. Jahrhunderts gerichtet, greift sein Text doch allgemeine Vorurteile der Zeit über Frauen und ihre angebliche Unfähigkeit auf, öffentliche Ämter zu bekleiden. Der Fanatiker donnert: «Frauen zu befördern, damit sie Herrschaft, Überlegenheit, Kontrolle oder Macht über ein Reich, eine Nation oder eine Stadt erwerben, ist unvereinbar mit der Natur, ein Hohn auf Gott und im Widerspruch zu seinem offenbarten Willen und seinen akzeptierten Verfügungen. Letztlich untergräbt es jede gute Ordnung und Gerechtigkeit.» Am 17. November 1558, dem Tag der Thronbesteigung Elisabeths, wird sich England zum zweiten Mal in Folge in diesen «Widerspruch» stürzen, aber das Regiment der neuen Queen wird in den nächsten 44 Jahren solche Vorhersagen Lügen strafen und dieser Frau in der Geschichte einen einzigartigen Platz zuweisen.

KAPITEL 5

Am Ziel:
Die Wende 1558/59

a Ernennungen auf lange Sicht: Dudley und Cecil

Die Prinzessin, 25 Jahre jung, trat nicht unvorbereitet in ihre gekrönte Stellung ein, ebenso wenig wie fast 400 Jahre später im Februar 1952 die zweite Elisabeth im gleichen Alter. Hinter ihr lagen Jahre der Erfahrungen, die wie ein Kurs in den Gefährdungen der Zeit waren. Das gewaltsame Ende zweier Ehefrauen ihres Vaters sowie der frühe Tod im Kindbett von Jane Seymour und Catherine Parr setzten in ihren Augen ein warnendes Fragezeichen hinter Heirat und Mutterschaft. Den verzweifelten Versuchen ihres Vaters und ihrer Schwester, einen männlichen Erben zu produzieren, wollte sie auf keinen Fall folgen. Dennoch wusste sie, dass die Zeitgenossen genau in dieser Frage größte Erwartungen an sie knüpften: dass sie heiraten und Kinder bekommen würde zur Sicherung der Tudor-Dynastie.

Die Lage des Gemeinwesens war unstet, wie Elisabeth in zwei Monaten Gefangenschaft im Tower und in dem Jahr Hausarrest danach am eigenen Leibe erfahren hatte. Männer wie die beiden Spitzen der Regency unter Eduard VI., die Herzöge Somerset und Northumberland, waren an ihrem Ehrgeiz zugrunde gegangen, was eine unschuldige Siebzehnjährige, Lady Jane Grey, mit in den Tod gerissen hatte. Mary hingegen hatte versucht, Religion wie in einem Terrorregime durchzusetzen. Das Rad der Fortuna – welcher Anschauungsunterricht! Und nichts war entschieden, am wenigsten der Ausgang des religiösen Streits, der England zu zerreißen drohte.

Ein anonymes Pamphlet, «The Distresses of the Commonweal»

(«Die Nöte des Gemeinwesens»), fasste die desolate Lage des Königreiches im Monat von Elisabeths Thronbesteigung in schnellen Staccato-Sätzen zusammen: «Die Krone verarmt, das Reich erschöpft, der Adel arm und am Absterben. Keine guten Kapitäne und Soldaten. Das Volk in Unordnung. Gerechtigkeit nicht ausgeführt. Alles teuer, vor allem Fleisch, Getränke, Bekleidung. Wir selber gespalten. Kriege mit Frankreich und Schottland. Feste Feindschaften, aber keine feste Freundschaft.» Ein Lamento, das kommendes Unheil verhieß. Die Worte spiegelten genau die Stimmung der Verzagtheit im Lande. Ein Gefühl dauernder Ungewissheit wird die gesamte Regierungszeit Elisabeths begleiten. Die Historikerin Helen Castor hat in einer kürzlich erschienenen Studie über die Königin deren Ära geradezu unter den Oberbegriff der «Unsicherheit» gestellt («Elizabeth I. A Study in Insecurity»).

Und ausgerechnet in diesem Moment trat erneut eine Frau ans Ruder, das vermeintlich schwache Geschlecht. Wenigstens war sie eine Protestantin – wenn auch keine sehr dogmatische. Ein Wettlauf um die Rechtfertigung des weiblichen Königtums setzte jetzt ein. Selbst John Knox versuchte beim Antritt Elisabeths, gleichsam die Kurve zu bekommen, und schrieb der Königin, er habe mit seinem Pamphlet vom April 1558 nicht ihre Autorität in Zweifel ziehen wollen. Vielmehr glaube er, Gott habe den Engländern in ihr, der Königin, dem schwachen Instrument, eine neue Deborah geschickt – die Prophetin aus dem Buch der Richter des Alten Testaments –, um die Feinde Englands zu vernichten wie einst die Israels. Elisabeth freilich weist eine solche entschuldigende Erklärung ihrer Rolle als Frau weit von sich. Nicht der Religion, nicht dem Protestantismus sieht sie ihre Legitimität geschuldet. Denn was ist mit jenen Untertanen, die dieser Konfession nicht angehören? Wie sollen die ihre Loyalität zur Krone begründen? Ihr Thronrecht leitet sie einzig aus dem Blut ab, der Erblinie der Tudors; darauf gründet sie den Anspruch auf Gefolgschaft.

Die Legende besagt, dass Elisabeth in Hatfield House die Nachricht vom Tod ihrer Schwester unter einer Eiche sitzend empfing. Belegt ist der Ring, den man Mary I. nach ihrem Tod vom Finger zieht und der nur vier Stunden später der neuen Königin überreicht wird, das Signal der Amtsübergabe. Die Nachricht vom Tod Marys quittiert Elisabeth mit einem Wort aus Psalm 118, Vers 23: «A domino factum est illud et est mirabile in oculis nostris» – «Dies ist vom Herrn geschehen und ist ein Wunder vor unseren Augen». Das richtige Bibelwort im richtigen Augenblick gehört zur gehobenen Konversation dieses Zeitalters. In dem mit Abstand besten aller Elisabeth-Filme, «Elizabeth R» von 1971, spielt Glenda Jackson die Königin im Moment der Übergabe des Rings an sie mit jugendlichem Enthusiasmus, eine magische Szene.

Mit Elisabeth kommen jetzt ihre eigenen Leute zum Zuge, auch Mitglieder der Boleyn-Familie und natürlich Robert Dudley, der Sohn des hingerichteten Herzogs von Northumberland. Als ihr Oberstallmeister («Master of the Horse») erhält er eine sozusagen reichsunmittelbare Funktion, immer in größter Nähe zur Queen und in engster Absprache mit ihr. Die politisch bedeutsamste Personalentscheidung hingegen fällt zugunsten von Sir William Cecil aus, der mehr wird als der Primus inter pares von Elisabeths politischen Beratern – er wird ihr Erster Sekretär, praktisch der Kopf der Regierung. Die Königin kennt ihn, er hat seit Längerem ihre Ländereien verwaltet. Er hat Erfahrung als Berater unter Eduard VI. und diente, ein diskreter Nikodemit, als Rechtsanwalt auch unter Mary I. Cecil ist ein Genie von einem Manager der Macht, ein Workaholic wie Elisabeth selber, auf gleicher Wellenlänge mit ihr, abwägend, dabei stärker verwurzelt im Protestantismus als sie und ewig besorgt um die Thronnachfolge und Elisabeths Weigerung zu heiraten. Ciceros Abhandlung «De officiis» – «Über die Pflichten» – trägt er täglich bei sich.

Elisabeth weist Cecil, ihren «Spirit», wie sie ihn bald nennt, mit berühmten Worten in sein Amt ein: «So werde ich Sie beurteilen: dass Sie sich durch kein Geschenk korrumpieren lassen, dass Sie dem Gemeinwesen treu dienen und dass Sie ohne Rücksicht auf meinen privaten Willen nur den Rat geben, den Sie für den besten halten, und alles, das Ihnen notwendig erscheint mir vertraulich zu berichten, auch wirklich nur mir mitteilen. Seien Sie gewiss, dass ich diese Verschwiegenheit meinerseits einhalten werde. Dies ist mein Auftrag an Sie.» Im Kronrat nach seinen Beziehungen zur Queen befragt, gab Cecil später zur Ant-

William Cecil, Elisabeths Staatssekretär und wichtigster Berater, als Lord Burghley im Ornat des Hosenbandordens

wort: «Ich habe meine abweichende Meinung. Solange Ihre Majestät mich um meinen Rat fragt, werde ich nicht das Gegenteil dessen sagen, was ich glaube, denn das wäre eine Beleidigung Gottes, dem ich zuerst Treue geschworen habe. Aber als Diener Ihrer Majestät werde ich ihren Befehlen folgen und nicht dagegen handeln, denn da sie Gott als sein erster Vertreter auf Erden dient, ist es Gottes Wille, dass man ihren Befehlen gehorcht. Damit habe ich meine Pflicht als Berater erfüllt und werde ihr den Erfolg wünschen, den sie sich erhofft.»

Historiker streiten bis heute, wie viel von Elisabeths Regierung ihre Handschrift trug und wie viel die ihrer Berater. Hatte sie mit Cecil nicht großes Glück, fragen manche, um die Leistung der Königin zu schmälern. Der Gedankengang geht in die Irre. Wer ernannte denn ihr Personal, so muss man zurückfragen, einen Cecil, einen Dudley, später Walsingham, Hatton, Drake und viele andere? Machiavelli schrieb, eine gute Regierung erkenne man an der Qualität der Berater. Es waren allesamt Elisabeths Berufungen, auf die es ankam, was die Frage nach dem jeweiligen Beweger hinter den Entscheidungen der Queen ins zweite Glied rückt. Dass William Cecil, der spätere Lord Burghley, sich als eine der herausragenden Figuren des politischen 16. Jahrhunderts herausstellte, ein großer Realpolitiker, und in dieser Hinsicht für Elisabeth und für England ein Glücksfall war, steht dabei außer Frage.

b Die «zwei Körper» der Königin

Ihrem Volk sichert die neue Königin gleich zu Anfang «Liebe und Sorgfalt» zu und erinnert im Gegenzug an Pflichten, «wie sie natürlich sind für gute und wahrhaft liebende Untertanen». Früh klingt hier eine Grundmelodie ihres künftigen Umgangs mit den Menschen in ihrem Reich an: die Gegenseitigkeit von Zuneigung und Fürsorge, das «do ut des» eines Vertrags zum beiderseitigen Nutzen. Nicht mehr pocht sie einzig auf die Autorität ihres Amtes, wie Mary es tat – sie will sich die Zuneigung ihrer Untertanen verdienen und damit als Gegenleistung deren Liebe und Sorge um sie, die Königin.

Man muss genau hinhören auf die Nuancen dieser Ankündigung: Für eine Frau, die wahrscheinlich im Innern längst entschlossen ist, nicht zu heiraten – was ihr 1558 und noch lange danach niemand abnahm, man hielt ihr wiederholtes Bekenntnis für die Schamhaftigkeit der Jugend –, für sie ist es vorrangig, ein anderes Vokabular aufzubauen als immer nur den Referenzrahmen von Frau, Heirat und Ehemann. Wie aber löst sich eine unabhängige Frau von der allgemeinen Überzeugung, dass letztlich ein Mann der «Gouverneur» des Reiches sein werde? Es wird für Elisabeth darauf ankommen, die Bindung an sie, den Souverän, jenseits dieses Stereotyps zu definieren, denn sie ist nicht gewillt – was mehr und mehr zum Vorschein treten wird –, die

Macht mit einem Ehemann zu teilen. So weicht sie aus: In der Liebe des Volkes will sie ihren Partner finden. Es ist ein geschickter Wechsel der Perspektive. Bereits drei Tage nach ihrem Antritt trägt sie vor den in Hatfield versammelten Lords vor: «Da ich als natürlicher Körper geboren wurde, aber dank [Gottes] Auftrag den politischen Körper empfangen habe, um zu regieren, so werde ich euch alle um Hilfe bitten, damit wir – ich mit meiner Herrschaft und ihr mit eurem Dienst – Gott gerecht werden und der Nachwelt Geborgenheit hinterlassen.»

Elisabeth greift damit das mittelalterliche Konzept der «zwei Körper» auf: Der «body natural» ist sterblich, das kann, das muss die Frau konzedieren, doch im «body politic», der juristischen Person, repräsentiert sie die Immanenz des Staatswesens über ihre Lebenszeit hinaus; das ist der eigentliche Trumpf, der ihre Hoheit begründet. Als «body natural» ist sie vergänglich, als «body politic» unsterblich wie das Reich, das sie verkörpert. Zu dessen Stabilität aber benötigt sie keinen Ehemann – das könnte nur Dissens und Krisen heraufbeschwören wie bei Mary. Ihr Auftraggeber ist Gott, und verheiratet ist sie mit England, wie sie in ihrer ersten Parlamentssitzung im Februar 1559 verkünden wird. Sie braucht keinen Gemahl, sie braucht die Kooperation derer, die dazu aufgerufen sind, im Kronrat und im Parlament, sowie die Zuneigung des Volkes. Die Stufenfolge der Hierarchie liegt fest: Gott hat sie gerufen, das Parlament wird mit eingebunden, das Volk, «my loving people», wie es von nun an bei jeder Gelegenheit heißt, rundet das Bild. Es ist eine «amorous servitude», wie es ein Kritiker genannt hat, eine Leibeigenschaft der Liebe, ohne Ehemann.

An öffentlichen Ratschlägen, wie die Königin die religiöse Frage handhaben sollte, fehlte es nicht. Richard Goodrich, ein namhafter Rechtsanwalt, riet ihr zur Vorsicht: Sie möge jedermann vorerst rätseln lassen über ihre wahren Intentionen. «Dissemble all», schrieb der Jurist, «macht allen etwas vor». Goodrichs Ideen griff ein anonymer Autor mit einer Schrift «Device for the Alteration of Religion» auf – wie man die Religion ändern solle. Auch er empfahl Vorsicht: Den Protestantismus sogleich neu einzuführen, würde womöglich Frankreich und Schottland ermuntern, den Kampf gegen das häretische England fortzusetzen. Geradezu prophetisch sah er voraus, wie schnell Elisabeth, was den Ritus anging, zwischen alle Stühle geraten würde: Die Katholiken würden ihrer Dominanz nachtrauern, die Protestanten jammern, die Königin gehe nicht weit genug. Man werde ihrer Reform «versteckten Papismus» vorwerfen oder ein «mingle-mangle», ein theologisches Durcheinander. Genau so kam es. Elisabeth, die sich zu einem «mittleren Weg» entschloss, einer «via media» zwischen den Extremen zum Anglikanismus, unterdrückte auch die extremen Protestanten, die Puritaner, mit strengen Gesetzen: Es sei besser, sie leiden zu lassen, als mit ihrem Fanatismus das ganze Gemeinwesen zu gefährden. Weltverbesserer waren ihr ein Gräuel. An der neuen Religion würden weder Papsttreue noch Puritaner rütteln dürfen.

c Souveränes Theater: Elisabeth und ihr Volk

Am 28. November 1558 nahm Elisabeth, dem alten Königsbrauch folgend, vom Tower Besitz. Ganz London schien versammelt, sie zu begrüßen. Sie war in ihrem Element, sprach mit so vielen Herbeigeeilten wie möglich. «Wenn irgendjemand das Talent oder den Stil besaß, die Herzen der Menschen zu gewinnen, dann diese Königin», schwärmte der Historiker Sir John Hayward später. «Alle ihre Fähigkeiten waren in Bewegung, und jede Bewegung glich einer gut durchdachten Aktion. Diesem schenkte sie ihr Auge, jenem ihr Ohr, einem Dritten ihr Urteil, und einen Vierten sprach sie direkt an – ihr Geist war überall, wobei sie ihr Lächeln, ihr Äußeres, ihre Anmut so kunstvoll verteilte, dass jeder vor Freude überfloss und nur mit dem allergrößten Lob von der neuen Herrscherin sprach.» Elisabeth hatte offenbar das, was man heute den «common touch» nennt, verband Majestät mit Milde, ohne dabei ihre Würde einzubüßen. Sie hatte das Naturell einer Schauspielerin, einer großen Diva, die sich der Liebe der Menschen – ihrer Fans – versichern wollte. De Feria, der spanische Botschafter, missbilligte das: Wie könne man sich so weit zum Volk herablassen?, bemängelte er vom Hochsitz einer ganz anderen, stolzen höfischen Kultur.

Ihrem Hang zum Okkultismus folgend hatte Elisabeth den Astrologen, Mathematiker und Alchemisten Dr. John Dee gebeten, nicht nur ein Horoskop für sie zu erstellen, sondern auch den Krönungstag festzulegen. Dee, der Geisterbeschwörer, wählte den 15. Januar 1559: Damit werde ihre Amtszeit «glorreich und wohlhabend» ausfallen. Die Prozession am Vortag, über vier Meilen vom Tower nach Westminster, kam einem Triumphzug gleich und war damit das genaue Gegenteil von Marys Krönungsumzug 1554, den die Königin mit verschlossener Miene kommentarlos absolviert hatte. Die großen PR-Talente Elisabeths wurden voll eingesetzt, um die harmonische Beziehung zwischen der Monarchin und ihrem Volk herauszustreichen. Propaganda war das Stichwort.

Pomp zu entfalten bei königlichen Zeremonien lag den Engländern schon immer, und so hatte sich London auch diesmal etwas Exquisites einfallen lassen zur Glorifizierung der neuen Herrscherin. Entlang der Route inszenierte man fünf Historienspiele als allegorisches Theater. Das erste galt der Tudor-Genealogie, «Die Prozession der Rosen» von Lancaster und York, die auf Elisabeth zulief, gestützt auf Eintracht und Einheit; zum ersten Mal in 25 Jahren erschien dabei die einstige Persona non grata Anne Boleyn an der Seite von Heinrich VIII. Auf der zweiten Bühne saß ein Kind als Königin auf dem «Thron des würdigen Regierens». Das dritte Bild inszenierte zwei gegensätzliche Ideen – ein blühendes und ein absterbendes Commonwealth. Eine Figur namens Wahrheit erscheint und empfängt vom Himmel eine englischsprachige Bibel – dies Buch, so erklärt ein Kind in bewegenden Versen, habe die Menschen gelehrt, ein absterbendes Reich in ein blühendes zu verwandeln. Die Wahrheit überreicht daraufhin Elisabeth die Bibel, die sie küsst und an ihr Herz drückt. Die Menschen in den Straßen von London waren verzückt. Historienbilder vier und fünf betonten Bildung und Weisheit der Königin und stellten sie schließlich in den Kontext der Deborah-Legende des Alten Testaments, mit der auch John Knox sie, zu ihrem Missvergnügen, in Verbindung gebracht hatte. Jetzt gehörte dies zum Ritual, dem Elisabeth nicht widersprach.

Vor den Notabeln der Stadt legt sie ein Geständnis ab: «Ich werde so

Krönungsbild Elisabeths von 1559.
Postum angefertigte Kopie eines verloren gegangenen Originals

gut zu euch sein, wie nur je eine Königin zu ihrem Volke war. Dazu wird es mir weder an Willen noch, wie ich voraussetze, an Macht fehlen. Und seid versichert, dass ich um eurer Sicherheit und Ruhe willen selbst mein Blut vergießen würde, sollte das nötig sein.» Worte, die sie fast identisch 1588 wiederholen wird, in ihrer Tilbury-Rede zum Triumph über die spanische Armada. Zehn Tage nach dem Festzug am Vorabend der Krönung verlässt der gedruckte Bericht über dieses Ereignis die Druckerpresse, ein Bestseller mit mehreren Auflagen. «Public relations», brillant inszeniert. Wenn das elisabethanische Zeitalter die Geburt des englischen Theaters erlebte, so ist auch richtig, was immer wieder hervorgehoben wurde: dass die Königin die erste Schauspielerin darin war, auf der Bühne ihres Königtums.

Da die ranghohen, (noch) katholischen Bischöfe von Canterbury und York davor zurückschreckten, eine Häretikerin zu krönen, sprang Owen Oglethorpe ein, der Bischof von Carlisle, der freilich bereits zu Weihnachten in einen heiligen Zank mit der Königin geraten war. Entgegen ihrer Weisung, bei der Wandlung, dem Kern der katholischen Messfeier, die Hostie nicht dem Brauch gemäß emporzuheben, tat er es doch, unter Protest der Königin, die ostentativ aufstand und die Kirche verließ. Das Debakel wiederholte sich am 15. Januar 1559, dem Tag der Krönung. Oglethorpe hob erneut die Hostie während der Wandlung, und wieder verschwand Elisabeth in einen Nebentrakt der Westminster Abbey, wo sie durch Vorhänge den Blicken der Öffentlichkeit entzogen war. Danach erschien sie erneut, unter dem Applaus der Kongregation. Als es schließlich zur Salbung kommt, beschwert sie sich über das «schmierige, schlecht riechende Chrisma», das Salbungsöl von Marys Krönung: «Dieses heilige Öl ist Aberglaube, um die einfachen Menschen zu blenden. Die benutzen Olivenöl aus Spanien, sehr gut für Salate.» Die neue Königin lässt schlicht keine Gelegenheit aus, ihr Denken kundzutun – auch darin ist sie der Souverän. Lesungen und Evangelium werden zweimal vorgetragen, auf Latein und auf Englisch, doch hat Elisabeth, weil Oglethorpe insistierte, zugelassen, nach römisch-katholischem Ritual gekrönt zu werden: Es ist das letzte Mal in der englischen Geschichte. Als Cecil Elisabeth die Bibel reicht, auf die sie den Krönungseid schwört, wird sie als «Verteidigerin des wahren, alten katholischen Glaubens» proklamiert. Ein theologisches «minglemangle», wie es der anonyme Autor des «Device for the Alteration of Religion» vorausgesagt hatte.

d Die religiöse Einigung: Zwischen allen Stühlen

Eine Einigung in Religionssachen musste aber gefunden werden, sollte das Reich nicht in neuen gefährlichen Zwist abdriften. Dazu war das Parlament aufgerufen, das sich am 25. Januar 1559 zu seiner ersten Sitzung in der Ära Elisabeth einfand. Sir Nicholas Bacon, der Lordsiegelbewahrer, eröffnete sie namens der Queen in versöhnlichem Ton: Gott habe dem Land eine Herrscherin geschenkt, der nichts auf der Welt so wichtig sei wie die Liebe und der gute Wille ihrer Untertanen. Man sieht: Der Refrain der Königin, die wie selbstverständlich vorausgesetzte Liebe der Untertanen zu ihr, war bereits in den Köpfen ihrer Berater verankert. «Eure neue Herrscherin», so führte Bacon aus, «wird nicht derart an ihren Willen und ihre Phantasie gekettet sein, dass sie zur Befriedigung derselben alles tun würde, ihr Volk zu versklaven und zu knechten» – eine programmatische Distanzierung vom Regime Marys. Gleichzeitig ermahnte der Sprecher die Abgeordneten, Religion unter Vermeidung extremer Vokabeln zu diskutieren. Also keine Schmähungen wie «Häretiker», «Schismatiker» oder «Papist»! Diese Worte der Vorsicht waren vor allem eine Verbeugung vor dem Oberhaus, wo eine erdrückende Mehrheit von Katholiken – Bischöfe und Adlige – dominierte. Die will gewonnen werden.

Das Parlament ist zur Entscheidung aufgerufen. Wird die elisabethanische Gründung, die Gründung der anglikanischen Kirche, gelingen? Auf der Agenda stehen zwei Gesetze – der Act of Supremacy und der Act of Uniformity. Der erste soll das Supremat des Souveräns in Belangen der Religion bekräftigen, der zweite eine einheitliche Glaubenspraxis festlegen. Das Unterhaus, in dem mehrheitlich die Reformierten das Sagen haben, reicht nach nur zwei Wochen Beratung den Entwurf beider Gesetze an die zweite Kammer weiter, das House of Lords. Doch da treffen die beiden «Acts» auf den Prellbock des Widerstandes. Die Peers verwässern, was sie als protestantische Liturgie bemängeln, und setzen sogar hinter das Supremat der Königin ein Fragezeichen.

Da bedient Elisabeth sich eines Tricks: Um die Regel zu umgehen, dass man sich als Monarch im Parlament während der Sitzungswochen nicht einmischt, wählt sie die Osterpause zu einem Streitgespräch in der Abtei von Westminster, wo je acht Männer der beiden verfeindeten Lager – vier Geistliche, vier Gelehrte – über den weiteren theologischen Weg diskutieren. Es ist ein Forum außerhalb des Parlaments, da kann der Souverän nach Gutdünken walten. Beweisgrundlage der Disputation soll allein die Schrift sein, keine Auslegung der Kirchenväter oder anderer Vermittler – die protestantische Methode schlechthin, gemäß den Worten Elisabeths elf Tage vor Marys Tod: «So viel verspreche ich – dass ich die Religion nicht ändern werde, sofern sie nachweislich auf dem Wort Gottes beruht, das die einzige Grundlage und Quelle meiner Religion sein wird.» Doch das Streitgespräch – «eine gezinkte Disputation», wie es Patrick Collinson genannt hat – verzettelt sich rasch in einen Disput über Fragen der Prozedur und muss abgebrochen werden.

Nach Ostern übernimmt das Parlament wieder die Führung, die Spannung steigt, wie die Königin den unausgeräumten Konflikt zu lösen gedenkt. Aber Elisabeth hat nachgedacht und passt ihre Taktik jetzt der strittigen Lage an. Die seit Heinrich VIII. übliche Formulierung für den Souverän als «Supreme Head of the Church» war auch im Unterhaus als anstößig empfunden worden, und zwar von den Protestanten, die in religiösen Fragen keine Frau als Kopf akzeptieren wollten – sie hatten schon genug Schwierigkeiten mit einer Frau als Souverän –, und von den Katholiken, die ohnehin im Papst das Oberhaupt der Kirche sahen. So wurde der Titel geändert vom «Supreme Head» zum «Supreme Governor» der Kirche, was bis heute gilt.

Auch in der Liturgie und deren Kern, beim Abendmahl, triumphierte der Kompromiss. Bisher war bei der Wandlung der Satz aus dem «Prayer Book» von 1549 gesprochen worden, der noch ganz unter dem Eindruck der späten katholischen Wende von Heinrich VIII. stand: «Der Leib unseres Herrn Jesus Christus, der für euch hingegeben wurde, um Körper und Seele für das ewige Leben zu bewahren.» Das hatte die Katholiken versöhnt, die in dieser Formulierung die «reale Präsenz» des Leibes Christi aufgehoben sahen. Doch an diese Stelle trat jetzt die Version aus dem «Prayer Book» von 1552, aus der streng protestantischen Phase unter Eduard VI.: «Nehmt hin und esset dies in Erinnerung, dass Christus für euch gestorben ist, und nährt euch an ihm in eurem Herzen durch den Glauben und in Dankbarkeit.» Das kam den Protestanten entgegen als eine Feier bloßer Erinnerung, weniger der «realen Präsenz» von Christi Leib und Blut.

Nach dem Tod Elisabeths fand man unter ihren Papieren Verse, die sie offenbar schon in der Zeit von Mary niedergeschrieben hatte, als man sie nach ihrer Auffassung zur Eucharistie fragte. Immer schon hatte sie ja der Verdacht umgeben, sie sei im Sinn der Doktrin nicht protestantisch genug. Der Vierzeiler (mit seinen alten Konjugationen der Verben «speak» und «break») scheint es zu belegen:

Christ was the word that spake it.
He took the bread and break it;
And what his words did make it
That I believe and take it.

«Christus, der es sprach, war das Wort, er nahm das Brot und brach es, und was sein Wort meinte, das glaube ich und nehme es zu mir.» Was sein Wort meinte, als er das Brot brach – «dies ist mein Leib» –, das war offenbar Elisabeths Glaube, der Glaube an die Realpräsenz Christi. Aber wenn die Verse Ausdruck ihrer wahren Überzeugung waren, dann folgte sie klugerweise ihrer Intuition, diese nicht der Kirche bindend vorzuschreiben. Man streite doch nur um Worte, klagte sie, die theologisch Emanzipierte – lese jeder, was er möge! Kein Wunder, dass puritanische Eiferer Elisabeth in späteren Jahren geradezu Atheismus vorwarfen. Protestantismus war für sie ein unvermittelter Dialog mit dem Schöpfer, wie viele ihrer veröffentlichten Gebete belegen. Auf die Gesellschaft bezogen, war er Staatsräson, eine Legierung aus theologischer Realpolitik und englischem Patriotismus. Das war ihr wichtiger als Reinheit in der Doktrin, mit den endlosen Streitigkeiten darüber. Der religiösen Zerrissenheit ihres Zeitalters, seiner Irrationalität, wird die Königin einen berühmten Satz entgegenhalten, der das Denken des 16. Jahrhunderts weit hinter sich lässt: «Es gibt nur einen Christus, Jesus, nur einen Glauben. Alles andere ist ein Disput über Trivialitäten.»

Doch einige dieser «Trivialitäten» waren auch ihr heilig, so die farbigen Gewänder der Geistlichkeit bei den diversen kirchlichen Anlässen. Für sie, den Souverän, bedeutete alles Zeremonielle viel, denn Königtum umgab sich immer auch mit Zeremonien – darin trafen sich die Interessen von Staat und Religion. Die Kirchenzeremonien abzuschaffen wäre wie die Abschaffung der königlichen Riten gewesen. Im Gegensatz zu ihrer Knauserigkeit bei öffentlichen Ausgaben war Elisabeth, wo es auf Pomp und Glanz staatlicher Selbstdarstellung ankam, generös bis zur Opulenz – es war die Bühne, auf der sich zu zeigen sich lohnte. Man hat die Kosten für den Umzug am Tag vor ihrer Krönung, inklusive des Kleideraufwands, anhand der Ausgabenbücher genau nachrechnen können: 16 741 Pfund, 19 Schillinge, 8 ¾ Pence. Das entspricht heute circa 2,8 Millionen Pfund: eine stattliche Summe, für die Elisabeth die Kaufmannschaft in der City um Hilfe bat, ebenso wie ihren Finanzier Thomas Gresham, der in Antwerpen um Darlehen nachsuchte.

Der neue Bischof von Salisbury, John Jewel, mochte über die weiter gültige Festlichkeit des Gottesdienstes jammern – «als ob die christliche Religion ohne ein bisschen Ordinäres nicht existieren könne», ohne den «szenischen Apparat bei der Verehrung Gottes». Doch Matthew Parker, inzwischen Elisabeths Erzbischof von Canterbury, war eindeutig: Ohne Zustimmung zu den katholischen Ornamenten hätte Elisabeth das «religious settlement», wie es von nun an hieß, nicht abgesegnet. Gewiss, es war reformatorisch mit seinem Wegfall von Bildern, Reliquien und Pilgerschaften, von Kerzen, dem Rosenkranz, dem Gebet für die Toten, mit der Kommunion, die in beiderlei Gestalt von Brot und Wein an die Gläubigen ausgegeben wurde, wo früher der Wein nur vom Priester genommen wurde. Aber viel Katholisches blieb: das Beugen der Knie bei der Anrede Gottes; die Altäre, die wieder am Ostende der Kirchen platziert wurden; die Hostie, die nun wieder zur Kommunion verteilt wurde statt wie seit 1552 nur einfachem Brot; das feierliche Gewand («cope») für die Priester bei Verabreichung der Kommunion, ansonsten das Chorhemd («surplice»); Musik und Chorgesang; der einfache Ring bei der Eheschließung; und das Kreuzzeichen auf der Stirn des Täuflings. Aus den Fürbitten gestrichen wurde der Satz: «auf dass wir erlöst werden von der Tyrannei des Bischofs von Rom und allen seinen abscheulichen Enormitäten». Und die Königin bestand – zum Ärger der Puritaner – auf Kruzifix und Kerzenleuchtern in ihrer Kirche, der Chapel Royal in Westminster.

Katholische Experten durchschauten den Mangel an liturgischer Kohärenz, doch für das einfache Volk sah alles fast so aus wie früher.

Um einen solchen Kompromiss konnte die neue Religion, das «minglemangle», wachsen. Es war kein Katholizismus, aber auch kein rigoroser, ausgenüchterter protestantischer Stil nach Art der Genfer Calvinisten. Mit der Folge, dass beide Seiten murrten. John Jewel, der an der Disputation in der Westminster Abbey teilgenommen hatte, beklagte die «bleierne Mediokrität der Kirche», in der namenlose «andere» (er meinte die Queen) beschlossen hätten, «eine Hälfte sei besser als das Ganze». Der katholische Episkopat legte en masse seine Ämter nieder. Elisabeth dagegen war überzeugt, dass ihr mittlerer Weg, nach Aristoteles, der «goldene» sei, wegen seiner Inklusivität und Einheit statt eines von Klerikern inspirierten Extremismus. Auch waren in England die zurückliegenden 25 Jahre sozialer und politischer Instabilität noch in frischer Erinnerung, die Kompromissbereitschaft der durch diese Zeit Verwirrten war gewachsen. Die Realistin in Elisabeth malte sich aus, dass die meisten Menschen mit theologischen Widersprüchen durchaus zu leben verstünden und ihrem eigenen Weg zur Seligkeit folgten.

Die 25-jährige Königin, ganz Humanistin, wünschte, dass die Prediger den Sündern nicht mehr das Höllenfeuer androhten, die Verzweiflung der ewigen Strafe. So war es von katholischen Kanzeln noch immer zu hören, während Protestanten und Calvinisten ihre trostlose Prädestinationslehre verkündeten: Nur die Auserwählten werden gerettet, die übrigen verdammt. In Elisabeths Verständnis aber stand die Gnade Gottes allen offen. Daher veranlasste sie, dass in jeder Pfarrei ein Exemplar der «Paraphrasen» des Erasmus auslag, in denen der Gelehrte die Bibel ähnlich ausgelegt hatte. Personen in höheren Ämtern, weltlichen oder geistlichen, hatten einen Eid auf beide Reformen abzulegen, den «Supremacy» und den «Uniformity Act». Dissidenten drohte eine Skala von Geldstrafen, Gefängnis und auf jeden Fall der Verlust des jeweiligen Amtes, während «Häresie» selten als Anklagepunkt erschien und «Verrat» nur nach zweimaligem Beharren auf dem Supremat des Papstes. Um nicht zu drakonisch zu wirken, riet die Königin ihren Aufpassern, manchmal eben nicht zum zweiten Mal zu fragen. Sie wollte «keine Fenster in die Seelen der Menschen brechen», was

Triumph der religiösen Einigung:
«Elisabeth, Glaube und Liebe» («Faith and Charity»).
Titelholzschnitt der «Bishop's Bible» von 1568

Francis Bacon als eine ihrer Maximen nach dem Tod der Königin bezeugte.

Mit so viel Toleranz war es freilich nach der Bulle von Papst Pius V., der Elisabeth 1570 exkommunizierte, langsam vorbei (siehe Kap. 10c). Aber verbrannt wurde für seinen Glauben niemand mehr – die Katholiken und katholischen Missionare, die in den 1580er Jahren den Tod erlitten, wurden nicht aus religiösen, sondern aus politischen Gründen abgeurteilt, als Rebellen gegen die staatliche Hoheit und Propagandisten der Beseitigung Elisabeths durch die katholische Maria Stuart.

Am 8. Mai 1559 wurde die Vereinbarung, das «religious settlement», parlamentarisch beschlossen und von der Queen abgesegnet. Die anglikanische Kirche, «ein theologisches Chamäleon», wie sie der große G. M. Trevelyan in seiner «History of England» nannte, war geboren. Das «settlement» begründete das theologisch Unbestimmte der anglikanischen Kirche, das prägend wurde für den englischen Charakter allgemein. Die Wurzeln aber lagen weit zurück. Wilhelm von Ockham hatte im 14. Jahrhundert im berühmten Universalienstreit dem Nominalismus das Wort geredet: Die Neigung, Begriffe nicht so ernst zu nehmen, wurde jetzt unter Elisabeth zum Ereignis, zur Staatsräson.

Restlos bedient von der Königin und der theologischen Wende war Graf de Feria, Spaniens Abgesandter, der bis zuletzt auf einen Sieg der katholischen Sache gehofft hatte. Er bat seinen Herrn, ihn abzulösen – was ihm gewährt wurde –, denn England habe sich auf den Weg des Unheils begeben: «Dies Land», so schrieb er, «ist in die Hände einer Frau gefallen, die die Tochter des Teufels ist, und in die Hände der größten Schurken und Häretiker des Reichs.»

e Wie halten es Majestät mit der Ehe?

Noch ehe das Tauziehen um den kirchlichen Kompromiss seinen Höhepunkt erreicht hatte, war Anfang Februar 1559 das Parlament mit der dringenden Petition an die Königin herangetreten, sie möge heiraten und damit die Zukunft der Monarchie sichern. Solche Themen, die zur

Privatsphäre des Souveräns gehörten, unterlagen eigentlich dem «royal prerogative», das heißt dem Belieben der Königin, sie diskutieren zu lassen oder nicht. Mehrfach sollte in den Folgejahren dieses königliche Vorrecht in der Tat mit der Redefreiheit im Parlament kollidieren. Aber Elisabeth, gerade gesalbt, konnte diesen Weg so früh kaum gehen, wollte sie die Zustimmung zu ihr als Herrscherin nicht gefährden. Denn die Frage ihrer Heirat stand nicht nur auf der Themenliste des Parlaments, sondern war auch Gespräch landauf, landab. Überhaupt: Unter den «zwei Körpern» der Monarchin stellte der politische die Permanenz des Reiches dar, die ein legitimes Anliegen aller «stakeholder» Englands war, an erster Stelle des Parlaments. Dort wollte man wissen, ob und wann die Königin jenen Schritt zur Stabilisierung des Reiches gehen wolle.

Elisabeth hatte diese für sie ungemütliche Frage kommen sehen. In einer vielfach gedrechselten Antwort – Ausdruck der heiklen Natur des Themas – rettete sie sich in «public relations». «Da ich guten Grund dazu habe», so hob sie an, «danke ich euch allen von Herzen für euren großen Eifer und die liebende Sorge, die ihr sowohl für mich als auch für den Zustand des Landes zu empfinden scheint.» Wohlgemerkt: «liebende Sorge für mich» – als sei die Liebe des Volkes gewissermaßen ihre beste Leibwache. Schon mit diesem ersten Satz personalisiert sie die Petition, holt sie von der brisanten politischen Ebene herunter und entkleidet sie damit eines großen Teils der Dramatik. Es geht immerhin um die Zukunft der Monarchie, doch die junge Königin macht daraus so etwas wie eine Auseinandersetzung im Familienkreis.

An der entscheidenden Stelle aber will sie alles rhetorische Blendwerk beiseitelassen: «Was immer man vermutet – falls es Gott gefällt, mein Herz in eine andere Richtung zu lenken als heute, so seid versichert: Ich werde nichts zur Unzufriedenheit des Reiches entscheiden.» Das ist immer noch keine Antwort, weshalb sie im Nachsatz deutlicher wird: «Darum schlagt euch [diese Frage] gleich aus dem Kopf, denn ich versichere euch, ich werde zu keinem Schluss kommen, der dieses Reich präjudizieren könnte, sein Wohlbefinden und seine Sicherheit, für die ich mein ganzes Leben hingeben werde.» Elisabeth spürt, wie wenig diese Worte klären, und so setzt sie zu einer weiteren Erklärung an, mit der sie ihre Zuhörer vollends verblüfft: «Die Hilfe Gottes mag beizeiten kommen und das Reich nicht ohne einen Erben lassen, der in der Lage ist, gut zu regieren, und der ganz zufällig vielleicht auch hilfreicher sein mag als Nachkommen von mir.» Hat man richtig gehört? Ja, «denn auch Kinder von Prinzen können aus der Art schlagen [«grow out of kind»] und misslungen ausfallen», «ungracious», unfreundlich und ungnädig. Das könne auch bedeuten – diese Königin denkt an ihre Macht –, dass sie sich gegen ihre Mutter verschwören. Ergo: Lieber alles der Vorsehung überlassen, im Vertrauen darauf, dass ein Erbe schon gefunden wird. Eine typische «answer answerless», eine Antwort ohne Antwort, mit der Elisabeth ihre Berater noch oft abspeisen wird.

Eine andere Wiedergabe dieser Ansprache, die ein Jahrzehnt nach dem Tod der Queen in William Camdens erster Biographie über sie erschien, erweitert die letzte Passage um einige Sätze, die legendär geworden sind: «Es ist lange her, dass ich bei dem Gedanken an die Ehre eines Ehemannes Freude empfunden habe; aber das dachte ich auch nur in meiner Eigenschaft als Privatperson. Aber als die öffentliche Aufgabe, dieses Königreich zu regieren, auf mich fiel, hielt ich es für undurchdachte Torheit, mir auch noch die Sorgen aufzuladen, die mit einer Ehe verbunden sind.» Worauf die Königin ihre Hand ausstreckte, auf den Krönungsring hinwies und sagte: «Ich bin bereits verheiratet, mit dem Königreich England; das mag euch genügen.» Beide Versionen der Rede enden mit demselben Satz, der ebenfalls berühmt geworden ist: «Am Ende mag dies ausreichen: dass ein Marmorstein [auf meinem Grab] verkündet, hier liegt eine Königin, die soundso lange regiert und gelebt hat und als Jungfrau starb.»

In allen diesen vielfach gewundenen Worten deutet sich Elisabeths lange durchdachte Strategie an, wie sie ihre Einstellung zur Ehe der Öffentlichkeit plausibel machen würde. Selbst eigene Kinder, so argumentiert sie im Februar 1559, können «aus der Art schlagen», sind also keine Garantie gegen Krisen um die Thronfolge. Eine Ehe könnte für die Sicherheit des Gemeinwohls also geradezu schädlich sein. Hinter dem

Berg gehalten mit ihrer Neigung, nicht zu heiraten, hatte Elisabeth ja nie. Auch dem letzten Hofmeister ihres Hausstandes in Hatfield, Sir Thomas Pope, hatte sie 1556, zwei Jahre vor ihrer Thronbesteigung, verraten, sie liebe den unverheirateten Stand so sehr, «dass ich überzeugt bin, es gibt kein Leben, das sich damit vergleichen ließe». Das muss sie jetzt als Königin intellektuell verfeinert verteidigen.

In einem Gespräch mit dem spanischen Botschafter Guzmán da Silva sprach die Queen Jahre später mit leiser Verachtung von der landläufigen Erwartung, der sie sich gegenübersah: «Es scheint auf der Welt die starke Meinung vorzuherrschen, eine Frau könne unverheiratet nicht leben, und wenn sie sich der Heirat entschlägt, dann tut sie das offenbar aus einem schlimmen Grund.» Dieser mögliche «schlimme Grund» bei ihr hielt die Höfe Europas lange Zeit über in Atem. Ausgerechnet der Dramatiker Ben Jonson, Shakespeares Zeitgenosse, spekulierte, die Königin habe «ein Hymen, das sie für einen Mann unfähig macht» – «incapable of man» –, «obwohl sie viele für ihr Vergnügen ausprobiert hat». Lassen wir einmal das Gift beiseite, das Jonson hier zu seinem eigenen Vergnügen, ohne historischen Beleg, verbreitete, so bleibt als Faktum, dass die meisten Menschen im 16. Jahrhundert Frauen, die nicht heirateten, fast für Abwege der Natur hielten, für Freaks. Ein Spottvers der Zeit besagte, dass Frauen, die jungfräulich starben, «in der Hölle die Affen anführen». Nicht dem sexuellen Drang nachzugehen, galt als Selbstbeschädigung, die Ursache vieler Krankheiten, seelischer wie körperlicher. Elisabeth litt wie Mary Tudor an menstrualer Unregelmäßigkeit, Amenorrhoe; die Ärzte ließen sie öfters zur Ader – damals das übliche Mittel, diese Insuffizienz zu bekämpfen. Sie war von latent nervöser Disposition, klagte seit Jugendzeiten über Kopfschmerzen und Schlaflosigkeit, erlitt gelegentliche Ohnmachten. Der Gerüchteküche bei Hof ging der Stoff jedenfalls nie aus. Ausländische Botschafter bestachen die Wäschefrauen der «Bedchamber», um an die Geheimnisse des «body natural» der Queen heranzukommen.

Noch hatte Elisabeth 1559 nicht gelernt, mit der Hoffnung auf ihre Hand Potentaten und Prinzen in ganz Europa zu benebeln. Der Voyeurismus kreiste nur erst um ihren «body natural», aber die Angst um die Kontinuität der Tudor-Dynastie, den «body politic», war echt. Allerdings hätte man sich viele medizinische und psychologische Spekulationen sparen können: Dieser Königin ging es vor allem um eines – die Macht, die sie auf keinen Fall mit einem Mann teilen wollte, dem sie sich als ihrem «Gouverneur» und «König» hätte unterordnen müssen.

Das wagte ihr nur einer ins Gesicht zu sagen, ganz unbekümmert um jede Etikette: der schottische Diplomat am Hof Elisabeths, Sir James Melville (siehe Kap. 9a). Es geschah anlässlich eines Gesprächs zwischen beiden über Maria Stuart, von der Elisabeth hoffte, sie würde sich ordentlich verheiraten und dann mit England kooperieren, andernfalls müsse sie, Elisabeth, heiraten und Kinder kriegen. Melville wusste es besser und antwortete geradeheraus: «Sie brauchen mir nichts zu erzählen, Madam. Ich kenne Ihre Einstellung. Sie wissen doch, wenn Sie heiraten, wären Sie nur eine *Königin* Englands. Jetzt aber sind Sie *Königin und König* in einem: Ich weiß, Ihr Geist wird keinen Befehlshaber über sich dulden.» Das einzig zutreffende Urteil.

KAPITEL 6

Durch unruhige See

a Europäisches Misstrauen. Der Vertrag von Edinburgh

Die Geschichte der britischen Inseln im 16. Jahrhundert ist eine Geschichte verschiedener Identitäten – der getrennten Königreiche England und Schottland, das mit dem katholischen Frankreich verbündet war, sowie Irlands, in dem England eine brutale Besatzung aufrechterhielt; das verursachte Wunden, die nie geheilt sind. Elisabeth und ihr «Spirit» Cecil schauten zudem besorgt auf eine europäische Landkarte von vier Königreichen in potenzieller Disharmonie: Schottland, Frankreich, Spanien, England, wobei Englands Verwundbarkeit durch seine Abkehr vom Papsttum noch erhöht war: Der Protestantismus war für das katholische Europa reinste Häresie. Das hing wie ein Damoklesschwert über Elisabeths gesamter Regierungszeit. Im Norden lag Englands offene Flanke, Schottland, aus dem Frankreich jederzeit einfallen konnte; an Irland hatte das katholische Spanien Interesse wie an einem Stützpunkt, von dem sich England bedrohen ließe. Das konnte bei der Königin und unter ihren Beratern Furcht vor einer Einkreisung erzeugen. Von ähnlicher Phobie fühlte sich auch Philipp II., der 1559 von Brüssel endgültig nach Madrid umsiedelte, verfolgt: Was, wenn Frankreich in England einrückte, die spanischen Niederlande eroberte und damit die Nordsee und den englischen Kanal kontrollierte? Wer würde dem Franzosen im Wege stehen? England in seiner Schwäche?

Elisabeth war um ihre Lage nicht zu beneiden. Im Mittelalter hatte England ein beachtliches Territorium in Frankreich besessen, dessen letzte Bastion, Calais, Anfang 1558 gefallen war. Umgekehrt konnten

Maria Stuart: Jugendbildnis der französischen Prinzessin aus ihrer Zeit in Frankreich

die Franzosen jetzt mit einem Bündnispartner auf der britischen Insel trumpfen: Schottland. Dort regierte seit 1554 die katholische Französin Marie von Guise, Witwe des 1542 gestorbenen Stuart-Königs James V. Sie hielt den Thron gewissermaßen für ihre minderjährige, in Frankreich aufwachsende Tochter Maria Stuart warm. Dieser winkte auch in Frankreich die Krone, da sie im April 1558, sechzehnjährig, den Dauphin heiratete, der im Sommer 1559 als Franz II. seinem Vater Heinrich II. auf dem Thron folgte.

Triftiger noch und bedrohlicher für Elisabeth war, dass Maria Stuart als Enkelin von Heinrichs VIII. ältester Schwester Margaret Tudor die

*Zeichnung von Maria Stuarts königlichem Wappen, die
der englische Botschafter in Paris an den Kronrat in London übermittelte.
Sie zeigt mit den drei Löwen das englische Hoheitszeichen
im französischen Wappen der Schottin, zur Untermalung ihres
Anspruchs auch auf den englischen Thron*

erste Anwartschaft auf das englische Königreich anmeldete. Zwar hatte Heinrich die schottischen Stuarts von der Thronfolge ausgeschlossen (siehe Kap. 3b), aber sein Testament von 1544, nie aufgehoben, beschrieb beide Töchter, Mary und Elisabeth, als «illegitim», während an Maria Stuart kein solcher Makel haftete. Um den Anspruch seiner Schwiegertochter auf England zu untermauern, ließ der französische König Heinrich II. ihrem Wappen neben den Insignien Frankreichs und Schottlands beim Tod von Mary I. 1558 flugs noch die drei heraldischen Löwen Englands hinzufügen – eine offene Provokation. Beim frühen Tod ihres Mannes Franz II. im Dezember 1560 konnte sich Maria, die achtzehnjährige Witwe, mithin Königin in drei Reichen nennen, Frankreich, Schottland und England. Die Umrisse einer tödlichen Krise zwischen der einen Tudor-Erbin, Elisabeth, und der anderen, Maria Stuart, waren vorgezeichnet, wie ein Fatum.

Nach dem Tod von Mary I. hatte ihr Mann Philipp durch Botschafter de Feria wissen lassen, er sei eventuell an einer Heirat mit Marys Halbschwester interessiert: ein Essen wie mit langen Zähnen, denn nicht

Liebe zu Elisabeth motivierte ihn, sondern die heilige Pflicht, England für den Katholizismus zu retten und «mit Elisabeth die Last des Regierens zu teilen». Er stand vor der Alternative, seinem Glauben treu zu bleiben und «die Tochter des Teufels» zu bekämpfen oder seine europäische Hegemonie zu wahren und der Achse Frankreich – Schottland entgegenzutreten. Er wählte die zweite Option: Wie er längst gefolgt hatte, war ihm im Zweifelsfall Elisabeth als englische Partnerin lieber. Philipp sprach und dachte mit typisch maskuliner Herablassung über Frauen, vor allem solche an der Macht. Dabei besaß er keine Vorstellung davon, dass für Elisabeth das Geschäft des Regierens weniger eine Bürde als eine Herausforderung war, die sie nicht würde teilen wollen. Entsprechend lange hielt sie den Spanier mit ihrer Antwort auf seine Avancen hin. Glaubte Philipp wirklich, sie würde es wie Mary riskieren, durch eine Ehe mit einem Ausländer, noch dazu dem katholischsten aller Herrscher, ihre Untertanen der Krone zu entfremden? Zum zweiten Mal in kürzester Zeit?

Doch Entspannung zwischen Spanien und Frankreich, den europäischen Vormächten und Kontrahenten, zeichnete sich ab, als die Häuser Habsburg und Valois am 3. April 1559 in Cateau-Cambrésis, einem Flecken nahe dem nordfranzösischen Cambrai, ihre sechzig Jahre währenden kriegerischen Auseinandersetzungen beendeten und Frieden schlossen. Elisabeths Unterhändler waren mit von der Partie, denn es ging auch um die Beendigung des Krieges mit Frankreich, in den Philipp England hineingezogen hatte. Und es ging um Calais – einen Verlust, mit dem sich die Queen einfach nicht abfinden wollte, war Calais doch auf dem Kontinent zuletzt der wichtigste Stapelplatz für englische Tuche gewesen, Englands bedeutendsten Exportartikel. Der Friedensvertrag sah vor, dass Frankreich Calais und sein Umland nach acht Jahren an England zurückgeben oder eine saftige Entschädigung zahlen müsse. Es kam am Ende weder zum einen noch zum anderen.

Dafür erfuhr die Königin im Juni 1559, Philipp II. habe Elisabeth von Valois geheiratet, eine Schwester der drei französischen Könige, die von nun an ihr Land durch die Zerreißproben der französischen Religionskriege zu führen haben sollten. Es war ein Coup für den Spanier, durch die Ehe mit Elisabeth von Valois die französische Feindschaft gegen ihn neutralisiert zu haben. Die andere Elisabeth, die englische, reagierte sarkastisch auf Philipps Vermählung: Ganz so verliebt in sie könne er ja wohl kaum gewesen sein, wenn er so schnell nach seinem Heiratsangebot an sie eine neue Flamme gefunden habe. Das war ein Sieg *ihrer* Taktik: mit Antworten zu warten, bis andere einen Zug gemacht hatten, in dessen Folge die Notwendigkeit einer Entscheidung ihrerseits entfiel. Denn einen Schritt nicht zu gehen erschien ihr weniger gefährlich, als einen falschen getan zu haben.

Der Frieden von Cateau-Cambrésis war eine Sache – Schottland eine ganz andere. Dort braute sich Unheil zusammen, ein Aufstand gegen die katholische Marie von Guise, die Mutter Maria Stuarts. In Paris geschlossene Geheimverträge besagten angeblich für den Fall der Kinderlosigkeit Marias, dass Schottland an Frankreich fallen sollte. Führende protestantische Magnaten, die sich als «Lords of the Congregation» vereinigten, suchten daraufhin den Sturz der französischen Oberhoheit und für Schottland den beschleunigten Anschluss an die Reformation, angespornt von dem calvinistischen Feuerspeier John Knox, den Elisabeth seit seinem Pamphlet «Der Erste Stoß der Trompete gegen das monströse Regiment von Frauen» in unangenehmster Erinnerung hatte.

Die «Lords of the Congregation» konnten sich freilich gegen das französische Militär nicht durchsetzen. Daher baten sie London um finanzielle Unterstützung, die William Cecil befürwortete, sah er doch die Chance, den französischen Dolch im Rücken Englands loszuwerden und die beiden Hälften der Insel «in dauernder Freundschaft» und religiöser Einheit zusammenzuführen. Aber er hatte die Rechnung ohne seine Herrscherin gemacht: Elisabeth verabscheute die Calvinisten und hatte aus Prinzip etwas gegen Rebellen, die sich gegen die legitime Autorität auflehnten, sei diese auch noch so unerwünscht. Zu einem Kreuzzug für die protestantische Sache wollte sie sich schon gar nicht hergeben. Sie dachte realpolitisch, das heißt an die Verteidigung des «Familiensilbers», Englands eigenen Besitz; Eroberungsgedanken lagen ihr fern. Erst als Cecil mit Rücktritt droht, gibt sie vorsichtig nach. Sie streckt 3000 Pfund vor, zur Tarnung als persönliches Darlehen an den englischen Gesandten deklariert, und erlaubt einen begrenzten Einmarsch in Schottland. Im Grunde ihres Herzens findet sie jedoch das schottische Abenteuer gänzlich wider ihren Geschmack, ihre Brieftasche und ihr Gewissen.

Doch dann hat sie Glück: Am 11. Juni 1560 stirbt Marie von Guise. Frankreich hat mit dem wachsenden Problem der Protestanten im eigenen Land, der Hugenotten, genug zu tun und kann keine Kraft mehr für Schottland aufwenden. In diesem Moment katholischer Schwäche kommt es am 5. Juli 1560 zum Vertrag von Edinburgh zwischen den Kommissaren Elisabeths, den Vertretern der «Lords of the Congregation» und Abgesandten des französischen Königshauses. Die Einigung besagt, dass Frankreich und England ihre Land- und Seekräfte aus Schottland abziehen und den schottischen Lords erlauben, ihr Land nach eigenen religiösen Vorstellungen zu formen. Was sich diese nicht zweimal sagen lassen: Binnen eines Monats wird Schottland calvinistisch und die katholische Messe unter Strafe gestellt. Außerdem verpflichtet sich die französische Seite, Elisabeth als rechtmäßige Königin Englands anzuerkennen, Maria Stuarts Anspruch auf das Land fallen zu lassen und entsprechend das englische Emblem wieder aus dem schottisch-französischen Wappen zu entfernen – eine Vereinbarung, von der Maria später klagt, sie sei nicht mit ihr abgesprochen gewesen, weshalb sie sich weigert, den Vertrag von Edinburgh zu unterschreiben.

b Das Fiasko Le Havre: Eine prägende Lehre

In der Zeit, als Cecil in Schottland verhandelte, stieg am Hof in London die Fortüne von Robert Dudley, dem Favoriten Elisabeths. Nähe zur Monarchin war immer ein begehrtes Ziel, und wer lange außer Landes weilte, musste gewärtig sein, zu Hause an Einfluss einzubüßen, selbst Cecil, der eigentlich Unentbehrliche. Zudem grollte Elisabeth, dass es Cecil nicht gelungen war, Calais für England zu sichern. So wurde sie nachgiebig gegenüber den Einflüsterungen Dudleys, der heftiger als sie selbst der protestantischen Sache ergeben war, auch im Ausland, und eine neue Möglichkeit sah, im katholischen Frankreich zu intervenieren. Dort begannen 1562 die Religionskriege, die Hugenotten gerieten zunehmend in Bedrängnis. Ihrer eigenen Intuition gegen auswärtige Einsätze zum Trotz ließ sich die junge Königin überreden, in Frankreich einen Einsatz zu wagen, zur Eindämmung der erzkatholischen Guisen, deren Hoffnung es war, langfristig Maria Stuart in England zu installieren. Auch war Elisabeth von der Möglichkeit fasziniert, Calais zurückzugewinnen. Man müsse ein englisches Kontingent nach Le Havre einschleusen und damit die hugenottischen Eroberungen in der Normandie stärken, dann falle vielleicht Calais als Belohnung wieder in den englischen Schoß. In einem Schreiben an ihren «guten Bruder» Philipp in Madrid gab sie eigens Entwarnung, er solle sich über das plötzliche Erscheinen englischer Soldaten an der Südflanke der spanischen Niederlande nicht beunruhigen: Die Streitkräfte seien strikt begrenzt auf die Hilfe für die Hugenotten und die Hoffnung auf Wiedererlangung von Calais.

Doch die 6000 Bewaffneten, die Elisabeth nebst einer generösen finanziellen Unterstützung für dieses Unternehmen bereitstellte, erwiesen sich als Fehlinvestition. Rouen und Dieppe fielen an die Truppen Karls IX., des minderjährigen französischen Königs, in Le Havre fand sich das englische Kontingent auf verlorenem Posten. Schließlich einigten sich die Hugenotten auch noch mit der Pariser Regierung, die Engländer aus Le Havre hinauszuwerfen. Jetzt kannte Elisabeth nur noch eines: so schnell wie möglich aus dem französischen Sumpf freizukommen. Die durch Krankheit und Todesfälle dezimierten englischen Truppen mussten im Juli 1563 ihren kläglichen Rückzug antreten, wobei sie in England zu allem Unglück auch noch eine Pestepidemie auslösten.

Das Abenteuer Le Havre kostete die Queen, wie Christopher Haigh in seiner Studie zu Elisabeth I. nachgerechnet hat, 250 000 Pfund, nach heutigen Begriffen 40 Millionen, eine Summe, die die jährlichen Einnahmen des Hofes von 200 000 Pfund überstieg. Elisabeth war verschuldet, ihr «credit rating» auf dem Antwerpener Geldmarkt brach zusammen, und sie musste das Parlament um Steuererhöhungen bitten. Kein Wunder, dass sie restlos kuriert war vom Rat männlicher Einflüsterer, die ihr zu aggressiverem Vorgehen außerhalb Englands rieten. Mehr als zwanzig Jahre sollte es dauern, ehe sie sich 1585 unter veränderten Umständen erneut und vorsichtig wie eh außerhalb Englands militärisch engagierte, und zwar in den spanischen Niederlanden selber. Nach Le Havre war sie auch völlig versöhnt mit Cecil, auf dem gemeinsamen Nenner eines wehrhaften, auf Sicherung des eigenen Bestandes gegründeten Isolationismus unter Cecils Devise: «Ein Königreich gewinnt mehr aus einem Jahr Frieden als aus zehn Jahren Krieg.» Was Elisabeth mit ihrem eigenen Motto ergänzte: «Einen Krieg beginnen ist leicht, ihn zu beenden nicht.» Das hatte sie Machiavelli entnommen: «Man kann einen Krieg beginnen, aber niemals beenden, wann man will.» «No wars, My Lords!» – so wird sie im Kronrat mit ihrer hohen Stimme noch viele Debatten durchschneiden.

c Das Gespräch mit William Maitland of Lethington

In ihrem Bedürfnis, möglichst oft zu erläutern, warum sie nicht oder noch nicht zu heiraten gedenke, ließ die junge Königin zunächst einen Aspekt unbehandelt oder machte einen großen Bogen um ihn: ihre ungeregelte Nachfolge. Die lag den Zeitgenossen eher noch schwerer auf der Seele als die unbeantwortete Heiratsfrage. Die Bedenken der Königin bezüglich des «Gelingens» eigener Kinder (siehe Kap. 5e) mochte man respektieren, und dass sich kein Heiratskandidat über Nacht finden ließe, auch. Aber die Klärung der «succession», der Thronfolge, konnte nicht warten, bis sich Elisabeth für einen Partner entschlossen und das Parlament dem zugestimmt hatte. Was, wenn eine Krankheit die Queen plötzlich dahinraffte? Die Zukunft sah ohne einen deklarierten, anerkannten Thronanwärter, den «heir apparent», düster aus. Die Möglichkeit eines Bürgerkriegs war nicht von der Hand zu weisen. Schließlich lagen die Rosenkriege, diese lange Zerreißprobe um den Thron, weniger als einhundert Jahre zurück – bald würde Shakespeare sich diesem aufwühlenden Stoff in seinen Historienstücken zuwenden.

Sollte die Stabilität des Landes einzig an der Gesundheit seiner Königin hängen? An der Dauer ihres Lebens, die in einem Jahrhundert niedriger Lebenserwartung wie dem 16. vollkommen ungewiss war? War das nicht unverantwortlich von einer Monarchin, die sich der Liebe zu ihren Untertanen rühmte? Viele sahen es so.

Im schottischen Staatsarchiv befindet sich ein Brief Maria Stuarts an ihren französischen Onkel, den Herzog von Guise, in dem sie ausführlich über zwei Konversationen berichtet, die ihr Botschafter William Maitland of Lethington im September/Oktober 1561 am englischen Hof mit Elisabeth führte. Maria weigerte sich, wie wir gesehen haben, den Vertrag von Edinburgh zu unterschreiben, weil darin über ihren Kopf hinweg ihr Anspruch auf die englische Krone aufgegeben wurde. Doch war ihr Platz in der dynastischen Erbfolge der Tudors nicht geradezu makellos? Das will sie geklärt sehen, diese Frage steht zwischen den beiden Königinnen und verhindert eine Erwärmung der Beziehungen. Nur einen Monat nachdem Maria aus Frankreich nach Schottland zurückgekehrt ist, im September 1561, schickt sie Maitland nach London. Ihm gegenüber offenbart sich Elisabeth offenherziger denn je über ihre Herrschaft und die Frage der Nachfolge. Es ist eines der wichtigsten Dokumente aus den frühen Jahren ihrer Thronzeit.

Altsprachlich gebildet, wie sie ist, kommt ihr zum Auftakt ein lateinischer Satz gerade recht: «Periculosum est tangere picem, ne forte inquiner ab ea» – «es ist gefährlich, mit Pech in Berührung zu kommen, auf dass ich nicht zufällig beschmutzt werde». Was hat es nicht alles schon für Dispute um die Krone gegeben, fährt sie fort. Einige sagen, dass eine bestimmte Ehe ungesetzlich sei, andere wiederum, dieser oder jene sei ein Bastard, so geht es hin und her, je nachdem, welchen Namen einer mag oder nicht. Elisabeth geht in die Defensive: Eine Debatte um die Nachfolge könnte auch Mängel an ihrem eigenen Anspruch auf den Thron aufdecken. Behauptet nicht das katholische Europa unentwegt, ihre Herrschaft sei illegitim? Dann folgt der kategorische Satz: «Solange ich lebe, wird es außer mir keine andere Königin in England geben.»

Über ihre Nachfolge habe sie noch nicht genügend nachgedacht, aber sie habe sich zu keinem Zeitpunkt gegen Maria ausgesprochen, wenn diese ihr Recht wahrnehmen wolle. Das klingt versöhnlich: *Nach ihr*, so Elisabeth, könne ihre «Schwester» – Maria und sie sind Cousinen zweiten Grades – England für sich beanspruchen, da wolle sie sich nicht einmischen. «Wie es ja auch mit dem Sakrament am Altar ist – die einen sehen es so, die anderen so, nur Gott in seinem Urteil weiß es wirklich –, so überlasse ich die Nachfolge der englischen Krone dem weisen Urteil anderer.» Wenn Marias Anrecht gut begründet sei, könne diese sicher sein, wie Elisabeth Maitland wissen lässt, «dass ich es nicht beschädigen werde». Dem folgt ein feierliches Bekenntnis: «Ich erkläre hiermit in der Gegenwart Gottes, dass ich niemanden mit einem besseren Anrecht kenne und auch niemanden, der mir lieber wäre; noch sehe ich irgendwelche Umstände, die sie [Maria] abdrängen könnten.» Diese Sicht der Dinge wird die Queen weitere zehn Jahre im engsten Kreis vortragen.

Schließlich kommt sie auch auf Lady Katherine Grey aus der Suffolk-Linie der Tudors zu sprechen, «poor souls», «armen Seelen», wie Elisabeth sie nennt. Die Königin hatte Katherine, die Schwester der hingerichteten Lady Jane Grey (siehe Kap. 3c), just im August 1561 in den Tower werfen lassen, weil Katherine, Enkelin von Heinrichs VIII. jüngerer Schwester Mary, trotz ihres königlichen Blutes ohne Elisabeths Erlaubnis geheiratet hatte und dafür noch nicht einmal die entsprechende Dokumentation beibringen konnte – was ihre beiden Kinder, die sie im Tower bekam, zu Bastarden machte und damit von der Thronfolge ausschloss. Keine Gefahr also für Maria Stuart.

Allerdings müssen wir fragen: Wenn Elisabeth von dem Anrecht der schottischen Fürstin, ihrer Verwandten, auf die englische Thronfolge so überzeugt war – warum gestand sie das dann nicht öffentlich ein und nahm damit ihren Untertanen die Sorge um die Zukunft der Krone? Ein Grund liegt auf der Hand: Maria wollte zwar die Wende zum Protestantismus in ihrem Reich nicht antasten, wie sie sagte, erklärte sich aber offen als getreue Anhängerin des Papstes und hatte ihm bereits versprochen, Schottland zu rekatholisieren. Nur Schottland? Das machte sie inakzeptabel für England, erst recht nach der Erfahrung mit der katholischen Mary.

Aber Elisabeth hat im Gespräch mit Sir William noch spitzere Pfeile im Köcher. Meint er gar, seine Herrin als Nachfolgerin von Elisabeth zu nennen würde ihrer beiderseitigen Freundschaft dienlich sein? «Ich glaube, eher das Gegenteil. Soll ich etwa mein eigenes Leichentuch weben? Prinzen» – die Königin verwendet das in der Renaissance übliche geschlechtsneutrale Wort «Prinz» auch für sie als Fürstin – «können ihre eigenen Kinder nicht lieben, ihre Nachfolger. (...) Aber ein drittes Argument ist überhaupt das gewichtigste. Ich kenne die Unbeständigkeit der Menschen Englands, wie wenig sie jedes Mal die gegenwärtige Regierung mögen und wie sie ihre Augen bereits auf den Namen fixieren, der nachfolgt. So ist das eben mit der menschlichen Natur» – und wiederum benutzt Elisabeth ein lateinisches Zitat, diesmal aus Plutarchs «Leben des Pompeius»: «Plures adorant solem orientalem quam occidentalem» – «die Menschen sind mehr geneigt, die aufsteigende als die sinkende Sonne zu verehren». Das habe sie selber zur Zeit ihrer Schwester erlebt: «Wie gerne die Leute mich an ihrer Stelle gesehen hätten. Wäre ich darauf eingegangen, was hätte man nicht alles angestellt, es herbeizuführen.» Schließlich hat Thomas Wyatt (siehe Kap. 4c) 1554 in ihrem Namen eine Rebellion gegen Mary angezettelt. Um den Namen ihres Nachfolgers, so die Königin, könnten sich also, wenn er verkündet würde, tödliche Konspirationen bilden.

Elisabeth ist zum Zeitpunkt der Gespräche mit Baron William Maitland of Lethington 28 Jahre alt, doch sie spricht bereits mit der Selbstsicherheit einer erfahrenen Politikerin: «Schauen Sie, wie das bei Kindern ist – sie träumen von Äpfeln, wachen auf, finden sie nicht und weinen. So wäre das gewesen, hätte ich als Lady Elisabeth diesem oder jenem freundlichen Gesicht dies oder das als Belohnung versprochen, wenn ich einmal auf dem Thron bin. Und dann entdecken sie, dass sie sich in ihren Erwartungen getäuscht haben: Einige von ihnen werden sich daraufhin der Hoffnung hingeben, dass sie bei einem Wechsel besser dastünden. Aber kein Prinz hat so viele Reichtümer, dass er die unersättliche Gier der Menschen stillen könnte.» Ohne Umschweife folgt sie: «Würde ich Maria als meine Nachfolgerin ausrufen, so würde ich meine eigene Stellung in Zweifel ziehen. Das sage ich Ihnen ganz offen, auch wenn ich weiß, dass mein Volk mich liebt, wie es ihm wohl ansteht. Doch wo findet sich schon Vollkommenheit, die alle zufrieden stellt?» Die Katholiken zum Beispiel haben viel auszusetzen an dem religiösen «settlement» von 1559 und warten womöglich nur auf eine Figur wie Maria Stuart, um in ihrer Loyalität umzuschwenken – eine Bedrohung, die sich bald bewahrheiten wird. Jedenfalls wird Elisabeth ihr Leben lang keinen Nachfolger offiziell benennen.

«Soll ich mein eigenes Leichentuch weben?» Der Satz spricht zu uns über die Jahrhunderte hinweg als Erkenntnis, wie schwer es für Menschen an der Macht ist, die Nachfolge zu ordnen, das Feld rechtzeitig für den unausweichlichen Übergang zu bestellen. Selbst in Demokratien ist und bleibt es meist eine unerfüllte Forderung an die Führung, «einen Thronnachfolger zu benennen», um in der Sprache von Elisabeths Zeit zu bleiben. Die Aussprache der Königin mit dem schottischen Diplomaten sollte man zur Pflichtlektüre für jedes Politikstudium machen.

KAPITEL 7

Robert Dudley, «Sweet Robin», Elisabeths Favorit

a «Er ist wie mein kleiner Hund»

Gekleidet in Unantastbarkeit, verliebt in ihr Selbstbildnis als jungfräuliche Herrscherin, verheiratet mit England – war Elisabeth von keiner Leidenschaft zum anderen Geschlecht verführt? Hat sie keinen Mann in ihr Leben gelassen, bis zur Möglichkeit eines, wie man heute sagen würde, «Verhältnisses»? Vom Standpunkt der Queen aus betrachtet musste sich gerade das, eine Liebschaft, a priori verbieten. Die Geschichte erlaubte nur dem männlichen Herrscher sexuelle Promiskuität, einschließlich der Geburt von unehelichen Kindern. Heinrich VIII., dieser Serienschürzenjäger, hatte sogar einen unehelichen Sohn, Fitzroy, anerkannt. Maria Stuarts Halbbruder, James Stewart, zeitweilig Regent in Schottland, war aus einer illegitimen Verbindung ihres Vaters, James' V., hervorgegangen, der im Übrigen eine ganze Reihe von Bastarden zeugte. Und wer kennt nicht Don Juan de Austria, den Sieger der Seeschlacht von Lepanto 1571, den unehelichen Sohn Karls V.? Noch gut in Erinnerung ist uns aus jüngster Zeit das enthüllende Bekenntnis von Prinz Charles im Streit mit seiner ersten Ehefrau Lady Diana Spencer: «Ich weigere mich, der erste Prince of Wales zu sein, der keine Mätresse hatte.»

Freiheiten solcher Art wurden einer Königin nicht gestattet, schon gar nicht einer unverheirateten. Im Gegenteil: Ein zweifelhafter Lebenswandel, ein Liebhaber gar, hätte ihren Kurswert auf dem Heiratsmarkt über Nacht auf null gesenkt. An dieser ehernen Übereinkunft kam Elisabeth nicht vorbei. Wollte sie mit dem Eheversprechen Politik machen, so konnte das nur bedeuten, dass sie um jede Vermutung sexueller Libertinage einen großen Bogen machen musste – ihr Spiel wäre sonst von vornherein gescheitert. Tugend, dein Name sei Elisabeth.

Das fiel ihr als junger Königin nicht leicht. Der Fokus ihrer ersten Zuneigung war ein Mann in ihrem Alter, gutaussehend, von strotzender Maskulinität, obendrein ein Reiter besonderer Qualität: Lord Robert Dudley. Sein Auftrag als «Master of the Horse» war die Organisation höfischer Feste, Turniere und Umzüge, bei denen er hinter oder neben der Königin zu reiten hatte. Als ihr Dreh- und Angelpunkt am Hof stieg er bald zu ihrem größten Favoriten auf. Auch als gewiefter Tänzer machte er sich einen Namen – Elisabeth mochte besonders die Galliarde mit ihren vielen Sprüngen und Hüpfern.

Man tuschelte freilich, was die Königin in dem «Zigeuner», diesem Emporkömmling und Sohn eines wegen Hochverrats Verurteilten überhaupt sah. Feindseligkeit und Neid ob seiner herausgehobenen Stellung und seiner entsprechenden Arroganz waren ihm sicher. Der höhere Adel, mit dem Herzog von Norfolk an der Spitze, fand die Vertraulichkeit, die Dudley im Umgang mit der Monarchin an den Tag legte, skandalös. Aber für Elisabeth war Dudley jemand, in dessen Gesellschaft sie, die immer Nervöse und Reizbare, sich entspannen konnte – ein zwangloser Unterhalter, mit dem sie mühelos zwischen Ernst und belanglosem Spiel wechselte. Er war für sie nicht gefährlich, er amüsierte sie. Als ständiger Begleiter bei Ausritten und auf der Jagd kam er zudem Elisabeths geradezu fanatischem Bedürfnis nach frischer Luft und Bewegung im Freien entgegen, einer Leidenschaft der Tudors. Da saßen die Queen und ihr Stallmeister gewissermaßen im gleichen Sattel. Über den Ausritten, immer in höfischer Begleitung, konnte sie sogar gelegentlich ihre Thronpflichten vernachlässigen.

Dudley bezeugte mehrfach, schon in jungen Jahren habe Elisabeth geschworen, sie werde niemals heiraten. Er seinerseits war seit 1550 in Norfolk mit Amy Robsart verheiratet, lebte aber seit 1558 ganz für seine Pflichten in London – für Familienmitglieder, auch für Ehefrauen, fehlte am ohnehin überfüllten Hof der Platz. Auch das begünstigte das Aufblühen der Beziehungen zwischen Dudley und seiner angebeteten

«Er ist wie mein kleiner Hund»

Ein Bild kraftstrotzender Männlichkeit: Robert Dudley, später Graf Leicester, Elisabeths Favorit

Herrin. Als königlicher Favorit gewann er bald Zutritt zur «Privy Chamber», den Privatgemächern der Queen, der nur engsten Vertrauten gestattet war. Bald entstand die Fama, er sei «over-sexed» und zahle gutes Geld für die Ehre einer Nacht mit einer Dame der königlichen Privattrakte. Es umgab ihn die Aura der Macht, sodass binnen eines Monats nach Beginn von Elisabeths Herrschaft der spanische Botschafter Graf de Feria Dudley zu den drei Personen rechnete, die das Land regierten – neben Elisabeth und William Cecil. An Philipp II. schrieb der Diplomat im April 1559, wobei er den jüngsten Klatsch weitertrug: «Lord Robert ist so weit in ihrer [Elisabeths] Gunst gestiegen, dass er mit den Geschäften am Hof nach Belieben verfährt. Man erzählt sich sogar, dass Majestät ihn in seinen Gemächern Tag und Nacht aufsuche.

So freimütig ist das Gespräch über ihn, dass man sagt, seine Ehefrau habe eine Krankheit in ihrer Brust und die Königin warte nur auf ihren Tod, damit sie Lord Robert heiraten kann. Eure Hoheit täten gut daran, seine Freundschaft zu suchen und zu kultivieren.»

Elisabeth, ganz der Souverän, kümmerte sich zunächst nicht um die Gerüchte. Sie schätzte Dudleys abenteuerfreudige Art, und mehr als das: Einen Charmeur wie ihn zu zähmen und an sich zu binden entsprach ihrer Lust an der Manipulation der Männer um sie herum, die beständig zwischen den «zwei Körpern» der Monarchin hin- und herschwankten: hier das unantastbare Symbol königlicher Herrschaft, aller sinnlichen Sehnsucht entzogen, dort die Frau, die zum Spiel um Romanzen und ritterliche Hingabe geradezu einlud. Diese Unterscheidung konnte ein Höfling nur unter Gefahr für seine Zukunft missachten. Wie der Dichter Edward Dyer in späteren Jahren einmal Sir Christopher Hatton warnte, der weit vorgerückt war in der Gunst der Königin: «Zuallererst müssen wir uns vor Augen halten, mit wem wir es zu tun haben und was wir im Vergleich zu ihr sind. Denn auch wenn sie sich herablässt und ihr Geschlecht als Frau herauskehrt, dürfen wir doch nie ihre Stellung und ihre Natur als unsere Fürstin vergessen.» Das entsprach ganz Elisabeths Absicht: Sie konnte mit den Höflingen nach Vergnügen flirten, aber diese durften das nicht als Einladung auffassen, ihr Suprematals Königin zu ignorieren. Liebe zu ihr war Dienst, Opfer und Vergötterung, während sie beliebte, ihr Volk, ihre höfischen Verehrer und sich selbst durch Schauspielerei zu kontrollieren. Sie verlangte immer mehr, als sie gab, und wurde nie eine Sklavin des von ihr gepflegten Kults, denn der Kern ihrer Souveränität und ihrer Macht war die Freiheit, sich zu entziehen, wenn es riskant wurde.

Im Kontext dieses Dramas mit verteilten Rollen fiel Dudley, an dem Elisabeth zweifellos sehr hing, der Part zu, eine besondere Schöpfung ihres Willens und Wollens zu werden, ihre Kreatur, wie sie selber formulierte. Sie musste ihn unbedingt jeden Tag um sich haben: «Er ist wie mein kleiner Hund, jedes Mal, wenn er einen Raum betritt, glaubt jeder, ich könne nicht weit sein.» Sie nannte ihn «Eyes», «Augen», und unterzeichnete Schreiben an ihren «Sweet Robin» oft mit zwei Kreisen und darüber angedeuteten Wimpern. Der Favorit beugte sich den Regeln dieses Spiels, auch wenn es ihm schwerfiel – seine Freiheit Elisabeth gegenüber war keineswegs unbegrenzt. Einmal hinderte eine Hofdame einen Dudley-Vertrauten am Betreten der Privy Chamber, was zu einem Streit zwischen Dudley und der Hofdame führte – er verbitte sich ihre Einmischung in seine Privilegien, herrschte er sie an. Die arme Gemaßregelte wandte sich an Elisabeth und fragte sie auf clevere – provozierende – Weise, ob sie noch Königin sei oder Dudley schon König. Das führte zu einem von Elisabeths berüchtigten Zornesausbrüchen, bei denen sie fluchen konnte, dass den «godly people», den strengen Puritanern, die Haare zu Berge standen. Wie eine Furie fiel sie über Dudley her: «Beim Tode Gottes, my Lord, ich habe euch immer nur Gutes gewünscht, aber meine Gunst ist nicht so exklusiv, dass nicht auch andere daran teilhaben können. Ich werde hier nur eine Herrin und keinen Herrscher dulden» – was in den geflügelten englischen Wortschatz eingegangen ist: «I will have here but one mistress, and no master.»

So sicher fühlte sie sich in ihrer Beziehung zu Robert Dudley, dass sie das inständige Flehen ihrer langjährigen Hofdame und Freundin Kat Ashley, sie möge doch endlich heiraten und den Gerüchten um sie und Dudley ein Ende bereiten, entrüstet von sich wies. «Wie das», so ihre Antwort, «ich bezeuge doch nur meine Dankbarkeit gegenüber Dudley und seinen Diensten für mich.» Es sei ihr schleierhaft, wie jemand überhaupt irgendetwas gegen diese Freundschaft vorbringen könne, wo sie doch ständig von ihren Hofdamen umgeben sei, die zu jeder Zeit bezeugen könnten, dass nichts Unehrenhaftes zwischen ihr und dem «Master of the Horse» vorgefallen sei. Dann aber trumpfte sie wie bockig auf: «Selbst wenn ich jemals den Willen zu einem so unehrenhaften Leben gehabt oder die Lust darauf gespürt hätte – wovor Gott mich bewahren möge –, wüsste ich nicht, wer mir das verbieten könnte.» Die Monarchin, die sich dagegen auflehnt, dass ihr als Frau etwas verboten sein soll, was sich andere gekrönte Männer wie selbstverständlich nehmen! Dabei wusste sie, dass ihre Ehre von vollkommener Unbescholtenheit abhing. Als Tochter von Anne Boleyn war ihre Reputation fragil genug – sie konnte sich nicht leisten, Gerüchte um ihre Libido zu provozieren.

b Die Bewerber um Elisabeth stehen Schlange

Aber eine Freude genoss sie ungeschmälert: welche Macht man als Frau in einer von Männern dominierten Welt entfalten konnte. Die Zahl der Bewerber, die sich Hoffnung machten auf die junge, buchstäblich viel versprechende Königin von England, schmeichelte ihr ungemein. Zur gleichen Zeit, als sie ihre Freundschaft bereits an Lord Robert verschenkt hatte, bildete sich geradezu ein Stau von Aspiranten auf ihre Hand aus dem In- und Ausland. Cecil, tief davon überzeugt, dass Elisabeth nicht unverheiratet bleiben könne und dürfe, hatte längst die Leine nach passenden Ehekandidaten ausgeworfen und war auf Erzherzog Karl von Österreich gestoßen, einen der beiden Söhne des habsburgischen Kaisers Ferdinand I. und Cousin Philipps II. Mit den Habsburgern, ob in Madrid oder Wien, eine Allianz zu bilden, war höchst empfehlenswert als Rückversicherung gegen Frankreich, das damals, ein Jahr vor dem Vertrag von Edinburgh (siehe Kap. 6a), kraft seiner Stellung in Schottland noch eine ständige Gefahr für Elisabeths Reich bildete. Und Dudley kam in Cecils Augen als Ehepartner für Elisabeth – was auch sie einsah – absolut nicht in Frage. Die Königin entdeckte nun eine später zu ihrem Markenzeichen entwickelte Diplomatie: Als begehrenswerte, heiratsfähige Frau konnte sie im europäischen Machtspiel mitmischen, indem sie die führenden Staaten gegeneinander ausspielte, mit sich selber als Trophäe.

Aber wie sollte man einem katholischen Fürsten Appetit auf die Ehe mit einer Ketzerin und Königin in einem protestantischen Land machen? Wer weiß, so mag Cecil gedacht haben, ob sich unter den französischen Valois oder den Habsburger Prinzen nicht einer mit einem flexiblen Gewissen finden ließe, der dem Arrangement zugestimmt hätte, die katholische Messe in Whitehall privat zu besuchen. Dabei war Karl von Österreich nicht der einzige Name, der im Teich möglicher Ehekandidaten herumschwamm. Auch aus dem protestantischen Europa kamen amouröse Signale. Der Botschafter Dänemarks, der mit einem roten, von einem Pfeil durchbohrten Samtherzen auf seinem

Umhang auftrat, wollte die Liebe seines Königs zu Elisabeth zum Ausdruck bringen. Kronprinz Eric von Schweden schickte seinen jüngeren Bruder, den Herzog von Finnland, nach London, um für sich werben zu lassen. Cecil hatte zeitweilig große Mühe, die diversen Antichambrierer terminlich auseinanderzuhalten, damit sie sich nicht gegenseitig auf die Füße traten – die Österreicher, den Dänen, den Finnen und von der britischen Insel den Schotten James Hamilton, den Earl of Arran. Auch der Herzog von Holstein und ein Bruder des Kurfürsten von Sachsen tauchten an der Peripherie der Hoffenden auf. Kronprinz Eric von Schweden wurde zweimal durch Stürme daran gehindert, selber in England zu erscheinen. Schließlich, nach langen Monaten des Hinhaltens, und um die Gerüchte über sich und Dudley zu beenden, schenkte Elisabeth ihm in einem Schreiben vom 25. Februar 1560 reinen Wein ein: «Wir haben noch nie Gefühle ehelicher Zuneigung gegenüber irgendjemandem empfunden und tragen in unserem Herzen auch nicht den Wunsch, einen Ehemann zu nehmen.»

Auch das Hin und Her um den österreichischen Kronprinzen erstreckte sich über Monate und ging sogar ab 1564 in eine zweite Runde. Den spanischen Botschafter am englischen Hof, Bischof Álvaro de Quadra, trieb es zeitweilig zur Verzweiflung. Diesmal war Philipp II. der Realist. Er durchschaute Elisabeth und reagierte auf hoffnungsvolle Nachrichten der Habsburger Unterhändler, die glaubten, der Preis liege zum Greifen nahe, mit der Warnung: «Lasst Euch das schriftlich geben!» Was natürlich nie geschah. Wien hatte als Unterhändler Caspar von Breuner, Baron von Stubling, Fladnitz und Rabenstein, nach London geschickt, dem Elisabeth gleich bei ihrer ersten Begegnung im Mai 1559 eine kalte Dusche verabreichte: Sie wäre lieber eine Nonne, als dass sie jemanden heirate, ohne ihn zu kennen, nur auf der Grundlage irgendeines Porträts. Damit spielte sie auf die unglückliche Ehe ihres Vaters mit Anna von Kleve an, der «flandrischen Stute», deren Bildnis des Hofmalers Hans Holbein Heinrich VIII. so gut gefallen hatte, dass er sie unbesehen zu seiner vierten Frau nahm – nur um beim ersten Treffen mit ihr ob ihrer Unansehnlichkeit so zu erschrecken, dass er sogleich die Trennung von ihr veranlasste.

Sollte man also den Kronprinzen nach England bitten, zur Brautschau? Aber welcher Prinz, welcher Kandidat, der etwas auf sich hielt, konnte riskieren, nach England zu reisen – und eventuell abgelehnt zu werden? Die Frage wurde berühmt für die Art, mit der Elisabeth ihre Freier im Kreis zu führen verstand. In einer ihrer zahlreichen Gespräche mit dem spanischen Botschafter meinte sie, es sei unmöglich und obendrein protokollarisch unschicklich für eine Frau und Herrscherin, einen Herzog zu Ehegesprächen einzuladen. De Quadra konterte, diese Schwierigkeit könne man umgehen, indem die Queen einfach zufällig anwesend wäre, wenn der Herzog besuchsweise in England auftauchte. Darauf Elisabeth: «Soll ich ehrlich mit Ihnen sein? Wenn der Kaiser mich so sehr als Schwiegertochter wünschte, wäre es nicht zu viel für ihn, seinen Sohn ohne besondere Absicherungen herzuschicken.» Schließlich sei sie – ein Understatement – keine kleine Aussicht, der Kaiser opfere also nichts von seiner Dignität, wenn er auf ihren Vorschlag eingehe.

De Quadra schöpfte Hoffnung, aber als er fragte, ob Karl heimlich oder öffentlich zum Hof kommen solle, machte die Queen wieder einen ihrer Rückzieher – der Erzherzog möge tun, was er selber für richtig halte, sie wolle davon nichts wissen. Wichtig sei ihr, dass sie keine Einladung ausgesprochen habe, und mehrmals wiederholte sie, sie habe sich weder schon zur Ehe verpflichtet noch dazu, überhaupt jemals zu heiraten. Solche Ausflüchte hätten de Quadra eigentlich warnen müssen, aber er gab sich optimistisch: Elisabeth habe ja dem Besuch grundsätzlich zugestimmt, ihre Einwände hätten nur mit dem «Zeremoniellen» zu tun. Sie werde doch nicht die Frechheit besitzen, den Erzherzog quer durch Europa zu sich bringen zu lassen und dem Haus Habsburg dann den Tort der Zurückweisung anzutun?! In seiner Post nach Wien kam ihm die Herablassung zu Hilfe, mit welcher Männer im 16. Jahrhundert ihnen unverständliche weibliche Regungen einzuordnen pflegten: Der einzige Grund für das Gebaren der Monarchin sei, «dass sie eine Frau ist, eine temperamentvolle und obstinate Frau obendrein, daher muss man ihre Gefühlsausbrüche eben ertragen». Wie ermüdend es auch für den logischen männlichen Verstand sei, «weibliche Launen und Lust lassen sich einfach nicht ignorieren, man muss darauf eingehen, will man sein Hauptziel erreichen».

Dabei war das «Zeremonielle» nicht einmal der wichtigste Stolperstein, auch wenn es bei den Rochaden der Queen so aussah. Vielmehr stand die Religionsfrage ungeklärt zwischen den Verhandlungspartnern. Schon über die Konzession an den Erzherzog, er könne die Messe in seinen Privatgemächern hören, war der Kronrat gespalten, von den Bedenken Habsburgs ganz zu schweigen. Das waren gravierende Hürden.

Erst im November 1559, nach einem halben Jahr der Frustration, gab sich de Quadra geschlagen. An Philipp II. schrieb er: «Der Grund für alles, was die Königin mit uns und dem Schweden angestellt hat und wie sie mit allen anderen in der Sache ihrer Heirat verfährt, ist der, dass sie Dudleys Feinde und das Land mit Worten umhertreiben will, bis der Lord seine abscheuliche Tat, den Mord an seiner Frau, vollzogen hat.» Der Botschafter fühlte sich ausgetrickst von der Königin und ihrem Favoriten, war wütend und ließ es Philipp wissen: «Euer Gnaden werden erkennen, was für eine hübsche Arbeit es ist, mit dieser Frau zu verhandeln. Ich glaube, sie hat hunderttausend Teufel im Leibe, obwohl sie mir dauernd erzählt, sie wäre liebend gerne Nonne, allein in einer Zelle und betend.» Ein weiteres Gespräch mit Elisabeth, in dem sie luftig anmerkte, sie wolle Karl nur sehen, wenn sie sich geneigt fühle, zu einem zukünftigen Zeitpunkt zu heiraten, sprengte bei de Quadra den letzten Rest an Geduld: Sechs Monate Werbung waren vergeudet, er sah aus wie ein Narr. Jetzt wünschte er Elisabeth und Dudley nur noch das Allerschlimmste, «da im Kronrat der Herzog von Norfolk und die übrigen Mitglieder sich nicht abfinden werden mit Dudley als König». In der Tat war vom Duke of Norfolk das Wort kolportiert worden: «Wenn der Favorit seine gegenwärtige Anmaßung und Dreistigkeit nicht aufgibt, wird er nicht in seinem Bett sterben.» Wenn das keine Drohung war.

Caspar von Breuner, der England im Dezember 1559 enttäuscht in Richtung Wien verließ, schob Elisabeths Sturheit, und was er «ihr willkürliches Verhalten» nannte, auf ihre «unglückliche» Jugend – einmal war sie legitim gewesen, dann wieder nicht, einmal am Hof, dann wieder aufs Land verbannt und sogar zwei Monate im Tower gefangen. De Quadra legte sich ähnlich unschmeichelhafte Erklärungen zurecht: Sie sei auf den Thron gekommen «wie eine Bäuerin, der man die Freifrauwürde übergestülpt hat und die jetzt, vor Stolz aufgeblasen, glaubt, sie sei unvergleichlich und könne tun und lassen, was sie wolle». Er müsse sie warnen: «Wenn sie Lord Dudley heiratet, würde sie eines Tages als Königin zu Bett gehen und als Fräulein Elisabeth aufwachen.» Sie wolle, so meinte de Quadra, eigentlich nur die Franzosen einschüchtern und vor ihren Untertanen einen Schutzschild errichten, denn solange wir, die Freier, hier sind, kann sie den «vulgären Mob» in Schach halten, der sie täglich anfleht zu heiraten, dem sie aber entgegenhält, bei der Auswahl unter so vielen Potentaten brauche sie Zeit und Muße, «um für das Wohl und den Vorteil des Reiches die richtige Entscheidung zu treffen».

Es wäre vielleicht ein spätes Trostpflaster für die Habsburger gewesen, hätten sie erfahren, dass ein anderer Bewerber um die Hand Elisabeths, der russische Zar Iwan IV. Grozny, richtig übersetzt «der Dräuende», Jahre später nicht weniger frustriert wurde in seinem Wunsch, mit der entfernten Herrscherin ins Benehmen zu kommen. Es ist eines der kuriosesten Kapitel in den auswärtigen Beziehungen Elisabeths in ihren frühen Jahren. Der Kontakt entspann sich über die englischen Kaufleute, die schon seit der Zeit von Mary I. beim Handel mit Russland besondere Vergünstigungen genossen, die der Zar der «Muscovy Company» gewährt hatte (siehe Kap. 11a). Durch Elisabeths Botschafter in Moskau, Anthony Jenkinson, schlug Iwan der Königin 1567 nebst der Heirat auch eine Vereinbarung für den Fall vor, dass er oder sie bei Vertreibung Asyl benötigten – für den Zar ein vertrauter, für die Queen ein exotischer Gedanke. Am 20. Juni 1569 beschwerte sich der Russe dann, dass er auf sein Schreiben noch keine Antwort erhalten habe. Heftig beklagte er sich außerdem, Elisabeth stelle Englands kommerzielle Interessen über «unser beider höchste Beziehungen» – eine Anspielung auf seinen Heiratsantrag. Der Brief verrät die Paranoia eines Herrschers, der sich manisch verfolgt wähnte und aufgrund der raschen Abfolge von Eduard VI., Mary und Elisabeth offensichtlich annahm, auch der jungen Queen drohe bald Ungemach – daher sein Asylvorschlag.

Erst im Mai 1570 bequemte sich Elisabeth zu einer Antwort, in der sie die Möglichkeit ihrer Vertreibung mit keinem Wort erwähnte, aber umgekehrt dem Zaren für *seinen* Ernstfall Asyl anbot, jedoch unter der Bedingung, dass er seinen Aufenthalt in England selber finanzieren müsse. So viel Herablassung der jungfräulichen Herrscherin erwies sich als zu viel für Iwan: Er explodierte im Oktober desselben Jahres förmlich in einer eigenhändig geschriebenen Philippika, dem rüdesten Brief, den Elisabeth in der Zeit ihrer Herrschaft je empfangen hat: «Wir hatten immer angenommen, Ihr seiet die Fürstin in Eurem Reich, und daher hatten Wir Euch dies besondere Verhältnis zwischen uns angetragen. Wir müssen jetzt aber sehen, dass andere das Sagen haben, keine Männer, sondern Rüpel und Händler, die nicht das Wohlergehen und die Ehre Eurer Majestät suchen, sondern nur ihren eigenen Profit. Ihr seid ja nur eine ganz gewöhnliche Jungfrau; es war nicht recht von Euch, unsere Beziehungen in die Hände solcher Betrüger zu legen.» Damit zog der Zar auch alle Handelsvergünstigungen zurück. Dies konnte ihm der gewandte Jenkinson im Frühjahr 1572 zwar ausreden, da Iwan genauso viel Interesse am Handel mit England hatte wie dieses an seinen russischen Geschäften. Aber von Heirat war fortan keine Rede – oder besser: kein Iwan-Monolog – mehr. Ungleich wie die Traditionen beider Länder war schon der Schriftverkehr zwischen den Protagonisten: Iwan, der ohne jede Fremdsprachenkenntnis war, schrieb endlos lang auf Russisch, Elisabeth auf Latein, oft unter Verzicht ihres Siegels. Ein «clash of cultures», der die Komödie streifte.

c *Der Tod von Dudleys Ehefrau: War es Mord?*

Niemand konnte zweifeln, dass Elisabeth an dem Mann, den sie «Augen» nannte, mit der Leidenschaft einer tiefen Freundschaft hing, die sich durch keine internationalen Ränkespiele ablenken ließ. Heirat stand nicht auf dem Programm, auch wenn böse Zungen solches behaupteten, besonders spanische Diplomaten, die sich von den Paarungstänzen der Königin an der Nase herumgeführt fühlten. Wir wissen inzwischen genug von Elisabeths psychologischer Struktur, um zu verstehen, dass sie bei aller Liebe zu ihrer «Kreatur», zu Dudley, die Zügel der Macht kaum aus der Hand geben, die Macht nicht teilen wollte – nicht mit Dudley und nicht mit einem der vielen Brautwerber von außerhalb. Sie hatte nichts gegen die Zahl ihrer Freier, bestätigte doch jeder von Neuem ihre Attraktivität und – wichtiger noch – ihre Legitimität, die in katholischen Kreisen Europas offiziell noch immer angefochten wurde. Tatsächlich entwickelte sich in den nächsten zwanzig Jahren das Ritual der Brautwerbung fast zu einer Sucht bei ihr. Man hat den Eindruck, das permanente Gerede um eine Heirat war für sie der Ersatz für eine wirkliche. Wenn es aber eine Sucht war, dann eine sehr kontrollierte – immer eingespannt in den Dienst ihrer diplomatischen Rochaden.

Dudley zu heiraten verbot sich für die Queen erst recht nach dem, was am 8. September 1560 geschah, während er bei ihr in Windsor Castle weilte: Seine Frau, Amy Robsart, wurde tot im Haus einer befreundeten Familie aufgefunden, in Cumnor Place nahe Oxford. Sie lag zu Füßen einer kurzen Treppe von nicht mehr als sechs, sieben Stufen, mit gebrochenem Hals und zwei leichten Verletzungen am Kopf, die nach dem Urteil einer späteren Kommission von dem Sturz herrührten. Fremdeinwirkung schloss man aus, und so wurde als Todesursache ein «Unfall» aktenkundig gemacht. Medizinische Experten wiesen schon damals auch auf Anzeichen von Brustkrebs bei Amy Robsart hin, der zu einer Fragilität der Rückenwirbel geführt haben mag, eine Erklärung für das gebrochene Genick.

Für die Gerüchteküche und Verleumdungsmühle war das alles jedoch eine hohnlachende Verdrehung dessen, was allgemein angenommen wurde: Natürlich stand Robert Dudley hinter dem Tod seiner Frau, er oder seine Helfershelfer mussten Amy ermordet haben, ob gewalttätig oder durch Gift, das traditionelle Mittel der ruchlosen Wahl in der Renaissance. Verdächtigerweise hatte die 28-jährige Lady Robsart am Tag des Todes ihre Diener aus dem Haus komplimentiert mit dem Hinweis, sie sollten sich eine schöne Zeit auf dem Jahrmarkt im nahegelegenen Abingdon machen – eine Flurbereinigung gleichsam, die alle Zeugen beseitigt hatte, was sich die Täter zunutze gemacht haben mussten. Mehrere Untersuchungen aus späterer Zeit ließen als mögliche Todesursache auch Selbstmord gelten – manche Familienfreunde attestierten der jungen Frau zuletzt einen «seltsamen Geist», eine Chiffre für Depression.

Dudley weilte wegen seiner höfischen Pflichten fast nie zu Hause, er hatte seine Frau seit Juni 1559, also seit fast einem Jahr, nicht mehr gesehen – Elisabeth hielt an der Präsenzpflicht ihres Robin wie eine Sklavenhalterin fest. Das war ihm nicht ganz unrecht, befand er sich doch im siebten Himmel seiner Seligkeit. Und wie wir sahen, machte das Paar aus seiner Zuneigung füreinander öffentlich keinen Hehl. Was lag also näher, als zu folgern, die Beseitigung Amy Robsarts solle den Weg für eine Heirat frei machen, wie die Spanier seit Langem spekuliert hatten? Doch widersprach diese Annahme einfacher Logik: Der Umstand, der Dudley zu einer Heirat mit Elisabeth befreit hätte – der Tod seiner Frau –, war derselbe, der dies unmöglich gemacht hätte. Denn es war erst recht vollkommen ausgeschlossen, dass die Monarchin einen Mann heiraten würde, den man allgemein des Mordes an seiner Ehefrau verdächtigte. Eine Heirat hätte wie eine Bestätigung ihres Komplizentums ausgesehen.

Der Schatten dieses ungeklärten Todes musste auch auf Elisabeth fallen und ihren Ruf belasten. Aus Paris berichtete Sir Nicholas Throckmorton, der englische Botschafter, bereits von beschämenden Fragen, die er zu hören bekam: «Was für eine Religion ist das, wo ein Untertan seine Frau ermorden kann und die Fürstin sich nicht nur damit abfindet, sondern ihn auch noch heiratet?» Throckmorton folgerte schonungslos: «Wir stehen schon jetzt verlacht und verhasst da. Wenn diese Heirat stattfindet, so ist die Königin, unser Souverän, diskreditiert, verurteilt und missachtet, unser Land ruiniert, erledigt und eine Beute für alle.» Maria Stuart, durch ihre Ehe mit Franz II. Königin in Frankreich, ließ sich die Gelegenheit zu einem süffisanten Bonmot nicht entgehen: «Jetzt wird die Königin ihren Stallmeister heiraten, der seine Frau ermordet hat, um Platz für sie zu machen.»

Dass Dudley ein Mörder oder der Auftraggeber eines Mordes gewesen sein soll, klingt vollends unwahrscheinlich, wenn man bedenkt, dass seine Frau sich im Endstadium einer tödlichen Krankheit befand, wie man seit Längerem berichtete. Warum dem Gang des Erwarteten gewalttätig vorgreifen? Wenn man schon nicht an einen Unfall glauben will, scheint es weitaus überzeugender, in William Cecil den möglichen Mastermind der Untat zu sehen – wovon auch die Historikerin Alison Weir ausgeht. Nach ihrer Meinung hatte Cecil ein klares Motiv: die Verbindung Dudleys mit Elisabeth zu vereiteln. Er hatte schon lange die Umtriebigkeit des Favoriten beklagt, der ihn von der ersten Position als Berater der Königin verdrängt zu haben schien. Eine Heirat Dudleys mit Elisabeth kam zudem in seinen Augen einem Ausverkauf Englands gleich und hätte dem Ruf und der Ehre seiner Herrin geschadet. Mithin liegt der Gedanke nahe, dass er alles daransetzte, es gar nicht erst so weit kommen zu lassen.

Dudley, der kaum ein Wort des Bedauerns über den Tod seiner Frau verlor, zeigte kein Interesse an einer Untersuchung der Todesumstände, sondern schien wie besessen von dem Wunsch, seine Unschuld zu proklamieren. Der Hof verkündete derweil eine offizielle Trauer von einem Monat. Was in Elisabeth vorging, kann man nur vermuten. Die meisten Biographen sind sich einig, dass die Lage nach dem Tod von Lady Robsart für sie eher leichter wurde: Sie konnte ihrer Freundschaft mit Lord Robert weniger beschwert nachgehen, denn der Vorwurf, sie unterhalte eine Affäre mit einem verheirateten Mann, war nach Amys Tod hinfällig und eine Heirat im Dunstkreis des Skandals ausgeschlossen. Besuchern erzählte sie, dass alle Nachforschungen kein «foul play» zutage gebracht hätten, sodass «weder seine Aufrichtigkeit noch meine Ehre tangiert» seien. David Starkey schreibt, es sei «genügend sexuelle Attraktivität» geblieben, um die Beziehung für beide weiterhin interessant zu machen.

Dennoch gab Elisabeth wie eh und je der Versuchung nach, mit ihrem verliebten Robin auf manchmal grausame Art zu spielen. So in der folgenden Szene im Dezember 1560: Die Urkunde für Dudleys Erhebung in den Adelsstand als Graf (Earl) lag bereit, die Zeremonie sollte beginnen. Da zückte Elisabeth ein Taschenmesser und zerschnitt das Pergament mit der Bemerkung, die Dudleys hätten in drei Generationen nur Verräter hervorgebracht (auch Robins Großvater war unter Heinrich VIII. hingerichtet worden, angeblich wegen Steuerunregelmäßigkeiten). Der Favorit reagierte empört über diese Erniedrigung vor Zeugen, aber die Queen, in schnippischer Laune, strich ihm mit der Hand tröstend über die Wange: «Nein, so schnell werden der Bär und der Baumstamm nicht gestürzt werden» – eine Anspielung auf Details im Wappen der Dudleys. Die Beförderung Sir Roberts zum Earl of Leicester behielt sie sich für eine günstigere Gelegenheit vor (siehe Kap. 9a).

Der Favorit gab jedoch die Hoffnung auf Elisabeth als seine Zukünftige nicht auf, die Liebe muss ihn blind gemacht haben. Ein waghalsiges Manöver nahm in seinem Kopf Gestalt an, bis er es im Januar 1561 Botschafter de Quadra vortrug. Philipp II. müsse doch endlich die antikatholischen Machenschaften von Cecil und Co. leid sein, so schmeichelte er dem Spanier. Er, Dudley, wolle Philipps treuer Vasall werden und dafür sorgen, dass England sich wieder dem Katholizismus annähere. Dafür aber brauche er die Steigbügelhilfe des Königs für seine Ehe mit Elisabeth, denn ohne diesen Rückhalt würde sich das Los der englischen Katholiken nicht bessern, die Lockerung der Strafen gegen sie nicht durchsetzen lassen. Das sorgsam eingefädelte Unternehmen kam im Frühjahr 1561 zutage, als de Quadra zu seinem großen Ärger von Beschuldigungen gegen Dudley hörte, er sei an einer katholischen Verschwörung gegen die Königin beteiligt. Schlimmer noch: Es wurde kolportiert, Philipp wolle Elisabeth dabei behilflich sein, Dudley zu heiraten. Dieser hatte nichts Schnelleres zu tun, als zurückzurudern und sich jetzt besonders reformerisch zu geben – wie könne man nur auf den Gedanken kommen, er wolle mit dem Katholizismus flirten! Sein Refrain: «Ich kenne keinen Menschen in diesem Königreich, der sich mehr als ich dafür eingesetzt hat, die wahre Religion zu befördern.» Täuschung und Hinterlist hatten in der Renaissance einen Ehrenplatz.

Ein Nachspiel folgte, eine Posse. Im Juni 1561 veranstaltet Dudley ein großes Wasserfest auf der Themse, er ist schließlich verantwortlich für solche Aufführungen. Am Nachmittag finden sich er, Bischof Álvaro de

Quadra und Elisabeth allein auf der Plattform der königlichen Barke in einem heiteren bis ernsten Gespräch, über das der Botschafter seinem Herrn in Madrid Bericht erstattete, so wichtig erschien es ihm: «Die beiden begannen, Witze zu machen, was die Königin weitaus mehr schätzt, als über Geschäfte zu reden. Die Flachserei ging so weit, dass Lord Robert zur Königin gewandt bemerkte, wenn sie wolle, könnte ich als Priester ihre Verehelichung mit ihm auf der Stelle vornehmen. Worauf sie, ohne Abwehr des gerade Gehörten, einwandte, sie sei nicht sicher, ob mein Englisch für die Zeremonie ausreiche.» Der würdige Prälat und Diplomat ist offenbar alles andere als amüsiert, und nach einer Weile, in der er die beiden weiter witzeln lässt, rauft er sich zusammen und ermahnt die Königin, sie möge sich endlich von der Tyrannei Cecils und der anderen Berater, dieser Ketzer, befreien, um die wahre Religion wiederherzustellen. Wenn das geschähe, könnte sie Lord Robert so rasch, wie es ihr beliebe, heiraten, und bei Philipps Unterstützung dafür würde niemand wagen, diese Union zu bekämpfen. Elisabeth muss dem Vorschlag mit der nötigen Heuchelei zugehört haben, konnte und wollte sie es sich doch nicht mit dem spanischen König verderben.

Die Konkurrenz zwischen William Cecil, dem Staatssekretär, und Robert Dudley, «Master of the Horse» und Favorit der Königin, hätte in jeder anderen Regierung zur Erosion der Autorität der Fürstin führen können. Nicht unter Elisabeth. Gewiss, sie hatte manchmal Mühe, die widerstrebenden Pferde ins Gespann zu zwingen. Streit gab es immer wieder, aber auch genügend Grund für beide, sich zu einigen. Cecil und Dudley standen für einen grundsätzlichen Gegensatz: hier der professionelle Politiker, dort der Amateur, hier der mit allen Wassern gewaschene Bürokrat, dort der Höfling. Der Pessimist stand gegen den Optimisten, der Statistiker gegen den Spieler, der Diplomat gegen den Soldaten. Aber es waren zwei Seiten der Königin selber, wie einer der besten amerikanischen Kenner der Tudors, Lacey Baldwin Smith, schon vor langer Zeit argumentierte: Die eine Seite hörte auf Elisabeths gewohnte Vorsicht, auf ihren sich im Krebsgang fortbewegenden, jedoch ungewöhnlich hellsichtigen Verstand, die andere auf ihre eigenwillige

Natur, die «unabgeschlossenen Instinkte» der Frau. Zusammen addierten sich beide Seiten zum aufreizenden Phänomen einer Monarchin, an deren Kunst viele abprallten, ohne sich das Rätsel ihrer Macht erklären zu können.

d Die erotische Spur Elisabeths

Im Oktober 1562 hatte Elisabeth plötzlich mit steigender Temperatur zu kämpfen, mit Kopfschmerzen und verdächtigem Husten, was einer ihrer Leibärzte, ein Dr. Burcot aus Deutschland, als Symptom einer kommenden Blatternerkrankung diagnostizierte. Da aber noch kein Ausschlag zu sehen war, schalt sie den Arzt einen Dummkopf und wies ihn wütend von sich. Doch ihr Zustand verschlechterte sich rapide – es kam ein zeitweiliger Verlust der Sprache hinzu, dann eine länger anhaltende Ohnmacht. Die Mediziner fürchteten das Schlimmste und riefen sogleich William Cecil herbei, der den Kronrat einbestellte. In dem verschreckten Consilium war die Erinnerung an zwei königliche Tode der letzten Zeit noch allzu lebendig – den Tod Heinrichs II. von Frankreich im Juli 1559 und den seines Nachfolgers Franz II. im Dezember 1560. England stand jedoch vor einem weitaus beunruhigenderen Albtraum – die Monarchin stirbt, und kein Nachfolger ist ernannt oder in Sicht. Die Pocken hatten sich in England in den 1560er Jahren epidemieartig verbreitet und Tausende Menschen das Leben gekostet.

Der Kronrat musste, ob er wollte oder nicht, dem «worst case» ins Auge schauen und für die Zeit nach Elisabeth Vorsorge treffen. Es bildeten sich drei Meinungsgruppen heraus: Die ideologisch am stärksten festgelegten Protestanten bewegten sich auf die Nachfolgeregelung Heinrichs VIII. zu, in der die Suffolk-Linie seiner Schwester Mary den Vorrang hatte (siehe Kap. 3b), was bedeutete, dass Lady Katherine Grey, die Schwester der Neun-Tage-Königin Jane Grey, jetzt an die Reihe gekommen wäre. Eine moderate Gruppe war für den Earl of Huntingdon, zwar kein Blutsverwandter der Queen, aber immerhin ein Abkömmling der Plantagenet. Cecil und seine Anhänger schließlich stimmten für den juristischen Weg – eine Staatsratskommission, die den Thronnachfolger bestimmen und bis dahin das Reich regieren sollte. Maria Stuart brachte niemand ins Gespräch.

Aber ehe das Schlimmste eintrat, wurde der verschmähte Dr. Burcot noch einmal aus seiner Schmollecke herbeizitiert – die erste Reaktion Elisabeths hatte ihn in seiner beruflichen Ehre tief gekränkt. Er versuchte es mit einem arabischen Hausmittel, ließ die Königin in ein rotes Flanelltuch einwickeln und auf eine Matratze nahe dem Kamin legen, während er ihr gleichzeitig zu trinken einflößte. Zwei Stunden danach war die Patientin wieder bei Bewusstsein und im Besitz ihrer Sprache. Die Berater versammelten sich in den folgenden Tagen in ihrem Schlafgemach, um ihre letzten Vorkehrungen anzuhören – ihr Zustand galt weiterhin als unrettbar, «der Tod hatte jede Faser von mir in Besitz genommen», wie die Königin später kommentierte.

Doch der Kronrat konnte kaum glauben, was er da als letzte Verfügung der Monarchin zu hören bekam: Robert Dudley, der Favorit, sollte nach ihrem Tod Lord Protector des Reiches werden! Elisabeth muss die negativen Reaktionen auf diese Ankündigung geahnt haben, denn sie fügte hinzu, wie der gut vernetzte de Quadra später berichtete, «obwohl sie Lord Robert immer geliebt habe, sei Gott ihr Zeuge, dass nichts Unziemliches jemals zwischen ihnen beiden vorgefallen sei». Alison Weir nimmt der Königin dieses Bekenntnis als unbedingt glaubhaft ab – wie könnte eine Person wie Elisabeth, die in ihren Gebeten eine fast persönliche Beziehung zum Schöpfer pflegte, sich mit einer Lüge auf den Lippen für den Eintritt in die Ewigkeit vorbereitet haben?

In den Quellen findet sich keine Äußerung der Königin, die näher als dieses Geständnis an die ewig gestellte Frage über die Natur ihrer Beziehung zu Robert Dudley oder anderen Männern in ihrer Umgebung herankäme. Zugleich gibt es viele Zeugnisse internationaler Beobachter am englischen Hof, die Elisabeths Bekenntnis in ihrer vermeintlichen Todesstunde stützen. So fasste Michel de Castelnau, Seigneur de la Mauvissière, langjähriger französischer Botschafter in London, zusammen: «Wo immer wieder Versuche unternommen wurden, ihr gewisse Affären zu unterstellen, kann ich nur wahrheitsgemäß feststellen, das alles waren bösartige Erfindungen.» Auch Sir Christopher Hatton, einem anderen Liebling Elisabeths, der es bis zum Lord Chancellor brachte, sagte man sexuelle Beziehungen zu ihr nach. Doch im Gespräch mit Elisabeths Patensohn John Harington schwor Hatton «mit tiefster innerer Bewegung, er habe niemals Geschlechtsverkehr mit der Königin gehabt». Bei Abwesenheit verlässlicher Verhütungsmethoden hätte es auch «an Wahnsinn gegrenzt», wie die Elisabeth-Biographin Anne Somerset schreibt, das Risiko einer Schwangerschaft einzugehen, was erst recht glaubhaft klingt, zieht man Elisabeths tiefe Ablehnung männlicher Dominanz als Fakt hinzu.

Man könnte die Königin «romantisch promiskuitiv» nennen – sie lud zu Stellvertreterkriegen um ihre Gunst ein und fand nichts dabei, sich als imaginiertes Objekt der Libido ins Spiel zu bringen. Aber der Regisseur blieb zu allen Zeiten sie selber und ein diktatorischer dazu, wie wir an ihrer wechselhaften Behandlung Dudleys gesehen haben. Christopher Hatton wusste, wovon er sprach: «Die Königin fischte nach den Seelen der Menschen mit so einem süßen Köder, dass niemand ihren Netzen entkam.» Sie konnte ihre Lust bis kurz vor dem Punkt der Kapitulation ausspielen, aber da sie nie den Punkt zuließ, an dem «aus einem bewundernden Bewerber ein selbstzufriedener Liebhaber hätte werden können», wie es die Biographin Elizabeth Jenkins formuliert, verflüchtigte sich bei manchen die Verehrung für sie auch wieder.

In der Imagination der Männerwelt hörte ihre erotische Ausstrahlung jedoch nie ganz auf. Wir besitzen dazu ein bemerkenswertes Zeugnis in der Tagebucheintragung des Astrologen Simon Forman, der sich am 23. Januar 1597 – Elisabeth war inzwischen 63 Jahre alt – einen lasziven Traum notierte: «Ich wanderte mit der Königin in ihrem weißen Petticoat über Wege und Schneisen, wo wir zwei Männern in wilder Auseinandersetzung begegneten. Sie sprach zu dem einen, der sich beruhigte, woraufhin sie ihn küsste. Ich packte sie am Arm und zog sie fort, bis wir an eine verdreckte Furt kamen. Ihr langer weißer Rock hing in den Schmutz, ihr Mantel ebenfalls, sodass ich ihre Kleider aufraffte und diese eine Weile lang trug, bis sie erneut in den Schmutz hingen. Ich bat, ihr zu Diensten sein zu dürfen, und sie sagte ja. Darauf ich: ‹Ich meinte, mich um Euch kümmern, nicht unter Euch dienen, sodass ich diesen kleinen Bauch ein wenig größer machen und Eure Kleider sicher aus dem Dreck tragen kann.› Angeregt weiter wandernd, begann sie, sich an mich zu lehnen und sehr vertraut mit mir zu werden, und ich hatte das Gefühl, sie fing an, mich zu lieben. Als wir allein waren, außer Sichtweite, schien es mir, sie würde mich küssen wollen.» Hier bricht der Traum ab. Er mag besonders gut zu einem Astrologen gepasst haben, stellt aber einen bezeichnenden Kommentar dar zum Verhältnis zwischen der jungfräulichen Königin und ihrer männlichen Umgebung.

Die Pocken, die befürchteten, brachen zum Glück nicht aus, bis auf ein paar Flecken auf Elisabeths Handrücken und im Gesicht, die bald wieder verschwanden. Dafür wurde Lady Mary Sidney, eine Schwester Dudleys, die ihre Königin treu pflegte, bis zur Entstellung von der Krankheit befallen, sodass sie sich nicht mehr in der Öffentlichkeit sehen lassen konnte; doch die Freundschaft und die Dankbarkeit der Königin blieben ihr erhalten. Schon am 25. Oktober 1562, zehn Tage nach den ersten Symptomen der Krankheit, kehrte Elisabeth zu ihren Staatsgeschäften zurück. Die Zeichen standen auf Spannung im Kronrat und im Parlament, wo der Schock über die jüngste Erkrankung der Monarchin noch in den Gliedern steckte. Eine Konfrontation über die Thronnachfolge wurde jetzt unausweichlich.

KAPITEL 8

Monarch und Parlament: Die Queen in der Defensive

a 1563: Das Parlament trumpft auf

Der Groll gegen Elisabeth wuchs, gegen sie und das, was sie dem Land mit ihrer Weigerung zumutete, die Nachfolge zu klären. Da tat sich eine gute Chance auf, sie in dieser Frage in die Ecke zu manövrieren: Für Anfang 1563 berief sie das Parlament ein, nicht um das heikle Thema diskutieren zu lassen, sondern weil sie Geld brauchte, viel Geld. Denn der Einsatz in Le Havre, dieser Aderlass ohne Erfolg, verschlang kostbare Mittel, die sie ohne zusätzliche Subsidien – sprich: eine Steuererhöhung – in tiefe Schulden gestürzt hätten. Die Genehmigung solcher Maßnahmen musste der englische Souverän schon seit fast 200 Jahren vom Parlament einholen, ein Pferdefuß des königlichen Privilegs. In vier Bereichen der Politik besaß Elisabeth ein Prärogativ, das heißt die absolute Macht, ihre eigene Politik zu gestalten, unbehelligt von Diskussionen in den beiden Häusern des Parlaments: in Fragen ihrer Heirat, der Sukzession, der Außenpolitik und der Religion. Bei Finanzfragen dagegen konnten die Abgeordneten sie quasi erpressen und auch andere Themen auf die Agenda setzen.

Das Parlament der Tudors hatte keine Ähnlichkeit mit modernen Volksvertretungen dieses Namens. Der Souverän berief Sitzungen ein, wenn es ihm gelegen kam oder nötig erschien, und für eine Dauer nach seinem Belieben. Besonders Elisabeth hatte nicht viel übrig für diese Versammlung, die sie mit Herablassung behandelte, freilich immer in die Sprache der liebenden Fürstin verpackt, die sich im Wohlwollen ihres Volkes eingebettet wähnte; eigentlich aber waren Parlamentarier

Zeitverschwendung für sie. Regiert wurde ohnehin nicht im Parlament, sondern im Kronrat, der ständig tagte. In den 44 Jahren ihrer Herrschaft rief Elisabeth das Parlament nur zehnmal, mit insgesamt dreizehn Sitzungen, zusammen.

Aber nicht die Zahl der einberufenen Parlamente ist entscheidend, sondern die Krisen, die sie nötig machten: etwa im Januar 1559, als es um die Ausarbeitung der Religionsverfassung ging, oder in den siebziger und achtziger Jahren, als die Bedrohung durch die in England inhaftierte und gegen die Krone intrigierende Maria Stuart immer größer wurde.

Aus der nie weichenden Sorge um die Thronfolge war nach Elisabeths Erkrankung ein Albtraum geworden, sodass die Queen damit rechnen musste, das im Januar 1563 zusammentretende Parlament werde sich die Gelegenheit einer Aussprache nicht entgehen lassen. Zwingen konnte niemand sie zu irgendetwas, aber des Unwillens der Abgeordneten in beiden Häusern durfte sie gewiss sein. Auch die Machenschaften der Männer im Hintergrund spielten hinein. Denn meist benutzte der Kronrat das Parlament als Bühne für unangenehme Wahrheiten, die Elisabeth nicht oder nur ungern hören wollte. Viele Abgeordnete verdankten ihren Sitz der Günstlingswirtschaft am Hof und bezeugten ihre Dankbarkeit, indem sie sich in bestimmte Richtungen beeinflussen ließen. Das machte sich der Kronrat zunutze, zumal Staatssekretär Cecil, der in der Regelung der Thronnachfolge das Nonplusultra der Stabilität des Königreichs sah – auch seiner eigenen Stellung als Chefberater, nebenbei bemerkt. Das Drängen der Parlamentarier in dieser Sache ging daher auch auf seine Einflüsterungen zurück.

Heinrich VIII. war der Erste gewesen, der dem Parlament und seiner Eigenständigkeit geschmeichelt hatte, legte er doch Wert darauf, die bahnbrechenden Entscheidungen seiner Regierungszeit immer durch die Abgeordneten absegnen zu lassen, statt sie mittels Proklamationen einfach durchzusetzen. Damit beförderte er den Anschein, nicht sein Eigenwille, sondern ein allgemeines Begehren stehe hinter grundsätzlichen Weichenstellungen der Politik, etwa der Trennung von Rom. Unter Lordkanzler Thomas Cromwell bürgerte sich so das Wort vom

«King-in-Parliament» ein, womit England konstitutionell einen modernen Weg einschlug. Knapp fünfzig Jahre nach Elisabeth führte dieser Weg zum Aufstand des Parlaments gegen den Stuart-König Karl I., der darüber sogar seinen Kopf verlor, und noch einmal fünfzig Jahre später mündete er in die «Glorreiche Revolution», das Ende des englischen Absolutismus – einhundert Jahre früher als in Frankreich, wo erst die Revolution von 1789 die Tür zur Moderne aufstieß.

Mit Begriffen wie «Macht» oder «Opposition» kann man allerdings die Tudor-Parlamente noch nicht fassen, das letzte Wort lag – wenn es nicht um Finanzen ging – immer beim Souverän. Dennoch musste Elisabeth sich mit hoheitlichen Tricks von Fall zu Fall durchmogeln, wie bereits am Beispiel der religiösen Einigung von 1559 deutlich wurde. Die Auseinandersetzungen zwischen der Krone und den beiden Kammern sollten im Verlauf ihrer Herrschaft immer heftiger werden und ließen künftige Verfassungskrisen immerhin ahnen, die Morgenröte einer Revolte, Paukboden der Zukunft. Sogar Redefreiheit, «freedom of speech», war dem Unterhaus bereits verbrieft, wenn auch nur unter der Bedingung großer Ehrerbietung gegenüber dem Souverän. Doch Worte konnten, auch wenn noch keine Macht hinter ihnen stand, ein neues Denken beflügeln.

Schon während des Gottesdienstes vor Eröffnung des Parlaments in der zweiten Januarwoche 1563 erinnerte der Dekan von St Paul's, Alexander Nowell, daran, welche Plage über England mit Mary I. gekommen sei und dass Elisabeths Mangel an Nachwuchs die nächste Plage bringen würde. «Wenn eure Eltern so gedacht hätten wie eure Majestät, wo wäret ihr dann heute?», folgerte er mit herausfordernder Logik, die ihn die Sympathie der Königin kostete. Eine pointierte Eröffnung. «Oh wie elend wir dran sind, dass wir nicht wissen, unter welchem Souverän wir einmal leben werden!», hatte Bischof John Jewel aus Salisbury schon früher geklagt. Die Details einer solchen ungewissen Zukunft skizzierte dann der Sprecher des Unterhauses wie ein Horrorpanorama: Bürgerkriege, Aufruhr, ausländische Herrscher über England, gespaltene Loyalitäten im Volk, Niedergang des Adels, Mord, Umstürze in den Städten, Unsicherheit des Besitzes, des Lebens, des Standes. Die

Petition an die Queen lautete daher denkbar direkt und kam dreiteilig – «zu heiraten, wenn es ihr gefalle, wer auch immer ihr gefalle und so schnell es ihr gefalle».

Eigentlich hätte Elisabeth die Debatte auch diesmal untersagen können. Aber sie brauchte Geld, und das zwang zur Zurückhaltung. So balancierte sie in ihren Antworten geschickt die vermeintliche Unzulänglichkeit ihres Geschlechts mit der überlegenen Qualität ihrer Majestät – es war das bekannte «Zwei-Körper»-Spiel. Bei solchen Gelegenheiten tauschte sie gerne die Geschliffenheit ihres klassisch gebildeten Stils gegen höfisch umständliche Prosa. Auch diesmal nahm sie sich die drei Punkte des Wenn, des Wen und des Wann wie ein Advokat vor, einen nach dem anderen. Zunächst: «Gewicht und Größe dieser Angelegenheit könnten mir als Frau leicht Furcht und Schüchternheit einflößen, passend zu meinem Geschlecht. Doch der fürstliche Sitz und königliche Thron, den Gott mir überantwortet hat, lassen diese beiden Reaktionen nach meiner Meinung als kleinlich ausscheiden.» Sie werde eine Antwort darauf zu einem anderen Zeitpunkt geben und nach weiterer Beratung. Ein Nichts von einer Antwort oder, wie es bald zum geflügelten Wort unter ihren Beratern wurde, eine «answer answerless».

Auf den zweiten Aspekt der Petition – die Frage «wen» – reagierte sie verärgert: «Die Spuren in meinem Gesicht, die ihr seht, rühren nicht vom Alter her, sondern von den überstandenen Pocken.» Im Übrigen könne Gott ihr auch im Alter noch Kinder schenken, wie in der Bibel der Base Elisabeth. Auch müsse sie vor den Kontroversen warnen, die sich um die Benennung eines Nachfolgers ranken könnten: «Dies wird in England viel Blutvergießen verursachen.» Von Tod und dem Ende ihrer Herrschaft mochte sie ohnehin nicht reden, es kam ihr vor, als wolle man bereits ihr Leichentuch weben. Das waren die gleichen Argumente, die sie bereits im September 1561, den Abgeordneten unbekannt, Baron Maitland of Lethington vorgetragen hatte (siehe Kap. 6c).

Den dritten Punkt der Petition – das Wann – parierte die Königin mit einer ihrer klassischen Nanny-Belehrungen: Sie empfahl den «jungen Köpfen» in der Versammlung, «sich ein Vorbild an den Alten zu nehmen und Geduld zu üben». Elisabeths umgänglicher Ton versöhnte jedoch niemanden, wenngleich man die rhetorische Agilität der Königin bewunderte: «Ich gebe euch allen die Versicherung, dass, auch wenn ihr nach meinem Tode noch viele Stiefmütter erleben mögt, ihr doch nie eine natürlichere Mutter haben werdet, als ich euch allen sein will.»

Mit dieser Beruhigung gaben sich beide Häuser diesmal noch zufrieden, in der Hoffnung, dass Elisabeth mit dem Versprechen einer Heirat und/oder der Regelung der Nachfolge Ernst machen werde. Die Steuererhöhung wurde bewilligt, und Elisabeth, die zur Schlusszeremonie am 11. April 1563 persönlich erschien, schloss mit Worten von kunstvoller Obskurität: «Auch wenn das Leben als Jungfrau für eine Privatperson passen mag, bemühe ich mich doch zu denken, dass es nicht richtig ist für einen Prinzen wie mich. Und falls sich meine Zuneigung in eurem Sinne biegen lässt, werde ich solcher Richtung nicht widerstehen. Ich hoffe, ich werde dereinst in Ruhe mit einem ‹Nun entlässest Du, Herr, Deine Dienerin› gehen, was aber nicht sein kann, ohne dass meinen Gebeinen Sicherheit für euch alle folgt.» Hinter dieser Nebelwand vertagte sie das Parlament auf 1566.

b *Puritanischer Widerpart: Peter Wentworth*

Aber 1563 stand nicht nur die Thronfolge-Frage auf der Agenda des Parlaments – Streit brach erneut auch über die religiöse Vereinbarung von 1559 aus, was die Königin zwang, ihren anglikanischen Kompromiss noch einmal zu bekräftigen und in die «39 Articles» des Glaubens zu giessen, eine «via media» zwischen übereifrigen Puritanern und den eher staatsfrommen Katholiken. Der Terminus «puritanisch» kam gegen Mitte der 1560er Jahre auf, geprägt von exilierten katholischen Pamphletisten als Beleidigung aller Protestanten, vor allem der geweihten, der «heissen Puritaner der neuen Geistlichkeit». Er wurde dann von Verteidigern des gemässigten Protestantismus auf alle Nonkonformisten gemünzt, die aus Gewissensgründen Aspekte des neuen «Prayer Book» wie kirchliche Gewänder oder auch das Kreuzzeichen bei der

Taufe ablehnten und nach «weiterer Reformation» verlangten. Doch die Puritaner rieben sich an mehr: an der kirchlichen Politik, ihrer bischöflichen Struktur, ihren geistigen Grundlagen – ja, das Supremat des Monarchen selbst zu akzeptieren fiel ihnen zunehmend schwer. Sie suchten ein neues Jerusalem nach ihrem eigenen Bilde, was Elisabeth herausforderte. Denn es würde die göttlich eingerichtete Gesellschaft zerstören, die sie von ihrem Vater geerbt hatte, wo die Untertanen «ohne Anmaßung den Höhergestellten gehorchten und ruhig und freundlich miteinander lebten», jeder nach seiner Berufung, wie Cecil wissen ließ.

Die Puritaner dagegen beharrten trotzig darauf, als von Gott Ausersehene «Seinen» Willen zu verkörpern und damit jedem weltlichen Fürsten ebenbürtig zu sein: Kirche und Staat maßen sie einzig am Maßstab biblischer Perfektion. Sie wähnten sogar die eigene Seelenrettung in Gefahr, wenn man nicht den christlichen Bruder vor ewiger Verdammnis zu retten versuchte. Mit ähnlich extremer Begründung hatte Mary I. Hunderte von Protestanten dem Feuertod übergeben. Die Tudor-Ära war auch eine Zeit der protestantischen und katholischen «Dschihadisten» (Hans-Peter Schwarz), Extremisten, die die Hoheit der Lehre – und damit die Macht – für sich beanspruchten (siehe Kap. 10c).

Für Elisabeth waren die Umtriebe der Puritaner ein rotes Tuch. In ihren Augen waren diese gefährlich ichbezogene spirituelle Hypochonder, die Gottes Wort mit zu vielen subtilen Finessen überprüften. Solcherart Neumodisches, wie sie es nannte, «newfangledness», werde sie nicht tolerieren. Sie reizte die Hybris – «überaus kühn mit dem Allmächtigen im Bunde» –, die Kirche nach eigenen Vorstellungen modellieren zu wollen. Für solche kranken Seelen hatte sie nur Verachtung übrig, und ihren Bischöfen befahl sie, sich Leute vorzuknöpfen, «die zuletzt behauptet haben, ich hätte gar keine Religion, sei weder heiß noch kalt, sondern sei so eine, die Gott am Ende erbrechen lasse». So weit wagte sich Peter Wentworth, ein puritanischer Abgeordneter aus Devon, nicht vor, aber auch er fühlte sich geleitet von dem inneren Licht, das alle Logik übersteigt; auch für ihn hatte nichts im Leben größere Bedeutung als das spirituelle Drama um Erlösung oder Verdammnis. Dem neuen spanischen Botschafter Don Diego Guzmán de Silva klagte Elisabeth ihr Leid, was denn «diese Teufel» eigentlich wollten. Guzmán, hellseherisch, antwortete mit einem Wort: «Die Freiheit.»

Das magische Wort. Und welch besseren Ort gab es als das Parlament, um die Freiheit zu testen – als Freiheit der Rede? Schon 1559, im Disput um die religiöse Einigung, war Peter Wentworth mit kontroversen Spitzen in Richtung Matthew Parker, Erzbischof von Canterbury, aufgefallen, dessen Protestantismus ihm viel zu «katholisch» vorkam: «Bei meinem Glauben an Gott, wir werden hier nichts absegnen, ehe wir nicht verstehen, was es bedeutet – anders als früher, als ihr eure Päpste bekamt.» Eine starke Breitseite. Sieben Jahre später ging er weiter und bezweifelte sogar das Recht der Monarchin, die «traditionelle Redefreiheit» der Abgeordneten zu beschneiden. Seinen größten Auftritt zum Thema Redefreiheit aber sollte er im Parlament von 1576 haben, als er im Unterhaus eine berühmte Beschwerde vortrug. «Mister Speaker», donnerte er, «ich spreche hier von zwei Dingen, die diesem Haus Schaden zufügen. Da sind einmal Gerüchte wie: ‹Achtung, was du sagst! Ihre Majestät mag das womöglich nicht. Sie wird sich durch jeden, der sich vorwagt, beleidigt fühlen.› Oder das gegenteilige Gerücht: ‹Ihre Majestät mag dies oder das besonders. Wer dagegen spricht, der kränkt sie.› Solche Botschaften, die da unter uns zirkulieren, sei es ein Kommando zu schweigen oder eines zu reden, sind der Freiheit der Rede und der Beratung sehr abträglich. Ich wünschte mir, Mister Speaker, dass solche Praktiken in der Hölle begraben werden, denn der Teufel ist der eigentliche Verursacher, und von dem geht nichts als Bösartigkeit aus.»

Glühende Seelen wurden einst in den Klöstern gebändigt – jetzt saßen sie als Peter Wentworth im Parlament, zur Glorifizierung Gottes und der protestantischen Gemeinschaft. In der Geschichte der parlamentarischen Redefreiheit gebührt diesem Mr. Wentworth ein Ehrenplatz, auch wenn seine Beiträge der Quelle des Puritanismus entsprangen, wo Demut behauptet wurde, aber gottgefälliges Besserwissen die Tagesnorm war. Wentworths Bedeutung wird in der Literatur zu den Tudors leider nicht genügend gewürdigt – Lacey Baldwin Smith ist eine große Ausnahme. Wentworth wusste wie andere auch, woher die von ihm angeprangerten dubiosen «Botschaften» kamen – vom Kronrat, der sie streuen ließ, um die Abgeordneten einzuschüchtern und Diskussionen zu beeinflussen, zur Stützung des königlichen Absolutismus. Er vertiefte seinen Affront, indem er die Königin direkt angriff: Sie lehne es ab, sich an den Wünschen ihres höchst liebenden und treuen Volkes zu orientieren, wodurch sie die «hohlen Herzen» ihrer verhassten Feinde ermutige. Nur wenn Gottes Wille geschehe, komme eine gute Gesetzgebung zustande. Und zum Erstaunen seiner Kollegen fuhr er fort: «Wir sind hier an diesem Ort eingeschworen, um Gott und ganz England zu dienen, und nicht als Zeitarbeiter, die irgendwelche Launen bedienen.» Mit dem nächsten Satz spielte er um sein Leben: «Niemand ist ohne Fehl, nein, auch unsere noble Königin nicht, denn Ihre Majestät hat große Fehler begangen, ja, für sich und den Staat gefährliche Fehler.» Das schockierte selbst Wentworths Anhänger.

Noch ehe der Hof Strafmaßnahmen ergreifen konnte, bestellte das Unterhaus den Sünder vor eine Kommission, in der auch Mitglieder des Kronrats saßen. Er schäme sich seiner Worte überhaupt nicht, erklärte Wentworth, und würde das Gesagte jederzeit wiederholen. Aber vielleicht in anderem Ton?, suggerierten seine Befrager – und warum nicht gleich beim ersten Mal? Darauf Wentworth: «Möchtet ihr, dass ich so rede wie ihr im Kronrat? Eine gewichtige Materie so verpacke, dass die Königin glauben muss, sie habe keinen Fehler begangen? Das würde Ihrer Majestät nicht zum Guten gereichen, wo es doch meine Absicht war, ihr etwas Gutes zu tun.» Das war mit Gift gemischte Unterwürfigkeit, deren Konsequenz nicht lange auf sich warten ließ – der Tower. Zweimal kam Wentworth frei, doch landete er aufgrund seiner Aufmüpfigkeit immer wieder im Gefängnis, wo er 1596 starb. Während seines letzten Aufenthalts dort verfasste er seinen eigenen Beitrag zu dem Thema, das die ganze Ära Elisabeths überschattete: «Eine entschiedene Mahnung an Ihre Majestät, einen Thronnachfolger zu bestimmen».

Doch eine mit vielen Floskeln der Höflichkeit verbrämte Rebellion regte sich auch unter der kirchlichen Elite, in der Person des Nachfolgers von Matthew Parker als Erzbischof von Canterbury, Edmund Grindal. Von ausgleichender Natur, war er eigens berufen worden, um die Härte, mit der Parker gegen Puritaner vorgegangen war, zu mildern. Dann aber provozierte er 1576 Elisabeths heiligen Zorn, als er sich ihrer Order widersetzte, besondere Praktiken der «godly people», wie man die Nonkonformisten nannte, zu unterbinden: darunter das regelmäßige Zusammentreffen der puritanischen Geistlichkeit zum gemeinsamen Studium der Schrift und zur Vertiefung ihres Glaubens. Die Königin sah in diesem Brauch, den man «prophesying» nannte, etwas Aufwieglerisches, und ohnehin war ihr das viele Predigen nicht recht, auf das die puritanischen Kleriker so großen Wert legten. Weniger wäre mehr, instruierte sie Grindal, es kam ihr vor wie übertriebene Indoktrination. Sie zog das Gebetsgespräch mit Gott dem Predigen über Gott vor. Der Erzbischof wehrte sich mit Worten, die ihrerseits in die Geschichte eingegangen sind: «Verzeiht, ich flehe Euch an, Madam, wenn ich eher Eure irdische Majestät beleidige als die himmlische Majestät Gottes. Gedenkt, dass Ihr eine sterbliche Kreatur seid, auch als mächtiger Prinz – vergesst es nicht –, ist doch der Herrscher im Himmel mächtiger.»

Ihre Sterblichkeit hatte Elisabeth nie geleugnet noch die Grenzen ihrer irdischen Majestät, in denen sie sich oft und gerne als «Gottes Magd» darstellte. Aber die Konditionen ihres Bündnisses mit Gott ließ sie sich von niemandem interpretieren, schon gar nicht von irgendwelchen Kanzeln herab oder gar von einem Diener, den sie selber ernannt hatte. Auch wenn sie – wie Francis Bacon ihr später attestierte – «keine Fenster in die Herzen und geheimen Gedanken der Menschen zu brechen wünschte», war sie doch kompromisslos in der Aufrechterhaltung ihrer Autorität als Vikar Gottes, den Untertanen aufzugeben, «im Glauben zu leben und in den Gesetzen Gottes und der Menschen deren gesalbte Natur zu sehen und sie entsprechend zu befolgen». Grindal verlor, obwohl er auf Cecils Einwirken hin in seinem Amt belassen wurde, dennoch jede Weisungshoheit als Erzbischof von Canterbury.

Was hatte Guzmán de Silva, Spaniens Botschafter, als Beweggrund für die ungebärdigen Parlamentarier entdeckt? «Die Freiheit.» Ein

Wentworth und ein Grindal machten zwar noch keine organisierte Opposition, aber ihre Worte waren wie eine Aussaat, die bald Frucht tragen sollte. Noch hallte der Zweifel an der königlichen Autorität nur erst als beliebter Knittelvers durch die Gassen: «Yes, he that now saith, ‹Why should bishops be?›/Will next cry out, ‹Why Kings?› The saints are free» – «Wer heute fragt, ‹Warum brauchen wir Bischöfe?›/Wird als Nächstes rufen, ‹Warum Könige?› Die Heiligen sind frei.» Als Elisabeths letzter Günstling, der Earl of Essex, 1598 voller Empörung die ketzerische Frage stellte: «Wie, können nicht auch Könige irren?», war der Monarchie die Basis des Gottesgnadentums schon fast entzogen, das neue Jahrhundert pochte hörbar an die Tür.

Noch aber ist es nicht so weit, noch siegt die Königin über die Majestätsbeleidigungen und deren Autoren. Dabei nimmt die Mühsal der Verteidigung zu.

c *«Ich werde mich nie zu irgendetwas zwingen lassen!»*

Aber was wurde aus dem Parlament von 1563, aus dem Versprechen der Königin, baldmöglichst eine Antwort auf die Heirats- und Sukzessionsfrage zu finden? Im Juni 1566 bekam Maria Stuart 23-jährig einen Sohn, James, was den Druck auf die neun Jahre ältere Elisabeth erhöhte, sich in der wichtigsten Frage ihrer Thronzeit endlich festzulegen. Die schottische Queen hatte jetzt den begehrten männlichen Nachwuchs, der ihrem nie aufgegebenen Anspruch auf die englische Krone erhöhte Bedeutsamkeit verlieh. Und Elisabeth? Mit 33 Jahren wäre sie im Verständnis des 16. Jahrhunderts bereits eine recht spät Gebärende gewesen, es war also keine Zeit zu verlieren. Im Oktober 1566 wurde der Herzog von Norfolk, die Spitze des Adels, zur Königin geschickt, um sie höflich, aber dringend an die unerledigte Petition von 1563 zu erinnern.

Es traf sich, dass Elisabeth wieder einmal unterfinanziert war – Ausgaben für den Schiffsbau, dazu das immer rebellische Irland verschlangen große Summen, und sie musste entsprechend im Parlament um Bewilligung neuer Gelder nachsuchen. Diesmal signalisierten jedoch beide Häuser von Anfang an, die Finanzdebatte werde nur stattfinden, wenn sich die Königin einer Aussprache zum Kernproblem des Reiches stelle – eine reine Erpressung. Die Initiative dafür ist vom Unterhaus ausgegangen, aber Elisabeth ist besonders empört, dass sich auch die obere Kammer, die Lords, diesem «subversiven Benehmen» angeschlossen hat. Am 24. Oktober bricht es förmlich aus ihr heraus, als sie mit ihrem Lieblingsfluch «God's death!» – «beim Tode Gottes!» – auf den Boden stampft, die Nachfolge sei allein ihre Angelegenheit, sie brauche niemandes Ratschläge. Einzelne Lords, die hinter der Petition der «Commons» stehen, kanzelt sie nacheinander ab: Norfolk sei ein «Verräter», der Graf von Pembroke spreche «wie ein angeberischer Soldat», und ihrem geliebten Robert Dudley, den sie zwei Jahre zuvor als Earl of Leicester geadelt hat, schleudert sie ihre Enttäuschung entgegen: Wenn alle Welt sie verlassen habe, habe sie doch immer auf ihn als treuesten der Treuen zählen können. Worauf Leicester vor ihr niederkniet und bekennt, er werde «ihr zu Füßen sterben». Mit kaltblütiger Logik weist sie ihn zurecht, das habe «nichts mit der Sache hier zu tun», und verwehrt ihm anschließend für längere Zeit den Zutritt zu ihren Privatgemächern.

Das Unterhaus schaltet derweil auf eine Art Sitzstreik und lässt die Geschäfte einfach ruhen. Kein Zweifel, so kann es nicht weitergehen, Elisabeth beschließt daher, in die Offensive zu gehen. Je dreißig Mitglieder beider Kammern werden am 5. November zu einer Privataudienz zu ihr gerufen, in deren Verlauf sie nach anfänglichen Vorwürfen («ungezügelte Personen im Unterhaus!», «hochverräterische Tricks!») eine sorgfältig ausgefeilte Rede hält, die alle Register der Leidenschaft zieht, in einem Sturzbach rhetorischer Fragen: «Bin ich nicht in diesem Reich geboren? Sind meine Eltern etwa im Ausland geboren? Ist dies nicht mein Königreich? Wen habe ich unterdrückt? Wen bereichert zum Schaden anderer? Welchen Tumult habe ich in diesem unseren Commonwealth angerichtet, dass man mich verdächtigen könnte, ich kümmerte mich nicht darum? Wie habe ich regiert, seit ich begann?» Das klang, modern gesprochen, fast nach Abwehr einer Vertrauensfrage. Sie werde heiraten, fügte Elisabeth hinzu, sobald sich die

Gelegenheit dazu ergebe, «und ich hoffe auch, Kinder zu haben, sonst würde ich gar nicht heiraten». Dann die übliche Litanei ihrer Gründe, warum sie keinen Nachfolger benenne: Sie wolle sich nicht ständig über die Schulter sehen lassen, alles würde sich um diesen Namen drehen wie um ein Gegengewicht. «Aber wenn es eine Gelegenheit gäbe, würde ich einen Namen vorschlagen, für eure Sicherheit und als euer Prinz und euer Kopf, der ich bin, ohne dass ihr mich darum bitten müsst. Denn es wäre monströs, wenn die Füße den Kopf dirigieren könnten.»

Sie war noch nicht zu Ende mit dem Feuer ihrer Rede: «Wenn ich auch eine Frau bin, so habe ich doch so viel Mut, wie mein Rang ihn erfordert und wie nur je mein Vater ihn hatte. Ich bin eure gesalbte Königin, ich werde mich nie zu irgendetwas zwingen lassen.» Die Kaskaden rauschten ihrem Höhepunkt zu: «Dank Gott bin ich mit solchen Gaben ausgestattet, dass, würde ich aus dem Königreich in meinem Unterrock vertrieben, ich an jedem Ort der Christenheit leben könnte.» Unter den Zitaten Elisabeths ist dies eines der berühmtesten, unverwelkt in seiner Frische: «I thank God I am endowed with such qualities that if I were turned out of the realm in my petticoat, I were able to live in any place in Christendom.»

Den Entwurf dieser Rede trug Cecil im Unterhaus vor, wo man ihm mit eisigem Schweigen zuhörte. Als dort zwei Tage später mit der Nachfolgedebatte fortgefahren werden sollte, besann sich Elisabeth endlich auf die Notbremse ihres Vetos – das «royal prerogative» – und verbat einfach eine Fortsetzung, mit der Bemerkung, die Abgeordneten sollten sich mit dem Versprechen ihrer Königin zu heiraten zufriedengeben. Darauf meldete sich Peter Wentworth mit der rebellischen Frage, ob die Königin überhaupt die Autorität habe, die «Commons» daran zu hindern, eine Sache von öffentlichem Belang zu debattieren – «ob die Forderung Ihrer Majestät, dass nicht mehr über die Nachfolge diskutiert werden darf, ein Verstoß gegen die Freiheit der Rede im Unterhaus sei oder nicht?»

Cecil sah, wie die Debatte sich allmählich über das Thema der Thronnachfolge hinaus zu einem Konflikt über das Parlament und seine verbrieften Freiheiten entwickelte. Was sollte er Elisabeth raten? Das Parlament zu entlassen und damit ohne die gewünschte Bewilligung neuen Geldes eine Niederlage einzustecken, wo sie doch so stolz war auf die warmen Beziehungen zwischen Krone und Untertanen? Oder nachzugeben? Die Königin wählte das Zweite – sie kapitulierte und zog am 25. November ihr Veto zurück. Zwei Tage später versüßte sie diese Entscheidung sogar noch, indem sie auf ein Drittel der verlangten Gelder verzichtete. Ein unwiderstehliches Angebot, der Jubel im Unterhaus war ihr sicher. Die Thronnachfolge-Debatte wurde abgebrochen, das Geld umgehend bewilligt. Als aber das Parlament der Übereinkunft eine Präambel hinzufügen wollte mit Elisabeths Versprechen zu heiraten, stellte diese sich quer: Was habe ihre private Antwort in einem legislativen Dokument über Finanzfragen zu suchen? Sprach's und konzedierte im Wortlaut lediglich, dass die Frage der Thronfolge in der Zukunft gelöst werden möge. Das verpflichtete sie zu nichts.

Bei der Schlusssitzung Ende Januar 1567 intonierte sie noch einmal wie eine Erkennungsmelodie die Liebe der Untertanen zu ihr: Diese sei «größer als das Gewicht meines Amtes». Aber sie konnte sich nicht verkneifen, mit einer Warnung zu enden: «Lasst euch dies eine Lehre sein, damit es euch das nächste Mal nicht schlimmer trifft: Fordert die Geduld des Prinzen niemals zu weit heraus.»

Wer hatte gesiegt – die Krone oder das Parlament? Die Königin hatte einen Teil ihrer Prärogative – das exklusive Recht des Monarchen, ohne parlamentarische Behandlung über die Thronfolge zu entscheiden – herausgerückt. Cecil, der wie schon 1563 hinter der Petition des Parlaments gestanden hatte, bremste dagegen jede etwaige Siegesfreude bei seiner Herrin über die bewilligten Gelder, indem er ihr in einem Memorandum schmucklos aufzählte, was alles nicht gelungen sei: «Keine Antwort auf die Nachfolge, keine auf die Heiratsfrage, kommende Gefahr daraus, allgemeine Desorientierung.» Das Szenario änderte sich schlagartig, als mit der Flucht Maria Stuarts nach England nur ein Jahr später das Problem der Thronnachfolge leibhaftig unter den Engländern erschien. Damit sah sich Elisabeth einer Herausforderung gegenüber, die das Tauziehen mit dem Parlament weiter verschärfen würde.

KAPITEL 9

Maria Stuart in Schottland: Das Scheitern

a Robert Dudley nach Edinburgh? Welcher Affront!

Man könnte nicht behaupten, dass Maria Stuart mit ihrem Königreich, in das sie im August 1561 nach dem Tod ihres Mannes als achtzehnjährige Witwe zurückkehrte, besonders glücklich war. Sie hatte es als Sechsjährige verlassen, war am französischen Hof erzogen – und verwöhnt – worden, mit Französisch als ihrer Muttersprache und der Hochkultur der Renaissance als Vademekum ihres jungen Lebens. Dagegen fiel das raue, dünn besiedelte Schottland mit seiner Clan-Gesellschaft, die so zerklüftet war wie die Landschaft, spürbar ab. Diesen Teil Europas hatte die Renaissance kaum berührt. Hinzu kam, dass das kurz zuvor calvinistisch gewordene Königreich Maria, der Katholikin, nicht gerade einen roten Teppich zur Begrüßung ausrollte. Im Gegenteil: Ein ketzerischer Mob machte ihren ersten katholischen Gottesdienst fast zu einem Spießrutenlauf, bei dem sie sich von ihrem Halbbruder, dem Earl of Moray, schützen lassen musste. Der ewig umtriebige und ihr feindlich gesonnene Anführer der schottischen Radikalen, John Knox, tat ein Übriges, ihr das Leben höchst ungemütlich zu gestalten. «Ich werde unter Eurer Hoheit leben, wie der heilige Paulus unter Kaiser Nero leben musste», eröffnete er ihr in einem ersten Gespräch. Maria, dem Weinen immer nahe, brach in Tränen aus, nachdem dieser Extremist und Frauenverächter gegangen war.

Im Volk war sie zunächst durchaus beliebt. Sie hielt sich mit eigenen Initiativen zurück, unternahm keine Versuche zur Gegenreformation und praktizierte ihren Glauben privat. Was sie in dunklen Stunden stärkte, war der Anspruch auf den englischen Thron, auf den sie nie verzichtet hatte. Auch wenn der englische Kronrat sie, die Ausländerin (und Katholikin), nicht als Thronanwärterin gelten lassen wollte und ihren Namen während Elisabeths Pockenerkrankung im Herbst 1562 unter den möglichen Aspiranten auf den Thron nicht in Erwägung zog, an ihrer Genealogie war nicht zu rütteln. Schließlich war sie die Enkelin der ältesten Schwester Heinrichs VIII., Margaret Tudor, die in erster Ehe mit dem schottischen Stuart-König James IV. verheiratet gewesen war. Der gemeinsame Sohn James V. hatte die französische Marie von Guise geheiratet, war aber bereits im Geburtsjahr seiner Tochter Maria, 1542, verstorben. Für diese war Paris nach dem Tod der Mutter im Sommer 1560 und dem kurz darauf folgenden Tod ihres Mannes auch deswegen keine Heimstatt mehr gewesen, weil ihre Schwiegermutter, Katharina de' Medici, in Feindschaft mit den Guisen lag, den ständigen Herausforderern der Valois, und sich Maria möglichst weit weg wünschte.

In London klagte Elisabeth gegenüber Cecil, sie fühle sich mit Blick auf Maria «wie in einem Labyrinth» der Probleme. Was tun mit der jungen Cousine in deren Stammland Schottland und der ungewissen Zukunft des eigenen Königreichs? Die kurze Antwort war: Man musste für die schottische Königin einen Ehemann finden. Maria wollte selber auf keinen Fall auf eine erneute Heirat verzichten, wie sie dem englischen Botschafter Sir Thomas Randolph anvertraute: «Nicht heiraten, wissen Sie, kommt für mich nicht in Frage. So etwas auf die lange Bank zu schieben bringt nur Ungemach.» Das Leben eines Single lag ihr im Gegensatz zu Elisabeth überhaupt nicht; Randolph führte ihre gelegentlichen Depressionen und Weinkrämpfe auf emotionale Frustrationen zurück. Voll jugendlicher Leidenschaft, sah sie in einer Heirat die Lösung für ihr großes Anlehnungsbedürfnis – genau das sollte die Quelle ihres kommenden Unglücks werden. In dieser Lage spielte sich Elisabeth als eine Art Touristenführer durch Marias Eheoptionen auf, machte aber sofort klar, dass sie keinen Kandidaten aus Österreich, Spanien oder Frankreich wünsche. Das engte die Auswahl ziemlich ein.

Im Entwurf eines Briefes an Maria skizzierte Elisabeth die Basis für einen Kompromiss: Wenn die Cousine ihren Ratschlag annähme, könnte sie, Elisabeth, im Gegenzug ihren dynastischen Anspruch auf England anerkennen, in welchem Fall «wir unsererseits uns nicht zurückhalten würden, sie [Maria] zufriedenzustellen, als wäre sie unsere natürliche Schwester oder unsere liebe einzige Tochter». Cecil, der immer als Korrektor solcher Schreiben fungierte, war entsetzt über diese Aufwallung der Gefühle. Er strich als Erstes die «liebe einzige» und formulierte die Kernaussage neu: «Wir versprechen ihr, dass, wenn sie sich mit einer Ehe einverstanden erklärt, wir sofort die Untersuchung ihrer Rechte mit allen Mitteln einleiten werden.» Maria könne dann Beweise ihres Anrechts auf die Thronfolge beibringen, und ein juristisches Schiedsgericht würde prüfen, ob diese triftig seien oder nicht. Nur wenn die Sache zu ihren Gunsten ausginge, könnte Maria als Elisabeths «natürliche Schwester oder Tochter» angesehen werden.

Mit dieser Redaktion des Schreibens setzte Cecil sich durch. Es war eine gezielte Beleidigung Marias, und das in doppelter Hinsicht: Nicht nur wurde hier von der gesalbten Königin einer unabhängigen Nation erwartet, sich der Jurisdiktion eines englischen Gerichts zu unterwerfen. Das Schreiben führte auch ein gänzlich neues Element in die Gleichung ein: dass Marias Recht überhaupt zum Thema eines ordentlichen Prozesses werden könnte. Das war kein versöhnliches Angebot, es war eine Zumutung.

Auf der Suche nach einem loyalen Engländer als Ehemann für Maria, der auch Englands nationale Interessen sichern sollte, verfiel Elisabeth ausgerechnet auf einen Namen, der scheinbar vollkommen aus jeder logischen Kandidatenliste herausfiel: auf ihren eigentlich unersetzlichen Lord Robert Dudley, ihren Favoriten, ihr Ein und Alles am Hof. War das abwegig, eine Finte – oder doch durchaus rational? Die Königin wusste, dass sie Dudley nie würde heiraten können. Mit ihm in Schottland dagegen durfte sie hoffen, Maria in Schach zu halten und eine protestantische Dynastie im Norden der Insel zu etablieren. Außerdem würde sie dem Aufsteiger Dudley mit dieser Beförderung fürstlichen Status verleihen, worum er heimlich buhlte, und dafür müsste er seiner

Gönnerin ewig dankbar sein. Die rothaarige Schönheit in Edinburgh, von der man sich Wunder erzählte, wäre eigentlich auch ganz nach seinem Geschmack! Last but not least würde eine Heirat mit Dudley Maria vom europäischen Heiratsmarkt nehmen und dafür England und Schottland, zwei protestantische Nationen, enger aneinander binden. Auf ihren «Sweet Robin», ihr Alter Ego, verzichten zu müssen, war natürlich ein Nachteil für Elisabeth. Aber da sie sich längst für den Status einer Unverheirateten entschieden hatte, rückte das Interesse des Reiches an erste Stelle. Dudley, Elisabeths «Kreatur», wurde zu einer Figur auf dem politischen Schachbrett.

Cecil frohlockte ob der Aussicht, seinen Konkurrenten loszuwerden, und folglich lobte er die Idee über den grünen Klee. Marias Berater, dem Baron Maitland of Lethington (siehe Kap. 6c), empfahl er Lord Robert als «von Geburt aus edel und frei von allem Bösen, das man manchmal bei Prinzen findet». Maitland jedoch dachte ganz anders über die Angelegenheit. Elisabeths «abgelegten Liebhaber», den Sohn eines Hochverräters und angeblichen Mörder seiner Ehefrau, der Königin anzubieten, hielt er schlechterdings für einen Affront, hütete sich aber, dies offen auszusprechen, und gab den Namen vorerst nicht an Maria weiter. Auch Sir Thomas Randolph, Elisabeths Botschafter, sollte Dudley noch nicht erwähnen, den auch er für unter der Würde einer Königin hielt.

Doch im Frühjahr 1564 ließ es sich nicht mehr vermeiden – Randolph musste Maria gegenüber mit dem Namen herausrücken, die verwundert und verletzt die Frage stellte: «Glauben Sie, es ist mit meiner Ehre vereinbar, einen Untertanen der englischen Königin zu heiraten?» Sir Thomas kommentierte verlegen, man könne keinen Besseren als Lord Dudley finden. Worauf die Schottin, um es sich nicht sogleich mit Elisabeth zu verderben, antwortete, sie werde darüber nachdenken. Sie hätte vielleicht anders reagiert, wenn das Angebot mit einer Zusicherung Elisabeths einhergegangen wäre, sie, Maria, offiziell als ihre Erbin einzusetzen. Was aber nicht der Fall war. Maria war empört – dass ihre Cousine sich ernsthaft von ihrem Favoriten trennen könnte, hielt sie wie alle, die von der Idee erfuhren, für einen schlechten Witz. Und Robert Dudley? Er reagierte entsetzt, dass er «in ein Land der Barbaren» versetzt werden und auf «seine» Elisabeth verzichten sollte, die zu ehelichen er noch immer nicht aufgegeben hatte. Aber da Elisabeth insistierte, gab er zunächst klein bei.

Maria machte sich derweil Sorgen, ihre Ablehnung von Dudley könnte die Beziehungen zu Elisabeth belasten, und um für gutes Wetter zu sorgen, entsandte sie im September 1564 den charmanten und kultivierten Sir James Melville als ihren Botschafter nach London. Es sollte ein denkwürdiger Auftrag werden. Gewandt, sprachbegabt und für die lebhafte Art Elisabeths aufgeschlossen, ging Melville während seines Aufenthalts in England auf alle Extravaganzen der Queen ein. So mimte er unter anderem den Laufsteg-Experten und begutachtete Elisabeths französische, italienische und englische Mode, die sie ihm wie ein Mannequin vorführte, was er in seinen Memoiren genüsslich nacherzählen sollte. Elisabeth suchte die Rivalin in Schottland in allen Kategorien der Bewertung auszustechen: Wie nahm sich Marias Haar im Vergleich mit ihrem aus? Wer war überhaupt die Schönere von beiden? Melville, der befürchtete, von seiner Antwort hänge womöglich die Qualität der Beziehungen zwischen Schottland und England ab, gab sich ganz als der geschliffene Diplomat, der er war: «Die Schönheit von Ihnen beiden ist nicht Ihr größter Fehler.» Aber Elisabeth bittet um genauere Auskunft, woraufhin sich Melville salomonisch aus der Affäre zieht: Elisabeth sei die Schönste in England, aber Maria die Schönste in Schottland; beider Haut sei «lovely», die hellere von Elisabeth wie die getöntere von Maria. Der englischen Königin genügt das nicht, sie will den Schotten zu einem Entweder-oder drängen und verfällt schließlich auf die Frage, wer von beiden das größere Körpermaß habe? Melville: «Maria.» Darauf Elisabeth: «Dann ist sie überdurchschnittlich groß, denn ich bin weder übermäßig groß noch übermäßig klein.» Eine Farce. So geht es weiter – wer von ihnen die bessere Jägerin sei und mehr von Musik verstehe, wobei sich Elisabeth, eine kundige Musikerin am Virginal, einem Spinett, auch in diesem Punkt überlegen wähnt und dem Botschafter entsprechend vorspielt. Auf ihre Bitte hin schiebt Melville seinen Abschied auf, damit er der Queen auch noch beim Tanzen zuschauen kann, und auch da kann er nicht anders, als Elisabeth zu komplimentieren – sie springe höher und vollendeter als Maria, seine Herrin. Elisabeths Eitelkeit ist voll befriedigt.

Schließlich bleibt noch Zeit für die wichtigste Aufführung dieser Septembertage, die Erhebung Dudleys in den Adelsstand als Baron Denbigh, Graf Leicester. Die feierliche Hofzeremonie im Beisein einer glänzenden Zahl von Notablen des Reiches soll Dudley in den Augen Marias zu einem ebenbürtigen Heiratskandidaten aufwerten. Doch diese Absicht sabotiert Elisabeth fast, indem sie Leicester, während sie ihm den Hermelin seiner neuen Ehre umlegt, wie spielerisch am Hals kitzelt. Es bleibt nicht unbemerkt – oder sollte es gar bemerkt werden? Melville, der von der Feindschaft der Schotten gegenüber einer künftigen Verbindung zwischen Dudley und Maria weiß, weicht Elisabeths Frage, wie ihm «meine neue Kreation» gefalle, höflich, aber nichtssagend aus. Woraufhin die Königin, mit dem Finger auf einen in der Nähe stehenden Jüngling weisend, fragt: «Sie mögen wohl lieber den jungen Burschen dort?»

Es war Henry Stuart, Lord Darnley, Herzog von Albany. Seine Mutter, Lady Lennox, entstammte der zweiten Ehe von Heinrichs VIII. Schwester Margaret mit Archibald Douglas, Graf von Angus. Henry hatte Tudor-Blut in seinen Adern, ohne Zweifel, mit Anrecht auf den englischen Thron. Als Enkel von Margaret Tudor war er von weitaus edlerem Herkommen als der Aufsteiger Dudley und eine noblere Partie für Maria Stuart, mit der das Ehepaar Lennox seinen Sohn gern verheiraten wollte, um Elisabeths Favoriten zu verhindern. Der junge Schotte lebte damals in England, wo auch seine Eltern lange Zeit über residiert hatten – er war in England geboren und somit ein Untertan der englischen Königin. «Sie mögen wohl lieber den jungen Burschen dort?» Auf Elisabeths Frage antwortet Sir James Melville ausweislich seiner Erinnerungen, während er verächtlich auf den Achtzehnjährigen blickt: «Keine Frau von Geist würde sich für einen solchen Mann entscheiden, der mehr wie eine Frau aussieht, mit seinen wollüstigen Augen, ohne Bart und seinem Gesichtsschnitt nach eher eine Dame.» Das klingt wie ein Urteil aus der Rückschau, als klar geworden war, in welche Katastrophe

Robert Dudley nach Edinburgh? Welcher Affront!

Doppelporträt von Henry Stuart, Lord Darnley, und Maria Stuart

sich Maria mit Darnley gestürzt hatte, der Anfang ihres Endes in Schottland.

Der junge Mann bat Elisabeth bald um Erlaubnis, nach Schottland reisen zu dürfen – als ihr Untertan musste er darum nachsuchen. Obwohl Elisabeth angesichts der Intrigen der Lennox-Familie gewusst haben muss, welches Risiko sie einging, wenn sie Darnley in seine Heimat reisen lassen würde, ließ sie ihn ziehen. Sie hielt ihn für ein Leichtgewicht, weit weniger gefährlich als ein mächtiger katholischer Fürst, falls ein solcher sich um Marias Hand bewerben sollte. Dabei war klar, dass eine Heirat Marias mit Darnley beider Anspruch auf den englischen Thron nur stärken konnte – sie waren schließlich beide Enkel von Margaret Tudor. Zur Sicherheit machte Elisabeth daher dem Lennox-Sohn zur Auflage, binnen eines Monats nach London zurückzukehren – was dieser hohnlachend in den Wind schlug.

b Die Etappen eines tragischen Abstiegs

So nahm das Schicksal seinen Lauf, wie alle Welt seit Jahrhunderten weiß, die das Drama Maria Stuarts verfolgt hat, in Memoiren, auf der Theaterbühne, in der Oper und in Hunderten von anrührenden Biographien. Stefan Zweig hat Recht, wenn er in seinem immer noch lesenswerten Buch über die Schottin schreibt, Elisabeth habe in der Geschichte gesiegt, Maria Stuart in der Legende, der Dichtung. Daran hat auch Schiller mitgewirkt, dessen Drama «Maria Stuart» das deutsche Bild der schottischen Königin zuweilen noch heute prägt und die Sicht auf ihre englische Gegenspielerin Elisabeth I. fast verstellt. Deren Horizont wird jetzt durch den Niedergang Marias in Schottland zunehmend verdunkelt, während sie in London mit steigender Entgeisterung, aber hilflos zum Zuschauen verdammt ist. Wie konnte es zu dem Unglück kommen? Wie konnte ein junger Adliger und königlicher Spross eine solche Katastrophe lostreten?

Marias Verzauberung durch den dreieinhalb Jahre jüngeren Lord Darnley begann bei ihrer ersten Begegnung mit ihm im Februar 1565. Ihrem Botschafter Melville verriet sie, Darnley sei «the lustiest and best proportioned long man that ever she had seen», wobei «lusty» eine Bandbreite von «voller Leben» bis «lüstern» abdeckt. Mit solch rascher Entflammbarkeit schien sich alles zu bestätigen, was John Knox über weibliche Herrscherinnen geschrieben hatte: Sie seien leicht betört, ein Opfer ungezügelter Sinnlichkeit. Maria aber hatte im Gespräch mit dem englischen Botschafter Sir Thomas Randolph eine psychologisch einsichtigere Erklärung bereit: «Zu allen Zeiten haben Herrscher ihren eigenen Willen zurückstellen müssen, aber mein Herz gehört mir ganz allein, unwandelbar.» Unter dem Titel «My Heart Is My Own» hat John Guy, Doyen der heutigen Tudor-Forscher, 2004 die wohl beste aller Maria-Stuart-Biographien vorgelegt, nach dem Studium von bislang unbeachteten Quellen. Marias Betörung war total – einmal entflammt, gab es für sie keinen Halt mehr. In kurzer Folge macht sie Darnley zum Earl of Ross and Duke of Albany, dann zum König von Schottland, und am 29. Juli 1565 heiratet sie ihn in einer katholischen Zeremonie, gegen den Willen der protestantischen «Lords of the Congregation» und gegen den Wunsch der wütenden Elisabeth.

Doch es dauert nicht lange, da kehrt Darnley eine ungehobelte, rüpelhafte Natur heraus, krankhaft vor Misstrauen, ein aufbrausender Trunkenbold und Libertin obendrein, der sich nachts mit Prostituierten herumtreibt und sich dabei offensichtlich mit Syphilis ansteckt, deren Symptome Maria anfänglich auf eine nicht auskurierte Masernerkrankung schiebt. Kurzum, er wird für sie in kürzester Zeit von einem Objekt der Begierde zu einer Zielscheibe ihres Hasses. Wofür nur hatte sie sich mit ihrem Halbbruder, dem Earl of Moray, und den protestantischen Adligen überworfen?

Darnley hatte es in seiner Eifersucht besonders auf David Riccio abgesehen, Marias piemontesischen Sekretär. «Seigneur Davie», wie man ihn spöttisch nannte, war ihr Vertrauter geworden, weil sie die Gegenwart ihres Ehemannes einfach nicht mehr ertrug. Darnley hielt Riccio für den Vater des Kindes, mit dem Maria schwanger war. Am 9. März 1566 drangen Mörder, von Darnley begleitet (oder gar gedungen?), in den königlichen Holyrood-Palast von Edinburgh vor, wo Maria und ihr Sekretär gerade zu Abend aßen, und meuchelten ihn in einer Orgie aus Blut und Rache – eine Szene wie aus «Macbeth». Einer der Mörder hielt Maria Stuart dabei mit einer auf ihren hochschwangeren Bauch gerichteten Pistole in Schach, ein anderer schnitt ihr beinahe ein Ohr ab, während er sich über ihre Schulter hinweg auf Riccio stürzte, der hinter ihrem Rock Schutz gesucht hatte.

Maria aber bewahrte ihre Geistesgegenwart, harrte nach dieser Untat zwei Tage lang im Holyrood-Palast aus und suggerierte Darnley, als Nächstes würden die Verschwörer nach seinem Leben trachten. In der dritten Nacht ritt sie mit ihm in großer Hast fünf Stunden lang zu Schloss Dunbar, weit im Osten von Edinburgh gelegen, einem Besitz des befreundeten James Hepburn, des 4. Earl of Bothwell. Von dort kehrte sie in die Hauptstadt zurück, entschlossen, Darnley jetzt einzig noch zu ihren Zwecken zu benutzen. Dafür hielt sie kurzfristig ihre Versöhnung mit ihm durch – er für seinen Teil löste sich von den

Verschwörern und seinen Gesinnungsgenossen, den protestantischen Lords, und bekannte sich zu seiner Vaterschaft gegenüber dem am 19. Juni 1566 geborenen Erben, dem späteren schottischen König James VI. Damit hatte er in Marias Augen seinen wichtigsten Dienst getan, denn der Sohn war somit ehelich – und sollte im Jahr 1603 als James I. Elisabeths Thron erben, der erste der sechs Stuart-Monarchen, die den Tudors folgten.

Wie jetzt aber die unglückliche Ehe beenden?, lautete Marias quälender Gedanke. Inzwischen lag Darnley auf den Besitztümern seines Vaters in Glasgow schwer erkrankt darnieder. Im Januar 1567 überredet Maria ihn, nach Edinburgh zurückzukehren und sich in Kirk o'Field, einem Haus am Rande der Stadt, pflegen zu lassen. Dort ereilt ihn sein Schicksal: In der Nacht des 10. Februar erschüttert eine schwere Explosion das Haus und zerstört es vollkommen, Darnleys Leiche findet man herausgeschleudert im anliegenden Garten. Er war aber, wie sich später herausstellte, vor der Explosion von seinen Mördern erdrosselt worden. Alle Finger zeigten auf einen Racheakt der «Lords of the Congregation», seiner ehemaligen Verbündeten, dafür, dass er sie nach der Ermordung Riccios hatte fallen lassen.

War Maria eine Komplizin beim Mord an Darnley? Nach dessen Tod schreibt Elisabeth einen aufgewühlten Brief an ihre Cousine. «Madame», so hebt sie an, in Abweichung von ihrem sonst gewohnten «Ma chère sœur»: «Mein Herz ist erschrocken über den abscheulichen Mord an Ihrem früheren Ehemann. Ich weiß mich kaum zu fassen, (…) doch kann ich nicht verhehlen, dass ich mehr Kummer um Sie empfinde als um ihn. Oh Madame, ich würde nicht die Aufgabe einer treuen Cousine oder liebevollen Freundin erfüllen, wenn ich Wert darauf legte, mehr Ihren Ohren zu schmeicheln, als auf den Erhalt Ihrer Ehre zu achten. Ich will nicht verheimlichen, was die meisten Leute sich erzählen: dass Sie so tun, als ob Sie die Tat ignorierten, sie nicht rächten und dass Sie nichts unternehmen wollen gegen die, die [angeblich] nur Ihren Wunsch ausgeführt haben, als sei die Tat ihnen anvertraut gewesen und die Mörder hätten sich sicher wähnen können in dem, was sie taten. Unter allem, was mein Herz bewegt, flehe ich Sie an, keinen solchen

Gedanken an sich heranzulassen. (...) Ich ermahne Sie, ich rate Ihnen, ich bekníe Sie geradezu, diese Dinge sich so zu Herzen zu nehmen, dass Sie nicht fürchten, selbst gegen den vorzugehen, der Ihnen am nächsten steht [gemeint ist Bothwell]. Und dass Sie (...) der ganzen Welt ein Beispiel geben, was für eine hochedle Prinzessin und treu ergebene Ehefrau Sie sind. Ich schreibe dies mit allem Nachdruck, nicht aus einem Zweifel heraus, sondern aus Zuneigung gerade Ihnen gegenüber.»

Maria, die immer weiter im Treibsand des Unheils versinkt, gerät nun an den nächsten bösen Geist ihres Lebens, an James Hepburn, Earl of Bothwell, dessen Ehrgeiz es ist, sie zu heiraten und damit die Krone Schottlands in seine Gewalt zu bekommen. Ein Prozess gegen ihn wegen der Ermordung Darnleys endet im April mit einem fadenscheinigen Freispruch – etliche Zeugen sind aus Angst vor der Macht des Beschuldigten gar nicht erst erschienen. Nach einem Besuch auf Stirling Castle, wo Marias Sohn versorgt wird und sie ihn zum letzten Mal sieht, entführt Bothwell die Königin unter dem Vorwand, sie sei in Gefahr. Er verbringt sie auf sein Schloss Dunbar und vergewaltigt sie dort. Um ihre letzte Ehre zu retten, ergreift Maria die Flucht nach vorn und heiratet Bothwell am 15. Mai 1567, nach protestantischem Ritus. Fragen kann man sich allerdings, ob sie die Vergewaltigung erfunden hat, um etwaige Vorwürfe zu entkräften, sie habe sich mit dem mutmaßlichen Mörder ihres Mannes freiwillig zusammengetan. In einem Brief an ihren Botschafter in Paris dominieren Worte wie «alleingelassen», «seine Beute», «kein Ausweg», «keine Hoffnung, ihn loszuwerden», «gezwungen, auf das zu hören, was er vorschlug» und andere Wendungen. Das klingt entlastend.

Marias Enttäuschung folgt der Hochzeit auf dem Fuß, schneller noch als nach der Heirat mit Darnley. Die Königin ist wie ein verwundetes Reh, ihre Lage aussichtslos, und sie trägt sich mit Selbstmordgedanken. Ein militärisches Scharmützel zwischen Royalisten und Truppen der «Lords of the Congregation» am 15. Juni 1567 bei Carberry Hill endet mit ihrer Gefangennahme, während man dem Earl of Bothwell erlaubt zu fliehen. Er weicht nach Dänemark aus, wo er in einem königlichen Verlies angekettet elendiglich verhungern wird. Am 17. Juni verbringt man Maria als Gefangene auf eine Inselburg in Lochleven nahe Kirkaldy am Firth of Forth, wo sie eine Fehlgeburt mit Zwillingen erleidet. Am 24. Juli wird sie, geschwächt von ihrer Fehlgeburt und unter Todesdrohungen, zur Abdankung zugunsten ihres einjährigen Sohnes James gezwungen, dem der Earl of Moray, ihr Halbbruder, als Regent zur Seite tritt.

Für die katholische Kirche sind die Ereignisse in Schottland ein Gräuel und eine Peinlichkeit, Papst Pius V. erklärt, er wolle mit dieser Königin nichts mehr zu tun haben. Anders Elisabeth: Sie weist ihren Botschafter in Edinburgh an, die Lords zur Rede zu stellen: «Was in der Heiligen Schrift gibt ihnen das Recht, ihren Prinzen abzusetzen? Oder welches Gesetz lässt sich in irgendeiner christlichen Monarchie finden, das ihnen erlaubt, den Souverän gefangen zu nehmen und zu richten?» Ihr ganzes Denken, das von der göttlichen Legitimität des Herrschers ausgeht, weist trotz aller Kritik an dem Gebaren ihrer Cousine den Gedanken zurück, die Untertanen könnten sich gegen ihren Souverän auflehnen und ihm auch nur ein Haar krümmen. Die Strafpredigt an ihr Parlament 1566 war von einer ähnlichen Prämisse ausgegangen – es sei «monströs», wenn die Füße den Kopf lenken wollten.

Maria Stuart dagegen lenkt jetzt ihre Füße gen England: Am 2. Mai 1568 gelingt ihr dank der Hilfe eines Bruders des Burgherrn die Flucht aus Lochleven. Nach einem kurzen, verlustreichen Kampf ihrer Hilfstruppen gegen Morays Soldaten überquert sie am 16. Mai den Solway Firth, die Grenze zwischen Schottland und England in der nordwestenglischen Grafschaft Cumberland, und begibt sich in den Schutz ihrer königlichen Cousine. Von dem Tag an ist England nicht mehr das alte – die relativ friedlichen ersten zehn Jahre von Elisabeths Regentschaft gehen zu Ende, raue Zeiten ziehen herauf.

KAPITEL 10

Maria Stuart in England: Die katholische Rebellion

a Norfolk oder der Aufstand des Adels

Es ist ein Unterschied, ob man eine Bedrohung aus der Ferne verfolgt und zu steuern versucht oder ob diese Distanz schrumpft und die Bedrohung leibhaftig vor der Haustür steht, nein, die Eingangstür bereits passiert hat. Maria Stuart war ungebeten gekommen, eine Überrumpelung, «der Kuckuck in Elisabeths Nest», wie John Guy in «Elizabeth. The Forgotten Years» schreibt. Drei Optionen boten sich an: der abgedankten schottischen Monarchin zu erlauben, nach Frankreich weiterzureisen, wo sie den Status einer Königinwitwe besaß; sie in England unter (schonende) Bewachung zu stellen; oder ihr zu helfen, den schottischen Thron zurückzuerlangen. Letzteres war die bevorzugte Option Elisabeths, ihre Solidarität mit Maria, der unrechtmäßig gestürzten «Schwester», wie sie sie oft nannte, war ungeteilt und echt. Die Schotten aber wollten Maria nicht zurückhaben, und in Paris erwartete sie die Feindseligkeit ihrer Schwiegermutter, Katharina de' Medici. So blieb Elisabeth gewissermaßen auf dem Ankömmling sitzen, auf dem ungemütlichsten aller Hausgäste, war doch die Katholikin aus der Sicht Elisabeths und ihres Kronrats eine potenziell ansteckende Gefahr für den religiösen Frieden im Lande. Schließlich lag die Einigung in der Religionsfrage erst neun Jahre zurück, die Reformation war alles andere als gefestigt.

Der Flüchtling erhält zunächst Ehrenschutz in der Burg Carlisle – es ist der Anfang einer Odyssee, in der Maria in den nächsten achtzehn Jahren an eine Unzahl von Orten verbracht wird. Carlisle, Bolton Castle,

Tutbury, Wingfield Manor, Chatsworth, die Burg Sheffield und immer wieder Tutbury in Derbyshire – bis sie im Februar 1587 in Schloss Fotheringhay ihr blutiges Ende findet. Man erhält das Bild einer im Netz der Unausweichlichkeit tragisch Gefangenen, die von mächtigen Fallenstellern am englischen Hof und ihrer eigenen Naivität und Unfähigkeit gefällt wird, die Realität um sich herum richtig einzuschätzen.

Zunächst entsendet Elisabeth nach Carlisle einen ihrer treuen Vasallen, Sir Francis Knollys, Finanzchef ihres Haushalts und über die Boleyn-Linie mit ihr verwandt – Lady Knollys, seine Frau, ist eine Tochter von Mary Boleyn, der Schwester Anne Boleyns. Er hat den Auftrag, Maria Stuart mitzuteilen, das von ihr gewünschte Treffen mit der englischen Königin könne vorerst nicht stattfinden, solange der Verdacht über ihr schwebe, am Mord ihres Gatten Darnley beteiligt gewesen zu sein. Diesen Verdacht würden zwei Gerichtstermine in York und in London klären müssen. Nach einem Freispruch würde Elisabeth sie gerne an ihrem Hof empfangen. War das ehrlich gemeint? Zweifel sind angebracht. Elisabeth entschied sich oft rein ad hoc, auf die aktuelle Situation gemünzt, und vermied es, sich festzulegen. Die Lage würde sich ohnehin ändern, dachte sie wohl. Erst einmal hieß es, Zeit zu gewinnen.

Der Prozess beginnt Anfang Oktober 1568 in York und wird bald nach Westminster verlegt, wo er im Januar 1569 endet. Das wichtigste Geschütz zu Marias Belastung fährt ihr Halbbruder auf, der Earl of Moray, Regent in Schottland und Marias Ankläger. Er bringt die in einer Schatulle in Edinburgh aufgefundenen «Casket Letters» mit, acht intime Briefe von Maria an den unseligen James Hepburn, ihren Liebhaber und zweiten Ehemann. Dieses Konvolut angeblicher Indizien enthält auch ein signiertes, aber undatiertes Versprechen Marias, Bothwell zu heiraten, neben zwei Kopien ihres Ehekontrakts und zwölf Übersetzungen französischer Sonette. Maria antwortet auf die Anklage mit ihrem bewährten Mittel – hochmütigem Schweigen mit der Begründung, ein Prinz sei niemandem Rechenschaft schuldig. Auch bemüht sie Elisabeth zur Rechtfertigung ihrer Haltung: «Madame, ich bin nicht auf gleicher Stufe mit diesen Leuten und würde lieber sterben, als mich so aufzuführen, als sei ich es.»

Es ist verdächtig, dass Moray seiner Schwester die inkriminierenden Dokumente nie zu lesen gab und dass keine Handschriftenvergleiche angefordert wurden. Waren die «Casket Letters» Fälschungen? Man hat es jahrhundertelang angenommen ohne einen letzten Beweis. Sie verschwanden bereits 1584, nur einiges von dem Material überlebte in diversen Archiven, ohne gewissenhaft geborgen zu werden. Erst John Guy konnte in seiner Maria-Stuart-Biographie mit phänomenaler Akribie die Fälschung entlarven. Es war eine «Cut-and-Paste»-Arbeit, eine Collage aus verschiedenen Dokumenten, angereichert durch erfundene Passagen zur Überführung der Angeklagten. 1568 stand die Echtheit der Briefe lediglich als Behauptung eines der streitenden Lager im Raum, und das machte nur ein Urteil möglich: Nichts ist bewiesen – also kein Freispruch, aber auch keine Verurteilung.

Doch Maria, schweigsam gegenüber Anklägern, die sie nicht für ebenbürtig hielt, hatte durchaus Freunde, mit denen sie auf gleicher Ebene in Kontakt trat und verhandelte. Darunter befand sich der neue spanische Botschafter am englischen Hof, Don Guerau de Espés, ein subversiver Aktionist, der die Katholiken gegen Elisabeth aufzubringen versprach, ohne «die Katholiken» genau definieren, geschweige denn beziffern zu können. Wie Maria durfte er sich freilich auf den Adel im englischen Norden stützen, der zur alten Religion gehörte und mit der Königin haderte, weil er viele seiner einträglichen Positionen hatte räumen müssen, «sicheren» – das heißt protestantischen – Kandidaten aus dem Süden zuliebe. Im Norden dominierten Familien wie die Percys, Grafen von Northumberland, die Nevilles, Grafen von Westmoreland, die Somersets, Grafen von Worcester, oder der Baron Dacre aus Cumberland. Sie hatten bereits unter Heinrich VIII. in der «Pilgrimage of Grace» von 1536 rebelliert, einem blutig niedergeschlagenen Aufstand gegen den Bruch Heinrichs mit Rom und gegen die Auflösung der Klöster.

Vor allem einer stach heraus, der Schwager des 6. Earl of Westmoreland, Thomas Howard, selbst 4. Herzog von Norfolk. Er war zwar protestantisch, aber mit katholischen Sympathien und zudem der reichste und titelhöchste Adlige des gesamten Königreichs, damals der einzige

Herzog. Er entstammte einer der berühmtesten Familien des Landes, den Howards, und war ein Cousin der Königin. Auch Thomas Howard führte wie die mit ihm befreundeten Adligen des Nordens Beschwerden gegen die Queen. Er hatte sich immer übergangen gefühlt – so war ihm zum Beispiel Robert Dudleys Bruder als Anführer der Le Havre-Kampagne vorgezogen worden. Der Herzog von Norfolk war ein aristokratischer Anachronismus, dessen Reichtum, Titel und Geburt eine politische Alternative zur Tudor-Autokratie darstellten, wobei er die Überzeugung hegte, das Gottesgnadentum der Könige sei lediglich eine Verlängerung der Herrschaftlichkeit seines Standes. Er war, wie Lacey Baldwin Smith schreibt, «das gefährlichste aller politischen Tiere des 16. Jahrhunderts – ein verletzter und daher unberechenbarer adliger Magnat». Wir haben ihn bereits als Widerpart Dudleys in dessen Bemühungen um Elisabeths Hand kennengelernt (siehe Kap. 7b).

In den Wochen, die Maria in Carlisle verbringt, muss der Herzog den königlichen Flüchtling zum ersten und einzigen Mal getroffen haben – eine Schicksalsbegegnung. Sie setzt bei Maria sofort eine verlockende Vision frei: Mit Norfolk als Ehemann könnte sie hoffen, ihren eigenen Thron wiederzugewinnen und obendrein ihren Anspruch auf den englischen zu sichern. Die Idee verbreitet sich wie ein Lauffeuer in den einschlägigen Gruppen, die seit Langem fürchten, Elisabeths ungeklärte Nachfolge müsse eines Tages unausweichlich zum Bürgerkrieg führen. Selbst Leicester freundet sich heimlich mit dem Gedanken an, wenn auch aus einem anderen Grund: Eine Heirat zwischen Maria und Norfolk könnte, so sein Kalkül, den Weg frei machen für seine Ehe mit Elisabeth.

Auf einem Jagdausflug legt Sir William Maitland, Marias Vertrauter in London (siehe Kap. 6c), dem Herzog ohne Umschweife nahe, die schottische Königin zu heiraten. Aber Norfolk war ein schwankender Charakter. Er hatte bereits drei Ehefrauen durch frühe Tode verloren und wusste seine Zukunft nicht mehr genau einzuschätzen – im Gegensatz zu Maria, der leidenschaftlichen, die ihn als Adresse ihres Schicksals und ihrer Zuneigung bestimmt hatte. In ihren Briefen an «My own Lord» schrieb sie ihm, sie werde mit ihm «leben und sterben», und unterzeichnete mit «Yours faithful to death», die Seine bis zum Tod. Der Herzog hatte zunächst nicht den Schneid, sich offen zu der Beziehung zu bekennen, denn eine Paarung dieser Art brauchte die Billigung der Monarchin, und die war nicht zu erwarten. Elisabeth, die natürlich gerüchteweise von der Verbindung gehört hatte, stellte Norfolk zur Rede, doch er leugnete, «so eine böse Frau, solch eine notorische Ehebrecherin und Mörderin heiraten zu wollen, bei der er nicht sicher auf seinem Kissen liegen könnte» – eine Anspielung auf Darnley, der von seinen Mördern aus dem Schlaf in die Ewigkeit befördert worden war. Diese Antwort beruhigte die Königin kurzzeitig.

Maria dagegen war nach dem unentschiedenen Prozess über ihre Mitschuld an Darnleys Tod im Zweifel, ob ihre Rückkehr auf Schottlands Thron überhaupt noch möglich war – ihr Interesse begann sich jetzt mehr und mehr darauf zu richten, den englischen Thron noch zu Lebzeiten zu reklamieren und nicht mehr nur auf eine Garantie ihres Anspruchs zu drängen, die doch nie kam. Die Aussicht auf Norfolks Hand und der rastlose Botschafter Guerau de Espés bestärkten sie darin. Maria und de Espés suchten jetzt Unterstützung unter den Adligen des Nordens und bei Philipp II., dem spanischen Monarchen. Das war nicht mehr die heimliche Vorbereitung einer Ehe, das war Anstiftung zum Hochverrat. Dabei überschätzten sowohl de Espés wie auch Maria die Zahl der zur Rebellion Bereiten, wie so viele, die von außen in ein ihnen fremdes Land kamen. Maria war zuversichtlich und schrieb an den Botschafter: «Bestellen Sie Ihrem Herrn, dass, wenn er mir hilft, ich binnen drei Monaten Königin von England sein werde und die Messe wieder im ganzen Königreich gelesen wird.» Ein Vabanquespiel, auf das sich Philipp ungern einließ. Seine Antwort war klassisch: «Wenn die Königin Englands sterben sollte, sei es auf natürliche Weise oder anders», würde er sich bereitfinden, eigene Truppen zu schicken und Maria Stuart zu helfen. Das sollte heißen: Der Ball lag bei den Verschwörern – sie sollten zeigen, wie groß die Unterstützung für ihr Unternehmen war, dann würde man sehen. Sich einfach in einen Krieg hineinziehen zu lassen, war nicht Philipps Art. Das verband ihn mit seiner Schwägerin Elisabeth: Beide waren sie große, nicht immer begabte Zauderer.

Howard wiederum, der Herzog von Norfolk, hatte im Sommer 1569 sein Wort gegenüber Elisabeth, Maria nicht heiraten zu wollen, bereits gebrochen. Die Pläne zum Aufstand laufen an. Da verliert Robert Dudley, Graf Leicester, die Nerven, meldet sich krank und beichtet der Königin den Heiratsplan. Es scheint, als sei alles verloren, denn der Herzog schreibt an seinen Schwager Westmoreland, der Adel des Nordens solle die Revolte abblasen «oder es werde ihn [Norfolk] den Kopf kosten». Am 3. Oktober 1569 lässt Elisabeth Norfolk in den Tower werfen – dass er trotz allen Beteuerungen hinterrücks die Beziehung zu Maria weitergepflegt hat, erschüttert sie. Noch weiß sie nichts von der «Northern Rebellion», aber im Kronrat wütet sie bereits, sie werde Norfolk hinrichten lassen; dann fällt sie in Ohnmacht. Ihre Erregung ist ungekünstelt: Wenn sie der Heirat zwischen Norfolk und Maria zustimme, hatte sie Leicester gegenüber geäußert, werde sie selber binnen vier Monaten im Tower landen.

Im Norden aber stehen die Uhren auf Kampf. Während Howard im Gefängnis sitzt, schlagen die Percys und Nevilles, Northumberland und Westmoreland nebst ihren Bundesgenossen, los. Eine kleine, schnell bewegliche Truppe erreicht am 16. November 1569 Durham, aus dessen großartiger romanischer Kathedrale die Rebellen alle Insignien der falschen Religion entfernen, vor allem die englische Bibel und das protestantische «Prayer Book». Aber obwohl die aufständischen Militärs durch vier Grafschaften gezogen sind, hat sich nirgends ein Aufstand des Volkes erhoben – entsprechende Voraussagen haben sich als irrig entpuppt. Die Barone des Nordens, mittelalterliche Feudalherren, können nicht einfach mehr wie Miniaturkönige über ihre Territorien bestimmen. Eine neue Schicht ist nach oben gekommen, Advokaten und Geschäftsleute, konfessionsneutrale Beamte und Bürokraten, Angehörige einer zunehmend städtischen, kommerziellen Gesellschaft – kurz: die Gentry, Ausgangspunkt eines neuen, selbstbewussten Bürgertums mit eigenen Interessen. Es sind Untertanen Ihrer Majestät, die sich nicht einfach von dritter Seite manipulieren lassen.

In den nördlichen Provinzen folgten von etwa 60 000 Männern im kampffähigen Alter nie mehr als 7000 dem Aufruf zur Rebellion. So hatte der Earl of Sussex, Anführer der königstreuen Truppen, leichtes Spiel, bis nach Schottland vorzudringen. Doch Elisabeth rief ihn zurück aus Sorge vor einer französischen Intervention. Sie wollte lieber eine letzte Chance nutzen, sich mit Maria zu einigen – und sie dann loszuwerden. In der Tat versprach die Schottin unter der Bedingung, dass sie auf ihren Thron zurückkehren könne, den Protestantismus in ihrem Land zu bewahren und auf die Nachfolge in England zu verzichten, solange Elisabeth und ihre möglichen Nachkommen am Leben seien. Das Parlament in Edinburgh jedoch sagte entschieden Nein: Man fürchtete Unruhe, sollte Maria zurückkommen. Damit wurde England ihre Falle – ihr Schicksal.

Die Northern Rebellion hatte ein für die Tudor-Königin unrühmliches Nachspiel. Northumberland wurde gefasst und in York hingerichtet, Westmoreland floh in die spanischen Niederlande, viele Angehörige des Adels wanderten ins Gefängnis – aus dem sie sich freikaufen konnten, zur Finanzierung von Elisabeths Truppen, die ein Loch in die Staatsfinanzen geschlagen hatten. Umso schlimmer traf es die niederen Ränge, Pächter oder einfache Arbeiter, die sich aus Treue zu ihren Feudalherren zum Aufstand hatten überreden lassen: Zur Abschreckung ließ die Königin über 700 Todesurteile gegen sie fällen, eine Schärfe, deren Wurzeln in ihrer tiefen Verbitterung lagen: Hatte ihre religiöse Nachsicht den Katholiken nicht genügend Freiräume gelassen? Es war doch nur äußerliche Konformität gefragt: Wer einmal pro Woche in eine anglikanische Pfarrkirche ging, konnte zu Hause seine katholische Messe feiern. Auch wer den anglikanischen Gottesdienst vermied, riskierte nur milde Strafen. Warum dieser Aufstand, so fragte sich die Königin, warum diese mutwillige Bedrohung der Stabilität ihrer religiösen Vereinbarung? War sie nicht gegen den theologischen Extremismus der Puritaner viel härter vorgegangen? Dennoch, ob der Grausamkeit ihrer Reaktion verlor Elisabeth viele Sympathien.

Norfolks Verwicklung in den Aufstand hätte eigentlich auch für ihn das Schafott bedeuten müssen, aber als der einzige Herzog des Reiches und Elisabeths Cousin war er eine zu gewichtige Persönlichkeit. Und da er im Sommer 1570 einen feierlichen Treueeid auf die Königin ablegte, mit der Versicherung, nie mehr wieder etwas mit Maria Stuart zu tun zu haben, gab die Königin ihn frei. Im August 1570 darf er den Tower verlassen und in seine Londoner Residenz zurückkehren. Doch er kann es nicht lassen: In einem Schreiben an Maria teilt er ihr mit, er sei zu seinem Versprechen gezwungen worden, sie müsse es nicht so ernst nehmen.

b Die Ridolfi-Verschwörung. Norfolks Ende

So konnte nur ein Hasardeur sprechen, dessen Empfinden für die Risiken seines Handelns, höflich ausgedrückt, unterentwickelt war. Auch deshalb passte er wahrscheinlich so gut zur schottischen Ex-Königin. Elisabeths treueste Diener waren von anderem Kaliber – unbedingt und kompromisslos auf ihre Sicherheit bedacht. Zu diesem Zweck hatte William Cecil bereits ein dichtes Spionagenetz gegen Verschwörer ins Leben gerufen, die Maria als «die Königin» betitelten und Elisabeth als «die Usurpatorin». Das Management dieses Netzwerks übertrug er allmählich an den vierzigjährigen Sir Francis Walsingham, der unter seiner Patronage an den Hof gekommen war, einen Mann mit starken puritanischen Neigungen und einem unversöhnlichen Hass auf Maria Stuart. Wir werden ihn im weiteren Verlauf unserer Erzählung noch als den großen Meisterspion Elisabeths und entschiedenen Gegner Marias kennenlernen. Zu den Verdächtigen, die Walsingham bereits einbestellt und verhört hatte, aber wegen Mangels an Beweisen hatte laufen lassen, gehörte auch ein italienischer Bankier aus Florenz namens Roberto Ridolfi, der in Diensten des Papstes stand und auch in Spanien und Frankreich vorzüglich vernetzt war – ein Idealist und Träumer mit Ambitionen, in der europäischen Politik mitmischen zu können.

Ridolfi sah jetzt seine Chance für einen neuen, aberwitzigen Plan, Maria Stuart doch noch zum englischen Thron zu verhelfen. Freilich war ihm klar, dass es diesmal anderer Geschütze bedurfte, spanischer militärischer Hilfe zum Beispiel, sollte der Plan Erfolg haben. So suchte er sogleich nach Norfolks Entlassung aus dem Gefängnis den Kontakt zu ihm, zu Maria und zu ihrem Vertreter am englischen Hof, dem Bischof von Ross. Auch Guerau de Espés, der spanische Botschafter, durfte in dem Komplott natürlich nicht fehlen. Norfolk ließ sich, nach anfänglichem Zögern, von Ridolfi und mehreren Schreiben Marias zu der Deklaration überreden, er sei, obwohl protestantisch erzogen, katholisch und würde, wenn spanische Kräfte ihn militärisch unterstützten, die Revolte zum Sturz Elisabeths anführen. Das Ziel der Verschwörer: Elisabeth lebend oder tot in die Hände zu bekommen, Maria Stuart zu befreien und sie auf den Thron zu setzen, wo sie mit dem Herzog von Norfolk als Prinzgemahl die katholische Religion wieder einführen würde.

Die realitätsferne Kühnheit dieses Plans, den die Geschichte als «Ridolfi plot» kennenlernen wird, war kaum zu überbieten. Maria hatte, in Absprache mit Ross und dem spanischen Botschafter, den Florentiner ermächtigt, mit Herzog Alba in Brüssel die militärische Wunschliste zu besprechen: 10 000 Soldaten, von denen 4000 in Irland einen Nebenschauplatz eröffnen könnten, dazu Waffen, Munition, Ausrüstung und Geld, viel Geld. Alba ist von der sprudelnden Inkompetenz des Italieners mehr als irritiert, er fürchtet ein Fiasko, denn auf die englischen Katholiken sei kein Verlass. Dieser Ridolfi glaube wohl, «man könne Armeen einfach aus dem Ärmel schütteln und mit ihnen anstellen, was einem die Phantasie diktiert». Alba hat einfach keine 10 000 Mann für England frei, denn der Aufstand in den Niederlanden beansprucht alle verfügbaren Kräfte. Damit kann er sogar Philipps wachsenden Enthusiasmus dämpfen – Madrid hat außerdem Probleme mit den Türken im östlichen Mittelmeer und den Mauren in Spaniens Südosten, genug der Herausforderungen, um noch mehr zu riskieren.

Es kommt, wie es kommen musste: Chiffrierte Briefe von Ridolfi an Maria und den Herzog von Norfolk werden bei einem Boten Ridolfis gefunden, den Walsinghams Spione in Dover abfangen. Er nennt weitere Zuträger und Agenten von Norfolk, die wie er selbst eingekerkert und gefoltert werden, auf ausdrückliche Weisung Elisabeths. Auch dem Bischof von Ross, Marias Botschafter, wird die Folter angedroht – bei Hochverrat gebe es Rücksicht auf niemanden, erklärt ihm Cecil. Die

Aussicht der Streckfolter entgeistert den Bischof vollends, er sagt gegen Maria aus, mit angstverzerrter Gesprächigkeit, wobei er wichtigtuerisch übertreibt: Die Königin habe alle drei ihrer Ehemänner praktisch ermorden lassen – Franz II., Darnley und Bothwell –, und sie sei ungeeignet, irgendeines Mannes Ehefrau zu werden. «Allmächtiger, was für Leute sind das, was für eine Königin, was für ein Botschafter!», wundert sich der Mann, der ihn vernimmt, im Gespräch mit Cecil. Ihn hat Elisabeth im Februar 1571 zum Baron Burghley of Stamford Burghley in Northamptonshire erhoben, der Name seines Stammsitzes. Maria selber streitet jede Beteiligung an dem Komplott ab: Diejenigen, die sie mit dieser Konspiration in Verbindung bringen wollten, seien Schurken «und lügen schamlos». Doch wie schamlos muss man sein, selber eine solche Lüge zu verbreiten? Die Schottin beruft sich wie immer auf ihre hoheitliche Immunität: Der Fürst darf alles, auch lügen, er ist unantastbar.

Norfolks Kopf dagegen kommt diesmal nicht mehr aus der Schlinge. Die Sternkammer, das Gericht für Fälle von Hochverrat, beschließt einen Schauprozess gegen ihn in der Westminster Hall im Januar 1572. Ein eigener Rechtsbeistand wird ihm verweigert: Staatsprozesse im 16. Jahrhundert sind wenig mehr als öffentliche Rechtfertigungen eines im Voraus gefällten Urteils. Elisabeth aber erlebt einen ihrer typischen Zustände vor unwiderruflichen Entscheidungen – sie bekommt Zweifel, geradezu Beklemmungen. Am Montag, dem 8. Februar 1572, wird ihr das Exekutionspapier zum ersten Mal zur Unterschrift vorliegen. Doch am Sonntag davor lässt sie Burghley wissen, wie sehr ihr der Tod Norfolks zu schaffen mache – man möge ein neues Dokument für ihre Unterschrift aufsetzen. Der nächste Hinrichtungsbefehl ist auf den 9. April datiert. Am Abend zuvor zögert Elisabeth erneut und bittet, der Sheriff solle den Termin noch einmal aufschieben. Noch am Tag vor dem dann endgültigen Termin, dem 2. Juni, liegt ihre Unterschrift nicht vor.

Warum diese Aufschübe? Schwer lastet auf der Königin die Forderung des Parlaments, neben dem Herzog auch Maria Stuart hinrichten zu lassen, «diese notorischste Hure in der ganzen Welt», als die ein

Abgeordneter sie apostrophiert. Die geistlichen Lords im Oberhaus plädieren aus moralischen Gründen für den Tod Marias: Sie stehe für Ehebruch, Mord, Konspiration, Hochverrat und Blasphemie, gefährde also nicht nur ihre eigene Seele, sondern auch die ihrer Anhänger. Man mahnt Elisabeth unter Hinweis auf ihren Vater, als Königin müsse sie auch wie ein König handeln – «der Prinz muss wie Gott selber sein, nicht nur freundlich in seiner Milde, sondern auch schrecklich in seiner Gerechtigkeit». Am 28. Mai – noch lebt der Herzog – legt Elisabeth einer Delegation des Parlaments ihre Antwort auf das Begehren zur Hinrichtung Marias vor: Sie habe «beschlossen, es aufzuschieben, aber nicht abzulehnen» – ein Ausdruck ihrer Psychologie. «Kann ich den Vogel töten lassen, der, um dem Habicht zu entfliehen, zu meinen Füßen Schutz sucht?», argumentiert sie und wirbt um Verständnis für ihre Haltung.

Bei Norfolk wenigstens bekommt das Parlament seinen Willen, 36-jährig wird er am 2. Juni hingerichtet. Roberto Ridolfi hat sich rechtzeitig nach Florenz abgesetzt, wo er 1612 hochbetagt stirbt, der spanische Botschafter wird des Landes verwiesen. Bei Maria geht das Ringen dagegen verbissen weiter – erst recht, nachdem die Nachrichten über das Pariser Massaker an den Hugenotten im August 1572 (siehe Kap. 11) England erreichen: Ein Cousin Marias, der Herzog von Guise, hatte selber die Ermordung des Admirals de Coligny, des Anführers der Hugenotten, eingefädelt. Wieder hört man bei manchen Parlamentariern republikanische Töne: «Ein Irrtum hat sich in den Kopf unserer Majestät eingeschlichen, dass die Königin der Schotten über dem Gesetz stehe. Aber niemand steht über dem Gesetz.» Das klingt nach einem Fehdehandschuh – den Elisabeth aufgreift, indem sie auf der Legitimität des gesalbten Hauptes beharrt: Kein Gesetz kann einen von Gott erwählten Herrscher verurteilen. Diese Auffassung teilt sie mit Maria, ihrer gekrönten Cousine. Durchbreche man einmal das Prinzip des Gehorsams der Untertanen gegenüber ihrem Fürsten, dann sei kein Souverän mehr sicher. Elisabeth sieht in die Zukunft, und ihr schaudert vor einem Zustand der Anarchie, wenn die Füße dem Kopf die Richtung weisen. 46 Jahre nach ihrem Tod wird genau dies passieren, wird der Stuart-König Karl I. über dieser Frage seinen Kopf verlieren.

Am Ende lässt sich das Parlament auf einen Kompromiss ein, der Maria alles abspricht außer ihren Kopf: Sie wird in einer «Exclusion Bill» von der Thronfolge ausgeschlossen, mit der Drohung, sollte sie nach dem Ableben Elisabeths ihr Anrecht dennoch beanspruchen, würde das ihren Tod bedeuten. Als Hochverrat soll künftig auch gelten, wenn Dritte in ihrem Namen die Thronfolge reklamieren. Für Elisabeth sah das Ganze nach Lynchjustiz aus. Sie dachte auch an James, Marias Sohn, den sie heimlich als ihren Nachfolger ins Auge gefasst hatte und von der Sukzession nicht ausgeschlossen sehen wollte. Daher ließ sie das Parlament wissen, sie werde das Gesetz unter dem Vorbehalt eines «advisement» annehmen, eines Ratschlags, einer Empfehlung. Das bedeutete, wie alle wussten, nichts anderes als ein Veto – in der Tat hat Elisabeth die Exclusion Bill nie genehmigt. Burghley sah sich bemüßigt, seine Herrin zu warnen: «Die Königin der Schotten ist eine gefährliche Person für Euren Besitz und wird es immer bleiben.»

Hatte Elisabeth kein Gespür für die Gefahr, in der sie schwebte?

c *Papst Pius V. exkommuniziert Elisabeth*

Einstweilen fühlte sie sich sicher in der Zuneigung ihrer Untertanen, die sich nach der Northern Rebellion und dem Ridolfi-Komplott enger um ihre Fürstin geschart hatten denn je. Entscheidenden Anteil daran hatte auch ein anderes Ereignis von einschneidender Bedeutung: Mit Datum vom 25. Februar 1570 hatte Papst Pius V. die englische Königin, die Ketzerin, mit der Bulle «Regnans in Excelsis» exkommuniziert, die freilich – ein kurioser Umstand – in England erst im Mai publik wurde. Der päpstliche Erlass stellte nichts weniger als eine Kriegserklärung dar, eine Neuauflage des mittelalterlichen Konflikts zwischen Papst und weltlicher Herrschaft. Die Exkommunikation verstand sich als «deklarierte Strafe des Heiligen Vaters gegen Elisabeth, die angebliche Königin Englands, die Dienerin alles Bösen, die Frau, die sich des Throns be-

Papst Pius V. überreicht einem Diener die Bulle der Exkommunikation von Elisabeth. Zeitgenössischer Holzschnitt

mächtigte und monströserweise den Platz des Kopfes der Kirche in ganz England usurpierte». Pius V. warf damit einen Brandsatz in den Modus Vivendi, der es Katholiken unter dem Regime der neuen Lehre ermöglichte, privat ihren Glauben weiter zu praktizieren. Diesen Frieden, diesen Waffenstillstand, zerriss das päpstliche Dokument mit einem Schlag.

Es war ein Aufruf zum Widerstand: «Die Peers, die Untertanen und das Volk des besagten Königreichs sowie alle anderen, die durch welche Bande auch immer an die Königin gebunden sind, werden hiermit von ihrem Eid, von jedem Dienst, von Treue und Gehorsam entbunden.» Das war dramatisch genug, wurde aber noch durch den Zusatz gesteigert: «Außerdem befehlen wir allen, es auch nicht ein einziges Mal zu wagen, ihr oder ihren Gesetzen, Anweisungen oder Befehlen Gehorsam zu leisten; alle, die diesem Befehl zuwiderhandeln, verfallen demselben Bann.» Exkommunikation also auch für diejenigen, die den Aufruf zum Widerstand nicht befolgten.

Die Provokation war so offensichtlich, der Ruf zu den Waffen so anmaßend, dass Elisabeth das Dokument zunächst für sich sprechen ließ und auf staatspolitische Zurückhaltung setzte. Den Aufschrei überließ sie anderen – etwa John Jewel, dem Bischof von Salisbury, der eine «Answer to the Excommunication» verfasste, die nach den Auseinandersetzungen um die religiöse Einigung von 1559 verriet, wie festgegründet die Liebe der Nation zu ihrer Monarchin inzwischen war. Nichts schweißt so zusammen wie ein gemeinsamer Gegner – der Papst verlieh dem englischen Nationalgefühl Flügel. Der Kult um «Gloriana», um die alternde Elisabeth (siehe Kap. 14), gab hier seine erste Kostprobe. Bischof Jewel wetterte: «Wie kann der Papst, dieser mutwillige und ungelernte Mönch, es wagen zu behaupten, Königin Elisabeth sei keine rechtmäßige Königin?» Mit Blick auf das spanische Vorgehen in den Niederlanden und den Kampf gegen die Hugenotten in Frankreich fuhr er fort: «Man sehe sich die Nachbarländer an, Frankreich und Flandern – zerstörte Häuser, brennende Städte, Blutvergießen, Witwen, vaterlose Kinder. Aber Gott gab uns Königin Elisabeth und mit ihr den Frieden, einen so langen, wie ihn England bisher selten sah.» Der Frieden als Grundmelodie, verbunden mit dem Stolz, anders zu sein als die in Glaubenskriegen verstrickten Europäer: Das lieferte den Engländern zum zweiten Mal nach der Heirat Königin Marys mit Philipp von Spanien einen anti-europäischen Grund für ihren Patriotismus.

Die Aktion des Papstes traf aber nicht nur in England auf Ablehnung. In Frankreich und bei den Habsburgern wurde die Bulle nicht veröffentlicht. Auch aus Italien drangen kritische Stimmen. Der Bischof von Padua kommentierte gegenüber seinem Amtsbruder, dem Kardinal von Como: «Petrus sollte den Schlüssel nicht umdrehen, wenn er nicht in der anderen Hand das Schwert des Paulus hält. Was helfen Sanktionen, die man nicht durchsetzen kann? Die schon ungewisse Lage des englischen Katholizismus wird dadurch nicht gebessert, das Prestige des Papsttums beschädigt.» Philipp II. beschwerte sich und schrieb an Botschafter Guerau de Espés, er sei «sehr überrascht, denn meine Kenntnisse Englands hätten als bessere Beratung für den Papst getaugt. Jetzt hat er sich von seinem Eifer hinreißen lassen. Ich befürchte, dieser plötzliche und unerwartete Schritt wird die Königin und ihre Freunde noch mehr bewegen, die wenigen guten Katholiken, die es in England noch gibt, zu unterdrücken und zu verfolgen.»

Auf kurze Frist gesehen irrte Philipp – Elisabeth zog nicht sofort die Schrauben an, die nationale Eintracht war ihr in diesem Moment wichtiger. Sie ließ sich ungern durch eine päpstliche Intervention zu Maßnahmen hinreißen, die leicht Züge eines Religionskrieges hätten annehmen können. Hier zeigte sich ihre überragende Aversion gegen bestimmte politische Reflexe ihres Jahrhunderts. Wie überhaupt könnte sich, so kalkulierte sie, eine größere Zahl ihrer Untertanen aufgrund einer Order des Bischofs von Rom gegen sie erheben? Man fragt sich, ob dieser Mangel an Vorstellungsvermögen bei ihr Naivität oder Common Sense war. Oder lag ihm einfach ihre latente Verachtung religiöser Streitigkeiten zugrunde? Kritiker, die ihr in solchen Fällen aggressive Reaktionen zu empfehlen pflegten und damit kein Gehör bei ihr fanden, warfen ihr eine zynische Missachtung christlicher Glaubensunterschiede vor. Sie habe eben keine Religion, wie einige Puritaner behaupteten. In der Rückschau freilich wird deutlich, dass just diese Zurückhaltung, Elisabeths Wille, sich nicht zu schnell provozieren zu lassen, England vor den blutigen Glaubenskriegen bewahrte, die zur gleichen Zeit in Europa zur Norm wurden. Die Königin wählte den Punkt der Gegenwehr meist erst im Moment höchster Gefahr – die Bulle des Papstes stellte in ihren Augen noch keine solche Herausforderung dar.

Aber langfristig gesehen hatte Philipp dennoch Recht. Die negativen Folgen der Exkommunikation würden bald an den Tag treten, eine Konfrontation wurde immer wahrscheinlicher. Wie auch nicht – indem der Papst die Katholiken aufforderte, ihre Treue zur Königin aufzukündigen, machte er fatalerweise aus Loyalität zu Rom Illoyalität gegenüber Elisabeth. Von jetzt an waren sie ungehorsam gegenüber dem Papst, wenn sie zu Elisabeth standen, und Verräter an der Queen, wenn sie dem Papst gehorchten. Die Bulle machte es unmöglich, gleichzeitig ein guter Engländer und ein guter Katholik zu sein. Aus dem noch immer einigermaßen geschützten religiösen Raum wurden die Katholiken ungewollt auf die politische Bühne gezerrt, quasi als Oppositionspartei.

Was hatte den Papst zu diesem feindseligen Schritt, diesem Fehdehandschuh bewogen? Die Gläubigen in England sollten mit der Exkommunikation wenigstens spüren, dass das Herz der Christenheit sie nicht vergessen hatte. Aber ließ sich eine ersterbende Glut überhaupt noch zu neuem Leben anfachen? Bisher hatte keine kirchliche Autorität den englischen Katholiken verboten, den Gesetzen des Landes zu gehorchen und die Messe gemäß dem protestantischen «Book of Common Prayer» zu hören – trotzdem hielten sie sich weiterhin für Katholiken. Das System funktionierte gut, bei Ausbleiben einer Direktive aus Rom hätten die Gläubigen sich weiterhin folgsam verhalten. Die Gelassenheit, mit der die schweigende Mehrheit Englands insgesamt auf die Reformation reagierte, grenzte fast an Indifferenz – dabei war es verständlich, wenn man sich nach dreimaligem Religionswechsel in dreißig Jahren vorrangig nicht unbedingt um die Exaktheit des geistigen Lebens kümmerte. Die Katholiken konnten sich im Übrigen mit dem Gedanken trösten, die englische Kirche, die in ihrer 1000-jährigen Geschichte unbesiegt geblieben war, werde auch wieder auferstehen.

Das aber war die große Frage. Für die Prinzipienbewussten galten die fügsamen Gläubigen als Schismatiker, als verlorene Seelen – von halbherzigen Katholiken mutierten sie allmählich zu halbherzigen Protestanten. So würde sich der alte Glaube in der Generation der Kinder verlieren. Auf diese Verödung, diesen Schwund spekulierte auch Elisabeth. Es war einer der Gründe für ihre Milde im Umgang mit der katholischen Religion. Extremismus sah sie woanders, bei den Puritanern. Warum jetzt hart durchgreifen? Würde sich die alte Religion nicht von selber erledigen?

Vieles deutete darauf hin. Die katholische Kirche hatte während der Einpflanzung der Reformation ihre Anführer eingebüßt – die Oberhirten verloren ihre Diözesen und den Sitz im Oberhaus, und mit dem Dahinscheiden des heimischen Klerus und der Erziehung der Jugend im neuen Ritus war das Ende des katholischen England abzusehen. Priesternachwuchs konnte nur im Ausland geweiht und unter beträchtlichen Gefahren nach England eingeschleust werden. Ein Glaube, der für sein Überleben wesentlich von geweihten Vermittlern abhing, konnte, wenn diese ausblieben, nur verwelken.

Die Schizophrenie ließ sich nicht übersehen, wenn beispielsweise derselbe Priester einmal privat die katholische Hostie brach, dann aber als konformierender Geistlicher das protestantische Brot reichte. Von den Protestanten wurden die Katholiken, die nur pro forma ihre anglikanische Pfarrkirche besuchten, aber heimlich weiter die Messe hörten, als «Kirchenpapisten» beschimpft. Lippenbekenntnisse waren alles, was die Regierung von ihnen erwartete – eine Einladung zu reiner Heuchelei. Die Katholiken durften weiter Katholiken sein, solange sie vorgaben, Protestanten zu sein, und die neuen Riten entsprechend befolgten. Sie brauchten nichts von dem zu glauben, was sie zu glauben behaupteten. Das mag ethisch bedenklich gewesen sein, aber politisch durchaus verständlich – einer jener dubiosen Kompromisse, die England unter Anleitung seiner Königin auf der «via media», dem Weg des Anglikanismus, durchlief. Getarnt hatten sich auch viele Protestanten unter der katholischen Mary – was waren die «Nikodemiten» Elisabeth und William Cecil (siehe Kap. 4a) schließlich anderes als der Not gehorchende Heuchler?

In dieser Zeit verfasste Elisabeth, aufgewühlt von der Störung des Friedens durch die Präsenz Maria Stuarts, ein achtstrophiges Gedicht über ihre katholische Widersacherin. Man kann es als eine Art autosuggestives Training bezeichnen. Sie wird noch öfter Hilfe in solcher lyrischer Selbsterforschung suchen, meist zur Abwehr eines seelischen Tiefs. Das Poem über Maria genießt mit einer seiner Zeilen, «Daughter of debate», in der Elisabeth-Literatur seit Langem einen besonderen Status. In blasser Prosa lautet die Eingangsstrophe:

Die Furcht vor zukünftigen Feinden
Vertreibt meine Freude gar.
Der Kopf warnt mich, Fallen zu meiden,
Die mich in Ärger zu treiben drohen.

In der drittletzten Strophe redet Elisabeth die Schottin, ohne ihren Namen zu nennen, direkt an, eben als «Daughter of debate», als Tochter des Zanks, wie man hier frei übersetzen muss:

Die Tochter des Zanks,
Die immer Zwietracht sät,
Wird keinen Gewinn ernten, wo frühere Herrschaft
Uns gelehrt hat, was Frieden heißt.

Frieden, Abwehr von Zwietracht – das sind Stichworte, die als Ideale Elisabeths ganzes Leben bestimmten und die auch den Untertanen – siehe John Jewels Antwort auf die päpstliche Bulle – bereits vertraut waren. Aber auch von lauernden «Fallen» ist in dem Gedicht die Rede, Gefahren, von denen sich die Königin eigentlich nicht dominieren lassen möchte. Wirkt sie nicht wie ein Jongleur, der seit Marias Eintreffen in England alle Konzentration darauf verwenden musste, die Bälle nicht fallen zu lassen? 1571 ist sie 38 Jahre alt – auch die Heiratsfrage musste sich mit neuer Dringlichkeit zurückmelden.

KAPITEL 11

Im Krisendreieck Spanien, Frankreich, Holland

a Spanien oder wem gehört das Meer?

England mit seinen knapp 4 Millionen Einwohnern galt zu Beginn von Elisabeths Herrschaft als zweitrangige europäische Macht, kein Vergleich zu den führenden katholischen Staaten Spanien und Frankreich. Ohne stehendes Heer, ganz auf seine embryonale Navy angewiesen, die mit Elisabeths Vater wenigstens einen Wachstumsschub erlebt hatte, wirkte das Land nach der Wendung zum Protestantismus zusätzlich gefährdet, weil es sich der religiösen Gegnerschaft ausgesetzt hatte. Unter allen möglichen Einfallstoren für Feinde der Insel verursachte die europäische Gegenküste den Engländern chronische Albträume – sie war spanisch von Nordholland bis zum heutigen Artois und französisch von Calais bis Le Havre in der Normandie. Wie leicht konnte ein Gegner den an seiner engsten Stelle nur 34 Kilometer breiten Kanal überqueren, um England zu erobern! Wer die Kanalhäfen kontrollierte, war deshalb eine Überlebensfrage für die Insel. An der Gegenküste lauerte für die englische Außenpolitik bis ins 20. Jahrhundert eine Ursache dauernder Gefährdung.

Diese Koordinaten helfen zu erklären, welch oft widersprüchliche Diplomatie die englische Königin in der folgenden Zeit praktizierte, um sich der wechselnden Bedrohung einmal durch Spanien, dann durch Frankreich zu erwehren. Elisabeths Rochaden, ihr Hin und Her im Spiel mit den Kräften auf dem Kontinent, hielten die Zeitgenossen – teilweise auch ihre enervierten Berater – für den Ausdruck «typisch weiblicher» Eigenschaften – Wankelmut oder Sprunghaftigkeit. Aus der Rückschau aber erweisen sie sich als ein kunstvolles Konzept der Defensive, ein Prinzip, bei dem es einzig um die Bewahrung des Patrimoniums, des englischen Bestandes, ging. Krieg und Eroberung waren wie die Pest zu meiden, als Vergeudung von finanziellen Ressourcen und nationaler Energie. Lieber wollte die Königin die feindlichen Kräfte gegeneinander ausspielen als sich im bipolaren Ringen mit ihnen erschöpfen. Englands Balance-of-power-Politik begann unter Elisabeth I. als großes Verwirrspiel unter den Kontrahenten – mit der Königin als bereitwillig angeboteter Trophäe, die aber, wenn aus der amourösen Fiktion Ernst zu werden drohte, flugs zurückgezogen wurde. Vielleicht brauchte es eine Frau, um die Nation aus dem Sog des Niedergangs herauszuhalten, der ringsum das kriegsgebeutelte Europa erfasst hatte.

Auf das Jahr 1568 schauen wir wie auf einen Brennspiegel des Jahrhunderts – alle Herausforderungen für Elisabeths Diplomatie nahmen da ihren Anfang. Im April begann der Krieg der niederländischen Aufständischen gegen die spanische Unterdrückung. Damit rückte der Freiheitskampf Hollands, der achtzig Jahre dauern sollte, ins Zentrum der europäischen Politik, und Elisabeth musste sich entscheiden zwischen der Solidarität mit einem legitimen Herrscher, Philipp II., und der Unterstützung für die Glaubensgenossen, die holländischen Protestanten – auch wenn sie deren konfessioneller Spielart, dem Calvinismus, wenig Sympathie entgegenbrachte. Im Mai 1568 dann entkam Maria Stuart ihrer schottischen Gefangenschaft und suchte Asyl in England. Im Herbst des Jahres schließlich überfiel, an einem ganz anderen Schauplatz, in San Juan de Ulua nahe der heutigen mexikanischen Hafenstadt Vera Cruz, ein spanisches Kommando ein im Hafen ankerndes kleines englisches Kontingent, das gerade Reparaturen an seinen Schiffen für die Rückkehr nach England vornahm. Nur zwei Schiffe entkamen der Vernichtung, mit dem Anführer John Hawkins und seinem jugendlichen Cousin Francis Drake. Der Überfall pflanzte einen unversöhnlichen Hass auf alles Spanische und Katholische in Drakes Seele – als «El Draco» sollte er die Nemesis Spaniens und seines Seehandels mit den Kolonien werden.

Der keimende Seekrieg mit Spanien war also die dritte Front, die sich für Elisabeth 1568, zehn Jahre nach ihrer Thronbesteigung, eröffnete. Dabei war das Zerwürfnis eigentlich kein unvermeidbares Fatum. Hatten nicht Ferdinand und Isabella ihre Tochter Katharina von Aragon Heinrich VIII. zur Ehefrau gegeben? Und hatte deren Tochter Mary nicht den spanischen Prinzen Philipp geheiratet, den späteren Philipp II.? Auch der allerkatholischste Habsburger Kaiser Karl V. war 1543 eine Allianz mit dem exkommunizierten Heinrich VIII. eingegangen. Philipp II. wehrte sich lange gegen die Unterstellung der Päpste, er sei moralisch verpflichtet, nach der Bulle «Regnans in Excelsis» von 1570 Elisabeth zu entthronen. Noch 1585 ärgerte ihn der Druck von Papst Gregor XIII., er solle endlich die Invasion Englands vorbereiten. Auch für England war der traditionelle Erbfeind nicht Spanien, sondern Frankreich, mit dem man einen 100-jährigen Krieg über die englischen Besitztümer in Frankreich geführt hatte. Frankreich war ebenfalls für Spanien der scharf beäugte Nebenbuhler auf der europäischen Bühne – Philipp zog auf dem englischen Thron sogar anfänglich eine Protestantin wie Elisabeth vor statt der Katholikin Maria Stuart, die eng mit den Franzosen liiert war. Machtpolitisch spielte England für ihn lange Zeit über keine Rolle.

Seine Haltung begann sich zu ändern, als er sah, wie entschieden Elisabeth ihr Kabinett und ihren Kronrat mit verlässlichen Anti-Katholiken besetzte. Damit schwand allmählich seine Hoffnung auf eine Rekatholisierung Englands. Für Elisabeth ihrerseits war Spanien nach der Ridolfi-Verschwörung und Philipps Eintreten für Maria Stuart als Königin Englands kein gutartiger Unbeteiligter mehr. Sie investierte in den Ausbau der maritimen Verteidigung und unterstützte zunehmend Freibeuter-Unternehmen in der spanischen Karibik, dem Knotenpunkt des spanischen Kolonialreiches in Südamerika.

Spätestens jetzt wurde deutlich, dass nicht Fragen der Religion den Konflikt mit Spanien begründeten, sondern Handelsfragen. Die Spanier beharrten auf dem «Besitz» der Atlantikroute zu ihren Kolonien in der Neuen Welt, in Peru, der Karibik und in Mexiko, niemand durfte sich nach ihrem Willen hier einmischen. Die Aufteilung der kolonialen Reiche zwischen Spanien und Portugal war im Jahr 1494 durch den Vertrag von Tordesillas geregelt worden, der von Papst Alexander VI. abgesegnet und später ergänzt wurde. Er gab den Spaniern ab einer Demarkationslinie, die etwa 1800 Kilometer westlich der Kapverdischen Inseln verlief, nach Westen hin, den Portugiesen nach Osten, in Brasilien, Afrika und Asien, ein Monopol auf den Besitz ihrer Eroberungen. Auch der Seeweg dahin wurde ihnen gleichsam als Eigentum zugesprochen. Doch England erkannte – neben Frankreich und Holland – den Vertrag nicht an. In einem Gespräch mit dem spanischen Botschafter wies Elisabeth 1580 die päpstliche Garantie von Tordesillas entschieden zurück: «Die See und die Luft gehören allen Menschen, kein Volk, keine Privatperson hat ein Anrecht auf den Ozean, da weder die Natur noch die öffentliche Nutzung irgendjemanden zu seinem Eigentümer machen.» Philipp II. aber glaubte, dieses Anrecht zu besitzen. Aufgrund eigener Erfahrungen durch seine Ehe mit Mary kannte er die kommerzielle Energie der Engländer. Eine Handelsroute durch die eigenen Domänen musste man den Kaufleuten von der Insel rundweg versperren.

Doch jene Energie ließ sich nicht unterdrücken. Es waren Verwegene der Meere, «sea dogs», wie man sie bald nannte, die die Konkurrenz mit Spanien aufnahmen – John Hawkins, Humphrey Gilbert, Martin Frobisher, Francis Drake und andere. England mit seinen Hunderten von Häfen und Anlegestellen, ein Land, in dem kein Ort weiter als 112 Kilometer vom Meer entfernt liegt, entwickelte aus dem Konflikt zur See mit der führenden katholischen Weltmacht seine maritime Berufung. Der Seehandel, Entdeckungsreisen und der unerklärte Krieg mit Spanien waren es, die England im 16. Jahrhundert in der politischen Hierarchie Europas voranbrachten. Eine elisabethanische Galeone zierte noch bis 1971 die Rückseite der Halfpenny-Münze, bis das Dezimalsystem die alte Währung von Penny, Schilling und Pfund ablöste. Francis Bacon traf den Nagel auf den Kopf, als er zur Zeit von Elisabeths Nachfolger James I. das Diktum formulierte, die Beherrschung der Meere gebe dem Fürsten die Freiheit, «so viel oder so wenig Krieg zu sich zu nehmen, wie er wünscht». Das war wie auf Elisabeth I. gemünzt. Ob man die Metapher kulinarisch oder medizinisch versteht, sie entsprach der Mentalität des Abstands, die Elisabeth eigen war. Dazu gehörte auch, dass die Königin sich bei vielen der Ausfahrten auf den ozeanischen Kampfplatz ungern als Teilhaberin und Kapitalgeberin engagierte, sondern kaufmännische Abenteurer das Risiko tragen ließ. Die Londoner «Company of Merchant Adventurers» konnte auf eine lange Tradition im Handel mit Kontinentaleuropa zurückschauen – mit der Erweiterung auf den Atlantik erhöhte sich nicht nur die Unsicherheit der Seereisen, sondern auch die Hoffnung auf höhere Gewinne. Die trog freilich oft, wenn die Rendite kläglich ausfiel und die gewaltigen Gefahren zur See den Einsatz entwerteten.

John Hawkins, der in San Juan de Ulua beinahe sein Leben einbüßte, erfuhr als Erster den Zorn der Spanier auf die englische Konkurrenz. Seine Karriere begann er in den 1560er Jahren als Sklavenhändler im berühmten «triangular trade», dem «Dreieckshandel» zwischen England, Westafrika und den von Spaniern betriebenen Plantagen in der Karibik. Er war allerdings kein Händler auf Treu und Glauben, sei es, dass er unterwegs portugiesischen Schiffen ihre Ladung an Sklaven abjagte oder spanische Karavellen überfiel und deren Ladung an Silber aus den Minen Perus plünderte. Auf seiner dritten Fahrt in die Karibik, 1568, legte Spanien in San Juan de Ulua einen Riegel vor seine räuberischen Unternehmungen.

In einer noch weitgehend ungeregelten Meereswelt bewegte sich das ozeanische Geschäft zwischen reinem Piratentum auf der einen Seite und nationaler Verteidigung auf der anderen. Doch operierte das Gros der Seefahrer in der Mitte als «privateers», als Freibeuter, die mit amtlichen Kaperbriefen ausgestattet waren und in Strafaktionen gegen solche Schiffe vorgingen, von denen sie glaubten, sie hätten ihrem eigenen Land Schaden zugefügt. Dabei waren die Grenzen zwischen erlaubter und nicht erlaubter Kaperei durchaus fließend und die Behauptungen über den zugefügten Schaden oft weit hergeholt, sodass viele dieser «privateers» nichts anderes waren als lizensierte Piraten.

Elisabeth, deren nationale Seestreitkräfte – die Marine – nicht ausreichten, verließ sich in Konfliktzeiten auf die Gesellschaft der «Merchant Adventurers» und deren führende Kapitäne, die unter englischer

Flagge Gewalt gegen feindliche Schiffe ausübten. Madrid seinerseits machte keinen Unterschied zwischen «pirates» und «privateers», zwischen Korsaren und Freibeutern, die den Kampf mit rechtlich beglaubigten Dokumenten führten: Auch deren Vorgehen galt ihm als feindseliger Akt. Besonders Drake zeichnete sich aus, der 1572/73 in die «Spanish Main», die Kolonialroute zwischen Venezuela und Mexiko, eindrang und in Nombre de Dios an der Küste Panamas im März 1573 die spanische Silberflotte ausraubte, mit tonnenweise Silber und Gold an Bord: ein «privateer», doch in den Augen Spaniens – und der Geschichtsschreibung – ein Pirat im Dienste seiner Majestät. Zehn Jahre später setzte Madrid eine hohe Kopfprämie auf ihn aus.

Bei Elisabeth, die den Krieg scheute, und ihrem ebenfalls nicht gerade entscheidungsfreudigen spanischen Kontrahenten Philipp II. wechselten unter den Ratgebern oft die Argumente der «Falken» und der «Tauben» einander ab. Beide Länder fanden immer wieder Wege, vom Eintritt in einen offiziellen Krieg zurückzutreten. Die Dinge verliefen häufig nach dem Muster «Wie du mir, so ich dir» – so im Herbst 1568 das Gerangel um einen von England beschlagnahmten spanischen Goldtransport. Zwei Monate nach dem Überfall von San Juan de Ulua hatte die Königin als Gegenreaktion eine kostbare spanische Ladung im Wert von 85 000 Pfund (nach heutiger Währung 13,6 Millionen Pfund) an sich gebracht, ein Darlehen Genueser Banken an Fernando Álvarez de Toledo, den 3. Herzog von Alba, für seinen Kampf gegen die aufständischen Niederländer; die Schiffe hatten in einem englischen Hafen Schutz vor Stürmen gesucht. Zunächst ließ Elisabeth das Darlehen auf ihren Namen umschreiben, unter Billigung der Genueser Banken – an eine dauerhafte Beute dachte sie nicht. Philipp und sein Statthalter in Holland verhängten daraufhin ein Handelsembargo, setzten englische Kaufleute in den Niederlanden gefangen und ließen deren Besitz beschlagnahmen, was London wiederum mit ähnlichen Maßnahmen gegen Spanien beantwortete. Dieser Kleinkrieg brachte beiden Seiten freilich nur Nachteile. So war es folgerichtig, dass die Kontrahenten bald Gespräche über die Wiederaufnahme ihres Handels untereinander begannen. Im März 1573 hob Philipp das von ihm angeordnete Embargo auf.

Volle diplomatische und kommerzielle Beziehungen wurden ein Jahr später etabliert, wie im Vertrag von Bristol besiegelt. Das Genueser Geld wurde Alba ausgehändigt. Philipp erhörte sogar Elisabeths Bitte, alle exilierten englischen katholischen Verschwörer aus den spanischen Niederlanden auszuweisen – lediglich ein Priesterseminar, das William Allen, ein namhafter Gegner der Reformation, in Douai gegründet hatte, blieb davon verschont. Elisabeth allerdings setzte ihre Doppelstrategie fort: Einerseits verbannte sie die «See-Geusen», Marinesoldaten der holländischen Rebellen, die in England Unterschlupf gefunden hatten, von ihrem Territorium – sie störten nur den friedlichen Handel im Kanal. Andererseits unterstützte sie die holländischen Aufständischen heimlich finanziell. Perfides Albion? Ziel war, sowohl Spanien als auch Frankreich die Vormacht an der Gegenküste zu verwehren. Das verlangte manchmal ein Doppelspiel, das Elisabeth bravourös zu beherrschen lernte.

Ihre alljährliche Sommer-Rundreise durch die englischen Kernlande, den gefeierten königlichen «progress», lenkte sie 1574 eigens nach Bristol, um selber den Vertrag mit Spanien zu paraphieren. Sie hoffe, so bekundete sie, Gott ein «friedliches, ruhiges und wohlgeordnetes Reich» zurückgeben zu können. Die Bürger Bristols, damals eine wichtige Hafenstadt, stimmten ein: «Unser Handel beruht auf friedlichem Auskommen, darin liegt unser Ruhm, nicht im Streit, diesem Ruin der Staaten, dem Sturm, der alles zerstört.» Festliche Turniere garnierten den Anlass, wobei der Frieden jede Schlacht gewann.

Über 200 Jahre später sollte Adam Smith in seinem epochalen Werk «The Wealth of Nations» (1776) diesem Gedanken axiomatische Gültigkeit zusprechen, indem er Ausgaben für Kriege per se als «unproduktiv» bezeichnete, ohne Mehrwert, kein Vergleich etwa zu einer erfolgreichen Manufaktur oder zur Landwirtschaft. Man solle daher die militärischen Kosten so gering wie möglich halten, nur gerade hoch genug, um Großbritannien «vor Gewalt und Invasion durch andere Gesellschaften» zu schützen. Militärisch auf Defensive eingestellt, entdeckte England unter Elisabeth I. im Handel seine eigentliche Berufung. Zur «freien Hand», wie sie Heinrich VIII. in der Diplomatie für die

Insel gefordert hatte, kam unter seiner Tochter der «free trade», der Freihandel, als Credo englischer Politik hinzu. Dabei ist es bis heute geblieben.

Die Handelsgesellschaften, die in Elisabeths Thronzeit gegründet wurden, legen davon deutlich Zeugnis ab. Die älteste, die «Muscovy Company», ging sogar noch auf die Ära ihrer Halbschwester Mary I. zurück. Sie entstand 1555, nachdem eine englische Expedition vom Nordmeer kommend bis nach Moskau vorgedrungen war, wo man von Iwan IV. günstige Konditionen für den Absatz in Russland erhielt. Es folgte 1579 die «Eastland Company» für den Warenaustausch mit dem Baltikum und Skandinavien, eine Herausforderung für die Hanse, dann 1585 die «Barbary Company» für den Handel mit den Berbern in Nordafrika, 1592 die «Levant Company», die sich auf den Austausch mit Venedig und dem Osmanischen Reich spezialisierte, sowie im Jahr 1600 die berühmteste dieser Gründungen, die «East India Company». Sie segelte weit nach Asien hinein auf den Spuren der spanischen und portugiesischen Kolonisatoren und half nach Elisabeth, die englische Weltmacht zu begründen. Zusammen bildeten diese Handelsgesellschaften die «intellektuellen und praktischen Quellen des Britischen Empire», wie James Evans in seiner Studie über die «Merchant Adventurers» geschrieben hat. Sie stimulierten im Übrigen auch den Schiffbau und trugen damit wesentlich zur Entwicklung der «Royal Navy» bei.

Dabei war Englands Aufnahme wirtschaftlicher Beziehungen mit dem Osmanischen Reich in den Augen des katholischen Europa besonders anstößig, hatte Rom doch den Handel mit den «Ungläubigen» seit der türkischen Eroberung von Konstantinopel 1453 untersagt. Partner auf türkischer Seite war ab 1578 Sultan Murad III., dem gegenüber sich Elisabeth in ihrem ersten Brief an ihn vom Oktober 1579 als «die unbezwinglichste und mächtigste Verteidigerin des christlichen Glaubens» rühmte. Als man dem Sultan, der im Vergleich zu England über ein riesiges Territorium verfügte, eine Landkarte von Elisabeths Reich zeigte, ließ er sich zu der Frage herab, warum Philipp II. nicht einfach einen Spaten nehme, England ausgrabe und ins Meer werfe ... Seine Mutter, Nur Banu, die aus Venedig stammte und die Nummer eins am Sultans-

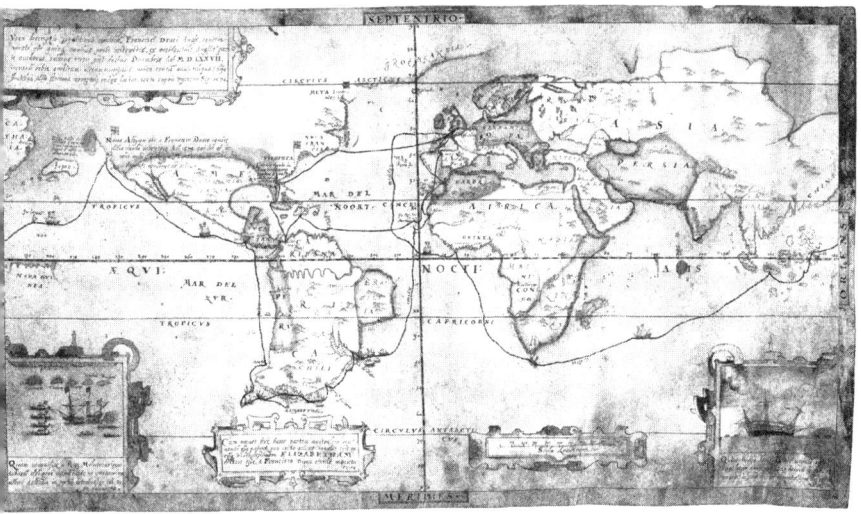

Karte der Weltumsegelung von Francis Drake

hof war, wird ihren Sohn darüber aufgeklärt haben, dass sich England nicht so leicht mit einem Spatenstich würde erledigen lassen. Dank seiner Mutter jedenfalls sah Murad III. letztlich kein Hindernis, das ihn davon abhielt, mit einer Frau ins Geschäft zu kommen.

In die Jahrzehnte dieses Aufbruchs zu erweiterten Horizonten fiel Elisabeths bis dahin größter Triumph – Francis Drakes erfolgreiche Weltumsegelung von Dezember 1577 bis September 1580. Diese Leistung entwertete auf einen Schlag die spanische Behauptung unangefochtener Dominanz über die Meere. Tatsächlich war Spanien nicht in der Lage, seine «imperiale Überdehnung», seinen «imperial overstretch», wie wir heute sagen würden, durch geeignete Schutzmaßnahmen zu verhindern, erst recht nicht, seit durch die Vereinigung mit Portugal 1580 der koloniale Besitz ins Globale gewachsen war. Spanien hatte sein Weltreich nicht im Griff, seine Kontrolle des Welthandels erwies sich als nicht durchsetzbar. Drakes exzeptionelle Großtat markierte für England den Durchbruch von einem wirtschaftlichen Faktor zu einer bedeutenden Seemacht – das Land rückte innerhalb von Europa auf die Pole-Position für die Zukunft vor.

b Frankreich umarmen, Holland unterstützen

Geradlinig verlief das alles jedoch keineswegs. Der Gedanke an die Gegenküste hat Elisabeth und Cecil nie verlassen, und das hieß in den 1570er Jahren, die Beziehungen auch zu Frankreich in berechenbare Bahnen zu lenken. Daran war auch die Grande Dame der französischen Politik, Katharina de' Medici, höchst interessiert, die Witwe von Heinrich II., zeitweilige Regentin und Mutter von drei französischen Königen – Franz II., dem jung verstorbenen Ehemann von Maria Stuart, Karl IX. (gestorben 1574) sowie dem Herzog von Anjou, der als Heinrich III. auf Letzteren folgte. Mit ihrer Schwiegertochter Maria Stuart seit Langem entzweit, hatte Katharina umso entschiedener auf die englische Karte gesetzt. Die Vorstellung einer Verbindung Frankreichs mit England unter der Ägide zweier mächtiger Frauen beflügelte beide, auch wenn die englische Königin und die französische Königinmutter nicht unbedingt auf Augenhöhe operierten. Aber Katharina konnte auf einen großen Vorteil setzen: Sie war Mutter zweier Prinzen, der Herzöge von Anjou und Alençon, die sie Elisabeth nacheinander als verlockende Ehepartner andiente, auch wenn die Prinzen beide um einiges jünger waren als die Queen. Die hatte ein offenes Ohr, da sie das alte Begehren ihres Parlaments, die Heirat, wieder aufgreifen wollte, weniger aus einer amourösen Anwandlung heraus als aus der Absicht, die englische Position an der gegenüberliegenden Kanalküste zu stärken und ein Gegengewicht zu Spanien zu gewinnen.

Um den älteren der beiden Prinzen, den Herzog von Anjou, der homosexuell und achtzehn Jahre jünger als Elisabeth war, entwickelte sich bald ein gänzlich überflüssiger diplomatischer Schleiertanz: Die Avancen scheiterten schon an der Religionsfrage, denn Anjou bestand neben anderen inakzeptablen Forderungen auf seinem demonstrativ zur Schau getragenen Katholizismus, eine unannehmbare Kondition für die protestantische Bannerträgerin. Im Grunde war die ganze Aufführung nur dazu gedacht, Spanien zu beunruhigen. Elisabeths alter Kontrahent, der einstige spanische Botschafter de Feria, der inzwischen als

Philipps persönlicher Berater zum Herzog aufgestiegen war, traf wieder einmal ins Schwarze, als er schrieb, die Königin wolle Spanien wohl nur foppen «mit ihrer Fiktion einer Ehe in Frankreich: Sie wird Anjou genauso wenig heiraten wie mich.»

Umso energischer propagierte Katharina de' Medici, Mutter von zehn Kindern, nach diesen misslungenen Heiratsverhandlungen die Ehe ihres Jüngsten mit der englischen Monarchin. Wir wissen von einem bemerkenswerten Dialog zwischen der Königinmutter und Elisabeths Berater Sir Thomas Smith, in dem Katharina die Vision einer großartigen Zukunft entwarf, als Resultat der Heirat zwischen Elisabeth und ihrem Lieblingssohn François-Hercule, dem Herzog von Alençon: Zwei Söhne waren zur Garantie der Erbfolge vorgesehen «und drei oder vier Töchter, um mit uns die Allianz zu erneuern und eine solche mit anderen Prinzen zu schmieden, damit ihr Königreich gestärkt werde». 300 Jahre später sollte Königin Viktoria mit ihren neun Kindern just diesem Entwurf einer Verbindung der königlichen Familie mit den Herrscherhäusern Europas nacheifern.

Alençon war noch nicht achtzehn, als die Gespräche über eine Verbindung mit Elisabeth, der inzwischen 39-Jährigen, begannen. Am französischen Hof galt er als Unruhestifter, der sich nicht so katholisch wie sein älterer Bruder gab, was ihn für die Hugenotten und für die Queen akzeptabler erscheinen ließ. Die Narben einer Pockenerkrankung, von der man Elisabeth berichtet hatte, ließen sich – so glaubte Burghley, der sich wie eh und je die meisten Sorgen über das Ausbleiben königlichen Nachwuchses machte – leicht durch Spezialärzte beseitigen. Im Übrigen vermochte Elisabeth dem Kitzel der Brautwerbung einfach nicht zu widerstehen. Diese schmeichelte ihrer Eitelkeit umso mehr, als sie sich für die Dauer solcher Verhandlungen, die sich über Jahre erstrecken konnten, großen Einfluss auf das politische Geschehen ausrechnete. Dem galt schließlich ihr Hauptaugenmerk. So kam es im April 1572 zum englisch-französischen Vertrag von Blois, einem Defensivbündnis gegen Spanien – zwei Jahre vor dem Vertrag von Bristol mit Madrid. Er beleuchtete schlagartig Elisabeths diplomatisches Doppelspiel. Einen Alliierten mit der militärischen

Potenz Frankreichs an ihrer Seite verbuchte die Königin als wichtige Rückversicherung.

Mit diesem Vorteil aber schien es nach dem Massaker an den Hugenotten in der Bartholomäus-Nacht vom 23. zum 24. August 1572, der «Pariser Bluthochzeit», vorbei zu sein. Es war ein Pogrom gegen die französischen Protestanten, dem auch Gaspard de Coligny und weitere hugenottische Anführer zum Opfer fielen. Anlässlich der als Versöhnung gedachten Hochzeit des Protestanten Heinrich von Navarra – des späteren Königs Heinrich IV. – mit Margarete von Valois, einer Tochter Katharinas de' Medici, waren die Hugenotten auf Einladung des Königshofs nach Paris gekommen. Von dort breitete sich die Welle der Gewalt kurz darauf über ganz Frankreich aus. Man spricht in der Geschichtsschreibung von nahezu 10 000 Ermordeten.

Das Ereignis bestätigte alle Ängste des protestantischen England. Die öffentliche Meinung war entsetzt über die mögliche Involvierung des französischen Königshauses. Francis Walsingham, der englische Botschafter in Paris, seine Frau und Tochter sowie sein damaliger Gast, der hochgeachtete Soldat und Dichter Sir Philip Sidney, erlebten die Blutnacht im Gebäude der Botschaft, wohin sich viele Verfolgte geflüchtet hatten. Während Katharina de' Medici mit Siegermiene durch den Louvre stolziert, Papst Gregor XIII. Dankesmessen halten lässt und Philipp II. ausruft, die Nachricht von der Bartholomäus-Nacht sei die freudigste seines Lebens, bricht im protestantischen Europa ein Sturm der Entrüstung los. Hugenottische Flüchtlinge landen zu Hunderten an der Südküste Englands, wie sie einhundert Jahre später bei der nächsten Fluchtwelle in viele Teile Europas auswandern werden, darunter auch ins Heilige Römische Reich. Auf der Insel ist die Stimmung derart anti-katholisch und anti-französisch, dass an Heiratsverhandlungen zwischen Elisabeth und Alençon gar nicht mehr zu denken ist und die Königin sie entsprechend aussetzt. Der Vertrag von Blois scheint gefährdet, das Volk schäumt.

Mit ihrer Reaktion auf das Massaker lieferte Elisabeth ein Beispiel kontrollierter Diplomatie, wie es im Buche steht. Überzeugt, wie sie war von der Bedeutung der Allianz mit Frankreich, kam es ihr darauf an, den Vertrag von Blois nicht dem emotionalen Augenblick zuliebe zu opfern. Neben den angespannten Beziehungen zu Spanien auch noch das Verhältnis zur zweiten katholischen Großmacht aufs Spiel zu setzen hätte die Gefahr erhöhter Isolation Englands, mithin größerer Verwundbarkeit heraufbeschworen. Etwa zwei Wochen nach der «Pariser Bluthochzeit» empfing die Königin schweigend den französischen Botschafter Bertrand de Salignac de la Motte-Fénélon, der ihr eine unglaubwürdige Geschichte über den Hergang auftischte: Der König habe eine hugenottische Verschwörung gegen ihn und seine Mutter aufgedeckt und dieser zuvorkommen wollen. Es war eine klassische Entschuldigung, wie sie in der Geschichte immer wieder vorgetragen worden ist, wenn ein Herrscher die aggressive Natur seiner Politik zu vertuschen wünschte, indem er einfach andere Schuldige erfand.

Elisabeth glaubte dem Botschafter kein Wort und schrieb Ende September 1572 an Walsingham in Paris: «Ihr mögt darauf hinweisen, dass es Uns weiter nichts angeht, wenn der König [Karl IX.] irgendwelchen seiner Untertanen eine verdiente Strafe zuteilwerden lässt. (...) Dass er aber alle diejenigen in seinem Reich vernichtet und ausrottet, die sich zu Unserem Glauben bekennen, und dabei Uns als Gattin für seinen Bruder wünscht, muss uns als höchst abstoßend und widerspruchsvoll erscheinen. (...) Wie können Wir da in seinem Bruder einen geeigneten Gatten sehen oder glauben, dass die Liebe, die Mann und Frau verbinden soll, zwischen seinem Bruder und Uns zu wachsen und zu dauern vermöchte?»

In dieser Zeit komponierte Elisabeth mehrere Gebete, die ein paar Jahre später in «Queen Elizabeth's Prayer Book» an die Öffentlichkeit gelangten. Sie verraten, wie sich die Unruhen der Zeit bei ihr als Sorge um den Frieden für ihr Königreich niederschlagen. «Bewahre durch Deine Güte, oh Herr, meinen Anteil am Frieden», heißt es in einem dieser Gebete. «Halte uns fern von den inneren Tumulten, die einen Großteil der Christenheit jetzt heimsuchen.» In einem zweiten dankt die Königin «der Ehre und dem Trost Deiner Kirche, die ich genießen durfte, während meine Nachbarn das Unheil blutigen Krieges erfahren, doch ihre armen verfolgten Kinder eine Heimstatt bei mir bekommen». Europa verbreitete Schrecken bis in die königlichen Gebete hinein.

Die Logik der Allianz mit Paris blieb indessen gültig, und so nimmt Elisabeth nach mancherlei Zähneknirschen im Oktober 1572 die Einladung Karls IX. an, Taufpatin seiner jüngsten Tochter zu werden, der sie obendrein ihren Namen leiht – Marie-Elisabeth. Eine Häretikerin als Taufpatin einer katholischen Königstochter, das ist ein weiteres Indiz für die oft verwirrende Diplomatie des 16. Jahrhunderts. Aber zur Zeremonie Anfang 1573 entsendet Elisabeth als ihre Vertreter keine Männer der ersten Wahl wie Leicester oder Burghley, sondern zwei Nobilitäten der zweiten Klasse. Denn die Enttäuschung bei den Hugenotten über die Wiederannäherung der beiden Königreiche soll sich in Grenzen halten. Den französischen Protestanten in ihrer belagerten Hochburg La Rochelle lässt die Königin gleichzeitig finanzielle Hilfe zukommen.

Wir müssen resümieren. Elisabeth manipulierte das Dreieck Spanien, Holland, Frankreich nach Art einer Schachspielerin. Es war Renaissance-Politik in Reinkultur: mit Verstellung, doppeltem Boden und Halbzusagen, wenn nicht Lügen. Bei drohendem schlechten Ausgang wurde die Queen nicht selten von Panik ergriffen, mitten in der Nacht konnte sie dreimal Entscheidungen widerrufen. Ihre Umgebung überschüttete sie mit Zorn, die Hofdamen ohrfeigte sie oder warf mit Pantoffeln um sich. Leicester bemühte sich, ihre nervöse Gereiztheit zu beruhigen, aber der Druck der Entscheidungen bis 1574, bis zum Vertrag von Bristol, war nicht selten selbst für Elisabeths Widerstandskraft zu viel. 1570 war sie exkommuniziert worden, 1571 folgte das Ridolfi-Komplott, dessen Hauptschuldigen, den Herzog von Norfolk, ihren Verwandten, sie im Juni 1572 dem Schafott übergab, zwei Monate vor dem Gemetzel an den Hugenotten in Frankreich. Elisabeth schürte protestantische Rebellionen, ob unter den Hugenotten oder bei Wilhelm von Oranien, auch wenn sie Aufstände gegen legitime Herrscher letztlich nicht billigte. Die Parteien sollten sich im Kampf verschleißen, aber keine siegen. Die Gegenküste wollte die Königin im Auge behalten, aber ihren größten Widersacher, Spanien, (noch) nicht herausfordern zu einem direkten Duell, das sie nicht gewinnen konnte. Zugleich jedoch suchte sie, Spanien auf den Meeren mit ihren Korsaren Contra zu geben. Frankreich war einzubinden durch sich hinziehende Heiratsverhandlungen, und auch die Nemesis Maria Stuart galt es im Blick zu behalten, den Fokus einer möglichen katholischen Gegenbewegung in England.

Mit vierzig Jahren stand Elisabeth im September 1573 auf der Höhe ihres weiblichen Selbstgefühls und durfte sich rühmen, ihr Reich aus Krieg und Bürgerkrieg herausgehalten zu haben. Doch zu welchem Preis! Die permanente Anwesenheit von extremer Gefahr, die ununterbrochene Last der Vorsorge für ihr Land waren der Lohn ihres Alltags, ein Dauerangriff auf ihre Nerven. Politische, religiöse und kommerzielle Erwägungen überlagerten sich zu einem Puzzle von höchster Komplexität, ewig verschob sich das Muster. Scheiterte die Suche nach Lösungen, konnte es den Ruin für ihr Reich, für sie, auch für Burghley, ihren Fels, bedeuten, wenn nicht – bei einem Attentat – ihren Tod.

c *Zwischenspiel in Kenilworth: Leicester reizt zu hoch*

Aber das Reich mit einer vorteilhaften Heirat zu sichern war weiterhin Elisabeths Ziel. Dass François, Herzog von Alençon, 21 Jahre jünger war als sie, schreckte sie nicht ab, im Gegenteil: Es befriedigte ihre Eitelkeit, von einem so viel Jüngeren zu hören, er sprudele vor Begeisterung für sie, auch wenn sie durchschauen musste, wie viel Politik bei dem jungen Prinzen – nicht anders als bei ihr – im Spiel war. Er war der Unangepasste, der Eigenwillige am französischen Hof, der sich militärisch in Holland zu engagieren wünschte, aber dafür von seinem Bruder, König Heinrich III., und seiner Mutter, Katharina de' Medici, nicht ausreichend unterstützt wurde. Was lag da näher, als durch eine Heirat mit Elisabeth den eigenen Ehrgeiz zu bedienen und sich militärisch eine Stärke zuzulegen, die er von Haus aus nicht besaß? Wir nennen ihn hier übrigens durchweg Alençon nach seinem Herzogstitel aus der Zeit, als sein älterer Bruder noch Herzog von Anjou war. Dieser Titel ging auf ihn über, sobald der Bruder 1574 als Heinrich III. auf den Thron nachrückte. Um die beiden Anjous voneinander zu unterscheiden, bleibt die Geschichtsschreibung im Falle des Jüngeren meist auch für die Zeit nach 1574 bei der alten Bezeichnung Alençon.

Das Kapitel Alençon und seine Details, die sich teilweise wie eine Soap-Opera lesen, schon an dieser Stelle anheben zu lassen, ist verführerisch. Doch steht da vorerst noch ein anderer Mann auf der Bühne, der sich ebenfalls für eine letzte Drehung des Heiratsroulettes gewappnet hatte – Robert Dudley, Graf Leicester. Ihn hatte das Schicksal zum Vertrauten, zum Favoriten Elisabeths erhoben, den viele für ihren Liebhaber hielten, obwohl die Königin ihm in Wahrheit zwar ihr Herz, nicht aber ihre Hand oder gar mehr geschenkt haben wird. Streitlust wie Versöhnung banden sie beide aneinander wie ein sturmerfahrenes Ehepaar. Leicester lud Elisabeth und ausgewählte Personen ihres Hofstaates zum Sommer 1575 in sein Schloss Kenilworth in Warwickshire ein, als Teil des alljährlichen «progress» der Queen. Dabei war er freilich von einem Nebengedanken bestimmt – der Königin bei dieser Gelegenheit einen letzten Liebesantrag zu machen, eine letzte glorreiche Geste der Aufforderung zur Ehe.

25 solcher Prozessionen, die sich wie ein Lindwurm im Schleppgang durch Landschaften und Ortschaften dahinwälzten, hat Elisabeth I. im Laufe ihrer Thronzeit absolviert. Walter Bagehot, der große englische Verfassungstheoretiker des 19. Jahrhunderts, sollte als wesentliches Element der Ausstrahlung der Monarchie postulieren, dass sie «gesehen wird» und sich nicht hinter den Mauern ihrer Paläste versteckt hält. Solcher Ermahnung bedurfte es bei Elisabeth freilich nicht, sie war ein Naturtalent auf dem Gebiet der öffentlichen Inszenierung und pflegte sich im Wohlwollen und der Liebe ihrer Untertanen zu baden. Der königliche Tross bewegte sich zu Pferde oder in von Pferden gezogenen Sänften, «litter» genannt, voran. Nach 1564 kamen aus Holland eingeführte Kutschen hinzu, ungefedert, manche auf zwölf Rädern, dem Urmodell der Unbequemlichkeit. Hinter der Monarchin finden wir manchmal bis zu 500 Personen, 2500 Pferde und 400 bis 600 Wagen mit Ausrüstung – dem königlichen Bett, Kleidern, Juwelen, Proviant, Staatspapieren und Zelten für diejenigen, die nicht im Haus des Gast-

gebers Platz fanden. Die jeweils Erwählten, bei denen Elisabeth samt ihrem Hofstaat abstieg, mussten ein Vermögen aufbringen für diese Ehre. In späteren Jahren lehnten daher manche das Privileg dankend ab: Es strapazierte ihre Finanzen zu sehr. Leicester, dem Elisabeth Kenilworth geschenkt hatte, investierte hohe Summen in den Ausbau des Schlosses, das zu den bedeutendsten Bauwerken der elisabethanischen Zeit gehörte; heute kündet nur noch eine Ruine davon. 1575 ritt er der Königin und ihrer Entourage entgegen, um sie vorweg unter einem großen Zelt zu bewirten, für dessen Transport allein sieben Wagen benötigt wurden.

Für Elisabeths Aufenthalt in Kenilworth im Juli 1575 waren Programme für fast drei Wochen geplant, ein Triumph der Farben, Feuerwerke, Maskenspiele, Turniere und schauspielerischen Huldigungen, der schon bald als die größte Darbietung ihrer Art legendär wurde. Auch die Jagd und die übliche Bärenhatz durften nicht fehlen. Doch trieb es Leicester mit seiner Extravaganz vielleicht zu weit? Übte er noch genügend erotische Wirkung auf seine Queen aus, um sie solcherart einfangen zu können? An Versuchen fehlte es nicht. Da ritt etwa ein Triton auf dem sechs Meter langen schuppigen Ende einer Nixe durch einen eigens angelegten See, und die «Lady of the Lake» und ihre Meerjungfrauen proklamierten auf schwimmenden Inseln das Motto der Veranstaltungen: «The Lake, the Lodge, the Lord» stünden zu ihrer, Elisabeths, Verfügung – der See, die Unterkunft und der Gastgeber. Das war deutlich genug. Ein eigens angeheuerter Schauspieler und Poet, George Gascoigne, hatte ein Maskenspiel unter dem Titel «Zabeta», einer Abkürzung für «Elizabetha», geplant, in dessen Zentrum sich ein Disput um die keusche Nymphe Zabeta und darüber entspann, ob sie heiraten solle oder nicht. Für das Ende war eine regelrechte Aufforderung an die Queen vorgesehen, sie möge tatsächlich heiraten – und bestimmt keinen ausländischen Prinzen ...

Doch das sorgfältig ausgedachte Elaborat fiel einem Regentief zum Opfer. Der enttäuschte Dichter und sein Auftraggeber retteten immerhin ein poetisches «farewell» für den Abschiedstag der Königin, in dem ein als «tiefe Sehnsucht» verkleideter Schauspieler im Gewand einer

Stechpalme (sic) der gesattelten Queen Leicesters Bekenntnis zurief: «Erklärt Euch, oh schöne Königin, zu längerem Verweilen, um weiter unter uns zu sein! Oh Königin, bedient Euch dieses Schlosses und seines Ritters, der es für Euch bewahrt. Lebt hier, gute Königin, lebt hier, im Beisein Eurer Freunde, deren Behagen mit Eurem Kommen zunimmt, aber mit Eurem Abschied endet.»

Elisabeths Behagen dagegen war stark gemindert, nachdem sie kurz vor dem Aufenthalt in Kenilworth von Leicesters heimlicher Verbindung mit der verwitweten Douglas Howard, Gräfin Sheffield, erfahren hatte, aus der 1574 ein Sohn, ebenfalls Robert genannt, hervorgegangen war. Leicester erkannte ihn an, die heimliche Ehe mit der Gräfin dagegen nicht – die Dame wurde mit einem üppigen Schweigegeld abgefunden. Die Heirat blieb Elisabeth erstaunlicherweise verborgen, sodass sie sich angesichts des Kindes mit einem «Così fan tutti» trösten konnte – so sind die Männer eben, vor allem Leicester, der sein Testosteron, frustriert durch das vergebliche Werben um die Königin, nicht zu zügeln vermochte, wie Eingeweihte seit Langem wussten. Alles Verständnis Elisabeths fand jedoch sein Ende, als sie von Leicesters Heirat 1578 mit Lettice Knollys erfuhr, woraufhin sie den Favoriten auf Wochen aus ihrer Nähe verbannte. Da aber hatte Dudley seine Hoffnung auf Elisabeth längst begraben.

Diese setzte lieber auf ihre Liebesaffäre mit ihrem Volk, der sie 1576 als 43-Jährige vor dem Oberhaus ein weiteres Denkmal schuf. Es war ihr probater Trick, dem Parlament Honig um den Mund zu schmieren, wenn sie in der Heiratsfrage nicht konkret werden wollte. Schließlich sind wir noch zwei Jahre von ihrer bühnenreifen Amour mit dem jungen Alençon entfernt. «Der Eifer meiner treuen Untertanen», so trägt sie im Oberhaus vor, «für mein Wohl zu sorgen, erfreut und ermutigt mich sehr. Geschieht es etwa häufig, dass die Taten des Fürsten so freundlich aufgenommen werden? Nein, nein, meine Lords, ich wäre undankbar, wenn ich das große Glück nicht anerkennte, das ich hierin genieße.» So weit, so gut. Doch die ausweichende Antwort auf die überragende Frage des Reiches lässt nicht lange auf sich warten: «Wäre ich eine Melkerin mit dem Eimer am Arm, wodurch meine Person vielleicht wenig gewönne, würde ich dennoch jenen armen und ledigen Stand nicht einmal für einen König aufgeben (...) Doch es gibt keinen Weg, und sei er persönlich für mich noch so schwer, den ich nicht um euretwillen gern einschlüge.»

Zehn Jahre zuvor hatte Elisabeth mit den Füßen gestampft und dem Parlament entgegengeschleudert: «Dank Gott bin ich mit solchen Gaben ausgestattet, dass, würde ich aus dem Königreich in meinem Unterrock vertrieben, ich an jedem Ort der Christenheit leben könnte» (siehe Kap. 8c). Jetzt spielt sie mit dem Bild der Melkerin die Verschämte und meint doch den gleichen Stolz: Ich brauche keine Ehe und keine Kinder, nur euch zuliebe, als Königin, schlüge ich diesen Weg ein und würde mich opfern. Doch wiederum ist es ein Weg ohne Wegweiser, ohne Antwort auf die Fragen «wer?» und «wann?». Stattdessen die Ermahnung wie von einer Nanny: «Nehmt euch in Acht, dass ihr nicht im Eifer um ein künftiges Gut die Gegenwart gefährdet und euch streitet und in die Haare geratet, ehe entschieden wird, wer meine Krone tragen soll.» Das ist subtilste Sophistik: Die Königin redet von einer ungewissen Zukunft, um der Gegenwart auszuweichen. Und belehrt ihre Zuhörer, fruchtloses Nachfragen zu unterlassen.

Doch nicht mehr lange. In Holland geraten die Dinge in Bewegung, Alençons forsches Auftreten in Flandern wirft beunruhigende Fragen über die Kontrolle von Englands Gegenküste auf. Elisabeth möchte dem Prinzen jetzt in die Parade fallen, seinen Ehrgeiz kanalisieren und damit Einfluss auf die politische Entwicklung nehmen: Es ist Zeit, sich gegenüber dem Franzosen zu erklären. Es wird ihre letzte Intervention auf dem europäischen Heiratsmarkt sein.

d Herzog Alençon ad portas

Ein Briefwechsel bringt 1578 die Wiederannäherung nach einer Unterbrechung von sechs Jahren. Die Königin hat im August erfahren, dass die aufständischen Protestanten in Holland Alençon mit dem Titel «Verteidiger der Freiheiten der Niederlande gegen spanische Tyrannei»

*Elisabeths Partner in einem kunstvollen Liebesspiel:
Der Herzog von Alençon*

ausgezeichnet haben, was sie darüber erschrecken lässt, wie viel Zeit sie bereits durch ihr Zögern vergeudet hat. Nach der klassischen Methode, es sich mit keiner Seite zu verderben, und weil sie instinktiv Aufstände gegen legitime Herrscher ablehnt, schickt Elisabeth eine Botschaft der Solidarität an Philipp II. Gleichzeitig beginnt sie ihre französischen

Heiratspläne zu entwickeln, eine delikate Äquilibristik zwischen Spanien und Frankreich.

Die Dinge werden jetzt konkret: Im November 1578 schickt Alençon seinen Vertrauten, Jean de Simier, Baron de St. Marc, nach London, der es mit französischem Charme versteht, die 45-jährige Queen für sich selber und seinen Herrn einzunehmen. Er besitzt, was alle Welt schon damals schätzt, «une connaissance exquis des gaietés d'amour» – eine exquisite Kenntnis von den Heiterkeiten der Liebe. Wenige Tage vor seinem Eintreffen findet, wie der spanische Botschafter Don Bernardino de Mendoza herausbekommt, zum zweiten Mal in der Zeit von Elisabeths Herrschaft ein ärztliches Consilium zu der Frage statt, ob die Königin, obwohl bereits in den Wechseljahren, noch Kinder bekommen könne. Die Ärzte «sahen keine Schwierigkeiten voraus», so Mendoza. Die Heiterkeiten der Liebe konnten beginnen.

Elisabeth war überwältigt von Simier, dem «perfekten Höfling», den sie, wie immer in sprachspielerischer Laune, ihren «Affen» nannte, gemäß der französischen Wurzel des Namens Simier, «das mit Abstand schönste Tier unter meinen Bestien». Spitznamen waren überhaupt ihre Spezialität, die sie mit selbstverständlicher Souveränität propagierte: Burghley war ihr «Spirit», Walsingham aufgrund seines dunklen Teints der «Mohr», Leicester die «Augen», Sir Christopher Hatton die «Augenlider», und Alençon würde sich von ihr gutgelaunt als «Frosch» bezeichnen lassen – «frogs» war seit Langem (und ist es noch heute) der eher sarkastische Name der Engländer für Franzosen.

Die Königin ging auf die Hochstimmung, wie sie Simier verbreitete, bereitwillig ein. «Es ist doch eigentlich eine schöne Sache für eine alte Frau wie mich, an Heirat zu denken», neckte sie Mendoza. Aber die dem Franzosen eingeräumte Bewegungsfreiheit weckte böse Zungen. Es sprach sich herum, dass Simier Zugang zu Elisabeths Schlafgemächern hatte und von ihr Nachtkappe und Taschentuch als «Trophäen» für seinen Herrn erhielt. Auch dass Elisabeth eines Morgens in einer ärmellosen Jacke zu Simiers Schlaftrakt gegangen war, wurde mit missbilligenden Mienen quittiert – als unstatthaft, französisch, fremdländisch. Leicester glühte vor Eifersucht, uneingedenk seiner eigenen

Amouren. Er unterstellte Simier, dieser habe «Liebestränke und allerlei andere ungesetzliche Künste» angewendet, um Elisabeth für den Herzog zu gewinnen. Eine Hofdame, die das der Monarchin hinterbrachte, erhielt diese Abfuhr: «Glauben Sie, ich könnte mich und meine königliche Majestät so weit vergessen, dass ich meinen Diener, der allein durch mich aufgestiegen ist, dem größten Prinzen der Christenheit als Ehemann vorzöge?» Einige am Hof orderten bereits Hochzeitskleidung, so überzeugt waren sie, der französische Gast mit seiner Galanterie habe die Königin bereits für die Ehe mit Alençon gewonnen.

Doch Simier hat noch etwas anderes im Sinn. Ihn wurmt die Intrige Leicesters gegen seine hochherrschaftliche Mission, er hat schnell den Hofklatsch abgelauscht und wendet ihn jetzt mit tödlichem Triumph gegen seinen Intimfeind und Widersacher. Ihrer Majestät «Master of the Horse», Robert Dudley, Earl of Leicester, so steckt er Elisabeth, hat heimlich in zweiter Ehe die verwitwete Gräfin Essex, Lettice Knollys, geheiratet! Lettice war die Tochter von Elisabeths Lieblingscousine Catherine und deren Mann Sir Francis Knollys, dem Schatzmeister des königlichen Haushalts. Man rühmte an der Frau ihre «pulsierende Sensualität». Mit ihren roten Haaren und den spitzbübischen dunklen Boleyn-Augen (ihre Großmutter Mary war eine Schwester von Anne Boleyn) galt sie am Hof als echte Schönheit.

Elisabeth rastet förmlich aus, sie fühlt sich hintergangen, tobt und droht, sie werde Leicester in den Tower werfen – gegen ihre Heirat mit Alençon hatte er sich ausgesprochen und seine eigene heimlich betrieben! Wer im Verborgenen heiratet, begeht Verrat an der Königin, so ihr Denken. Wenn nicht in den Londoner Tower, dann wenigstens hinweg mit ihm in den Tower Mireflore in Greenwich Park, den Turm der wunderlichen Blume, den schon Anne Boleyn als Wohnung bezogen hatte.

Dudley ist tief verletzt. An Burghley schreibt er: «Mir scheint es mehr als hart, dass so ein Anlass für derartigen Verdruss herhält. Es war nie sklavisch entwürdigend, ungleich und unangemessen, wie wir [Elisabeth und ich] verbunden waren. Es mangelt mir nicht an der Erinnerung, was ich ihr gewesen bin und ihr in Ehrerbietung immer sein werde. Sie mag vielleicht denken, dass sie ihr Wohlwollen verschenkt hat. Aber ich kann sagen, ich habe meine Freiheit und meine Jugend verloren und all mein Glück in sie gelegt.» Leicesters Lamento beschreibt eine Zäsur in der Beziehung zwischen beiden: Elisabeths Sklave will er nicht mehr sein, in seinen mittleren Jahren sehnt er sich nach einer geliebten Ehefrau und einem Nachkommen, der seinen Namen tragen wird. Aber da er Elisabeths autokratisches und besitzergreifendes Temperament kennt, zieht er es vor, heimlich zu handeln und die unvermeidlichen Folgen in Kauf zu nehmen.

Nur drei Tage bleibt Leicester Gefangener im Turm der wunderlichen Blume, dann darf er auf seinen Besitz in Wanstead ziehen, im nordöstlichen London nahe Epping Forest. Das Zerwürfnis zu schlichten gelingt schließlich Thomas Radcliffe, Earl of Sussex, einem der vernünftigsten und unvoreingenommensten Männer am Hof: Heiraten sei schließlich kein Gesetzesverstoß, so sein Argument. Das erzielt Wirkung bei einer Frau, die selber dabei ist, ihr Recht auf Heirat eines französischen Prinzen wahrzunehmen.

Alençon kommt im August 1579 für dreizehn Tage nach London, der einzige Bewerber um die Hand der Queen, der sich persönlich sehen lässt, was allein schon für ihn spricht. Ihr «Frosch», wie Elisabeth ihn ohne weitere Umschweife tituliert, was er willig akzeptiert, ist 24 Jahre alt, sie selber fast 46. Sie findet den jungen Mann zu ihrer Überraschung – und Erleichterung – weniger hässlich, als man ihn ihr aufgrund seiner frühen Pockenerkrankung geschildert hatte. Vielleicht war er kein Adonis, aber durchaus nicht unansehnlich, wenn auch von kleiner Gestalt. Was ihm an Attributen äußerer Schönheit fehlte, machte er durch Esprit und Humor mehr als wett. Kurzum: ein junger Mann mit frischen Ideen, dazu religiös ohne Fanatismus und darin Elisabeth ähnlich, was man natürlich öffentlich nicht zeigen durfte. Der Prinz kommt ihrem Carpe-diem-Lebensgefühl, das sie wie eine Welle überspült, entgegen. Auf Festen in den Königsschlössern Greenwich und Richmond ergibt sie sich ihrer sinnlichen Phantasie, gleich einem liebestollen Teenager, wie manche in ihrer Umgebung bemäkeln. Wollte sie ihren Ärger über Leicesters Heirat mit Lettice Knollys kompensieren? Alençon war jedenfalls Balsam für ihre nach

Dudleys «Verrat» verwundete Seele. Sie und ihr Freier verstehen sich von Anfang an gut und lassen sich gerne auf das allseits erwartete Spiel ein. Elisabeth ist entzückt von Alençons Ungestüm, seiner Jugend. Für einen Menschen mit Idealen, für einen Prinzen, der gegen eine restriktive Umwelt aufbegehrt wie sie selbst in ihrer Jugend, hat sie viel Verständnis.

Die diplomatischen Netzwerke, die Buschtrommeln des Jahrhunderts, beginnen sogleich sich zu rühren. Der französische Botschafter an Katharina de' Medici: «Die Königin hat zu mir gesagt, sie habe noch nie einen Mann gefunden, dessen Natur und Verhalten besser zu ihr passten.» Bernardino de Mendoza an Philipp II.: «Sie meint, was sie angehe, werde sie Alençon nicht daran hindern, ihr Ehemann zu werden.» Das ist etwas sibyllinisch ausgedrückt, typisch für Elisabeth, die gerne mit verdeckten Karten spielt.

Am 23. August tanzt die Königin vor ihrem französischen Buhlen, der versteckt hinter einem Wandteppich hervorlugt und überlegt, wie ernst es die Queen wohl mit ihrer Heiratsabsicht meine, die sie zwar gegenüber den Diplomaten angedeutet, aber ihm gegenüber noch nicht formuliert hat. Die ungesicherte Lage Englands inmitten der sich zuspitzenden Krise in den Niederlanden, der zunehmende Konflikt mit Spanien, in dessen Kronrat zum ersten Mal offen über Elisabeths Ermordung diskutiert worden war, bedrückten die Königin. Es waren bedrohliche Zeiten. Zur Rückversicherung musste sie ernst wirken und Alençon die Möglichkeit, englischer König zu werden, glaubhaft vor Augen stellen, noch ehe sie sich überhaupt entschlossen hatte, dem Gedanken die Tat folgen zu lassen. Sie war mit England verheiratet, dem Leitstern ihrer Existenz – war da noch Platz für jemand anderen? Gewiss, wenn sie an die Sicherheit des Königreichs dachte. Alençon verlässt Ende August die Insel, der Tod eines Freundes ruft ihn zurück. Sein Abschiedsbrief an Elisabeth aus Dover ist in feurige Leidenschaft getaucht, von der Simier, der «Affe», urteilt, sie sei geeignet, «Wasser in Brand zu setzen».

e John Stubbs oder die abgeschlagene Hand

Doch das Volk murrte und sah in allem eine Verbeugung vor den Papisten, einen Verrat an der protestantischen Religion und an Englands Unabhängigkeit. Nach so vielen Jahren der unerfüllten Hoffnung auf eine Heirat Elisabeths hatte man sich an seine jungfräuliche Königin gewöhnt und erblickte in dem Franzosen einen störenden Eindringling. Der populären Abneigung gab ein protestantischer Angehöriger der aufstrebenden Gentry, John Stubbs, dramatisch Ausdruck mit einem Pamphlet, dessen gewundener Titel alles sagte: «Die Entdeckung einer gähnenden Kluft [«a gaping gulf»], die England durch eine neuerliche französische Heirat verschlingen würde, wenn Gott der Herr das Aufgebot nicht dadurch verhindert, dass er Ihre Majestät die sträfliche Sünde und Strafe davon erkennen lässt». Nicht nur war dies ein Frontalangriff auf die geplante Ehe, der Text stellte die Königin auch in ihren fortgeschrittenen Jahren bloß, die keine Kinder mehr erlaubten und sie als Figur aus dem diplomatischen Schachspiel Europas herausfallen lassen würden. Eine Majestätsbeleidigung, darüber überhaupt zu diskutieren!

Es war eine impertinente Breitseite aus dem puritanischen Lager, wobei sich Stubbs eines devoten Tons gegenüber «our dear Queen» befleißigte, jedoch die typische puritanische Herablassung ihr als Frau gegenüber durchblicken ließ – «sie wird mit verbundenen Augen wie ein armes Schaf zur Schlachtbank geführt». Der Autor wünscht seiner Königin eine «ehrenvolle, gesunde, freudige, friedliche und lange Herrschaft, ohne einen über ihr stehenden Tonangeber, besonders ohne einen Franzosen, namentlich Monsieur». Alençon sei der Sprössling zweier dekadenter Geschlechter, der Valois und der Medici. Er habe als Folge eines ausschweifenden Lebens die Syphilis und werde Elisabeth und ihre Nachkommen – wenn sie denn kämen – damit anstecken. «Dies ist die alte Schlange in Gestalt eines Mannes, der zum zweiten Mal [nach seinem älteren Bruder] gekommen ist, die englische Eva zu verführen und das englische Paradies zu ruinieren.»

Für John Stubbs würde keine Strafpredigt genügen, mit der es Elisabeth gegenüber Sir Philip Sidney bewenden ließ, dem gefeierten Dichter und gebildeten Adligen, der ihr ähnliche Vorhaltungen gemacht hatte. Sidney hatte seine Königin angefleht, sich nicht der Liebe ihrer Untertanen zu entfremden, «Eurer wichtigsten, wenn nicht der einzigen Quelle Eurer Stärke». Stubbs' Flugschrift aber hatte ihre Ehre herausgefordert und zwei wunde Punkt bei ihr berührt – von Leicester fühlte sie sich verschmäht, und das Pamphlet exponierte sie als alternde Fürstin im europäischen Parallelogramm der Kräfte. So mussten es John Stubbs und William Page, der Verleger, büßen.

Eigentlich wollte Elisabeth sie gehängt sehen, aber sie begnügte sich mit einer «milderen» Strafe: Beiden wurde vor einer großen Zuschauermenge am 3. November 1579 die rechte Hand abgeschlagen, obwohl sowohl Alençon als auch Simier Elisabeth gebeten hatten, Schonung walten zu lassen. Entsprechend verdutzt, ja murrend über die Härte des Vorgehens reagierten die Zuschauer. Wieder einmal zeigte sich hier Elisabeths größte Schwäche: im Moment der Erregung sich in der Wahl der Gegenwehr zu vergreifen. Wie hätte sie Leicester für seine Untreue bestrafen wollen, wenn der Earl of Sussex nicht eingeschritten wäre, wie hatte sie nach dem Aufstand des Adels im englischen Norden 1569 unter den einfachen Leuten gewütet und Hunderte von ihnen, bloße Mitläufer, dem Tode ausgeliefert! Wollte sie die Franzosen vom Ernst ihrer Heiratspläne überzeugen? Ihr Volk hatte dafür kein Verständnis, und wenn John Stubbs und William Page ihre rechte Hand verloren, so verlor Elisabeth über diesen Vorfall zum ersten Mal in ihrer Thronzeit etwas für sie viel Kostbareres, an das Philipp Sidney sie erinnert hatte: die Zuneigung des Volkes, «Eure wichtigste, wenn nicht die einzige Quelle Eurer Stärke».

Stubbs spielte ganz den Helden – nach der Amputation seiner rechten Hand fand er noch Zeit für einen untertänigen Satz: «Ich bete zu Gott, dass er mir die Gnade gewähre, mit dem Verlust meiner Hand keinen Teil meiner Pflicht und Liebe gegen Ihre Majestät zu verlieren.» Wobei er sich mit der Linken den Hut vom Kopf riss und mit dem Ruf «God save the Queen!» in Ohnmacht sank. Auch dem Verleger Page gelang ein zitierbarer Satz, während man seinen Armstumpf mit einem glühenden Eisen traktierte: «Ich habe die Hand eines wahren Engländers dahingegeben.» Beide kamen nach achtzehn Monaten im Tower wieder frei.

f Adieu, geliebter Frosch!

Der wachsende Widerstand belehrte die Königin, dass es ratsam wäre, in der Frage der Heirat den Kronrat einzuschalten, wenn nicht gar ihm die Entscheidung zu übertragen. Dort sprachen sich fünf Teilnehmer für die Ehe aus, sieben dagegen, darunter – natürlich – Leicester, der einigermaßen Rehabilitierte. Trotzdem plädierte Burghley immer noch für die Heirat, aus Sorge um die ungelöste Thronfolge, die fortbestehenden Ansprüche Maria Stuarts und eine mögliche ausländische Intervention, wenn Elisabeth ohne Nachfolger bliebe. Das schwerste Hindernis, das musste er freilich gestehen, war die unterschiedliche Konfession der beiden Protagonisten. Letztlich aber müsse die Königin selber sagen, was sie wolle. Ja, wer denn auch sonst? Doch Elisabeth, die die Last ihrer Unschlüssigkeit spürt, flüchtet sich in Larmoyanz. In einer morgendlichen Ratssitzung bricht sie in Tränen des Selbstmitleids aus: Warum verwehrt man ihr als Einziger das Recht auf Ehemann und Kinder? Das kommt den Zuhörern befremdlich vor, hatten sie ihrer Königin doch Jahr für Jahr empfohlen, zu heiraten und Kinder zu kriegen. Aber niemand wagt, es ihr entgegenzuhalten.

Bis zum Januar 1580 hat sich Elisabeth so weit abgekühlt, dass auch sie jetzt immer mehr von der religiösen Barriere spricht. Sie fühle sich in der Heiratsfrage «zwischen Skylla und Charybdis», vertraut sie Cecil an. Offenbar sucht sie nach einem Fluchtweg. An Alençon schreibt sie, ihr Volk würde sich nie damit abfinden, dass er die katholische Messe hören könne, wenn auch nur privat – er mache sich keine Vorstellung, «wie abgeneigt die Engländer gegen die katholische Kirche sind». Warum das Ganze nicht abblasen und einfach Freunde bleiben? «Let's call the whole thing off», um es mit Cole Porters Song zu sagen. Der mögliche Verlust der Zuneigung ihrer Untertanen erschreckt die Königin, die auf diese Wertschätzung immer gebaut hat.

War es ihr wirklich je ernst mit ihrer französischen Amour? Man kann sich nur schwer vorstellen, dass Elisabeth Tudor, diese erfolgreiche Karrierefrau und Solistin, sich einem Mann hätte anheimgeben können, der jung genug war, ihr Sohn zu sein, und ihm die Schlüssel zu ihrem Reich ausgeliefert hätte. Es hätte die Umkehrung ihrer gesamten Lebensphilosophie bedeutet. Hatten die eingetretenen Wechseljahre und der Schock über Leicesters Ehe sie derart aus der Bahn geworfen, wie Alison Plowden in ihrer klassischen Studie «Marriage with my Kingdom» folgert? Mit 46 wusste sie, dass ihr bevorzugtes Spiel, der diplomatische Poker um ihre Hand, sich dem Ende zuneigte – Stubbs hatte in diesem Punkt vollkommen Recht mit seiner Breitseite. Doch Elisabeth wollte wie eine große Schauspielerin diese letzte Gelegenheit erinnerungswürdig und genüsslich auskosten. Zudem hatte sie mit Alençon einen Partner an ihrer Seite, der sich auf den Geist dieses Spiels einließ – auf die höfische Liebe als Kunstform, unter Einbau von lauter Trugbildern. Elisabethanisches Theater.

Im Spätsommer zieht die Königin erst einmal eine weitere diplomatische Karte gegenüber Spanien. Sie sonnt sich im Erfolg von Francis Drake, der nach zweieinhalb Jahren gerade von seiner Weltumsegelung zurückgekehrt ist (siehe Kap. 11a), der zweiten nach der von Magellan vierzig Jahre zuvor, aber der ersten, von der der Anführer der Expedition unbeschadet wieder zu Hause eingetroffen ist. Sein Schiff, die «Golden Hind», ächzte unter den geplünderten spanischen Schätzen, das meiste davon vom pazifischen Rand der spanischen Besitztümer in der Neuen Welt. Elisabeth, die in das Unternehmen mit 665 Pfund eher vorsichtig investiert hatte, konnte einen Profit von 4700 Prozent einstreichen – 160 000 Pfund, nach heutiger Währung über 25 Millionen, ein hübscher Gewinn für sie persönlich und den Staatssäckel. Zu Neujahr 1581 stolziert sie mit neu eingearbeiteten Juwelen aus Drakes Beute durch den Whitehall-Palast und trumpft gegenüber dem spanischen Gesandten Mendoza auf: warum Philipp seit 1578 mehrfach spanische Soldaten in Irland, Englands Domäne, habe landen lassen, mit päpstlicher Billigung? Der Diplomat schießt zurück: Habe Elisabeth sich etwa für Drakes Raubzüge oder ihre heimliche Unterstützung der Rebellen in den spanischen Niederlanden entschuldigt? Wütend und unversöhnt gehen beide auseinander.

Aber Elisabeth plant noch eine weitere Szene für ihr anglo-französisches Theaterstück. Im April 1581 besucht sie die königliche Werft in Deptford in Kent am Unterlauf der Themse, wo Drakes «Golden Hind» vor Anker liegt. Ein seltenes Privileg für «El Draco»: Die Monarchin kommt auf sein Schiff, um dort zu dinieren und ihn zum Ritter zu schlagen. Als er formvollendet vor ihr niederkniet, nimmt sie das Schwert und sagt lachend, damit könne sie ihm den Kopf abschlagen für seine Piraterie, wie es die Spanier gerne hätten. Dann aber reicht sie das Schwert ostentativ dem französischen Botschafter Monsieur de Marchaumont: Er solle die Zeremonie ausführen. Ein Franzose schlägt Englands berühmtesten Seehelden zum Ritter! Nicht nur besiegelte die Königin damit ihre Billigung von Drakes Beutefahrten, sie demonstrierte zugleich, dass es ihr mit einem englisch-französischen Bündnis immer noch ernst war, wenn auch nicht mehr unbedingt unter Einschluss einer Heirat mit Alençon. Zu diesem Bündnis wollte sie die französische Seite verpflichten.

Die britische Geschichtsverherrlichung hat, vor allem im 19. Jahrhundert, den Ritterschlag der Königin für Drake gerne mit dem Glorienschein des Empire umgeben – und ihn gründlich verfälscht: Dass Elisabeth einen Franzosen Drake zum Ritter schlagen ließ, passte nicht zur patriotischen Propaganda. Auf einschlägigen Bildern sieht man daher Elisabeth, nicht den französischen Botschafter, wie sie die Schwertspitze auf die Schulter des Seefahrers sinken lässt. Das gehörte zum nachgereichten Mythos des Empire, der aber im April 1581 in Deptford noch keine Rolle spielte. Die Szene entsprang vielmehr einem spontanen Einfall der Königin im Ringen um die Selbstbehauptung Englands in Europa, ein genialer diplomatischer Schachzug. Zugleich war sie das Ende von Elisabeths Beschwichtigungspolitik gegenüber Spanien. Beim Verlassen des Schiffes verlor sie ihr Strumpfband, das Monsieur de Marchaumont sogleich den Trophäen für Alençon hinzufügen wollte. Später, vertröstete ihn die Queen, sie brauche es noch – und legte es sich in aller Öffentlichkeit wieder an. Der Botschafter erhielt es dann auf dem Rückweg nach Westminster.

Paris aber wird langsam ungeduldig: Ein Bündnis ohne Heirat – so haben wir nicht gewettet! Eine französische Delegation, die im Sommer 1581 nach London eingeladen ist, in der Annahme, sie werde den Heiratsvertrag abschließen, erfährt an Ort und Stelle die neue Position der Königin und ihres Kronrats. Die Verhandlungen stecken in der Sackgasse. Da macht Alençon für zwei Tage einen Blitzbesuch an der Themse, was die französischen Kommissare aufs Höchste verärgert. Sie würden im Namen des Königs von Frankreich verhandeln, Alençons Dazwischenfunken könne die delikate Atmosphäre nur weiter verwirren. Auch bringt er unangenehme Nachrichten für Elisabeth mit: Sein Bruder, König Heinrich III., hat ihm untersagt, weitere französische Soldaten anzuheuern, und seine Mutter fleht ihn an, sich gänzlich aus den Niederlanden zurückzuziehen – Paris scheut einen verschärften Konflikt mit Spanien.

Der Herzog ist jetzt völlig auf englisches Geld angewiesen, womit er in den Niederlanden praktisch auf Geheiß Elisabeths agieren würde, nicht mehr im Namen Frankreichs: ein dramatischer Wechsel der Perspektive. Trotzdem will sich Elisabeth partout die Chance einer Allianz mit Frankreich erhalten, auch wenn sie dafür der Heirat mit Alençon, dieser Conditio sine qua non, noch einmal nahetreten muss. Der seinerseits begibt sich im Herbst 1581 erneut auf offizielle Brautschau nach London. Er sucht das Geld für seinen Einsatz in den Niederlanden, sie das Bündnis mit Paris. Eine Liebesaffäre?

Und so wiederholen sich im November dieses Jahres die alten Spiele, und die Soap-Opera strebt ihrem Höhepunkt zu. Elisabeth umgarnt ihren Froschprinzen, der noch einmal nach London zurückgekehrt ist, ausgesprochen liebevoll, die venezianische Vertretung bei Hof weiß sogleich zu berichten, die Queen besuche ihn morgens am Bett, um ihm Brühe zu reichen. Die Franzosen glauben, die Sache sei gegessen, die Engländer keineswegs, und Mendoza schreibt an Philipp, Elisabeth mache sich einen Spaß daraus, zwischen Alençon und dessen Bruder, den französischen König, wegen der Niederlande einen Keil zu treiben, wobei Paris sich die Hände frei halte, um zuschauen zu können beim Krieg. Elisabeth verlangt immerhin von Heinrich III., er solle die Kosten für seinen Bruder und dessen umfangreiche Entourage am englischen Hof mit ihr teilen, was der König ablehnt, solange er sich der englischen Monarchin nicht sicher sein könne. Das sind sich viele von Elisabeths Beratern auch nicht.

Aber die Königin liefert das Gewünschte – sie überredet Alençon, mit ihr die St Paul's-Kathedrale zu besuchen, wo sie ihn nach dem Gottesdienst vor allen Versammelten küsst. Doch nicht genug damit: Am 22. November sieht man beide nach dem Dinner in der Galerie des Whitehall-Palastes lustwandeln, dem Trakt für öffentliche Auftritte, und der neue französische Botschafter Michel de Castelnau, Seigneur de Mauvissière, fragt Elisabeth geradeheraus, ob er dem König in Paris ihre Absicht zu heiraten mitteilen könne. Die Queen verkündet nun bühnenreif: «Schreiben Sie dem König, dass der Herzog von Anjou mein Mann werden wird», woraufhin sie ihn demonstrativ auf den Mund küsst und ihm anschließend einen Ring an den Finger steckt. Der Herzog reicht ihr seinerseits einen Ring als Zeichen seiner Verpflichtung. Um keinen Zweifel aufkommen zu lassen, ruft die Königin etwas später die Ladies und Gentlemen der «Presence Chamber», des großen Audienzraumes, zusammen und wiederholt in Alençons Gegenwart laut und vernehmlich ihre Worte an den französischen Diplomaten.

Ein Heiratsangebot, vor Zeugen besiegelt, galt im 16. Jahrhundert als bindendes Eheversprechen. Allenthalben war die Aufregung groß, die Nachricht aus London verbreitete sich in Europa wie ein Lauffeuer. Wilhelm von Oranien, der Anführer der holländischen Rebellen, der alles von der englisch-französischen Allianz erwartete, ließ vor Freude in Antwerpen die Glocken läuten. Die Höflinge in London dagegen zeigten, verwirrt und überrumpelt, eine gemischte Reaktion aus Freude, auch Bewunderung für den Mut der Königin, und Niedergeschlagenheit. Am Ziel seiner Hoffnungen sieht sich allein Burghley, der gerade mit Gicht im Bett liegt, als man ihm die Nachricht überbringt. «Blessed be the Lord!», ruft er, «gesegnet sei der Herr!» Doch in Holland zieht der Prinz von Parma, der 1580 als Nachfolger von Don Juan de Austria Generalgouverneur der Niederlande geworden ist, Elisabeths Heiratswinkelzüge als «das Weben der Penelope» ins Lächerliche: «Jede Nacht wird aufgelöst, was davor gestrickt war, nur um am folgenden Tag erneut gewoben zu werden, wobei aber nichts erzielt wird, als was unzählige Male vorher schon auf- und abgeribbelt wurde, ohne dass so oder so ein Resultat dabei herauskommt.»

Geradezu entsetzt ist der Kronrat in seiner Mehrheit, er will sofort gegensteuern. Der Dienerschaft wird aufgetragen, Elisabeth so viel wie möglich von den schrecklichen Begleitumständen der Ehe zu erzählen – als hätte die Königin solches nicht in ihrer Jugend aus nächster Nähe erlebt. Man solle, so lautet die Order, die den Frauen in der Ehe auferlegten Pflichten und Einschränkungen vor der Queen gebührend ausbreiten. Ihr Lordkanzler, Sir Christopher Hatton, beschwört sie, die Menschen würden ihr diese Heirat nie verzeihen. Leicester, noch aufgewühlter, fragt Elisabeth, ob sie noch eine Herrschende oder schon eine Magd sei. Solche Frechheit hätte sie sonst mit der Verbannung vom Hof quittiert – diesmal zieht sie sich auf eine Antwort zurück, die Niccolò Machiavellis Buch «Der Fürst» alle Ehre gemacht hätte: «Keine Sorge, nichts, was gesagt wurde, kann nicht auch ungesagt gemacht werden.» Später stellt sie es so dar, dass «die Macht sittsamer Liebe in einem amourösen Dialog» sie bewogen habe, mehr zu sagen, als ihre Absicht war. Dennoch ist sie nach dem Brauch der Zeit jetzt formell verlobt.

Nach einer schlaflosen Nacht schickt Elisabeth, von Argumenten ihrer weinenden Hofdamen zerrissen, eine Botschaft an Alençon: Sie werde nicht mehr lange leben, aber wolle immer seine Freundin sein. Der Franzose wittert Verrat und wirft wütend den Ring zu Boden: Er wolle «lieber sterben, als Euch nicht zu heiraten und so zum Gespött der ganzen Welt zu werden. Ich werde dieses Land nicht ohne Euch verlassen!» Darauf lässt Elisabeth, ganz die Mütterliche, ihn wissen, er solle nach Frankreich zurückgehen und in sechs Wochen wiederkommen, vielleicht werde man dann heiraten. Offensichtlich bekommt sie zunehmend Angst vor ihrer eigenen Courage, und als Heinrich III. Gratulationen schickt und alle englischen Bedingungen akzeptiert, lädt sie nach und verlangt plötzlich Calais zurück. Und wenn die Intervention Alençons in Holland zu einem Krieg zwischen England und Spanien führe, solle Frankreich obendrein die Gesamtkosten des englischen Militärs tragen. Sie könne auch das Parlament einberufen, fügt die Königin fast verschlagen hinzu, in der sicheren Erwartung eines Vetos gegen die Ehe. Es ist eine alte Schwachstelle in ihrer Diplomatie: Immer wieder wälzt sie die Verantwortung für ein Scheitern auf andere ab.

Aus Angst, die unmöglichen Konditionen der Königin könnten die Beziehungen zu Frankreich vollends ruinieren, schlägt der Kronrat als Ersatz für die Ehe 200 000 Pfund vor, praktisch der Hofetat eines ganzen Jahres. So viel ist den Protestanten und Puritanern das Ende des Albtraums Alençon wert. Elisabeth, die Knauserige, kommentiert: Falls der Herzog eine solche Summe statt ihrer annehme, werde sie ihn bestimmt nicht heiraten, und das Geld bekomme er auch nicht. Heinrich III. schaltet jetzt auf Contra und schickt ein Ultimatum: Wenn die Königin bei ihren unzumutbaren Bedingungen für die Heirat bleibe, sehe er keine Alternative als ein französisches Bündnis mit Spanien. Elisabeth bekommt wieder schlaflose Nächte, wird krank und lamentiert in ihrer Not dem Earl of Sussex vor, jetzt müsse sie doch wohl heiraten. Dem treuen Berater fehlen die Worte, er ist förmlich erschöpft von der Unschlüssigkeit seiner Herrin. Echauffiert erwidert er, Majestät möge darüber bitte nicht mehr mit ihm reden, ehe sie nicht wisse, was sie wolle.

Alençon ist an der Nase herumgeführt worden, kein Zweifel. Unter allen Bewerbern um Elisabeths Hand kann man nicht umhin, für ihn Mitleid zu empfinden, wie auch Alison Plowden schreibt. Als er vor der Königin gesteht, er wolle lieber in Teile zerschnitten werden, als sie nicht zu heiraten, bricht er in Tränen aus. Elisabeth reicht ihm ihr Taschentuch – die Szene entgleitet zu einem Rührstück. Gefasst entgegnet die Queen dann, sie müsse ihr privates Glück dem Wohl ihres Volkes opfern, auch wenn ihre Zuneigung zu ihm unvermindert sei. Alençon kommt zu dem Schluss, dass, wenn er sie schon nicht als Ehefrau kriege, sie wenigstens bluten solle, um ihn loszuwerden. Hörbar murmelt er etwas über die «Leichtigkeit der Frauen und die Unbeständigkeit von Inselbewohnern». Schließlich nimmt er das Angebot eines Darlehens von 60 000 Pfund (heute 9,6 Millionen) an, mit dem Versprechen, bis zum 20. Dezember England zu verlassen. Mendoza will gehört haben, Elisabeth habe in ihren Privatgemächern vor Freude, Alençon los zu sein, getanzt. Das allerdings ist ein boshafter Beitrag von dritter Seite, die sich am Schaden der beiden Protagonisten weidet.

Ende Dezember 1581 ist der Herzog aber immer noch in London, wie gelähmt vor lauter Kummer über sein Los. Besorgt fragt Elisabeth ihn, «ob er eine arme alte Frau in ihrem eigenen Land bedrohen wolle». Könne er nicht einmal versuchen, an sie nur noch wie an seine ältere Schwester zu denken? Was bei dem jungen Prinzen einen erneuten Tränenstrom auslöst. Die Lage wird der Königin allmählich peinlich, jetzt will sie ihren Freier wirklich nur noch loswerden. Leicester – auch er am Ziel seiner Hoffnungen – schlägt eine hohe Summe «Abschiebegeld» vor, zum neuerlichen Entsetzen Elisabeths. Zur Güte verspricht sie 10 000 Pfund, aber noch immer zögert Alençon aus Furcht, wenn er erst einmal fort sei, werde er überhaupt kein Geld mehr bekommen.

Nach mehr als einem Vierteljahr zieht er endlich mit seinen 10 000 Pfund in bar und den weiteren versprochenen 60 000 Pfund von dannen. Er kehrt zurück in seine wurzellose, prekäre Existenz am freudlosen Pariser Hof, während er in England immerhin frei und komfortabel lebte. Elisabeth begleitet ihn am 1. Februar 1582 bis nach Canterbury und bekennt, sie wünsche eines Tages ihren «Frosch» wiederzusehen, wie er in der Themse nach London zurückschwimmt. Gleichzeitig lässt sie eine Geheimbotschaft an Wilhelm von Oranien absetzen, er solle dafür sorgen, dass Alençon niemals mehr nach England zurückkehrt.

Was ist Dichtung, was Wahrheit? Ist Elisabeth wirklich untröstlich oder spielt sie nur die Untröstliche, wenn man sie nun häufig weinend antrifft? War es die Heirat oder nur die Idee einer Heirat, in die sie sich verliebt hatte? Alençon und sie tauschen weiter liebevolle Briefe aus, wobei die Königin ihm vorspiegelt, sie würden schon noch heiraten, eine anglo-französische Allianz sei noch immer möglich. In Wirklichkeit will sie nur Philipp II. täuschen.

Nachdem Alençon nach Holland zurückgekehrt ist, entpuppt er sich als kompletter strategischer Reinfall. Er wird eingeengt durch die Auflagen der Aufständischen und ist zugleich seiner eigenen Inkompetenz ausgeliefert. Tennisspielen und Jagen stehen bei ihm obenan, während der Herzog von Parma eine Stadt nach der anderen erobert. In einem von Elisabeths Schreiben an ihn bricht es aus ihr heraus: «Mein Gott, Monsieur, seid Ihr ganz und gar verrückt geworden? Ihr scheint zu glauben, dass man Freunde dadurch behält, dass man sie schwächt.» Für die Königin ist mit Alençon eine letzte Illusion zu Ende gegangen. Ihrem Hofstaat gesteht sie traurig: «Ich bin eine alte Frau, es mag genügen, dass man mir Vaterunser liest statt Hochzeitsrituale.» Von jetzt an geht es nur noch um die ungeklärte Frage der Nachfolge. Elisabeths größtes Faustpfand in der internationalen Diplomatie, ihre Hand zur Ehe, ist ausgereizt, sie ist nicht mehr «die beste Partie im Sprengel», wie es Francis Walsingham einst formulierte.

Als habe sie sich nach diesem kathartischen Erlebnis, dieser tiefen Zäsur in ihrem Leben, auf eine Reise in ihr Inneres begeben, nahm Elisabeth nun erneut Zuflucht zur Lyrik und schrieb zwei bemerkenswerte Gedichte, mit denen sie ihrer Verwirrung Herrin zu werden versuchte. «On Monsieur's Departure», «Bei Gelegenheit des Abschieds von Monsieur [Alençon]», ist ein im Petrarca-Stil verfasstes Gedicht, in dem sie die Widersprüchlichkeit ihrer Gefühlslage fast klinisch präzise analysiert:

Ich trauere, doch darf ich nicht mein Unbehagen zeigen,
Ich liebe, doch bin ich gezwungen, Hass zu simulieren,
Ich handele, doch wage nicht zu zeigen, ob ich's meine,
Ich wirke völlig stumm, doch schwätze im Innern,
Ich bin und bin auch nicht, gefriere, während ich brenne,
Seit ich aus meinem Selbst ein anderes Ich entließ.

In insgesamt drei Strophen kommt sie einer psychologischen Selbstanalyse schon recht nah. Zuletzt heißt es:

Doch leisere Passion dringt in mich ein,
Denn ich bin sanft, gemacht aus schmelzendem Schnee. (...)
Lass mich dahintreiben oder sinken, hoch oder tief,
Oder lass mich leben mit süßerer Zufriedenheit
Oder sterben und so vergessen, was Liebe je vermocht.

Im zweiten Gedicht, in vier vierzeiligen Strophen, erklingt die Klage über die Vergänglichkeit von Jugend und Schönheit. Die Sprecherin muss sich jetzt schelten, alle Liebhaber immer nur abgewiesen zu haben, als sie noch schön und jung war:

When I was fair and young, and favour graced me,
Of many was I sought unto, their mistress for to be.
But I did scorn them all, and said to them therefore:
«Go, go, go seek some otherwhere, importune me no more.»

In der dritten Strophe meldet sich Amor zu Wort, der «Sohn der schönen Venus, dieser tapfere, siegreiche Knabe», und mahnt:

«Was, du höhnende Dame, ist es, dass du da so verschämt sitzt?
Ich werde dein Herz verwunden, damit du nicht mehr sagst:
‹Geh, geh, und suche etwas anderes, und belästige mich nicht
    mehr.›»

Die Schlussstrophe bringt die traurige verspätete Einsicht:

Worauf ich gleich eine Veränderung in meiner Brust verspürte.
Der Tag war unruhig, die Nacht ohne Erholung.
Denn ich bereute schmerzhaft, immer nur gesagt zu haben:
«Geh, geh, und suche etwas anderes, und belästige mich nicht
    mehr.»

Das Gedicht lässt tief ins Innere einer Frau schauen, die aus Veranlagung und machtpolitischem Kalkül die Kunstform Jungfräulichkeit gewählt und «die Wonnen der Gewöhnlichkeit» (Thomas Mann) verschmäht hatte.

Wir müssen bei Elisabeth allerdings immer den kulturellen Hintergrund der Renaissance mitdenken, die Bedeutung von Theater und Kostüm, Ritual und Maske. Da ist es nicht leicht, auf den Grund der Gefühle vorzustoßen, die erst in einer späteren Ära, der Zeit der Empfindsamkeit und dann der Romantik, glaubwürdig(er) in Erscheinung treten. Das Kapitel Alençon, das wir hier in allen seinen psychologischen Verwickelungen erzählt haben, als Beitrag zu Elisabeths «innerer Biographie», entzieht sich zugleich eindeutiger Bewertung. Schon das Bekenntnis der Queen gegenüber dem Herzog, sie opfere ihr persönliches Glück dem Wohle des englischen Volkes, ist in Ambivalenz getaucht: Wäre die Heirat wirklich ihr «persönliches Glück» gewesen, bei ihrer schon früh gefassten Entscheidung gegen eine Ehe? Ihre Haltung in dieser Frage hatte ihr ja bereits zwanzig Jahre früher der schottische Diplomat Sir James Melville geradezu ins Gesicht gesagt (siehe Kap. 5e): «Sie brauchen mir nichts zu erzählen, Madam. Ich kenne Ihre Einstellung. Sie wissen doch, wenn Sie heiraten, wären Sie nur eine *Königin* Englands. Jetzt aber sind Sie *König und Königin* in einem: Ich weiß, Ihr Geist wird keinen Befehlshaber über sich dulden.»

«Monsieur» starb bereits zwei Jahre nach seinem Abschied aus England, im Sommer 1584, in Frankreich an einem Fieber. Elisabeth verordnete dem Hof Trauer, sie selber trug sechs Monate lang schwarz. Dem französischen Botschafter verriet sie: «Ich bin eine Witwe, die ihren Mann verloren hat.» Der nahm ihr das nicht ab und bekannte später, «sie war eine Fürstin, die wusste, wie man sich verwandelt, je nachdem, wie es ihr passte». Entsprangen auch die Gedichte ihrer Selbsterforschung solcher Usance der Verwandlung? War alles nur Theater? Hätte der Botschafter besser sagen sollen: «wie man sich verstellt»? Bei allen Aussagen, die wir von Elisabeth gegen eine eheliche Bindung besitzen, kann man eine tiefer gelagerte Trauer über diese selbst auferlegte Abstinenz nicht ausschließen. So wäre ihre Dichtung gleichsam eine Fata Morgana ihres Innenlebens, und inmitten ihrer Zerrissenheit wäre sie hier zu einem Zeugnis der Condition humaine gekommen, das über die Zeiten hinweg Bestand hat. Als Topos begegnet uns diese Flucht in die Literatur in vielen Verkleidungen, am berühmtesten bei Goethe, der seinen Torquato Tasso ausrufen lässt: «Und wenn der Mensch in seiner Qual verstummt, gab mir ein Gott, zu sagen, wie ich leide.»

g Mit Leicester in Holland scheitert Elisabeth

Friedrich Schillers Eingangssatz zu seiner «Geschichte des Abfalls der Vereinigten Niederlande von der spanischen Regierung» verrät die Begeisterung eines Spätgeborenen, der im Vormarsch der Freiheit eine Grundmelodie der Geschichte herauszuhören meinte: «Eine der merkwürdigsten Staatsbegebenheiten, die das 16. Jahrhundert zum glänzendsten der Welt gemacht haben, dünkt mir die Gründung der niederländischen Freiheit.» Zur Zeit von Elisabeths endlich gefasstem Entschluss, sich in Holland zu engagieren, gab es die Zuversicht, dass die Gründung dieser Freiheit gelingen würde, noch lange nicht – auch wenn die Königin sich Hoffnung auf eine spanische Garantie der «alten niederländischen Freiheiten» machte, der Bürgerrechte auf Schutz vor Verfolgung und Unterdrückung. Doch in ihrem Verständnis ging es nicht um einen Freiheitskampf für die staatliche Unabhängigkeit: Am Recht Spaniens auf das burgundische Erbe Habsburgs am Nordrand des Kontinents wollte sie keineswegs rütteln. Sie konzedierte Philipp II. sogar das Recht, auf der katholischen Religion in den Niederlanden zu beharren, so wie sie auf dem Recht bestand, den Protestantismus in England verbindlich zu machen. Das Prinzip fürstlicher Souveränität war ihr heilig, standen die europäischen Herrscher doch als eine Art Bruderschaft unter dem Glorienschein göttlicher Fügung.

Doch die Brutalität der Gegenreformation, die in Holland blutrünstig unter Nicht-Katholiken aufräumte, gepaart mit den Erfolgen des spanischen Militärs, zwang Elisabeth umzudenken. Der Kronrat drängte auf Maßnahmen an der Gegenküste, die Bedrohung auch für England wuchs. Spätestens seit 1584, als der Anführer der niederländischen Aufständischen, Wilhelm von Oranien, von einem gedungenen Katholiken ermordet wurde, ging es nicht mehr nur um die Herstellung der «alten niederländischen Freiheiten», sondern auch um die Gefahr spanischer Übermacht. Der politischen Eskalation konnte man nicht mehr ausweichen. Frankreich, wo die Guisen und das Haus Valois in tödlichem Streit um die Oberhoheit lagen, war als ernst zu nehmender Gegner Spaniens wie Englands ausgefallen – Heinrich III. hatte dankend abgelehnt, als die Holländer ihm die Rolle des Generalgouverneurs antrugen. Sein Land war innerlich zerrissen und drohte, eine spanische Marionette zu werden. Elisabeths alte Ängste, dass Frankreich sich an der Gegenküste etablieren würde, waren auf diese Weise immerhin gegenstandslos geworden.

So wandten sich die niederländischen Generalstaaten an die englische Monarchin mit dem Wunsch, sie möge die Herrschaft annehmen und Geld und Truppen bereitstellen zum Kampf gegen den Herzog von Parma, Spaniens gefürchteten Militärführer, vor dessen Übermacht die holländischen Truppen immer weiter zurückwichen. Nach langem Hin und Her lehnte wie Heinrich III. vor ihr auch Elisabeth ab: Sie wollte sich nicht als Souverän in einem Land aufspielen, das nach ihrer Auffassung von Rechts wegen dem spanischen König gehörte. Sie träumte nicht von der Eroberung fremder Territorien – eine Abneigung, die sie schon in ihrer Jugend beim Studium der Nicocles-Rede des griechischen Philosophen Isokrates entwickelt hatte (siehe Kap. 3a).

Schon einmal hatte sie sich in ähnlicher Situation verweigert, im Januar 1576, als eine holländische Delegation ihr die Souveränität über die Niederlande und den Titel eines Generalgouverneurs angeboten hatte. Ihre Hoffnung war, die Rebellen mit Philipp II. zu versöhnen und diesen zu bewegen, die Freiheit der Selbstverwaltung in den Niederlanden wieder einzusetzen und das Joch ausländischer Besatzung aufzuheben. Eine religiöse Pflicht, die holländischen Protestanten zu unterstützen, spürte sie nicht. Was sie vielmehr antrieb, war die Staatsräson, England von der spanischen Bedrohung frei zu halten. So nahm sie jetzt die Niederlande und den Protestantismus dort auch nur «unter ihren Schutz» und brachte dazu – auch zur Beruhigung Philipps – eine

Erklärung heraus, in der sie expressis verbis jeden territorialen Anspruch ablehnte. Als Ziel hob sie einzig die Zurückgewinnung der «alten Freiheiten» Hollands hervor, als Beitrag zur Stabilität und Sicherheit in Europa. Berater wie Walsingham oder auch Leicester hätten sie lieber als Gallionsfigur eines protestantischen Kreuzzugs gesehen, doch diese Rolle wies sie weit von sich. Keine Kriegserklärung hat je die Auseinandersetzung mit Spanien begleitet, die jetzt in ihre heiße Phase trat.

Gewissermaßen den Startschuss feuerte Philipp II. im Mai 1585 ab, als er englische Schiffe in spanischen Häfen beschlagnahmen ließ – die ständigen Nadelstiche der «privateers», der Freibeuter, gegen seine Handelsrouten in die Neue Welt hatten ihn zu dieser Vergeltungsmaßnahme getrieben. Das erleichterte Elisabeth ihren Entschluss, mit den Anführern der holländischen Revolte am 19. August desselben Jahres den Vertrag von Nonsuch (einem heute nicht mehr erhaltenen königlichen Palast im Süden Londons) zu schließen. Er kam einer realpolitischen Kehrtwende gleich, überwand sie damit doch ihr Prinzip, Aufstände gegen eine legitime Herrschaft nicht offen zu unterstützen. Die 6400 Fußsoldaten und 1000 Reiter, die sie zusagte, sollten zunächst helfen, die Belagerung Antwerpens aufzubrechen. Was Elisabeth nicht wusste: Antwerpen war bereits drei Tage vor Unterzeichnung des Vertrages gefallen, eine Nachricht, die erst am 29. August den englischen Hof erreichte. Die große Handelsmetropole Antwerpen war eine spanische Bastion geworden.

Jetzt wurde es umso dringlicher, eine hochrangige Person aus England für die Leitung des Einsatzes in den Niederlanden zu finden, um den vielfach zerstrittenen Aufständischen die Gewissheit königlicher Unterstützung und Hoffnung für ihre Zukunft zu vermitteln. Robert Dudley, Graf Leicester, Elisabeths Favorit, bekam den Zuschlag, obwohl er unerfahren in militärischer Führung war. Sein Standing am Hof garantierte gleichsam den reichsunmittelbaren Draht zu Elisabeth und barg somit alle erhofften Aussichten auf Erfolg. In der Dienstanweisung für ihren Generalleutnant demonstrierte die Königin freilich, wie widerwillig sie sich im Grunde auf dieses militärische Abenteuer eingelassen hatte: «Wir erwarten von Euch», so wies sie Leicester an, «dass Ihr

Euren Einsatz so versteht, dass Ihr eher einen defensiven als einen offensiven Krieg führt, und dass Ihr unter allen Umständen versucht, das Risiko einer Schlacht zu vermeiden.» Es gibt wohl keinen zweiten Fall in der Militärgeschichte, in dem ein Heerführer angehalten wurde, einen «defensiven Krieg» zu führen und «das Risiko einer Schlacht zu vermeiden»! Elisabeth baute auf ihren «back channel» zu Parma, auf Friedensverhandlungen, die sie gleichzeitig zu führen gewillt war. «Was, wenn unterdes Frieden kommt?», mahnte sie ihren tatendurstigen Favoriten und hoffte auf das Unmögliche.

Es war typisch für ihre Balance-Politik, die auch vor Vertragsbrüchen nicht zurückschreckte, dass sie just in dem Moment, wo sie Leicester mit einer Truppe in die spanischen Niederlande zu entsenden im Begriff war, einen Abgesandten zum Herzog von Parma schickte. Er sollte ihm vom Vertrag von Nonsuch berichten und spanische Zugeständnisse an die Holländer vorschlagen. «Peace first», lautete die Devise. In diesem «Vietnamkrieg des 16. Jahrhunderts» (Alison Plowden) wollte die Königin sich so wenig wie möglich engagieren, machte sie sich doch keine Illusionen, was ein Krieg sie kosten würde und wie begrenzt ihre Mittel für einen Waffengang zu Land gegen die Elitetruppen Parmas in Wahrheit waren. Ihre Soldaten waren für sie in der Hauptsache Verhandlungsmasse, ein Druckmittel, um Spanien zum Einlenken zu bewegen. Im Tiefsten ihrer Seele war sie eine Pazifistin, auch aus haushalterischen Gründen.

Leicester war fülliger geworden, mit schütterem grauen Haar und rotem Gesicht, ein Bonvivant; um seine regelmäßigen Kuren in Buxton, einem Badeort im Peak District in Derbyshire, kümmerte sich Elisabeth persönlich. Beide waren seit der Verstimmung wegen Alençon längst wieder versöhnt. Aber mit der fortgesetzten Eitelkeit des Grafen, mit seinem Bedürfnis nach Selbstinszenierung hatte die Königin nicht gerechnet. Er setzte am 9. Dezember 1585 mit großem Gefolge nach Holland über. Möbel, Kleidung, Kutschen durften nicht fehlen, und 700 Mann aus den höheren gesellschaftlichen Rängen Englands begleiteten ihn. Für die höchstgestellten Personen darunter mussten allein vierzig Betten mit verschifft werden, für Leicesters Unterhaltung eine eigene Theatertruppe. Da die Königin bei der Ausstattung mit Sold und Ausrüstung wie immer knauserig war, verschuldete sich Leicester stark, indem er eigene Mittel dazuschoss. Der Generalleutnant, wie er sich nennen durfte, wollte standesgemäß auftreten, und so entfiel ein nicht geringer Teil der Kosten auch auf seine extravaganten Auftritte in Den Haag und Utrecht, wo er in königlicher Magnifizenz Festlichkeiten und Spiele abhielt. Es sollte vier Monate dauern, ehe das englische Kontingent überhaupt in Berührung mit dem Feind kam. Stattdessen gab es wochenlang Bankette, Feuerwerke, prachtvolle Umzüge und Turniere. Das hatte Elisabeth nicht gemeint, als sie Leicester eingeschärft hatte, das Risiko einer Schlacht zu vermeiden!

In den Niederlanden wurde der Stellvertreter der Königin mit Jubel empfangen. Enttäuscht darüber, dass sich Elisabeth nicht zu ihrem Souverän erheben ließ, behandelten die Holländer Leicester als Prinzen auf Besuch, also quasi als Herrscher, was ihm schmeichelte – und die Queen aufs Höchste verärgerte. Statt die militärische Kampagne voranzutreiben, stand Leicester als gefeierter Mann im Zentrum nationaler Begeisterung, bis seine Gastgeber ihn einluden, sich zum «Anführer und Generalgouverneur» zu erklären. Anfang Februar 1586 erfährt Elisabeth von dem «highest and supreme commandment», das man ihrem Favoriten am 15. Januar in Den Haag übertragen hat – und vor Zorn explodiert sie förmlich. Sie wollte das Protektorat expressis verbis nicht als Herrschaft über die Niederlande verstanden wissen, und nun handelte Leicester so, als ob das alles leere Worte gewesen seien, ohne sie wenigstens im Voraus darüber zu informieren. Erregt verfasst sie ein Schreiben an den anmaßenden Favoriten mit der Aufforderung, er solle die Ehrung auf der Stelle ablegen. Durch Sir Thomas Heneage lässt sie den Brief Leicester persönlich in Holland aushändigen:

Mit welcher Missachtung Ihr uns unserer Auffassung nach behandelt habt, wird Euch der Überbringer zu Gemüte führen, den wir allein zu diesem Zweck zu Euch entsandt haben. (...) Nie hätten wir es für möglich gehalten, dass ein Mann, den wir erhoben und dem wir vor allen Untertanen unsere Gunst schenkten, mit solcher Gering-

schätzung in einer Sache, bei der unsere Ehre auf dem Spiel steht, gegen unseren Befehl handeln würde. Obwohl Ihr in sehr pflichtwidriger Weise zu erkennen gegeben habt, dass Euch das wenig kümmert, dürft Ihr aber doch nicht glauben, dass wir Euer Vergehen stillschweigend hinnehmen und uns ohne Weiteres von Euch eine so schwere Beleidigung zufügen lassen. Weshalb wir ausdrücklich wünschen und Euch befehlen, unverzüglich und ohne weitere Ausrede dem zu gehorchen, was der Überbringer dieses Schreibens in meinem Namen aufträgt: Verstoßet nicht dagegen, denn jeder Verstoß ist für Euch mit größter Gefahr verbunden.

Als Sir Thomas Heneage zur Mäßigung rät – man dürfe Leicester nicht öffentlich demütigen, das sei kontraproduktiv für den Ruf Englands –, fährt die Königin den Adlatus wutschnaubend an: «Jesus! Was nützt aller Verstand, wenn er einen gerade dann im Stich lässt, wenn man seiner am meisten bedarf? Tut, was Euch befohlen wird, und spart Eure Weisheit für Eure eigenen Angelegenheiten auf. (...) Ich bin überzeugt, dass Ihr pflichtgemäß zu handeln glaubtet, kann Euch aber nicht verhehlen, wie sehr mich Euer geradezu kindisches Verhalten empört.» Ihr Ärger hat sich noch gesteigert durch das Gerücht, Lettice Knollys, Dudleys Ehefrau, plane, mit großem Pomp in den Niederlanden zu erscheinen und dort quasi Hof zu halten. Dieses Vorhaben erstickt Elisabeth im Keim.

Auch Lord Burghley warnt die Königin vor dem Schritt, Englands Ansehen durch eine Bestrafung Leicesters zu schmälern – er werde in dem Fall zurücktreten. Ein Kompromiss ist die Folge: Leicester darf den Titel «Generalgouverneur» einstweilen führen, aber mit dem Aviso, dass er nicht der Stellvertreter der Königin, sondern ihr weiterhin untergeordnet sei. Der Gescholtene muss das hinnehmen, und zum Beweis findet im April 1586 am St George's Day ein Bankett in Utrecht statt mit einem leeren Thron zu Ehren Elisabeths, vor dem man protokollgerecht Speisen auftischt. Jedoch wie so oft legt sich bei der Königin die Erregung ebenso schnell, wie die Wolken des Unmuts aufgezogen waren. Reumütige Entschuldigungsbriefe Leicesters beantwortet sie im

Juli 1586 mit den wohl persönlichsten Zeilen ihrer ganzen Regierungszeit: «Rob, ich fürchte, dass meine zusammenhanglosen Briefe bei Euch den Eindruck erwecken, als hätte sich in diesem Monat der Mittsommermond meines Verstandes bemächtigt (...) aber Ihr müsst schon alles so nehmen, wie es mir in den Sinn kommt.» Ein anderes Schreiben beendet sie mit den Worten: «Jetzt muss ich schließen, wenn ich auch in Gedanken weiter mit Euch plaudere und Euch nur ungern Lebewohl sage (...) Vieltausendfachen Dank für alle Eure Mühe und Sorge. Wie Ihr wisst – immer die Gleiche. E. R.» Dazu das Zeichen der Augen, der «Eyes», Leicesters Spitzname.

Elisabeth hasste die unberechenbare und kostspielige Natur eines Landkrieges, für den England nicht gerüstet war. Diplomatie statt Krieg, halbe statt ganze Maßnahmen, Ausflüchte statt Wahrheiten, die Kosten minimal zu halten und den Gegner daran zu hindern, Gegenmaßnahmen zu ergreifen – dahin ging ihr Instinkt, ihre Vorsicht. Es war die Hoffnung, dass wenig (oder nichts) zu tun sie davor bewahrte, das Falsche zu tun. Nur auf dem Meer fühlte sie sich sicher, dass sie Spanien Paroli bieten könne. Wie Francis Bacon später formulierte: Die Beherrschung der Meere erlaubte es dem Fürsten, «so viel oder so wenig Krieg zu sich zu nehmen», wie er wünschte (siehe Kap. 11a). Als Frau, die sich nicht an die Spitze von Militäraktionen setzte wie noch ihr Vater, bestand Elisabeths größtes Handicap – und ihre Frustration – darin, von Anführern abhängig zu sein, die am liebsten ihre Anweisungen ignorierten und taten, was sie wollten, sobald sie die Gegenwart der Königin hinter sich gelassen hatten. Je weiter von ihr entfernt, desto eigenwilliger das Handeln, wie jetzt bei Leicester. Als Ersatz für die militärische Autorität, die ihr nicht zuflog, versuchte sie gelegentlich, die Vorgänge in Holland oder später an anderen ausländischen Krisenherden en détail aus der Londoner Ferne zu managen, was ihre Militärführer vergrätzte.

Das Engagement in den Niederlanden verursachte gleich zu Anfang Kosten in Höhe der Hälfte des englischen Jahresbudgets – Elisabeth war schockiert. Es verstärkte ihren Eindruck vom Krieg als einem verschwenderischen Unternehmen. Kenner im Kronrat versuchten, sie eines Besseren zu belehren – «Krieg führen und Sparsamkeit gehen nicht zusammen». Doch das akzeptierte sie nicht. Die finanzielle Last nahm immer weiter zu, die Holländer mussten das Defizit ausgleichen und überließen als Kaution einige Städte englischer Kontrolle, was Leicesters Ansehen nicht gerade steigerte. Seine Fähigkeiten als Befehlshaber waren ohnehin nicht überragend. Unfähig zur Kooperation mit den Kräften vor Ort, trat er arrogant und undiplomatisch auf, kein Ruhmesblatt für England. Nur ein bescheidener Sieg bei Zutphen in Geldern war kurzfristig zu verzeichnen, den England allerdings mit dem Tod des nur 31 Jahre alten Sir Philip Sidney bezahlen musste, einer Vorzeigefigur der Renaissance. Er war Dichter und Höfling, rhetorisch gewandt, ein Mann des Schwertes und der Feder, kurz: ganz so, wie Baldassare Castiglione das Muster vom «Hofmann» in seinem gleichnamigen Buch dargestellt hatte. London würde ihm eine Heldenbestattung ausrichten. Was Leicester in Holland vollbrachte oder vielmehr nicht vollbrachte, vergaßen die Elisabethaner in kürzester Zeit, nicht aber den Tod dieser Zentralfigur ihrer Ära.

Zum Scheitern der Expedition Leicesters und ihren explodierenden Kosten trug im Übrigen auch die Korruption unter den Kompanieführern bei. Das begann damit, dass sie oft gefälschte Zahlen ihrer Mannschaftsstärke nach London durchgaben, Desertionen und Todesfälle geheim hielten und regelmäßig mehr Sold einforderten, als ihnen zustand – und ihn dann in vielen Fällen auch noch unterschlugen. Die Moral der zusammengewürfelten Truppen, die meist in ihren heimischen Grafschaften in den Dienst gepresst worden waren – ein stehendes Heer bekam England erst unter Oliver Cromwell –, war entsprechend schlecht, und viele Soldaten kehrten ausgehungert und zum Tode erkrankt nach England zurück. Leicester, der unfähig war, den Schatzmeistern im Wust der Bürokratie Veruntreuung nachzuweisen, sah sich gezwungen, aus eigenen Mitteln zuzuschießen und sich weiter zu verschulden, wofür ihn Elisabeth nie entschädigte.

Im November 1586 beorderte die Königin ihn nach London zurück: Er wurde dringend im Kronrat gebraucht, wo über das Schicksal Maria Stuarts die Würfel fielen. Ein unbereinigter Konflikt trieb seinem Höhepunkt entgegen.

KAPITEL 12

Maria Stuart: Das Ende

a Die Jesuiten auf heimlicher Mission in England

Die außenpolitischen Belastungen an der Gegenküste waren nicht Elisabeths einzige Sorge in dieser Zeit. Keine Ruhepause herrschte zu Hause, in diesem konfessionell zerklüfteten Land, zwischen Anglikanern, Puritanern und den Anhängern des alten Glaubens, den Katholiken. Vor allem unter Letzteren überwog das Gefühl zunehmender Aussichtslosigkeit, worauf Elisabeth und ihre Berater stillschweigend abzielten: Ein Glaube ohne priesterliche Vermittler würde sich auf Dauer von selbst erledigen. Schon 1571 war das House of Commons zum ersten Mal ohne Katholiken, weil diese den jetzt erforderten Eid auf den protestantischen Gottesdienst vor ihrem Gewissen nicht verantworten konnten. Es war eines, der Auflage des Gottesdienstbesuches unter innerem Vorbehalt zu entsprechen und so den nötigen Kotau vor der neuen Religion zu vollziehen, aber etwas gänzlich anderes, es schriftlich zu bekennen. Katholiken, die sich obendrein weigerten, an Reformgottesdiensten teilzunehmen, wurden als «Rekusanten» steigenden Strafen unterworfen. Das Gefühl einer geistigen Belagerung wuchs.

Dem Absterben des Glaubens stemmte sich Dr. William Allen, ein prominenter Flüchtling, mit der Gründung seines Priesterseminars in Douai, damals Teil der spanisch besetzten Niederlande, mit großem Einsatz entgegen. Ihm war klar: Verbotene Literatur nach England einzuschmuggeln war nicht der entscheidende Weg zur Rettung der katholischen Causa im Königreich. Missionierung tat Not, das Einschleusen von im Ausland geweihten Geistlichen zur Pflege der sakramentalen Praxis. 1574 waren die ersten an dem Seminar ausgebildeten Priester nach England gelangt, bis 1580 würden es an die einhundert sein – immer noch eine viel zu kleine Zahl, aber sie stieg weiter an. 1578 hatte Allen das Seminar ins französische Reims verlagert, wo die ultrakatholischen Guisen das Sagen hatten, und im selben Jahr eröffnete er auch in Rom ein Kolleg zur Heranbildung des Priesternachwuchses. Dieses wurde schon 1579 vom 1534 gegründeten Jesuitenorden übernommen, aus dem «Venerabile Collegium Anglorum de Urbe» wurde das «Seminarium Martyrum», das «Seminar der Märtyrer». Hier sollten nicht nur Priester ausgebildet, sondern auch der Geist der Selbstaufopferung in den künftigen Missionaren implantiert werden. Die Hauswände waren mit Schreckensbildern von Folterkammern und Hinrichtungsstätten bemalt, bei den Mahlzeiten las man aus den einschlägigen Martyrologien vor, und die Studenten erzählten sich Geschichten über Tyburn, die Hinrichtungsstätte in London, das Golgatha der Geopferten. Wie eine Droge wurde der Opfertod gefeiert. Einige Tudor-Historiker sprechen von regelrechter Gehirnwäsche.

Aber Elisabeths ergebene Diener, allen voran Sir Francis Walsingham, Herrscher über ein ausgetüfteltes Spionagenetz, der seit 1573 zweiter Staatssekretär neben Burghley war, schliefen nicht. Walsinghams Gegnerschaft zum Katholizismus war unwandelbar, seine Sorge um die Sicherheit der Fürstin und des Reiches ebenfalls. An allen Höfen und in den Hauptstädten Europas unterhielt er seine Spitzel, und so wusste er auch von der geplanten Entsendung der ersten beiden Jesuitenmissionare nach England im Juni 1580. Robert Persons und Edmund Campion, beide in Oxford ausgebildet, hatten als Rekusanten und ausgewiesene Gegner des protestantischen «settlement» von 1559 in Douai und in Rom Schutz vor Verfolgung gesucht und waren in den Jesuitenorden eingetreten. Walsinghams Spitzel – man bezeichnete sie mit dem französischen Wort «pursuivant», «Verfolger» – waren vornehmlich auf die Jagd auf Priester spezialisiert, die Abwerber vom rechten Glauben. Sie schmeichelten sich in katholischen Familien unter dem Vorwand ein, zur Anhängerschaft der Verfolgten zu gehören, um so Einblick in den Untergrund zu erlangen, der die Geistlichen deckte. «Trau, schau, wem» wurde zur dringenden Frage des Selbstschutzes gegenüber dem möglichen gedungenen und gut bezahlten Judas unter Freunden und Verwandten. «Priest holes», Priesterverstecke, waren oft das letzte Refugium in katholischen Landhäusern, um der Entdeckung zu entgehen. Und über allem lag der Schatten Maria Stuarts, der «alternativen Königin», was Walsingham und seine Helfer nicht ruhen ließ.

Doch Elisabeth folgte im Kampf gegen die jesuitischen Missionare einem strikt säkularen Ansatz. Für sie waren es Straftäter gegen geltende Gesetze, vor allem gegen ihr Supremat, also Hochverräter, Abtrünnige, die einen Eid auf den Papst geschworen hatten. Sie wollte «keine Fenster in die Seelen der Menschen brechen», wie Francis Bacon ihr später attestierte, außer wenn ihre Untertanen sich zu Manifestationen des Ungehorsams zusammenfanden und Ihre Majestät in Frage stellten. Der Gedanke an einen Religionskrieg lag ihr fern. Anders Walsingham, der auf das Problem als konfessioneller Fundamentalist reagierte und gerade aus dem Kreuzzugsgedanken seine tiefste Motivation bezog: «Christus und Baal können kaum übereinstimmen», pflegte er zu sagen. Das entsprach spiegelbildlich der prinzipiellen Gegnerschaft der Jesuiten gegenüber der protestantischen Häresie – der Quelle, aus der die Gegenreformation ihren Antrieb bezog.

Die beiden jesuitischen Pioniere, die am 24. Juni 1580 englischen Boden betraten, schlüpften den Fängern zunächst durch die Netze und konnten ihre Arbeit in dem mit katholischen Geistlichen unterversorgten Land aufnehmen. «Mein Auftrag ist», so schrieb der rhetorisch gewandte vierzigjährige Father Campion, «die Bibel zu predigen, Sakramente zu spenden, die einfachen Menschen zu unterweisen, Sünder zur Umkehr zu bewegen, Irrtümer zu widerlegen – kurz: spirituellen Alarm auszulösen gegen die lasterhafte Verderbtheit und hoffärtige Ignoranz, mit der man viele meiner lieben Landsleute schmäht.» Es sei ihm von seinen Oberen ausdrücklich untersagt, sich in politische Dinge einzumischen – seine Mission sei einzig eine pastorale. Adressaten der Schrift waren die Lords des Kronrats, denen Campion «in aller Bescheidenheit» Vorschläge zu öffentlichen Disputationen unterbreitete, bei denen er die Überlegenheit des katholischen Glaubens «unwiderlegbar» beweisen wolle.

Doch Campion griff noch höher – sein wichtigster Ansprechpartner war Elisabeth höchstpersönlich: «Da es Gott gefallen hat, die Königin, my sovereign lady, mit noblen Gaben der Natur, der Gelehrsamkeit und einer prinzengemäßen Erziehung auszustatten, vertraue ich zutiefst darauf, dass, wenn Ihre königliche Person (...) einige meiner Ansprachen anhören würde, ich mit guter Methode das hellste Licht über unsere Kontroversen ausgießen könnte. Sodass Ihrer Majestät Liebe zur Wahrheit und zu Ihrem Volk sie gnädig geneigt machen mag, einige der für das Reich schädlichen Vorgänge zu beenden und uns Unterdrückten mehr Gerechtigkeit angedeihen zu lassen.» Was aber die Gesellschaft Jesu angehe, so trumpfte der Autor zum Schluss auf, «so möge es allen hiermit kundgetan sein: Die Jesuiten dieser Welt sind in einer Liga zusammengeschlossen und bereit, fröhlich das Kreuz zu tragen, das ihr uns auferlegt habt, und niemals ob eurer Überlegenheit zu verzweifeln, solange auch nur einer da ist, sich eures Tyburn zu erfreuen, gefoltert zu werden oder in euren Gefängnissen zu schmachten. Die Folgen sind bedacht, das Unternehmen hat begonnen. Es ist von Gott, niemand kann ihm widerstehen. Da der Glaube einmal gepflanzt wurde, so muss er auch wiedererweckt werden.»

Aus dem Abstand der Jahrhunderte betrachtet, wirkt «Campion's Brag» («Prahlschrift»), als die sie bald bekannt wurde, wie «eine Mischung aus Naivität und Arroganz», so Alison Plowden. Nur wer wirklich mit dem Leben abgeschlossen hat und den Märtyrertod in Kauf nimmt, kann sich zur Höhe dieser Sprache und der Herausforderung, die sie darstellte, aufschwingen. So wurden Edmund Campion und die Jesuiten, die nach ihm und Robert Persons in England ankamen, über Nacht zu Staatsfeinden Nummer 1. Papst Gregor XIII. hatte den Missionaren zwar eine versöhnliche Botschaft für die englischen Katholiken mit auf den Weg gegeben: Sie könnten Elisabeth durchaus als De-facto-Souverän anerkennen – solange es keine Gelegenheit gebe, sie zu stürzen ... Doch das hätte man lieber nicht niederschreiben sollen: Es ent-

Die Jesuiten auf heimlicher Mission in England 231

*Wollte die Überlegenheit des katholischen Glaubens «unwiderlegbar»
beweisen: Father Edmund Campion, S. J., hingerichtet 1582*

larvte alle Staatsfrömmigkeit der «Papisten» als nur vorübergehendes Stillhalten mangels einer spruchreifen Alternative.

Ein fataler Strategiefehler der päpstlichen Diplomatie machte zudem das Argument der Missionare zunichte, sie hätten keine politischen Absichten und widmeten sich allein der Pflege ihrer Herde: Am 17. Juli

1579 war in der südirischen Dingle-Bucht ein 2000-köpfiges Kontingent von papsttreuen Truppen, vermehrt um französische Söldner, gelandet, um einen irisch-katholischen Aufstand gegen die englische Herrschaft anzuzetteln. Eingefädelt hatte das Ganze der Geistliche Nicholas Sander, einer der unversöhnlichsten Gegner des Protestantismus unter den englischen Exilierten in Rom. Die Truppe wurde in kürzester Zeit von den Engländern überwältigt und niedergemacht. Campion sah voraus, dass das irische Unternehmen seinem unpolitischen Ansatz einen bösen Schlag versetzen würde – so als hätten er und seinesgleichen davon gewusst und den Aufstand unterstützt. Tatsächlich waren sie nicht eingeweiht.

Immerhin musste der Hof jetzt einsehen, dass der Katholizismus alles andere als verdorrt war und dass Elisabeths Methode einer limitierten Duldung, seit 1559 praktiziert, nicht mehr wirkte – härtere Strafen für Katholiken waren nötig. Kein Fenster in die Herzen und Gedanken der Menschen brechen zu wollen war durchaus löblich. Doch ausländische Intervention und offenen Widerstand gegen geltende Gesetze hinnehmen? Diese Jesuiten waren doch nicht nur im Land, um eine falsche Doktrin zu predigen, sondern auch, um aufzuwiegeln! Entsprechend trat das Parlament im Frühjahr 1581 zusammen, um drakonische Strafen zu beschließen: Jeder, der mit der Absicht antrat, einen anderen von seinem «natürlichen Gehorsam» gegenüber der Königin zu bekehren, war ein Hochverräter und verwirkte sein Leben. Ebenso wie der, der sich bekehren ließ, und Menschen, die einen Priester versteckten. Auch verbale Verleumdungen der Queen wurden schärfer geahndet: Der Schuldige verlor ein Ohr, bei Wiederholung beide, und landete im Gefängnis. Das konnte auch Puritaner treffen, die mit ihrer Kritik an Elisabeths unvollkommener Religionspolitik selten hinter dem Berg hielten. «Sie sahen sich schon im Zustand einer ohrlosen Elite der Gottesfürchtigen, die im Gefängnis dahinsiechte», wie der große Tudor-Forscher J. E. Neale mit leisem Sarkasmus geschrieben hat. Das Gesetz milderte Elisabeth schließlich ab, indem sie statt der Amputation der Ohren Geldstrafen verlangte. Es entsprach ihrem Ziel, das ständige Defizit im Staatssäckel zu senken.

Dem dienten auch die Strafen für Rekusanten: Auf Nicht-Teilnahme am anglikanischen Gottesdienst standen jetzt zwanzig Pfund – nach heutiger Kaufkraft 3200 –, was viele Familien mit finanziellem Ruin bedrohte und sie zweimal darüber nachdenken ließ, ob sie sich das Risiko der Verweigerung leisten konnten. Was sie dennoch oft davonkommen ließ, war die Tatsache, dass sich unter den für die Durchsetzung der Gesetze Verantwortlichen viele Sympathisanten ihres Glaubens befanden, wenn nicht geradezu heimliche Katholiken, die um die Verfolgten einen schützenden Mantel warfen.

Doch um Edmund Campion schließt sich bald das Netz der Verfolger. Noch einmal sorgt er mit einer im April 1581 heimlich gedruckten Schrift, «Decem Rationes» – «Zehn Gründe», warum der Protestantismus der falsche Glaube ist –, für Aufregung in Regierungskreisen, dann schlagen Walsinghams Leute zu. Sein Versteck in Lyford Grange, dem repräsentativen Landsitz einer alten katholischen Familie in Oxfordshire, wird im Juli enttarnt und der Priester gefangen genommen, mit zwei anderen ebenfalls Versteckten. Sie werden zusammen mit neun katholischen Laien nach London gebracht – Campion hoch zu Ross, mit den Händen auf dem Rücken gefesselt, um die Stirn eine Kopfbinde: «Edmund Campion, aufwieglerischer Jesuit».

Bald wird er im Tower der Streckfolter unterworfen, bis er die Adresse preisgibt, an der seine und andere Schriften heimlich gedruckt werden. Die Folter wechselt in den folgenden Monaten mit diversen Disputationen ab, bei denen man ihm sogar den Erzbischofssitz von Canterbury anbietet, falls er sich zum Protestantismus bekehre. Die Frage, ob er Elisabeth als rechtmäßige Königin von England anerkenne, kann er noch unumwunden mit Ja beantworten. Doch die sogenannten «Bloody Questions» – heute würden wir sagen: die Killer-Fragen –, an denen die meisten verhörten Katholiken scheitern, werden auch für Campion zum Fanal: «Hat der Papst das Recht, die Königin abzusetzen?» und «Im Falle einer Invasion mit dem Ziel, diese Absetzung durchzusetzen – würde der Gefangene auf der Seite des Papstes kämpfen?» Es war eine Falle, aus der es kein Entrinnen gab. Für Katholiken kam in beiden Fällen nur ein Ja als Antwort in Frage, was einer Selbstverurteilung zum

Tode gleichkam. Zu schweigen war ebenfalls ein unausgesprochenes Schuldbekenntnis, mit demselben Ergebnis.

Während seines Hochverratsprozesses im November wehrt sich Campion, dem nach wiederholten Folterungen seine Glieder fast den Dienst versagen, mit geschliffenen Argumenten: «Wenn unsere Religion uns als Verräter ausweist, so verdienen wir es, entsprechend verurteilt zu werden. Ansonsten sind und waren wir immer die treuesten Untertanen, welche die Königin je hatte. Indem ihr uns verurteilt, verurteilt ihre alle eure Ahnen, alle einstigen Priester, Bischöfe und Könige, die einmal die Glorie Englands ausmachten, der Insel der Heiligen, des anhänglichsten Kindes des Heiligen Stuhls. Denn was haben wir anderes gelehrt, mögt ihr uns auch mit dem verhassten Namen ‹Verräter› belegen, als was diese alle vor uns einheitlich gelehrt haben? Zusammen mit diesen Leuchten – nicht nur Englands, sondern der ganzen Welt – von deren degenerierten Nachkommen verdammt zu werden bringt uns Freude und Ruhm. Gott lebt. Die Nachwelt wird leben. Das Urteil der Vorfahren steht nicht im Verdacht, korrupt gewesen zu sein, wie es diejenigen sind, die uns jetzt dem Tod überantworten werden.»

Unbewegt von dieser Apologie trägt der Lord Chief Justice Christopher Wray das Urteil gegen die Angeklagten vor: «Ihr werdet jetzt zu dem Gefängnis zurückkehren, von dem man euch hergebracht habt, und dort so lange bleiben, bis man euch [auf Bastmatten] durch die offenen Straßen Londons zum Ort der Hinrichtung zieht, wo man euch aufhängt, aber noch lebend herunterholt, eure Geschlechtsteile abschneidet und eure inneren Organe ausweidet und in Sichtweite verbrennt, ehe man euch köpft und eure Körper in vier Teile schneidet und beseitigt, wie es die Majestät bestimmt. Möge Gott euch gnädig sein.» Es war das Standardurteil gegen Hochverräter, die nicht dem Adel angehörten – Adlige wurden lediglich enthauptet. Campion und die anderen Angeklagten wurden am 1. Dezember so hingerichtet, wie es der Richter ihnen dargelegt hatte.

Campions Tod wurde auf beiden Seiten des Kanals heftig diskutiert. Die Katholiken behaupteten, sie würden wegen ihrer Religion verfolgt. Sie zogen zum Vergleich die spätrömischen Christenverfolgungen heran und interpretierten das permanente Versteckspiel der Geistlichen als modernes Beispiel eines Lebens in den Katakomben. Die englische Regierung dagegen, mit Lord Burghley als dem wichtigsten Sprecher, folgte Elisabeths Sicht, wonach die Missionare als gewöhnliche Gesetzesbrecher galten. Kein Herrscher, so Burghleys Argument, könne eine Einmischung in seine Souveränität dulden. Die Missionare waren Engländer, die ihre Gefolgschaft auf die Feinde der Monarchin übertragen hatten, die Rebellion und Krieg gegen Ihre Majestät und das Königreich anzettelten. Nicht auf Häresie wie bei Queen Mary lautete die Anklage, sondern auf Hochverrat. Wenn die Verurteilten, wie behauptet, keine Verräter waren, weil sie unbewaffnet gekommen waren, fuhr Burghley mit ausgepichter Sophistik fort, dann wäre ja auch Judas kein Verräter gewesen, da er seinen Verrat mit einem Kuss bemäntelte.

Entscheidend freilich wurde in der Folge, dass die Mehrheit der Katholiken loyale Untertanen ihrer Königin blieben, bei aller Drangsal, die sie erlitten. Darauf baute auch Elisabeth: Die Treue zur Nation werde am Ende stärker sein als die Loyalität gegenüber einem religiösen Bekenntnis. Auf Stärkung des Patriotismus hatte es Elisabeth seit Beginn ihrer Ära abgesehen. «Ich bin nicht Königin der Protestanten, sondern der Engländer», pflegte sie zu sagen – einschließlich der anglikanischen Kirche als Teil des nationalen Besitzes.

An die 130 Priester und 60 Laien, die ihnen Unterschlupf gewährten, wurden in Elisabeths Zeit auf dem Thron hingerichtet, wobei der Jesuit Robert Southwell die schrecklichsten Torturen erlitt. Er fiel in den 1590er Jahren in die Hände des sadistischen Quälgeistes Richard Topcliffe, der seine Opfer nicht nur im Tower, sondern auch in seinem Haus besonderen Teufeleien unterwarf und sich ein Vergnügen daraus machte, die Verurteilten bis zur Hinrichtungsstätte zu begleiten und zu verhöhnen; Elisabeth erhob keinen Einspruch. Robert Persons dagegen, der mit Campion 1580 England betreten hatte, entging den Nachstellungen und konnte nach Rom entkommen, wo er intensiv bei den Vorbereitungen für das «Enterprise of England», die spanische Invasion, mitwirken sollte. Edmund Campion und Robert Southwell gehörten zu den vierzig englischen und walisischen Märtyrern, die 1970 von Papst Paul VI. heiliggesprochen wurden.

b Elisabeth im Fadenkreuz der Mörder

Aber das Epizentrum des Widerstands gegen Elisabeth lag nicht in Rom, es lag mitten in England, und es hatte einen Namen: Maria Stuart, die «bosom serpent», wie Walsingham sie nannte, die Giftschlange an Elisabeths Busen. «Solange diese teuflische Frau lebt, sind weder Ihre Majestät noch deren treue Diener sicher vor ihr», war Walsinghams beständiger Refrain. Den theologischen Abwerbern, den Priestern und ihren Helfern, dieser fünften Kolonne des Papstes, ließ sich vielleicht mit wechselndem Erfolg in die Zügel greifen – doch wie das Kronjuwel, die Königin, vor möglichen Attentätern schützen? Auch Walsinghams beste Leute konnten nicht in alle Winkel schauen, alle Konversationen abhören, die in dieser von Gerüchten und tatsächlichen Verschwörungen angeheizten Zeit geflüstert wurden. Seine Nervosität stieg – an Cecil, Lord Burghley, schrieb er: «Ich bitte Euer Ehren, mir zu verzeihen, wenn ich sage, dass angesichts all dieser möglichen Komplotte die geringere Gefahr darin liegt, zu viel zu befürchten, als zu wenig.» Es ist die klassische Reaktion von Geheimdiensten, bei Gefahr im Verzug ein Übermaß an Abwehrmaßnahmen zu planen und die Kontrolle der Bürger auszuweiten. Im Falle einer Monarchin wie Elisabeth, die nicht vorgesorgt hatte, wer nach ihr auf den Thron rücken würde, musste man erst recht auf der Hut vor Attentaten sein. Es genügte ein Dolch, ein Schuss, und die Tudor-Monarchie lag am Boden.

Die Ängste waren nur zu berechtigt. Gregor XIII. hatte im Dezember 1580 bekannt gegeben, die Ermordung Elisabeths, «dieser schuldigen Frau, der Ursache von so viel Ungemach für die katholische Religion», sei keine Sünde, sondern geradezu ein Verdienst. Wilhelm von Oranien, der Anführer der protestantischen Niederlande, wurde im Juli 1584 das erste Opfer dieser «Losung» – der Papst und Philipp II.

hatten seine Ermordung in einem Bannfluch sanktioniert und dem Täter eine Belohnung ausgesetzt. Dabei war das katholische Fußvolk in England zuvor durch denselben Papst unterwiesen worden, man könne Elisabeth einstweilen als De-facto-Königin durchaus anerkennen. Was einige, erpicht auf Beseitigung der Königin, für sich ablehnten, im sicheren Wissen um allerhöchste Absolution.

Zum Beispiel John Somerville, ein leicht gestörter, von Jesuiten begeisterter junger Mann aus dem mehrheitlich katholischen Warwickshire, der sich brüstete, nach London gehen zu wollen, um die Königin zu erschießen und «ihren Kopf auf einen Pfahl aufgespießt zu sehen, denn sie ist eine Schlange, eine Viper». Ihn abzufangen, ehe er seinen Plan ausführen konnte, war nicht schwer. Verwickelter dagegen war der Fall des walisischen Unterhausabgeordneten Dr. William Parry. Er war ein Doppelagent, der jahrelang für die englische Regierung gegen katholische Machenschaften gearbeitet hatte, sich aber in den entsprechenden Kreisen, für die er ebenfalls tätig war, als prospektiver «Königinmörder» empfohlen hatte. Das wusste Walsingham, doch da er selber Parry angeheuert hatte, blieb er arglos – bis der Mann Ende 1584 eines Nachmittags aus einem Versteck in den Gärten von Schloss Richmond hervorsprang und auf Elisabeth zielte. Beim Anblick ihrer Majestät muss ihn der Schreck über sein Vorhaben gelähmt haben – er prallte zurück und ließ die Waffe sinken. In seinem Besitz fand man einen Brief von Kardinal Como, dem Staatssekretär des Papstes, der dem Attentäter Absolution von jeder Sünde gewährte, sollte er «erzielen, was er versprochen hatte» – die Königin zu töten.

An Elisabeth heranzukommen war notorisch leicht, und dass sie noch lebte, grenzte an ein Wunder. Sie war unachtsam mit ihrer Sicherheit, ritt aus, zeigte sich spazierend in der Öffentlichkeit, auch in der Kutsche oder auf Fähren. Auf ihren traditionellen Sommerreisen nahm sie Speisen zu sich, noch ehe die Vorkoster geprüft hatten, ob diese vergiftet waren. Ihre Lebensgewohnheit, sich dem Volk zu zeigen, wollte sie partout nicht einschränken. «Ich bin lieber tot als unter Bewachung», hielt sie ihren besorgten Ratgebern entgegen. Zuversichtlich verriet sie einer Besuchergruppe 1583: «Man trachtet mir nach dem

Leben, aber es beunruhigt mich nicht. Der Herr im Himmel hat mich bis jetzt beschützt, und er wird mich erhalten, denn in ihn lege ich mein ganzes Vertrauen.» Schön gesagt, doch der eigentliche Schutzgeist ihrer Sicherheit war Walsingham, ihr «Mohr», auf seine Abwehrerfolge war sie jetzt mehr denn je angewiesen. Es brauchte nur einen Verrückten wie John Somerville, und der nächste Attentäter nach Parry würde bestimmt keine psychologische Ladehemmung mehr verspüren.

Auch im Volk bangte man um die Sicherheit der Königin. Auf dem Weg von Westminster nach Hampton Court im Westen Londons wünschten die Menschen im November 1583, nachdem man von Somervilles Tollheit gehört hatte, der vorbeiziehenden Monarchin «tausendmal Heil und Segen». Solche Huldbeweise waren ein Lebenselixier für Elisabeth. Dem sie begleitenden französischen Botschafter verriet sie mit einstudiertem Understatement, sie erzeuge wohl doch nicht überall nur Abscheu.

Doch ihre großen Feinde, Spanien, Maria Stuart und der Papst, ruhten nicht. Hatte die schottische Königin ihren Freunden nicht erzählt, sie würde ihr Gefängnis nur als Königin von England verlassen? Sie baute auf internationale Unterstützung, schließlich war sie noch immer die Schwägerin der französischen Könige, hatte im Vatikan ihren geistigen Anker und in Madrid den Beistand der europäischen Vormacht, die das «Enterprise of England», die Invasion, immer wieder auf die Agenda setzte. Irgendwann musste es Ernst werden damit. Freilich unterlagen die Exilierten in Rom großem Wunschdenken, wenn sie, wie Allen in einem Memorandum von 1583, meinten, zwei Drittel der englischen Bevölkerung seien katholische Anhänger, die in Angst und Versklavung lebten («schlimmer als unter Türken») und bereit seien, bei der ersten sich bietenden Gelegenheit ihr Joch abzuwerfen. Robert Persons schrieb 1582 in einem Dokument, Katholiken würden Maria Stuart als ihre Königin enthusiastisch willkommen heißen, habe es doch noch nie einen Herrscher gegeben, der in England so allgemein verhasst sei wie Elisabeth. Das war weit an der Wirklichkeit vorbeiphantasiert.

In Schottland fand die königliche Vertriebene kein Gehör, an eine Rückkehr war nicht zu denken. Weder hatten die Schotten Interesse an einer katholischen Herrscherin noch James VI., Marias Sohn, an einer Mitregentschaft seiner Mutter, die er seit seinem zweiten Lebensjahr nicht mehr gesehen hatte – er wünschte sie sich in England, weit weg von ihm. 1585 schrieb er ihr mit unsanfter Offenheit, es sei ihm nicht möglich, sich mit jemandem zu alliieren, der «in einer Wüste gefangen» sei. Damit schwand Marias letzte Hoffnung auf eine diplomatische Lösung ihrer Lage. Bitter beklagte sie sich in einem Brief an Elisabeth über diesen «widerlichen Anblick» – wie ein Kind seine Mutter um die Krone und das Königtum prelle. Als Horizont ihrer Hoffnung blieb jetzt nur noch England, auch wenn sie leugnete, Absichten auf Elisabeths Thron zu hegen oder gar gegen das Leben ihrer Cousine irgendetwas im Schilde zu führen.

Das entsprach nicht der Wahrheit, wie die Welt bald erfuhr. Im Kopf des Landedelmannes Francis Throckmorton, eines Gentlemans aus Warwickshire, hatten sich die Idee einer Invasion und die Beseitigung von Elisabeth zu einem Plan von kühner Undurchführbarkeit verkettet. So glühend war unter vielen Gegnern Elisabeths der Hass, dass sie in ihrer Begeisterung, die Königin endlich loszuwerden, nicht erkannten, wie schier abwegig ihre jeweiligen Pläne sich ausnahmen. Throckmorton, ein Neffe von Sir Nicholas, Elisabeths früherem Botschafter in Paris, war Walsingham und seinen Spitzeln aufgefallen, weil er verdächtig oft die französische Botschaft besuchte. Also stellte man ihn unter Beobachtung. Der junge Mann, kaum dreißigjährig, war in Paris mit zwei Beauftragten von Maria Stuart zusammengekommen, um sich nach seiner Rückkehr nach England als Zwischenträger zwischen den Anhängern der katholischen Causa, der inhaftierten Maria und dem spanischen Botschafter Don Bernardino de Mendoza verdient zu machen. Sechs Monate lang ließ Walsingham Throckmorton observieren, dann schlug er zu und nahm ihn im Oktober 1583 gefangen.

Die Papiere, die man in seinem Haus sicherstellte, enthüllten ein weit gespanntes Netz, in dem Henri, der Herzog von Guise, ein Cousin von Maria Stuart, die Hauptrolle spielte: Als Anführer der Guisen war er nicht nur mächtig, sondern auch reich, eigentlich der Einzige neben Philipp II., der genügend Geld, Schiffe und Soldaten für eine Invasion in England aufzubringen imstande gewesen wäre. Um diese zu lancieren, hatte Throckmorton dem spanischen Botschafter zur Weiterleitung an den Herzog von Guise Landkarten mit passenden Landungsplätzen an vier ausgewählten Stellen zugespielt: in Schottland, Irland, Sussex und Norfolk. Dazu eine Liste von katholischen Adligen, die sich der Verschwörung anschließen würden. Viele von ihnen waren, was die Rebellen nicht wussten, bereits «umgedreht» worden und leisteten inzwischen wertvolle Spionagearbeit für die Regierung. Am 19. Januar 1584 konfrontierte Walsingham Don Bernardino mit dessen Hinterlist und gab ihm zwei Wochen Zeit, aus England zu verschwinden – er sollte der letzte spanische Botschafter an Elisabeths Hof sein. «De Mendoza ist nicht geboren, um Königreiche zu beunruhigen, sondern um sie zu erobern», prahlte er bei seinem Hinauswurf. Rechtzeitig unterbunden, kam die Verschwörung zum Glück nicht aus den Startlöchern, und das Wie und Wann des geplanten Attentats auf Elisabeth blieb im Dunkel, diesmal noch.

c Gegenwehr rührt sich: Der «Bond of Association»

Es naht die große Stunde der Solidarität mit der bedrohten Königin. Der Kronrat, das Parlament und die Spitzen der Grafschaften scharen sich um ein neues Gesetz zur Abwehr der Gefahren für das Leben der Queen, «The Instrument of an Association for the Preservation of Her Majesty's Royal Person», kurz «Bond of Association» genannt. Angestachelt vom Throckmorton-Komplott und bestürzt über die Ermordung Wilhelm von Oraniens durch die Kugel eines katholischen Fanatikers schwören im Herbst 1584 Tausende von Protestanten mit ihren Unterschriften unter dem Dokument, die Königin zu schützen. Falls sie getötet werde, wollen sie nicht nur denjenigen vernichten, der ihr nach dem Leben trachtete, sondern auch jeden, in dessen Namen ein Aufstand gegen sie versucht wurde. Die Stoßrichtung ist klar, sie zielt auf Maria Stuart, wie schon 1571/72 nach dem Ridolfi-Komplott und dem Verrat des Herzogs von Norfolk. Es ist eine Politik aus Angst, Panik und Rache, ein Ausfluss der gewachsenen religiösen Spannungen.

Elisabeth verspürte zwar wenig Sympathie für ihre Rivalin, aber gesetzlich die Unantastbarkeit eines gesalbten Hauptes aufzuheben, das ging ihr zu weit: «I will not touch her.» Ganz abgesehen davon, dass der «Bond of Association» in seiner extremen Auslegung bedeutete, dass neben Maria Stuart auch ihr Sohn James automatisch von der Thronfolge ausgeschlossen wäre, sollte jemand für ihn als König eintreten. Dabei favorisierte Elisabeth heimlich die Stuart-Linie für die Zeit nach ihrem Tod. So will sie den Gesetzesentwurf mit seinen pauschalen Implikationen nicht unverändert durchgehen lassen. Es wird ein Höhepunkt ihrer Auseinandersetzungen mit dem Parlament und ihren Staatssekretären Burghley und Walsingham, deren Ziel es ist, Maria Stuart zur Strecke zu bringen. Selbst das Erschrecken über Parry im Garten von Richmond kann die Königin nicht umstimmen. Überhaupt: Kann ein Parlamentsbeschluss, so denkt sie, jene Mentalität abschrecken, die den Tyrannenmord mit einem Heiligenschein umkleidet?

Was als «Act for the Queen's Safety» schließlich 1585 das Parlament passierte, war zwar eine Verwässerung des «Bond of Association». Aber in dem Kernpunkt, der jedem mit dem Tod drohte, der nach Elisabeths Leben trachtete, begründete der Act einen wichtigen Grundsatz: Es gab jetzt eine legale Handhabe für das spätere Vorgehen gegen Maria Stuart. Bisher hatte sich Elisabeth noch mit ihrem Prinzip durchgesetzt, die Göttlichkeit von Königen dürfe auf keinen Fall, erst recht nicht im Namen öffentlicher Rache, in Frage gestellt werden. Aber das neue Gesetz unterwarf den Fall Maria Stuart eindeutig der allgemeinen Herrschaft des Rechts und nicht mehr einer mittelalterlichen Interpretation von der Unantastbarkeit gesalbter Häupter. Sollte Maria eines neuen Komplotts überführt werden, könnte keine Göttlichkeit sie mehr davor schützen, hingerichtet zu werden.

In gewisser Weise unterzeichnete die Schottin sogar ihr eigenes Todesurteil, hatte Burghley doch darauf bestanden, dass auch sie die Verpflichtung aus dem «Bond of Association» unterschrieb. Sie tat es im Januar 1585, wobei sie leugnete, von irgendeiner Verschwörung gegen Elisabeth Kenntnis zu haben. Doch bereits zwei Tage nach ihrer Unterschrift bedrängte sie Philipp II., mit dem «Enterprise», dem Plan der Invasion, voranzukommen. Es schien sich zu bewahrheiten, was Karl IX., Frankreichs König, einst über seine Schwägerin geäußert hatte, als er den Bericht über die Ridolfi-Verschwörung von 1571 zu lesen bekam: «Die arme Närrin, sie wird niemals ruhen, bis sie ihren Kopf verloren hat.» Freundlichere Interpreten, etwa John Guy oder Stefan Zweig, betonen etwas anderes: dass die Verzweiflung Macht über Maria gewonnen hatte.

d Walsinghams Triumph: Das Babington-Komplott

In dem Geflecht aus Spionage und Gegenspionage, von Lockspitzeln und Doppelagenten, von Fallen, legalen Spitzfindigkeiten und tödlichen Intrigen, das Maria umgibt, spielt von nun an Elisabeths Geheimdienstchef Sir Francis Walsingham die tragende Rolle. Der Mann, der sich nie zu schade war, zum Erreichen seiner Ziele auch eine gute Portion Desinformation einzusetzen, nähert sich seiner Beute, der schottischen Ex-Königin, mit der Geduld einer Raubkatze, die auf den Erfolg versprechenden Sprung wartet. Von Fall zu Fall verstand es Walsingham immer schon, auch Elisabeth zu manipulieren wie ein gewiefter Puppenspieler seine Marionette. 1581 wies er den Earl of Huntingdon an, nicht so positive Berichte über das loyale nördliche England zu verfassen: Die Königin könnte sonst bewogen werden, die katholische Bedrohung nicht ernst genug zu nehmen. Er möge bitte pessimistische Analysen einflechten, damit Ihre Majestät das Schlimmste anzunehmen bereit wäre. Walsingham lud Berichterstatter ein, an die Königin frisierte Schreiben zu schicken, an ihn selbst dagegen die Wahrheit. Gegen diesen Croupier der dunklen Künste war Maria Stuart ohne Chancen.

Über Jahre immer wieder von einem Ort zum anderen verbracht, wird sie im Januar 1585 schließlich auf Walsinghams Geheiß Sir Amyas Paulet überstellt, einem strengen Puritaner, unter dessen Regime in Tutbury Castle in der Grafschaft Staffordshire sie immer mehr ihrer Privilegien einbüßt. Verboten ist ihr vor allem jede schriftliche Kommuni-

*Sir Francis Walsingham, Elisabeths Spionagechef, stellte
Maria Stuart die für sie tödliche Falle*

kation mit der Außenwelt. Zu Weihnachten 1585 wird sie dann von Tutbury ins nahegelegene Chartley Castle verlegt, eine befestigte Wasserburg, die dem misstrauischen Paulet sicherer erscheint, war er doch bis dahin immer besorgt, Maria könnte mithilfe der Wäscherinnen Post von außerhalb einschmuggeln; in Chartley leben diese mit ihrer Herrin auf der Burg selber. Maria ist jetzt 43 Jahre alt, von denen sie 17 in Haft verbracht hat, ihre frühere Schönheit und Gesundheit hat sie längst eingebüßt. Ergrauendes Haar, Gewichtszunahme, Rheuma, chronische Seitenstiche machen ihr zu schaffen, die Isolation verdüstert ihren Blick auf die Zukunft.

Und Walsinghams Krakenarme begannen sich vorzutasten. Das lange Observieren sollte sich jetzt auszahlen. Besonders der Personenverkehr über den Kanal versprach wertvolle Funde. So ging im Dezember 1585 ein katholischer Diakon, der Allens Seminare in Reims und Rom besucht hatte, in Rye, einem Hafen an der Küste von Sussex, ins Netz der Häscher. Gilbert Gifford war in Paris mit Maria Stuarts Beauftragtem Thomas Morgan bekannt geworden, um den sich glühende Anhänger der gefangenen Königin geschart hatten, um ein Attentat auf Elisabeth vorzubereiten. Die Papiere, die man bei Gifford fand, hätten genügt, ihm den Prozess zu machen. Aber Walsingham dachte an sein Fernziel und schaffte es, Gifford, dem er die schlimmsten Strafen androhte, umzudrehen: Er wurde eine wertvolle Figur in dem sich entfaltenden Drama, ein Doppelspion von cherubinischem Aussehen, ein Lockvogel, der Geschichte machen sollte.

Die zweite Schlüsselfigur war ein junger Adliger, Anthony Babington, der schon als Teenager Maria Stuart als Page gedient hatte, als diese noch in relativ kommoden Umständen in den diversen Schlössern des Grafen Shrewsbury inhaftiert war. Ein überzeugter Anhänger ihrer Causa, begab sich Babington nach Paris und ließ sich von Thomas Morgan Post für die Königin mitgeben, die sie damals bei den eher lockeren Bedingungen ihrer Haft noch empfangen durfte. Weitere Kurierdienste jedoch lehnte er ab und suchte stattdessen, einen Pass zur Ausreise nach Frankreich zu erlangen, den ihm aber sein neuer Freund Robert Poley trotz guter Kontakte zum Hof nicht beschaffen konnte. Kein Wunder: Poley war ein Agent Walsinghams, und der war entschlossen, Babington nicht mehr von der Angel zu lassen. Poley gab sich als katholischer Sympathisant aus und machte Babington mit dem Jesuiten John Ballard bekannt, der Babingtons Begeisterung für Maria Stuart frisch entflammte und ihn mit einer neuen Verschwörung zur Befreiung Englands vom Joch des Protestantismus bekannt machte.

Doch so wenig, wie Babington die wahre Natur der Freundschaft Poleys zu ihm durchschaute, wusste John Ballard, dass der Mann, der ihn im Untergrund ständig begleitete, Francis Maude, sein Faktotum bei den vielen anfallenden Terminen, ebenfalls für Walsingham arbeitete. Über Ballard bekam Walsingham wertvollen Einblick in die geplante Verschwörung, für die sich Babington bereithielt. Das Walsingham-Komplott, so müsste man es eigentlich nennen, die wohl genialste Geheimdienstoperation der elisabethanischen Ära, begann.

Ausgestattet mit den Empfehlungen von Thomas Morgan in Paris und nach Absprache mit dem französischen Botschafter in London, Guillaume de l'Aubespine, Baron de Châteauneuf, drang Babington leicht zu Maria Stuart in Chartley Castle vor und gewann ihr Vertrauen. Zum Entree machte er ihr ein überwältigendes Geschenk: 21 Briefkonvolute aus fast zwei Jahren, die sich in der französischen Botschaft angehäuft hatten – Maria glaubte, ihre Gebete seien erhört worden. Man kann es aber auch ausdrücken wie der Elisabeth-Biograph Lacey Baldwin Smith: «Die Stuart-Maus nimmt den Köder, und die Tudor-Katze springt.» Walsingham hatte dazugelernt: Man musste Elisabeths Rivalin nicht von aller Kommunikation abschneiden – im Gegenteil, «der Vogel soll singen» und sich in ungebremstem Austausch mit Madrid, Paris und Rom sowie den Verschwörern in England selber kompromittieren. Voraussetzung war, dass es gelang, Marias Schreiben abzufangen und zu dechiffrieren und ihr die Antworten so auszuhändigen, dass kein Verdacht bei ihr aufkam, sie seien auf dem Weg zu ihr geöffnet worden. Die Erwartung war groß: Würde sich Maria nach Jahren der Konspiration gegen Elisabeth in einem ihrer Briefe als Quelle der diversen Komplotte zu erkennen geben, sodass sie gemäß dem «Act of the Queen's Safety» von 1585 rechtens angeklagt und verurteilt werden konnte?

Vom nahegelegenen Burton-upon-Trent aus pflegte ein Meisterbrauer Chartley Castle regelmäßig mit Bier zu beliefern, ein «honest man», wie man von ihm sagte, ein aufrechter Mann, und ein Anhänger von Marias Sache. Für gutes Geld ließ er sich in ein kühnes Unterfangen zur geheimen Beförderung von Mitteilungen der schottischen Ex-Königin an die Außenwelt einspannen: Ein wasserdichter Beutel mit den entsprechenden Dokumenten sollte durch ein Spuntloch in ein Bierfass eingeführt werden, um so unentdeckt nach draußen und anschließend durch Gifford an die jeweiligen Adressaten zu gelangen. Den gleichen Weg sollten auch die erwarteten Antworten gehen. Dabei jedoch baute Walsingham eine Schranke ein, und zwar mithilfe von

Thomas Phelippes, einem renommierten Kryptographen und Dechiffrierer im Dienst der Regierung: Die Post aus beiden Richtungen würde durch seine Hände gehen, kopiert und dann neu versiegelt werden. Es blieb nicht aus, dass der Braumeister Verdacht zu schöpfen begann und Sir Amyas, Marias Wärter im Chartley Castle, ihn in die Rolle des Codeknackers Phelippes einweihen musste. Der Braumeister, dieser «ehrliche Mann», verbesserte sogleich sein Honorar, indem er ein solches jetzt auch von der Regierung einstrich. Eine hübsche Erpressung – das Geld machte auch ihn zu einem Doppelagenten und «Kriegsgewinnler».

Die Dinge beschleunigen sich jetzt. Im Juni 1586 wird ein Gespräch zwischen Babington und Ballard – beide beschattet von Walsinghams Agenten – über die Invasion Englands und die Ermordung Elisabeths belauscht. Drei mögliche Orte sind für das Attentat vorgesehen: die «Presence Chamber», der Ort des Publikumsverkehrs im Königspalast von Whitehall; einer der königlichen Parks; oder die Kutsche der Königin. Dem Ganzen eignet mehr Idealismus als Common Sense – blinde Begeisterung für Maria und den Sieg der katholischen Sache ist der Antrieb. Hinzu kommt die ewige Fata Morgana eines Aufstandes der englischen Katholiken, sobald die Invasion beginnen würde. Wie sicher muss sich Thomas Morgan im fernen Paris fühlen, dass er an Gilbert Curle, der für die Gefangene in Chartley die Verschlüsselung ihrer Briefe vornimmt, schreibt: «Wir haben die Mittel zur Hand, um die Bestie, die die ganze Welt beunruhigt, zu beseitigen.» Die stärkeren Mittel, es nicht dazu kommen zu lassen, liegen woanders, bei Sir Francis Walsingham, Marias Nemesis.

Der Brief, den Babington am 6. Juli an die Schottin – «Meine Ehrfurcht gebietende Queen und Lady» – schreibt, läutet das Ende ein. In sechs Abschnitten legt der von der Aussicht auf Sieg wie berauschte Schreiber das Prozedere des Aufstandes seiner Angebeteten auf den Tisch, als sei es ein Gesellschaftsspiel. Dabei geht es um Kopf und Kragen der Verschwörer, Maria eingeschlossen, doch mehr als Imponderabilien haben sie nicht anzubieten. Selbstsicher konstatiert der 25-Jährige lauter Offensichtliches: Eine Invasion ist vordringlich; sie hat in genügender Stärke zu erfolgen; die Häfen, in denen die Truppen landen, müssen ausgewählt werden, und in jedem muss ein starkes Kontingent auf sie warten und sich mit ihnen verbinden; Ihre Hoheit, Maria Stuart, wird befreit und Elisabeth «in Vergessenheit und ewige Verdammnis» befördert werden. «Die Befreiung Eurer noblen Person werde ich selber mit zehn Gentlemen und 100 unserer Anhänger bewerkstelligen», schreibt Babington in seiner Träumerei, «während für die Tötung der usurpierenden Konkurrentin, der wir nach ihrer Exkommunikation keine Treue mehr schulden, sechs Gentlemen bereitstehen, alles Freunde von mir, die aus Begeisterung für die katholische Sache und Eure Majestät die tragische Hinrichtung vornehmen werden.»

«Die tragische Hinrichtung»: Marias Sekretäre, der Schotte Gilbert Curle und der Franzose Claude Nau, raten dringend davon ab, auf dieses toxische Schriftstück zu antworten. Sie haben keine Anhaltspunkte, aber allein der Gedanke, Babingtons Schreiben und Marias Antwort könnten in die falschen Hände fallen, lässt sie erschauern. Umsonst. Die Königin, die ohne Argwohn ist, nimmt sich zehn Tage Zeit und diktiert schließlich ihren Sekretären eine sechseinhalbseitige Antwort auf Französisch, ihrer Muttersprache, die die beiden Gehilfen ins Englische übersetzen und dann mit einem komplizierten Code verschlüsseln; über siebzig solcher Codes hat Maria für ihren Briefverkehr verwendet. Dieser 17. Juli 1586 wird ihr Schicksal besiegeln.

Verglichen mit dem Generalisten Babington geht sie in ihrem langen Brief souverän auf den strategischen Kern zu, vor allem auf die vielen ungeklärten Punkte. Man erkennt, wie erfahren sie ist in intriganten Abläufen, sie stellt dem Enthusiasmus ihrer Anbeter ein paar konkrete Fragen: Was für Truppen, Pferde, Offiziere etc. werdet ihr aufbieten? Wie soll das Zusammentreffen mit den ankommenden Einheiten vonstattengehen, und welche Route werden sie nehmen? Ist für die Bezahlung gesorgt, für die Versorgung der Hafenstädte mit Waffen? Wohin werde ich nach meiner Befreiung gebracht? So geht es weiter mit Dutzenden von Anmerkungen und taktischen Erwägungen, bis zur allerwichtigsten Frage: «Wie planen die sechs Gentlemen vorzugehen?» Der Satz ist gleichsam die Peripetie der Tragödie, der Höhepunkt, von dem der Weg mit fataler Zwangsläufigkeit nur noch in den Untergang führen kann: «By what means do the six gentlemen deliberate to proceed?» Und weiter: Wenn dann alle Truppen im Reich und von außerhalb bereitstehen, «dann wird es Zeit sein, die sechs Gentlemen an die Arbeit zu schicken und dafür zu sorgen, dass ich von hier freikomme». Das Frösteln überkommt einen noch heute beim Lesen dieser verräterischen Zeilen. Hier setzt jemand auf Zero im Spiel um das eigene Leben. Alles oder nichts.

Phelippes kann sein Glück darüber kaum fassen, was das jüngste Bierfass ihm da beschert hat. Er fertigt eine Kopie an, vernichtet das Original und kritzelt auf den Umschlag des Schreibens, das er an Walsingham schickt, einen Galgen. Vorher kann er es sich nicht verkneifen, dem Brief einen Absatz anzuhängen – eine Fälschung, die es Maria Stuart in dem kommenden Prozess erlauben wird, das gesamte Dokument, ihren Sechs-Seiten-Brief, als gefälscht darzustellen. Der Satz, den Phelippes ihr in den Mund legt, lautet: «Ich wüsste gerne die Namen und Eigenschaften der sechs Gentlemen, denn ich könnte Euch dann weiteren Rat geben, den zu befolgen sich lohnen würde (...).»

Babington, der Marias Antwort wegen diverser Ablenkungen erst am 29. Juli erhält, hat sich in der Zwischenzeit seiner Sache so sicher gefühlt, dass er ein Gruppenporträt von sich und den sechs potenziellen Attentätern anfertigen ließ, ein Souvenir gleichsam ihres «so würdigen Vorhabens». Der Leichtsinn der Amateure. Noch sind sie auf freiem Fuß, auch wenn die Skizze in Walsinghams Besitz gerät und er eine Kopie seiner Königin aushändigt. Elisabeth erkennt während eines Spazierganges im Richmond Park mit ihren Frauen und Sir Christopher Hatton, der gerade hoch in ihrer Gunst steht, einen der Porträtierten unter ihren Begleitern, geht auf den Mann zu und blitzt ihn an: «Bin ich nicht gut geschützt heute, und das ohne jemanden mit einem Schwert an seiner Seite?» Der Mann, ein Ire namens Robert Barnwell, macht sich unter höflichen Verbeugungen aus dem Staub. Fortuna meint es gut mit der englischen Monarchin: Leicht hätte dies ihr letzter Tag sein können.

Babington wittert sofort Verrat, als er Marias Schreiben mit dem sprechenden – gefälschten – Zusatz liest. Überdies hat er inzwischen erfahren, dass Francis Maude, Ballards Dauerbegleiter, als Walsinghams Agent enttarnt worden ist. Les jeux sont faites – die Würfel sind gefallen, das Spiel ist aus, und zwar sehr rasch. Am 9. August wird Chartley, während Maria auf der Jagd ist, durchsucht, drei Truhen mit Briefen, Juwelen und Geld werden sichergestellt, Gilbert Curle und Claude Nau verhaftet und später, nach ihrer Rückkehr, auch Maria, jetzt endgültig. «Diese verruchte Mörderin» nennt Elisabeth sie in einem Dankesschreiben an Sir Amyas Paulet. Als man der Königin die Liste der Adligen, die sich auf Marias Seite schlagen wollten, zeigt, überfliegt sie die Namen, lässt die Liste aber dann verbrennen mit den Worten: «Video taceoque», «ich sehe und schweige», ihrem Motto seit Langem. Es ist eine souveräne Geste – oder der Versuch nach der überstandenen Gefahr, kaltes Blut zu simulieren, um die innere Furie in sich zu bekämpfen?

Walsingham lässt jetzt endlich das Ensemble der Verschwörer und ihrer Sympathisanten festnehmen – 34 Priester oder Seminaristen und 56 Rekusanten. Babington kann kurzfristig fliehen, wird aber am 14. August auf dem Gut einer befreundeten katholischen Familie in Harrow nördlich von London gefasst. Am 13. September steht der junge Mann vor Gericht und wird abgeurteilt, zusammen mit den Hauptverschwörern. Am 20. des Monats werden er, Ballard und fünf weitere entsprechend der traditionellen Strafe für Hochverrat hingerichtet. Seine letzten Worte, während ihm bei lebendigem Leib der Magen aufgeschnitten wird: «Parce mihi, Domine Jesu» – «verschone mich, Herr Jesus». Die Zuschauer aber sind, anders als fünf Jahre zuvor bei der Hinrichtung des Jesuiten Campion, angewidert von dem grausamen Spektakel, Menschen noch lebend zu entleiben. Gnädig erlaubt man der zweiten Gruppe Verurteilter einen Tag später, erst am Strang zu sterben, ehe man sie entleibt und vierteilt. Elisabeth aber agiert wie eine Rachegöttin und lässt sich diesen Kompromiss nur ungern abringen. Am 25. September wird Maria Stuart nach Fotheringhay verbracht, einer mittelalterlichen Festung in Nottinghamshire, die im 14. Jahrhundert der Sitz des königlichen Hauses York war.

Seit der Ridolfi-Verschwörung 1571 hatte die Queen unter dem Damoklesschwert eines möglichen Attentats auf sie leben müssen, in den vergangenen vier Monaten mit immer größerer Wahrscheinlichkeit. Die beschlagnahmten Briefe belegten, dass Maria über achtzehn Jahre hinweg über alle Pläne zu einer Invasion in England und einem Aufruhr gegen die Königin korrespondiert hatte, Pläne, die bei Ridolfi und Throckmorton die Option eingeschlossen hatten, Elisabeth ermorden zu lassen. Doch beide Male hatte die Queen sich geweigert, dem Wunsch ihrer Berater und des Parlaments zur Hinrichtung Maria Stuarts nachzugeben. Mit Babingtons Brief und Marias Antwort ging das nun nicht mehr. Elisabeths Verwandte, Opfer bemerkenswerter Weltfremdheit und einer juristischen Intrige, war in das offene Messer Walsinghams gelaufen. Jetzt bedurfte es nur noch der Exekution eines gültigen Gesetzes, des «Act for the Queen's Safety», das eigens dazu dienen sollte, Maria zur Strecke zu bringen. Schiller hat in «Maria Stuart» diesen Tatbestand aufgegriffen, indem er seiner Heldin im Gespräch mit Lord Burghley den Satz in den Mund legte: «Könnt Ihr es leugnen, Lord, daß jene Akte/Zu meinem Untergang ersonnen ist?» Worauf er den Staatssekretär mit dessen legalem Verstand antworten lässt: «Zu Eurer Warnung sollte sie gereichen,/Zum Fallstrick habt Ihr selber sie gemacht.» Durfte mithin alles einfach seinen vorgeschriebenen Gang gehen? Die Berater ahnten, was ihnen nun bevorstand mit ihrer quälend unentschlossenen Königin.

e *Maria auf dem Weg zur Hinrichtung*

Jetzt sollte eigentlich der Dichter weiterschreiben, so treffsicher hat er Elisabeths Dilemma beschrieben:

> *Das Richterschwert, womit der Mann sich ziert,*
> *Verhaßt ist's in der Frauen Hand. Die Welt*
> *Glaubt nicht an die Gerechtigkeit des Weibes,*
> *Sobald ein Weib das Opfer wird.*

Vor ihrem endgültigen Triumph über die Rivalin springt die Ungeheuerlichkeit der Schicksalsstunde die Frau auf dem englischen Thron an: Ausgerechnet sie soll Richterin spielen über ihre Cousine und etwas noch nie Dagewesenes ausfertigen – das Todesurteil einer Königin gegen eine andere. Sie, die selbst die Hugenotten in Frankreich, die holländischen Rebellen und die schottischen «Lords of the Congregation» nur widerstrebend unterstützt hat, weil sie es für frevelhaft hielt, gegen den von Gott bestimmten Herrscher, sei es ein König oder eine Königin, die Hand zu erheben. Die letzten vier Monate von Marias Leben, so oft beschrieben, sind für Elisabeth eine Tortur der Zweifel. Viele haben ihr den Sieg über die Herausforderin nicht verziehen, bis heute nicht. Samuel Johnson kreidete ihr «die gnadenlose Grausamkeit gegenüber ihrer Cousine» an, und auch Queen Victoria beklagte, «wie ungnädig sie gegenüber meiner Vorfahrin, der schottischen Königin», gewesen sei.

Schon vor der Hinrichtung Maria Stuarts war die englische Königin von der Sorge umgetrieben, sie werde auf die Nachwelt «wie ein Ungeheuer» wirken. Doch das ist nicht das letzte Wort der Geschichte geblieben. Auch Stefan Zweig schreibt in seinem glühenden Porträt Marias, «ihre heldisch-törichte Verwegenheit» sei ihr «zum Verhängnis» geworden. Letztlich lag dem Konflikt ein tragischer Gegensatz zugrunde, der auf die zukünftige Geschichte Englands verweisen sollte. Elisabeth war ganz von dem Prinzip der Legitimität durchdrungen, es war fast eine zweite Religion bei ihr: Wer sich gegen einen Prinzen auflehnt, ist ein Verräter, ein Abtrünniger. Aber sie musste sich einer neuen Denkordnung beugen: der Legalität. Vom Parlament und vom Kronrat wurde sie gezwungen, gegen ihre Überzeugung zu handeln. Unnachgiebig beharrte Cecil, Lord Burghley, auf dem legalistischen Argument: «Man kann einen Staat und seinen Souverän nicht schützen, wenn man Verrat nicht bestraft.» Böse Zungen ließen Elisabeth sogar wissen, wer seine Feindin nicht dem Gesetz entsprechend bestrafe, werde selber zu einem Verräter.

Patrick Collinson, der große Tudor-Forscher, hat überzeugend dargelegt, dass die Vertreter der Legalität, indem sie auf ein der Königin übergeordnetes Prinzip hinwiesen, die Herrschaft des Rechts, die Tendenz zu einer «monarchischen Republik» beförderten, zu der sich England mehr und mehr wandeln sollte. Was bezeichnen wir mit dem heutigen Begriff der «konstitutionellen Monarchie» schließlich anderes, als dass das Königtum lernen musste, sich höheren Grundsätzen zu unterwerfen, dem Gesetz und der Verfassung, die alle binden, auch die höchste Person im Staat? Mit der Exekution Maria Stuarts hatte das Gottesgnadentum seinen Nimbus und seine Rechtfertigung verloren. 62 Jahre später, 1649, wurde diese Entmythologisierung mit der Hinrichtung des Stuart-Königs Karl I. endgültig bestätigt, und mit der Glorreichen Revolution von 1688 wurde der Absolutismus in England abgeschafft. Den Anfang machte 1586 das Todesurteil gegen die schottische Ex-Königin, gegen das sich Elisabeth vergeblich stemmte. Der Lauf der Geschichte war nicht mehr aufzuhalten.

Die Hinrichtung Maria Stuarts muss hier nicht noch einmal in allen Details nacherzählt werden. Maria beharrt auf der Unantastbarkeit ihres Königtums und der Ablehnung englischen Rechts. Elisabeths Aufforderung, sich im Sinne der Anklage als schuldig zu bekennen, weist sie weit von sich: «Als Sünder habe ich gegen meinen Schöpfer verstoßen und bitte ihn um Vergebung. Aber als Königin und Souverän bin ich mir keines Fehlers und keines Delikts bewusst, wofür ich jemandem unter mir Rechenschaft schuldig wäre. Da ich also gegen niemanden verstoßen kann, wünsche ich auch keine Begnadigung. Weder suche ich sie, noch würde ich sie von irgendjemandem unter den Lebenden annehmen.» Es ist ein Standpunkt, den Elisabeth im Grunde teilt: Als göttlich Gesalbte lebt sie nach dem gleichen Prinzip. Selbst dem Gericht erteilt die Schottin Belehrungen: «Hört auf euer Gewissen und denkt daran, die Bühne der Welt ist größer als das Königreich England.»

Das Gewissen – es wird auch zum Zentrum der Qual Elisabeths. Das Urteil gegen Maria Stuart vom 26. Oktober 1586, das auf «landesverräterische Konspiration gegen das Leben der Königin» lautet, liegt ihr vor und auch der Wunsch des Parlaments, «dass auf dieses gerechte Urteil gegen die Tochter des Aufruhrs eine ebenso gerechte Hinrichtung folge». Aber Elisabeth windet sich, den Vollstreckungsbefehl zu unterschreiben. Es folgen drei Monate, in denen sie mit ihrer Entscheidung ringt, Monate einer emotionalen und psychischen Krise – eine seelische Not wie niemals zuvor in ihrer Thronzeit und niemals danach mehr.

Am 12. November begibt sich eine Delegation von Abgeordneten zur Monarchin nach Schloss Richmond, um sie zur Eile zu drängen. Elisabeth weicht aus in einen Bericht über ihre schwierige Lage und die Liebe zu ihrem Volk, für das sie gerne sterben würde, wenn durch ihren Tod ein besserer Monarch gefunden werden könne. Sie lebe einzig dafür, so wendet sie sich an ihre Besucher, «sie vor einem schlimmeren zu bewahren». Dann schwingt sie sich zu einem ihrer rhetorischen Flüge auf: «Um euretwillen und zum Wohl meines Volkes wünsche ich nur noch zu leben, denn für mich selbst sehe ich weder einen bedeutenden Grund zur Freude am Leben noch zur Furcht vor dem Tod. Ich habe diese Welt zur Genüge kennengelernt, ich habe erfahren, was es heißt, ein Untertan zu sein, und was, eine Herrin, was gute Nachbarn sind und was böswillige. Vertrauend habe ich Verrat erlebt und gesehen, wie wenig großes Wohlwollen gewürdigt wird.» An dieser Stelle ihres Redeflusses kommt die Königin endlich zu dem Thema, dessentwillen man sie aufgesucht hat – mit einem frappanten Bekenntnis: Wenn Maria bereuen würde, wäre sie geneigt, sie zu begnadigen.

Ihre Zuhörer reagieren wie angewurzelt auf diese Worte, womit Elisabeth gerechnet haben muss, denn sie fügt rasch hinzu: «Ihr seid hart mit mir, dass ich die Anweisung zu ihrem Tod geben muss, was nichts anderes für mich ist als eine schmerzvolle, belastende Bürde. Wir Prinzen stehen auf Bühnen, unter den Augen der ganzen Welt. Es ist unsere Pflicht, darauf zu achten, dass unsere Handlungen gerecht und ehrenvoll ausfallen» – wobei «gerecht» bei ihr etwas anderes meint als im Parlament, dem einzig die Hinrichtung Marias als gerecht vorschwebt. «We princes are set on stages» – es ist eines der berühmtesten Worte Elisabeths, der zentrale Begriff der Renaissance von der Welt als Bühne beherrscht auch ihr Denken. Shakespeare wird diese Vorstellung 1599 in seinem Drama «Wie es euch gefällt» in die griffige Formulierung gie-

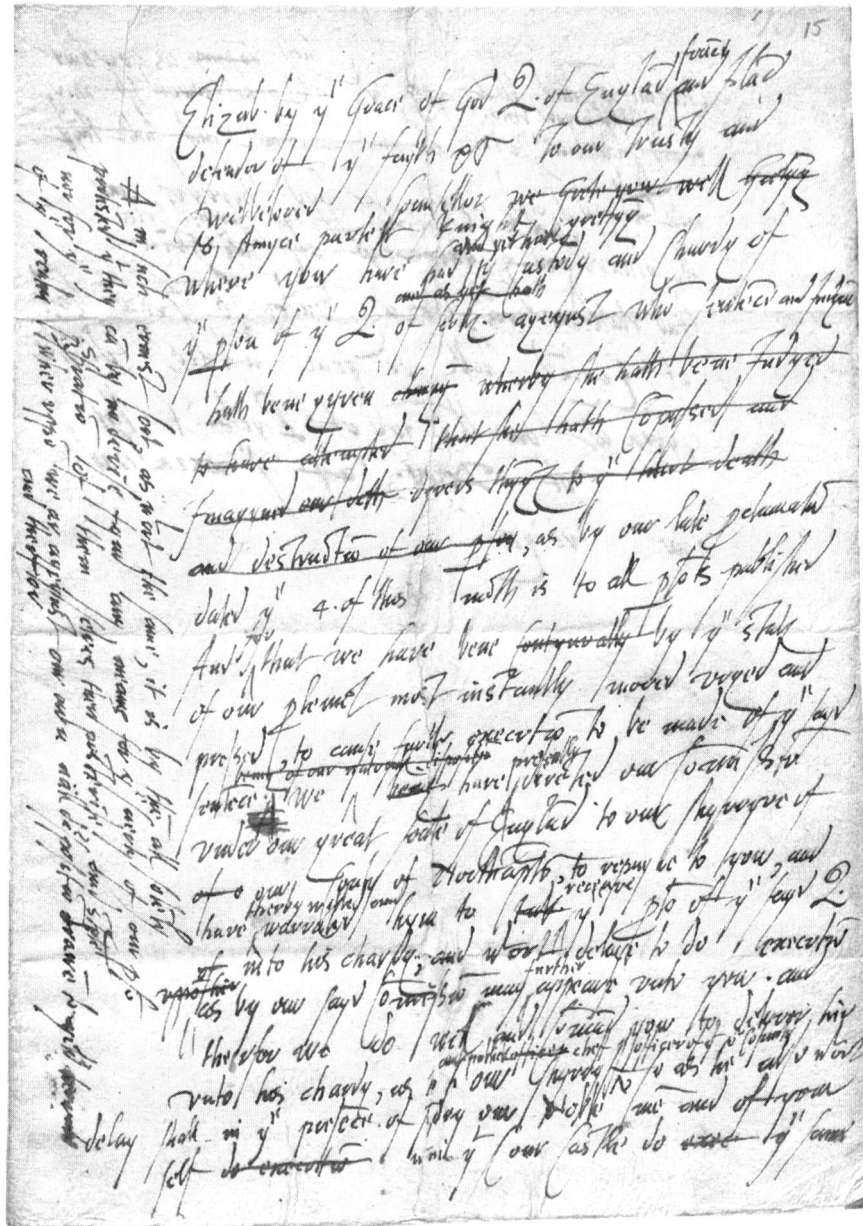

Entwurf von Lord Burghley zum Todesurteil für Maria Stuart, mit seinen handschriftlichen Korrekturen, die Elisabeth die Zustimmung erleichtern sollten

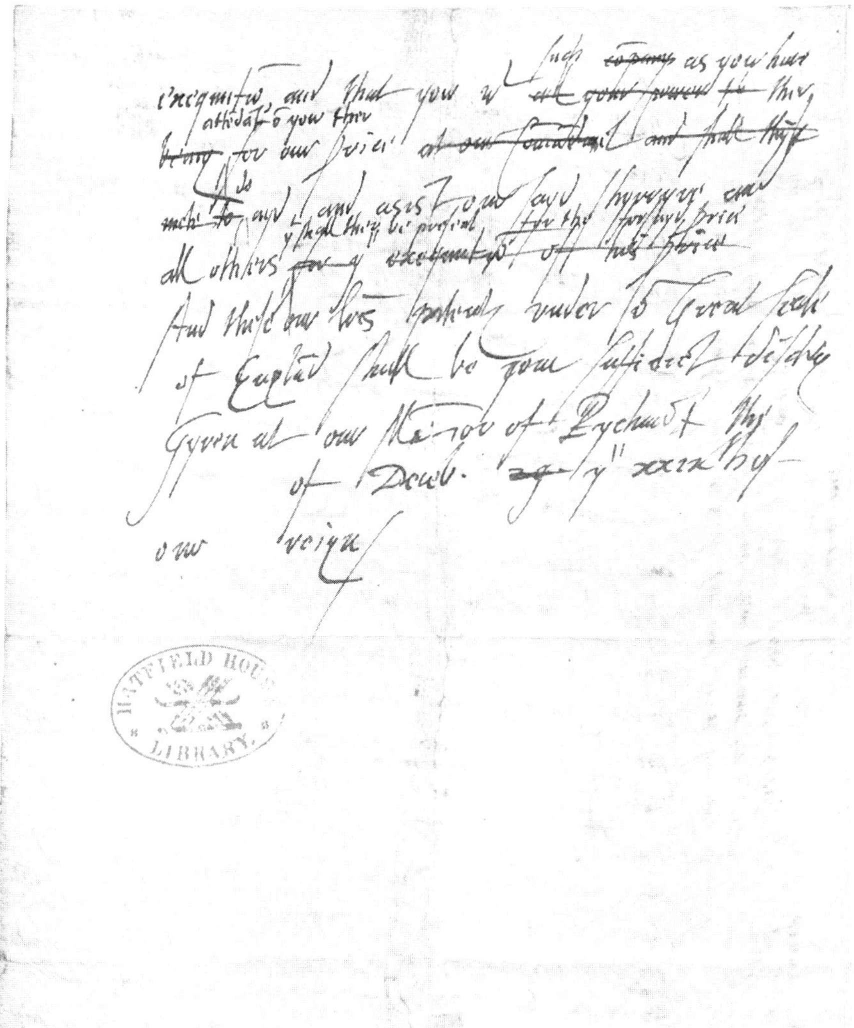
requisite, and that you wt such as you have attendant upon you there
for our service
and assist our said sheriff
all others ye shall think to be present for the furtherance of this our service
And these our letters patents under the Great Seal
of England shall be your sufficient discharge
Given at our Manor of Richmond the
of Dec. the xxix th of
our reign

ßen: «All the world's a stage,/And all the men and women merely players;/They have their exits and their entrances.» In der Schlegel-Tieck'schen Übersetzung lautet das: «Die ganze Welt ist Bühne/und alle Frauen und Männer bloße Spieler;/sie treten auf und gehen wieder ab.»

Aber noch ist das Drama Maria Stuart nicht zu Ende, die Bühne noch nicht abgeräumt. Einige Delegierte sind von den Worten Elisabeths zu Tränen gerührt, andere fürchten, sie werde sich so bald nicht zu einer Entscheidung durchringen: eine Furcht, die bestätigt wird, als sie später den Wunsch der Queen übermittelt bekommen, man möge sehen, wie man mit Maria fertigwerden könne – ohne Hinrichtung. Wie bitte? Etwa durch heimlichen Mord? Vergiften? Diesen Ernstfall hat Maria in den Jahren ihrer Gefangenschaft immer befürchtet. Auch Schiller greift das Thema in «Maria Stuart» auf: «Eh sich ein Henker für mich findet, wird/Noch eher sich ein Mörder dingen lassen», lässt er Maria mutmaßen. Für die historische Elisabeth schien das ein passender Ausweg aus der fatalen Lage zu sein, die Hinrichtung einer gesalbten Königin selber anordnen zu müssen. Konnte denn niemand sie aus dem schrecklichen Dilemma befreien? Diese Herren hatten doch alle 1584 den «Bond of Association» unterschrieben, mit dem Schwur, jeden Rivalen der eigenen Königin zu töten. Waren nicht auch Könige wie Eduard II. (1327) und Richard II. (1400) in ihrer Gefangenschaft heimlich beseitigt worden? «Wie sie sich alle zieren», höhnte Elisabeth, «die Nettigkeit dieser Kerle, die mit Worten große Dinge zum Schutz ihrer Königin versprechen, aber vor der Tat versagen!» Sie wollte die neue Lage partout nicht begreifen, in der der «Act for the Queen's Safety» nach härtester Bestrafung rief, und zwar sichtbar, ausdrücklich, nicht heimlich. Das Gesetz ließ keine Feigheit zu, hier kam es darauf an, ein Exempel der Hoheit des Rechts zu statuieren. Amyas Paulet, dem Elisabeth ihr Ansinnen, Maria verschwiegen aus dem Weg zu schaffen, vortragen ließ, wies es entrüstet von sich: Er werde jetzt nicht mit einer so finsteren Tat «ein Schiffswrack aus seinem Gewissen» machen.

Die Königin, alleingelassen in ihrer Agonie, läuft gegen Wände. Jemand hört sie laut auf Latein vor sich hinsprechen: «Ne feriare, feri» –

«damit du nicht geschlagen wirst, schlage». Immer wieder spricht sie diese Selbstermahnung, abgewandelt auch als «fer aut feri» – «ertrage oder schlage». Auch diese Worte hat Schiller in seinem Drama aufgegriffen, wenn er Burghley zu Elisabeth sagen lässt: «Kein Friede ist mit ihrem Stamm!/Du musst den Streich erleiden oder führen./Ihr Leben ist dein Tod! Ihr Tod dein Leben!» Am 19. November empfängt Elisabeth einen Brief von Maria mit üblichen Beteuerungen wie «Ich werde nicht bereuen, denn es gibt nichts, was ich zu bereuen hätte». Aber da steht auch ein Satz von fast alttestamentarischer Wucht, er geht der Empfängerin unter die Haut: «Während ich mich darauf vorbereite, diese Welt für eine bessere einzutauschen, möchte ich Euch darauf aufmerksam machen: Eines Tages werdet Ihr Euch für Eure Entscheidung verantworten müssen und für alle, die Ihr in den Tod schickt. Es ist mein Wunsch, dass mein Blut (...) immer in Erinnerung bleibt.» Ließ sich die Cousine besser treffen, als indem man Öl ins Feuer ihrer Zweifel goss? Mit ihrer Bereitschaft, als Märtyrerin zu sterben, wollte Maria zugleich sicherstellen, dass Elisabeth auch nicht ein Jota ihrer Tat vergessen könnte.

Als daher am 24. November erneut eine parlamentarische Delegation in Richmond vorspricht, sind in Elisabeths Brust die Zweifel eher gewachsen. In ihrer Unschlüssigkeit findet sie Worte, die legendär geworden sind: «Ich, die ich in meiner Zeit so viele Rebellen begnadigt und so viele Fälle von Verrat mit Augenzwinkern übergangen habe, indem ich sie entweder nicht dingfest machte oder sie einfach mit Schweigen überging – ich soll jetzt zu diesem Vorgehen gezwungen werden, gegen solch eine Person? In meiner Regierungszeit habe ich viele Schmähbücher und Pamphlete gegen mich, mein Reich und meinen Hofstaat erlebt, die mir vorwarfen, ich sei ein Tyrann. Was werden sie jetzt sagen, wenn es heißt, dass eine jungfräuliche Königin aus Sorge um ihre Sicherheit das Blut ihrer eigenen Verwandten vergießt? Dass sie sie opfert? Wie wird das im Volk ankommen, wie in Europa?» Die Abgeordneten wollen aber keine rhetorischen Fragen hören, sondern eine Antwort auf ihr Kernanliegen, die Hinrichtung der schottischen Ex-Königin. Elisabeth weiß das, sie muss eine Antwort geben – und sie gibt sie: «Euer Urteil verdamme ich nicht, noch missverstehe ich eure Gründe dafür. Akzeptiert bitte meine Dankbarkeit, entschuldigt meine Zweifel und nehmt in Wohlwollen meine Antwort hin, antwortlos.» «My answer, answerless» – das wird in der Elisabeth-Literatur zu einer Chiffre für ihre Persönlichkeit, für ihr häufiges Hin und Her, diese nagende Unschlüssigkeit.

Anfang 1587 schließlich greift Walsingham zu einem seiner Tricks, um der Königin endlich das erlösende Wort zu entlocken. Er weiß sich nicht mehr anders zu helfen und lässt verbreiten, der französische Botschafter sei in ein Komplott verwickelt, bei dem unter Elisabeths prunkvollem Bett ein Sprengsatz gezündet werden solle. Auch seien bereits spanische Truppen in Wales gelandet, die Lage spitze sich also zu, wenn die Schottin nicht endlich hingerichtet werde. Die Queen ist zermürbt von ihrer eigenen Unentschiedenheit und alarmiert über die neusten Nachrichten – lauter Erfindungen, aber sie weiß es nicht. Zwei Monate sind seit der Veröffentlichung des Todesurteils vergangen, jetzt geht alles ganz schnell. Am 1. Februar bittet sie ihren Sekretär David Davison zu sich mit dem ausgefertigten Hinrichtungsbefehl, den sie unterschreibt, wobei sie sich einen frivolen Witz erlaubt: «Das wird Walsingham auf der Stelle umbringen!»

Das Dokument soll der Sekretär dem Lordkanzler zur Versiegelung bringen – doch halt, «warum diese Eile», sagt Elisabeth wie zu sich selbst. Davison spürt instinktiv seine gefährdete Lage: Er kann zum Prügelknaben werden, wenn die Dinge in dieser Stunde entgleisen, und so begibt er sich mit dem Dokument zu seiner Sicherheit nicht nur zu Lordkanzler Thomas Bromley, sondern auch zu Cecil, Lord Burghley. Dieser trifft am 3. Februar eine folgenschwere Entscheidung: Er ruft die wichtigsten Mitglieder des Kronrats zusammen und verpflichtet sie zur Verschwiegenheit. Es ist schließlich diese Kommission als Kollektiv, die den Auftrag zur Hinrichtung erteilt, ein jeder mit seiner Unterschrift. Noch einmal will Burghley sich der Unschlüssigkeit Elisabeths nicht aussetzen – es ist ein Akt der Eigenmächtigkeit, des Widerstands gegen den Souverän, den man vor dem letzten Schritt nicht mehr konsultiert, auch dies ein Stück republikanischer Selbständigkeit. Burghley hat das

Dokument, er hat die Unterschrift – das muss reichen. Dann wird das Papier nach Fotheringhay expediert. Maria ist gefasst in dem Bewusstsein, als Märtyrerin ihres Glaubens zu sterben. Der Henker, nervös ob seiner Aufgabe, eine göttlich geweihte Herrscherin zu enthaupten, braucht drei Streiche mit dem Beil, ehe er den Kopf vom Rumpf getrennt hat. Er weiß nicht, dass er seine Hand einem weltgeschichtlichen Vorgang leiht.

Elisabeth quittiert ihn mit einem Anfall von Hysterie, als sie davon einen Tag später erfährt. Die Anspannung der letzten Tage entlädt sich bei ihr in Tränen und Wutausbrüchen, einem Nervenzusammenbruch gleich. Sie habe nicht angeordnet, das Todesurteil nach Fotheringhay zu schicken, zetert sie, es sollte in Reserve bleiben für den Fall künftiger Gefahren für ihren Thron, gewissermaßen als Abschreckung. An Marias Sohn, James VI., schreibt sie, der Tod seiner Mutter sei ein «miserable accident», ein «jämmerlicher Unfall». Heuchelei ist ihre einzige Zuflucht. Um ja keinen Vorwurf der Verantwortung auf sich fallen zu lassen, sieht sie die Schuld für diesen «accident» einzig bei anderen und würde am liebsten den ganzen Kronrat aufhängen lassen, ohne Prozess, für die Missachtung ihrer Autorität. Cecil wird unter wilden Anschuldigungen wie «Verräter, falscher Gleisner, böser Wicht» auf Monate vom Hof verbannt. Der arme Davison kommt vor Gericht, weil er den von der Königin abgezeichneten Hinrichtungsbefehl dem Lordkanzler zum Versiegeln gebracht hat. Diskret, wie er ist, wagt er es nicht, vor dem Richter zu erwähnen, dass Elisabeth Sir Amyas Paulet ersucht hatte, Maria auf heimliche Weise beiseitezuschaffen. Auch den Schwur der zehnköpfigen Kommission, der Königin den Plan ihres Vorgehens zu verschweigen, lässt er unerwähnt. So muss er um sein Leben fürchten.

Sir Edmund Anderson, oberster Richter der Berufungskammer, gibt der Königin Recht. Ihr Prärogativ sei absolut, und sie könne hängen lassen, wen sie wolle, auch ohne den Rechtsweg. Das ruft Burghley auf den Plan. Erschrocken schreibt er einem Freund, er möge weitere Richter, die Elisabeth zum Fall Davison befragen wolle, warnen, was die Majestät von ihnen erwarte. Sie sollen vorsichtig sein in ihren Antworten an die hocherzürnte Queen: «Ich würde nicht erleben wollen, dass eine Frau von solcher Klugheit falsch beraten wird, aus Furcht oder anderen Schwächen – mit einer richterlich bestätigten Ansicht, dass ihr Prärogativ über dem Gesetz stehe. Ich fürchte um den Schaden für ihren Ruf, wenn das bekannt würde.» Viele Berater versuchen, Davison frei und begnadigt zu bekommen. Was letztlich auch gelingt, sogar unter Erlass einer gigantischen Geldstrafe von 10 000 Pfund. Zurückgezogen und sehr verarmt wird er im Osten Londons sein weiteres Leben fristen.

Wenn einer Elisabeth an Scheinheiligkeit übertraf, dann war es der schottische König James VI., Marias Sohn. Er dachte noch vor der Hinrichtung mehr an die Thronfolge in England als daran, seine Mutter zu retten, zumal ihm zu Ohren gekommen war, dass Maria in einer letzten Änderung ihres Testaments ihr Erbrecht am englischen Thron an Philipp II. übertragen hatte. Seine Mutter sei «nicht in der Lage, sich in irgendetwas anderes einzumischen als Gebete und wie sie Gott dienen könne», schrieb er süffisant an Elisabeth, die ihn mit jährlich 5000 Pfund fügsam zu machen pflegte. Noch im Januar 1587 gab er ein halbherziges Plädoyer für die Schonung Marias von sich, aber in einem Schreiben an Leicester ließ er die Maske fallen: «Wie rührend und wankelmütig wäre ich, wenn ich meine Mutter dem Throntitel vorzöge. Meine Religion drängt mich schon immer, den von ihr eingeschlagenen Weg zu hassen, auch wenn meine Ehre mich zwingt, für ihr Leben einzutreten.» Diesem Filius gegenüber brauchte Elisabeth eigentlich nicht zu beteuern, wie unschuldig sie am Tode seiner Mutter sei: Er war völlig mit deren Ende einverstanden, die Schuldfrage interessierte ihn nicht.

Ihre Unschuld beteuerte die Queen auch in Schreiben an ausländische Herrscher: Davison habe das Todesurteil ohne ihre Billigung weitergeleitet. Niemand glaubte es ihr. Dagegen steigerte sich ihre Wut noch – halb ehrlich, halb gespielt – wegen der Reaktionen in Spanien und Frankreich, obwohl diese keineswegs exzessiv ausfielen. In Paris wurde ihr Botschafter auf offener Straße angespuckt, eine Audienz bei Heinrich III. verweigerte man ihm. Zusammen mit seiner Mutter, Katharina de' Medici, nahm der König an einem Requiem für Maria in Notre-Dame teil. Aber gravierende Sanktionen unterblieben: Der französische Monarch hatte genug Mühe mit den widerspenstigen Guisen und wollte die Beziehungen zu England nicht aufs Spiel setzen. In Spanien drängte Dr. Allen – inzwischen Kardinal Allen – den König, England endlich zu seiner «alten Glorie und Freiheit» zurückzuführen. Doch beließ es Philipp vorerst beim Ausdruck seiner Empörung darüber, was die erbarmungslose Elisabeth, seine Schwägerin, ihrer Feindin angetan habe. Im nächsten Jahr allerdings wird er das lang geplante «Enterprise of England» beginnen und die Armada segeln lassen zur Eroberung der Insel.

Elisabeths Furor gegen ihre Berater flaute nur langsam ab. Dabei hatten diese sie doch von einer unerträglichen Last befreit, wenn auch nicht so, wie sie gehofft hatte. Aber auf Burghley und Walsingham konnte sie nicht verzichten, daher wurden beide im Sommer 1587 huldvoll wieder aufgenommen. Die Briefe, die Burghley derweil an Elisabeth schrieb, ließen freilich durchblicken, wie sehr ihn ihr Verhalten kränkte: «Als Ratgeber zu sprechen, so wie ich es früher tat, sehe ich mich durch die Ungnade Eurer Majestät gehindert.» Warum konzedierte sie nie, dass er und die anderen Berater im besten Interesse des Landes gehandelt hatten? Vielleicht wollte sie die Hinrichtung einer Herrscherin nicht mit staatspolitischer Größe gleichgesetzt sehen. Wie ihr junger Cousin Robert Carey kommentierte: «Ich habe sie nie einen tieferen Seufzer ausstoßen hören als nach der Enthauptung der schottischen Königin.» Es war ein Seufzer der Erleichterung – und des tiefen Erschreckens.

KAPITEL 13

Britisches Empire?

a Armada: Eigentlich will Elisabeth den Frieden

William Byrd erfreute sich, obwohl zum Katholizismus konvertiert, als Komponist großer Wertschätzung der Königin. Er und John Dowland waren die führenden Namen ihrer Zeit auf dem Gebiet der Musik, wobei Byrd neben geistlicher Musik auch den populären Stil pflegte, wenn er Texte der Gegenwart in melancholische Lieder verwandelte, wie die folgenden Zeilen auf den Tod der Maria Stuart:

Nobel und hochberühmt,
verlor die Königin ihr Haupt.
Denn Könige und Clowns
sind Schicksals Opfer auch,
sodass kein Erdenprinz
die Krone sicher fühlt.
Denn mächtig ist Fortunas Rad
und holt sie flugs herunter.

Das Rad der Fortuna war auch Elisabeth von Kindheit an ein Begriff. Dem inhärenten Fatalismus dieses mittelalterlichen Konzepts stellte sie ihre private Frömmigkeit entgegen, den Gebetsaustausch mit dem Schöpfer, gleichsam eine spirituelle Sicherheitspolice. Die Herrschaft des Rechts dagegen blieb ihrem Denken fremd, wie auch dem anonymen Dichter der zitierten Verse, der sich keine Macht oberhalb des Herrschers vorstellen konnte als das blinde Walten des Schicksals.

Dem spanischen König aber erschien der Tod Marias wie eine Aufforderung, jetzt endlich gegen die Häretikerin Elisabeth vorzugehen. Die Guisen in Frankreich hatte er 1583 bei der Vorbereitung zur Throckmorton-Verschwörung nur halbherzig unterstützt. Auch als Papst Sixtus V. ihn 1585 aufgefordert hatte, das glorreiche Unternehmen für den Glauben, den Sturz Elisabeths, zu beginnen, war er zurückhaltend gewesen. Vielleicht reichte eine Strafaktion in Irland? Das Umdenken kam mit der Hinrichtung der schottischen Ex-Königin: Jetzt gab es kein Ausweichen mehr vor dem Argument des Papstes, dass ein Kreuzzug zur Wiederherstellung des rechten Glaubens in England geführt werden müsse. Und hatte Maria in ihrem letzten Testament nicht ihn, Philipp, als Erben ihrer Thronrechte auf der Insel eingesetzt? Zwar winkte Philipp ab – sein Reich sei ausgedehnt genug. Dafür sollte die englische Erbfolge jetzt auf seine Tochter, die Infantin Isabella, zulaufen.

Für das Ende seiner Zurückhaltung war freilich noch ein anderer Grund ausschlaggebend: Zuvor hatten noch Zweifel bestanden, ob es eigentlich im spanischen Interesse lag, so entschieden für Maria Stuart, die Schwägerin der französischen Könige, auf dem englischen Thron einzutreten. Frankeich war nach wie vor Spaniens größter Konkurrent auf dem Kontinent – musste es da nicht im höchsten Maße kontraproduktiv wirken, eine Französin, die Maria Stuart bis zu ihrem Tode war, als Prätendentin in England zu favorisieren? Die Enthauptung in Fotheringhay am 8. Februar 1587 erledigte auch dieses Problem auf einen Schlag.

Darauf stellte sich auch Elisabeth ein – das «Enterprise of England», der Versuch einer Invasion, würde näher rücken. Der unerklärte Krieg mit Spanien steuerte seinem «point of no return» entgegen, seit Philipp im Mai 1585 englische Schiffe in spanischen Häfen beschlagnahmt hatte als Vergeltungsmaßnahme für die ständigen Belästigungen der Meeresroute in seine Kolonien. Umgekehrt hatte Elisabeth, während sie Leicesters Entsendung in die Niederlande erwog, Francis Drake zu einer neuerlichen Herausforderung der spanischen Seefahrt ermuntert – einer Strafexpedition mit 22 Schiffen und 2000 Mann in die Karibik, wo er Santo Domingo, Havanna und Cartagena, die Hauptstadt des spanischen Herrschaftsgebiets, brandschatzte. Die Kampagne hatte das Ziel, Philipp außerhalb Europas zu beschäftigen, ihn von den Niederlanden abzulenken und ihm gleichzeitig die wachsende englische Seemacht vor Augen zu führen. Nach außen aber tat Elisabeth so, als habe sie nichts mit Drake, dem lizensierten Piraten in ihren Diensten, zu tun.

Zwei Jahre später gab es an den spanischen Vorbereitungen der Invasion nichts mehr zu deuteln. Und so beauftragte die Königin schon im April 1587, zwei Monate nach Maria Stuarts Hinrichtung, Drake damit, die Flotte des Gegners, vor allem den Nahrungsnachschub, zu stören und sie dabei zu behindern, sich auf dem möglichen Weg nach England oder Irland zusammenzuziehen. Doch wieder einmal wurde sie von ihrer bekannten Krankheit – wenn es denn eine war – befallen, dem Ausrichten ihrer Gedanken in zwei Richtungen: hier das Auftrumpfen gegenüber Spanien, dort der Versuch, auf dem Verhandlungsweg einen Ausgleich mit Madrid zu erreichen. Provokation und Pazifismus bekämpften sich in ihrer Seele. Sie zweifelte, ob England, unterlegen an territorialer Größe und wirtschaftlicher Kraft, der geschichtlichen Stunde gewachsen war. Seine Bevölkerungszahl – an die 4 Millionen – wurde von Frankreich um das Vierfache, von Spanien um das Doppelte übertroffen. Imperiale Ambitionen kannte die Queen ohnehin nicht, und Krieg schien ihr schon immer eine Verschwendung kostbarer Ressourcen. Auch mitten im englischen Einsatz in Holland (siehe Kap. 11g) hatte sie Friedensverhandlungen gesucht und Leicester eingeschärft, einen «defensiven Krieg» zu führen. Könne man wissen, ob Spanien nicht plötzlich einlenken würde?

Den Astrologen und Philosophen des Okkulten John Dee, der bereits ihren Krönungstag im Januar 1559 festgelegt hatte, bat sie auch diesmal um ein Horoskop, und das fiel günstig aus: Frieden mit Spanien schien erreichbar. Das war reines Wunschdenken. Wider alle Indizien, dass Philipp diesmal die Auseinandersetzung suchen würde, überredete sich Elisabeth, dass in seinem Innern doch auch der Spanier nur den Frieden wolle. So schickte sie Drake, der bereits aufgebrochen war, eine restriktive Order hinterher: Auf keinen Fall sollte er spanische Häfen angreifen oder feindselige Operationen an Land starten. Doch das

Schreiben erreichte ihren Kapitän leider nicht mehr. Am 19. April 1587 segelte er in den Hafen von Cádiz und zerstörte 37 der dort ankernden Schiffe durch Feuer und eine Orgie der Bombardierung. Er habe leider nicht mehr erreicht, als «den Bart des spanischen Königs zu versengen», so der Weltumsegler Drake in dem großspurigen Stil, der ihm eigen war. Auf dem Rückweg gelang ihm ein fast noch wichtigerer Coup: Am Kap St. Vincente eroberte er spanische Ein-Jahres-Vorräte an Eichenplanken und Eisenringen zur Herstellung von Fässern für Wasser und Proviant – ein schwerer Rückschlag für Madrid. Es musste seine Vorräte einstweilen in unversiegelten, leckenden Fässern verstauen, wo das Wasser schneller ausging und die Nahrung verrottete. Das warf die Planung für die Armada um mehr als ein Jahr zurück.

Elisabeth war dies eher peinlich, hatte sie doch bereits erste Friedensfühler zu Alexander Farnese, dem Herzog von Parma und gefürchteten Heerführer in den spanischen Niederlanden, ausgestreckt: Er könne die nördlichen Provinzen Holland und Zeeland haben und die englischen Garnisonen dazu, wenn Philipp II. auf die Invasion verzichtete. Sie schlug sogar eine Friedenskonferenz in Emden vor, unter Vermittlung von König Frederick II. von Dänemark und Norwegen, einem Protestanten. Das lehnte Philipp allein schon aus Gründen der Religion ab. Der Rest des Jahres 1587 ging dann mit fruchtlosen Verhandlungen dahin. Leicester wütete: «Wir müssen abrüsten und uns schwächen, während der Spanier seine Kräfte stärkt.» Im Dezember haben Elisabeth und er einen deftigen Streit, bei dem die Königin ihren Favoriten mit Armen und Fäusten traktiert: Es gehöre sich für sie, auf jeden Fall freundlich mit Spanien umzugehen. Drake habe nie in offener Seeschlacht gekämpft, «und ich sehe nicht, was für einen Schaden er dem Feind zugefügt hat, außer ihn zu reizen, zum beträchtlichen Nachteil für mich». Drake, der im Herbst 1587 zum General befördert wurde, muss sogar eine Zeitlang seine Schiffe außer Dienst stellen.

Nein, in das Stereotyp, das Bischof Aylmer bei ihrer Thronbesteigung aufrief, um die Öffentlichkeit zu beruhigen, passte Elisabeth ganz und gar nicht. Die Frau an der Spitze des Landes sei «ein Mann ehrenhalber», hatte der Bischof reichlich herablassend gemeint. 1588 war ihr

Jahr, sie musste sich mit niemandem vergleichen und war buchstäblich eine Königin «sui generis». Ihre Kriegsziele? An erster Stelle, England vor einer Invasion zu bewahren und die spanische Armee zu bewegen, die Niederlande, Englands Gegenküste, zu verlassen. Handel mit Spanien schwebte ihr vor, nicht Gegnerschaft; ihr Sinn stand nicht nach militärischer Glorie. Leider hatte sie, die Rationalistin, keine Vorstellung davon, wie eisern Philipp an seinem Monopol auf die Seeroute in die Neue Welt festhielt. «Die Dreistigkeit der Engländer ist unerträglich», hatte der König zudem nach dem Vorfall von Cádiz seinen Kronrat wissen lassen.

Solange der Draht zum Herzog von Parma – die Gespräche begannen im März 1588 – funktionsfähig schien, verfügte Elisabeth, dass die einsatztaugliche Stärke der Seestreitkräfte nur für sechs Wochen aufrechtzuhalten sei, eine Frist, binnen derer sie hoffte, mit Parma eine Übereinkunft zu erzielen. Walsingham und die Schiffskommandeure zeterten und hielten das für geradezu unverantwortlich. Die Königin hatte zwar keine Erfahrung mit einem Krieg in großem Stil und den erforderlichen Maßnahmen. Dafür kannte sie die Inkompetenz mancher Anführer und die flagrante Unterschlagung von Geld und Materialien, wie sie beim Einsatz in Holland an der Tagesordnung war (siehe Kap. 11g). Der Aderlass ihrer Finanzen in den Niederlanden, wo es an fähiger und ehrlicher Überwachung der Kosten fehlte, entsetzte sie. Nach ihrem Tod 1603 sollten die Kriegskosten ihrer Ära von den Finanzwächtern des Hofes aufgrund vorhandener Dokumente gründlich ermittelt werden: Der Ausgabenposten für die Niederlande war nach dem für Irland der zweithöchste und belief sich auf 1 924 000 Pfund, das sind nach heutiger Währung über 227 Millionen Pfund. Doch die Königin konnte ihrer Umgebung nicht verständlich machen, was es hieß, wenn Geld einfach versickerte. Nie mehr!, so ihre Devise, schon gar nicht in der Auseinandersetzung mit Spanien, die sie zu vermeiden hoffte. Daher behielt sie unter anderem Verproviantierung und Ausrüstung in eigener Hand und gestattete Musterung wie Bevorratung jeweils nur für kurze Perioden – die frühe Version einer «Just in time»-Philosophie. Aber passte das zur Vorbereitung auf eine Seeschlacht? Lord Howard of Effingham, der Lord High Admiral, lehnte sich auf: «Sparen und Krieg führen gehen nicht zusammen», befand auch er. Ein Satz wie dieser versteifte nur Elisabeths Widerstand. Am Ende mussten die englischen Seeleute ihren Dienst mit gekürzten Rationen absolvieren und zum Teil mit Schießpulver von gekaperten Schiffen.

Noch am 8. Juli 1588 schreibt Elisabeth an Parma, wenn tragbare Friedenskonditionen gut begründet angeboten würden, werde sie nicht zögern, diese anzunehmen. Doch am 17. Juli bricht sie, von der Erfolglosigkeit ihrer Politik endlich überzeugt, die Gespräche ab – zwei Tage bevor die Armada beim «Lizard» in Cornwall gesichtet wird (siehe Kap. 1).

Aber ganz so sorglos, wie es aufgrund ihrer Friedensbemühungen aussah, näherte sich Elisabeth dem Duell mit Spanien dann doch nicht. Wie stand es zum Beispiel um den Schutz des Landes, falls es dem Feind gelingen sollte, den Fuß auf englischen Boden zu setzen? Ein stehendes Heer hatte die Monarchin nicht zur Verfügung – wie wollte sie da für eine Auseinandersetzung, wenn der Seesieg nicht gelang, gerüstet sein? Statt das Parlament zu einer Notsitzung einzubestellen, verfiel sie auf andere Maßnahmen, um Geld und Militär aufzubringen, unter Einsatz ihrer königlichen Aura – ein Triumph der Tudor-Monarchie als eines personalen Regimes: Sie beschaffte sich Darlehen von Kaufleuten aus der Londoner City zu niedrigen Zinsen; sie erhöhte die Steuerabgaben von Küstenstädten; sie erwartete von ihren Paladinen aus den höheren Rängen Lanzen und Pferde nach deren jeweiligem Vermögen. Und siehe da – gehorsamst stellte Sir Christopher Hatton 400 Männer ab, samt ihrer Bezahlung, der Earl of Warwick 360, Lord Burghley 350, und selbst Walsingham, eigentlich kein Militär, verpflichtete sich zu voll eingepanzerten 50 Lanzenträgern, 10 Artilleristen und 200 Fußsoldaten. Andere Höflinge, Adlige und Angehörige der Gentry folgten dem Beispiel, wo und wie sie nur konnten. Grafschaften und Gemeinden ließen sich, obwohl der Militärdienst eigentlich höchst unpopulär war, nicht lumpen. Mehr als nur Darlehen erwartete der Kronrat im Auftrag Elisabeths auch von der City – mindestens 5000 Männer und 15 Schiffe. Die Antwort fiel überwältigend aus: Es wurden 10 000 Männer und

30 Schiffe, alle gefechtsbereit. Bis Ende Juli hatte Elisabeth auf diese Weise 50 000 Fußsoldaten und 10 000 Berittene zusammen, viele Katholiken darunter, die – wie sie vorausgesagt hatte – ihren Patriotismus, ihren Dienst an der Königin höher achteten als die päpstliche Bulle oder die ständigen Aufforderungen zum Widerstand, die Kardinal Allen aus Rom nach England schleuderte.

Gut gerüstet konnte man die rasch Einberufenen freilich nicht nennen. Es waren meist Handwerker und Bauern, untrainiert und mäßig bis schlecht versorgt, ohne Kriegserfahrung, doch beseelt vom Hass auf Spanien. Leicester mit seinen 4000 Mann in Tilbury wurde zum Queen's Lieutenant und Captain-General über die Gesamtheit der zusammengewürfelten Streitkräfte ernannt. Man darf bezweifeln, dass diese gegen Parmas erfahrene Berufsarmee eine Chance gehabt hätten.

Im Geist der Aufrüstung durfte natürlich die geistliche Vorbereitung nicht fehlen. Als der Königin dämmerte, dass das Schicksal ihr den erhofften Frieden wohl doch nicht bringen würde, trug sie dem Leiter der Zeremonien an der Royal Chapel in Westminster, Anthony Martin, auf, ein Gebet zu formulieren und es in den Kirchen verlesen zu lassen. Es war durchdrungen von ihrer Bereitschaft für das Unvermeidliche: «Herr Gott, himmlischer Vater, Herr der Heerscharen, ohne dessen Vorhersehung nichts vonstattengeht und ohne dessen Gnade nichts gerettet wird (...), erbarme Dich der Heimsuchung Deiner Kirche, insonderheit Deiner Dienerin Elisabeth, unserer hochgeehrten Königin, zu der Deine aufgelösten Kinder fliehen. Siehe, wie die Fürsten ringsum sich zusammen tun gegen sie, die bestrebt ist, Deinen Altarraum rein zu halten! Bedenke, oh Herr, wie lange sie schon für den Frieden arbeitet, doch wie stolz ihr Volk sich bereitfindet zum Kampf! Erhebe Dich daher und vertritt Dein Anliegen und sei der Richter zwischen ihr und ihren Feinden. Sie sucht nicht die Herrschaft über andere, sondern ihre gerechte Verteidigung, nicht das Vergießen christlichen Blutes, sondern den Schutz bedrängter Seelen. (...) Lass die Furcht vor Deiner Dienerin von den Herzen ihrer Feinde Besitz ergreifen. Dein sind das Anliegen, die Feinde, die Verstörten, die Ehre, der Sieg und der Triumph, Dein soll alles sein. (...) Segne ihre Streitkräfte zu Wasser und zu

Land. Schenke ihrem Volk ein Herz, einen Geist, eine Stärke, zur Verteidigung ihrer Person, ihres Reiches und Deiner wahren Religion. Gib allen ihren Beratern und Kapitänen Weisheit, Vorsicht und Mut, auf dass sie der Macht unserer Feinde widerstehen und den Ruf der Heiligen Schrift bis ans Ende der Welt tragen.»

Elisabeth war vom nationalen Interesse ihres Landes erfüllt, nicht anders als ihr Gegner, Philipp II., von dem Spaniens. Beide beriefen sie sich dabei auf den Allerhöchsten als ihren großen Fürsprecher. Anrufungen des Schöpfers waren gleichsam comme il faut, wie sie es noch lange sein sollten bei den kriegführenden Parteien Europas. Auch der Ausgang der Armada-Schlacht wurde in England durchaus als Schiedsspruch zugunsten der Reformation gedeutet – ein «protestantischer Wind» hatte die Spanier von der englischen Küste vertrieben. War Gott nicht ein Engländer? Nur Montaigne, der «Entdecker des Ich», wie Richard Friedenthal ihn genannt hat, wehrte sich zur gleichen Zeit mit skeptischer Zunge gegen solche Vereinnahmung Gottes: «Man sehe nur die schauderhafte Unverschämtheit, mit der wir wie beim Ballspiel mit ‹Gottes Willen› umherschlagen, wie skrupellos wir ihn verworfen oder proklamiert haben, je nachdem das Schicksal uns Stellungswechsel im öffentlichen Streit anbefahl.»

Das Gebet, das der Geistliche auf Bitten Elisabeths und in ihrem Sinne verfasste, verfährt freilich vorsichtiger, ohne jeden Hurra-Patriotismus, wie er spätere Jahrhunderte verseuchte, auch ohne den vorweggenommenen Triumphalismus Philipps und seiner Mannen. Denn Elisabeth spricht von «gerechter Verteidigung», der Verteidigung ihres Reiches, das Gebet atmet den Geist der Defensive, nicht des Angriffs. Die Königin ist in allen Äußerungen, ob ihren eigenen oder solchen in ihrem Namen, darauf bedacht, dem Gedanken an Eroberung keinen Raum zu geben. «Ich will keine Kriege führen, sondern mich für Verteidigung wappnen», belehrte sie noch 1597 ihren Kronrat. Damit überragt sie ihr Jahrhundert und viele Generationen nach ihr. Es wird auch ihr Kompass sein, wenn sie den Befürwortern territorialer Expansion ihren Zweifel entgegenhält, was denn in fremden Ländern außer kommerziellem Vorteil zu gewinnen sei. Erst nach ihr begann die schrittweise Entfaltung des Britischen Empire, dessen Anfänge sie freilich unbeabsichtigt beförderte, erpicht, wie sie war auf immer weiter ausgreifenden, weltweiten Handel. Aber sich auf neuem englischen Festland festzusetzen und Besitz zu ergreifen besaß im Katalog ihrer Ziele keinen Vorrang.

Übrigens muss auch Philipp nach der Armada-Schlacht stutzig ob der Annahme geworden sein, dass Gott solche Unternehmungen leite. Garret Mattingly berichtet in seinem nie übertroffenen Meisterwerk «The Armada» (1959) folgende Anekdote aus der Zeit nach der spanischen Niederlage: Der König geht in Gedanken vertieft durch den Garten des Escorial, da hört er, wie der Gärtner, glücklich mit seiner Arbeit an einem Birnbaum an der Südmauer des Gartens, laut vor sich hinspricht, nun könne Gott doch nicht anders, als die Frucht des Baumes vor Fäulnis zu bewahren. «Bruder Nikolaus, Bruder Nikolaus, Vorsicht, was du da sagst!», so der König. «Es ist unfromm, ja fast eine Blasphemie, zu tun, als kennten wir Gottes Willen. Das rührt an die Sünde des Hochmuts. Selbst Könige, Bruder Nikolaus, müssen sich fügen, von Gottes Willen geführt zu werden, ohne ihn zu kennen. Sie dürfen nie danach trachten, ihn einzukalkulieren.»

Weniger über Gottes Ratschluss als über den ihrer Königin hatten die englischen Mannschaften nach dem Sieg über die Armada zu rätseln – und zu murren. Erschrocken über die Kosten der Schlacht, ließ Elisabeth sich erneut von ihrer alten Sparsamkeit überkommen. Über Nacht schien sie ihr Versprechen aus der Rede in Tilbury vergessen zu haben: «Wir versichern euch, mit dem Wort eines Prinzen, euer Lohn wird euch gebührend ausbezahlt.» Lord Burghley ließ sich mit einer ironischen Bemerkung vernehmen: «Ich wundere mich, warum die Bezahlung für so viele, die auf hoher See starben, mit ihnen nicht gestorben ist.» Glaubten er und seine Herrin, erneut einer grassierenden Veruntreuung wie in Holland beizuwohnen? Jedenfalls war von «gebührender» Entlohnung der Armada-Helden nicht mehr die Rede. Die in Tilbury zusammengezogene Infanterie wurde rasch demobilisiert, damit die Soldaten noch in der Ernte mithelfen konnten, und die Bezahlung für sie ließ Wochen auf sich warten; nur wenig von dem Versprochenen erreichte die Empfänger. Die Seeleute, die schon karge Essrationen gewohnt waren, gingen teilweise gänzlich leer aus, nicht nur pekuniär. Da mussten berühmte Kapitäne wie Drake und Hawkins aus eigener Tasche auffüllen, was der königliche Sparwille vorenthielt, und sich – ebenso wie Lord Admiral Howard of Effingham – mit Bohnen, der Speise der Bauern, begnügen, während die Mannschaften zum Teil ihren eigenen Urin tranken. Eine Ruhr-Epidemie brach aus, die Leute wurden krank an Land gebracht, siechten in den Straßen von Margate in Kent dahin und starben. Wein, Pfeilwurz und andere Linderungen bezahlten die Kommandeure aus eigener Tasche, ohne Elisabeth davon überzeugen zu können, was die Lage erforderte.

Heldentum und hehre Rhetorik enthüllten nun ihre Kehrseite, und es würde nicht lange dauern, bis die gleichen Truppen, die die Königin in Tilbury begeistert gefeiert hatten, sie wegen gebrochener Versprechen verfluchen würden. Doch die Nachwelt schob, was an Elisabeths Verhalten eigentlich unverzeihlich war, beiseite, geblendet von dem strahlenden Sieg. Die Wissenschaft dagegen findet bis heute keine Entschuldigung für ihre Pflichtvergessenheit gegenüber ihren Getreuen von 1588, allenfalls einen mildernden Umstand: Weniger als einen Monat nach der Armada-Schlacht, am 4. September, starb Robert Dudley, Graf Leicester, 55-jährig. Er war ihr Altersgenosse, «Sweet Robin», ihr Halt und Intimus, ihr Sparringpartner, Widerpart und doch Begleiter in vielen Lebenslagen seit ihrer Jugend. Seit längerer Zeit von einem Magenleiden geplagt, hatte sich der Graf auf den Weg zu den Bädern von Buxton in Derbyshire gemacht, doch kam er nicht weiter als zu seiner Jagdhütte in Cornbury Park in Oxfordshire, wo er starb. Elisabeth war wie zerstört von der Nachricht, sie schloss sich für Tage in ihrem Schlafgemach ein, bis Burghley befahl, die Tür aufzubrechen und sich Zutritt zur Monarchin zu erzwingen.

Bald danach erhielt sie Leicesters letzten Brief an sie, geschrieben am 28. August von unterwegs. Sie bewahrte ihn für den Rest ihres Lebens an ihrer Bettseite, wo man ihn nach ihrem Tod in einem Schmuckkästchen fand, überschrieben mit «Sein letzter Brief»: «Vor und über allem anderen gedenke ich meiner huldvollen Königin, deren Geschöpf ich unter ihr gewesen bin und die mir immer eine schöne und fürstliche Gebieterin war. Möge Eure Majestät ihrem armen alten Diener verzeihen, dass er zu wissen begehrt, wie es ihr geht und wie ihre jüngsten Schmerzen gelindert wurden, denn mehr als um alles in der Welt bete ich für Gesundheit und ein langes Leben für Euch. Was mich angeht, so fühle ich mich mit der Medizin, die Ihr mir gabt, schon viel besser. So hoffe ich in den Bädern auf eine vollkommene Kur, in ständigem Gebet für das glückliche Wohlbefinden Eurer Majestät. Ich küsse untertänigst Euren Fuß. Majestäts treuester und gehorsamster Diener, R. Leicester.»

b Vergebliche Suche nach der Nordwest-Passage

Neun Monate vor Elisabeths Ankunft auf dem Thron, im Januar 1558, zerbrach eine Brücke zwischen England und dem Kontinent: Calais ging verloren, der letzte englische Stützpunkt auf dem Festland. Damit wurde England auch im politischen Sinn eine Insel, wie an den Rand Europas gedrängt. Gebildete Zeitgenossen fühlten sich an Vergil, den Dichter der römischen Klassik, erinnert, der in der ersten Ekloge seiner «Bucolica» («Hirtengedichte») von zwei wie heimatvertrieben umherwandernden Hirten handelt, die das Los von ihresgleichen beklagen: Wandern doch manche sogar «weit zu den Britanniern, die jenseits wohnen vom Erdkreis» – «toto divisos orbe Britannos». Schon 1604 übersetzte Ben Jonson, namhafter Dramatiker der Zeit, diese Stelle mit einem Touch Nationalstolz, als «eine Welt getrennt von der übrigen Welt». Elisabeths Zeitgenossen jedoch fühlten sich alles andere als geborgen in dieser separaten Existenz. Der «Erdkreis» war zwar nicht mehr identisch mit dem Imperium Romanum aus Vergils Zeit, die Welt expandierte, und Entdeckungsfahrten von Kolumbus, Vasco da Gama, Amerigo Vespucci, Giovanni da Verrazzano oder Magellan hatten die Sicht auf neue Horizonte und Kontinente geweitet. Aber Europa galt als die Heimat der zivilisierten Welt, als Schrittmacher von Humanismus und Renaissance. Hier gaben Italien, Spanien bzw. Habsburg und Frankreich, katholische Nationen, den Ton an, nicht nur in der Kultur, sondern vor allem im politischen Wettbewerb des Zeitalters. Mit dem einen oder anderen dieser Länder stand England weiterhin in Verbindung, auch bündnispolitisch, doch fehlte jetzt eine psychologische Brücke zu Europa. Die Lage rief nach einer neuen Definition der englischen Raison d'être.

Darüber hatte der Kronrat bereits mit dem jugendlichen Heinrich VIII. bald nach dessen Thronbesteigung 1509 diskutiert, als einer der Notablen in der Beratungsrunde sich mit der dringenden Empfehlung vorwagte: «Sire, lassen wir in Gottes Namen von unseren Versuchen ab, uns auf dem Festland festzusetzen. Die natürliche Lage von Inseln verträgt sich mit Unternehmen solcher Art nicht. England allein und für sich ist ein gehöriges und wohl begründetes Reich. Wenn wir uns aber ausdehnen wollen, dann möge es in der Richtung geschehen, in der wir dazu imstande sind und zu welcher die ewige Vorsehung uns bestimmt hat – nämlich über das Meer.»

Doch erst allmählich lernte die Insel, aus der Not eine Tugend zu machen und ihre isolierte Geographie als Ausgangspunkt eines historischen Abenteuers zu definieren: der Ausfahrt über die Meere. Heinrich VIII. zum Beispiel folgte der Empfehlung aus dem Kronrat keineswegs. Zwar entwickelte er großes Interesse an seiner Navy, modernisierte die Schiffe, machte sie wendiger und erhöhte ihre Feuerkraft mit mehr und besseren Kanonen an Bord, was seiner Tochter bei der Schlacht gegen die Armada sehr zugutekam. Die Marine wurde zu einem Faktor seines Renommees, doch war sie mehr ein Prestigeobjekt, mit dem er prunken konnte, als ein Instrument maritimer Machtentfaltung. Sein Instinkt richtete sich weiterhin auf den Kontinent als Paukbogen der Auseinandersetzung mit Frankreich. So dauerte es bis über die Mitte des Jahrhunderts hinaus, ehe England, der Spätling der Entdeckungsreisenden, sich seiner maritimen Berufung bewusst wurde und an der Seite Spaniens und Portugals, der führenden Kolonialmächte, in Erscheinung trat. Wohlgemerkt nicht als kriegerischer oder gar kolonialer Konkurrent, sondern als ein Land mit hochentwickelten kaufmännischen und seemännischen Talenten und dem Willen, daraus kommerzielles Kapital zu schlagen.

Seit Langem geisterte in den führenden Köpfen die Vorstellung eines Seeweges nach «Cathay» – China – umher, der Unabhängigkeit von den

Handelsströmen der Spanier und Portugiesen versprach. Schon 1553, noch unter Eduard VI., war eine Expedition von Sir Hugh Willoughby und seinem Lotsen Richard Chancellor mit drei Seglern nach Nordskandinavien aufgebrochen in der Hoffnung, die begehrte Route nach Asien zu erschließen. Nach Umschiffung des Nordkaps jedoch wurde die kleine Flotte zersprengt – Willoughby und seine Mannschaft fand man ein Jahr später in den eisigen Polarwüsten erfroren auf. Richard Chancellor dagegen drang ins Weiße Meer vor, dann, von örtlicher Hilfe unterstützt, nach Archangelsk und von dort landeinwärts bis nach Moskau, wo er mit Zar Iwan IV., dem «Schrecklichen», Handelsbeziehungen aufnehmen konnte. Das führte unter Mary I. zwei Jahre später zur Gründung der ersten königlichen Handelsgesellschaft, der «Muscovy Company». Anthony Jenkinson erwies sich schließlich als erfolgreicher Erbe dieser frühen Versuche und konnte auf vier Vorstößen bis ins Innere des Zarenreiches den Russland-Handel in Schwung bringen. Für Elisabeth wurden diese Abenteurer und Entdecker ihre Botschafter in Gebieten, in die noch keiner ihrer Diplomaten vorgedrungen war.

Aber der eigentlich lockende Seeweg, den es zu entdecken galt, war die sagenumwobene «Nordwest-Passage» zwischen Asien und Amerika, von Philosophen und Kartographen die «Straße von Anian» genannt. Sie, so dachte man, sei der beste Weg zum Reichtum des Ostens, nach China und Indien. Aber welche Risiken lagen vor den Wagemutigen, die sich in die nördliche Weite des heutigen Kanada wagten, in ein erbarmungsloses Klima, alleingelassen mit ihrer Hoffnung auf die Lösung eines geographischen Rätsels!

Von Florida im Süden des nördlichen Amerika bis Neufundland und der Hudson Bay im Norden winkten den Seefahrern Schiffbrüche, Kälte, Hitze, berghohe Wellen, Mangel an Nahrung und Trinkwasser – bis immer wieder die Frage herantrat: Weitersegeln oder umkehren? Wer es überstand, schmückte das Erlebnis mit phantastischen Erscheinungen aus, die ihm angeblich zu Gesicht gekommen waren: mythischen Wesen, See-Einhörnern, Monstern, Bergen von gnadenlosem Eis oder geisterhafter Hitze, menschenfressenden Eingeborenen oder neuen Krankheiten wie dem Seedelirium, einem Fieber, das die blaue

See wie ein grünes Feld aussehen ließ, auf das der Befallene sich stürzte. Dennoch: Für die Männer aus Devon, Bristol oder London waren diese unbekannten Welten ein Archipel der Wunder und Märchen. Er wartete auf Entdeckungen durch Leute, die ihr Leben dreingaben oder, wenn erfolgreich, mit Reichtümern gesegnet nach Hause zurückkehrten und in der Taverne davon berichten konnten. Die nackte Alternative lautete «do or die», Überleben oder Tod. Die Leistung von Francis Drake ist noch immer kaum begreiflich, der von Dezember 1577 bis September 1580 plündernd die Welt umsegelte – über die Südspitze Lateinamerikas, entlang der Westküste des Halbkontinents bis nach Kalifornien («Nova Albion»), dann über den Pazifik, die Molukken, und über das Kap der Guten Hoffnung zurück nach Plymouth in Devon. Das alles in der Nussschale von einem Schiff, der «Golden Hind» («Hindin»), die gerade einmal zwanzig Meter lang, sieben Meter breit und vier Meter hoch war vom Deck zum Kiel. Ein epochales Ereignis.

Der Süden der atlantischen Küste Nordamerikas war England versperrt, das spanische Kolonialreich in der Karibik erst recht, durch das Handelsmonopol, das Papst Alexander VI. mit dem Vertrag von Tordesillas den Spaniern konzediert hatte, das England allerdings vehement bestritt. Gegen dieses Monopol brachte Elisabeth ihre «sea dogs» in Stellung und ermunterte gleichzeitig die zu Reisen ins Unbekannte bereiten Kapitäne, Territorien in Gegenden auszukundschaften, die noch «von keinem christlichen Prinzen» erobert worden waren. Aber die Königin fühlte sich, wie schon erwähnt, nicht von imperialen Ambitionen angetrieben, sie spielte ihre Karten eher wie den nötigen Einsatz in einer zeitgenössischen Lotterie, an der man sich beteiligen musste. Motor war die Hoffnung auf erweiterten Handel. Ihr Großvater Heinrich VII. hatte bereits 1497 John Cabot zu den Fischgründen Neufundlands segeln lassen, ohne dass das zu weiteren Unternehmungen in der Folgezeit geführt hatte. Unter Elisabeth nun rückte die Nordwest-Passage in den Vordergrund der Überlegungen.

Martin Frobisher war der Erste, der auf drei Fahrten 1576–1578 ins nördliche Kanada bis zur Baffin-Insel vorstieß, nördlich der Hudson Bay, auf der Höhe von Grönland. Die Bucht an der Südspitze der Insel,

Wie eine Nussschale: Francis Drakes Schiff, die «Golden Hind»

wo er einen Landeplatz fand und Kontakte mit den Inuit aufnahm, trägt als Frobisher Bay noch heute seinen Namen. Für diesen fernen Flecken konnte die Königin nur den Namen «Meta Incognita» finden, die «unbekannte Grenze». Doch klammerte sie sich zusammen mit etlichen Investoren an die Hoffnung, Frobisher, der tonnenweise schimmerndes Gestein von seinen Fahrten zurückbrachte, sei auf eine Goldader gestoßen. Es brauchte Jahre, ehe sich die Fachleute nach endlosen Untersuchungen einig wurden: Es war nichts als wertloses Pyrit, »the fool's gold», das Gold eines Dummkopfes, wie man es ironisch nannte. Frobisher reparierte sein lädiertes Ansehen, indem er sich danach in Irland, der englischen «Plantage», im Dienst der Krone durch besondere Härte auszeichnete. Auch viele andere aus dieser Generation protestantischer Seefahrer – auch Drake – dienten in Irland, wo sie es mit «Wilden» zu tun zu haben glaubten und aus solchen Erfahrungen für ihren Umgang mit Eingeborenen in Übersee lernen wollten.

Nun rückt die Stunde des Astrologen, Mathematikers, Magiers und Alchemisten John Dee heran, des Geisterbeschwörers und Universalgelehrten, der auch von Elisabeth immer wieder als Traumdeuter und Leser ihres Horoskops herangezogen wurde. Okkultismus war en vogue, die Grenze zwischen verlässlicher Wissenschaft und Spekulation fließend. Dee veröffentlichte 1577 einen Traktat über die nautische Kunst, «General and Rare Memorials Pertayning to the Perfect Arte of Navigation», mit einem faszinierenden Vorsatzblatt, das er selber entworfen hatte. Darauf sieht man Elisabeth in herrschaftlicher Pracht an Bord des Schiffes «Europa», nach Westen gerichtet, also nach Amerika – das sei ihr, so Dee, von König Arthur, der sagenhaften Kultfigur der Tudors, und von dem walisischen Prinzen Madoc vererbt worden, der angeblich 1170 Amerika entdeckt hatte. Dees Schlussfolgerung kommt mit dramatischem Aplomb daher: Elisabeth soll die Chance ergreifen, sich an die Spitze eines «incomparable Brytish Empire» zu stellen, eines unvergleichlichen britischen Imperiums! Die Katze war gleichsam aus dem Sack – das Britische Empire hatte seinen ersten Advokaten gefunden, weit vor der Zeit, in einem Akt, der mehr an Geisterbeschwörung erinnerte als an eine durchdachte Analyse der Ressourcen, die dem kleinen Insel-England in den siebziger oder achtziger Jahren des 16. Jahrhunderts zur Verfügung standen.

Aber in einem hatte der Autor Recht: Die wachsende Überlegenheit der englischen Seefahrer gegenüber der iberischen Konkurrenz war unübersehbar und ließ Hoffnungen für die Zukunft der Auseinandersetzung mit Spanien keimen. In der Handhabung ihrer Schiffe, im Bewusstsein des Aufbruchs in eine neue Zeit, das als Motivationsmotor diente, kam den Engländern niemand gleich. Auf den Planken seiner Flotte praktizierte der feudal geprägte Spanier die Unterwürfigkeit des Seemannes gegenüber dem Soldaten und hielt streng und inflexibel an dieser Ordnung fest. Nicht so die Gegenseite: Auf englischen Schiffen agierten die natürlichen Befehlsgeber, die «gentlemen» des gehobenen Standes, mit den hauptberuflichen Seeleuten auf Augenhöhe. Mit der Folge, dass die gesellschaftlichen Unterschiede sich allmählich verwischten und die Gentlemen selber zu Seefahrern und Matrosen wurden. Der Geist von sozialer und intellektueller Freiheit siegte über sein feudales Gegenüber. Im postfeudalen England der Renaissance war diese Entwicklung am stärksten im kommerziellen und seefahrenden Milieu zu beobachten, die Kameraderie an Bord, ob im Krieg oder fürs Geschäft, wuchs. Mit protestantischem Sendungsbewusstsein ausgestattet, waren

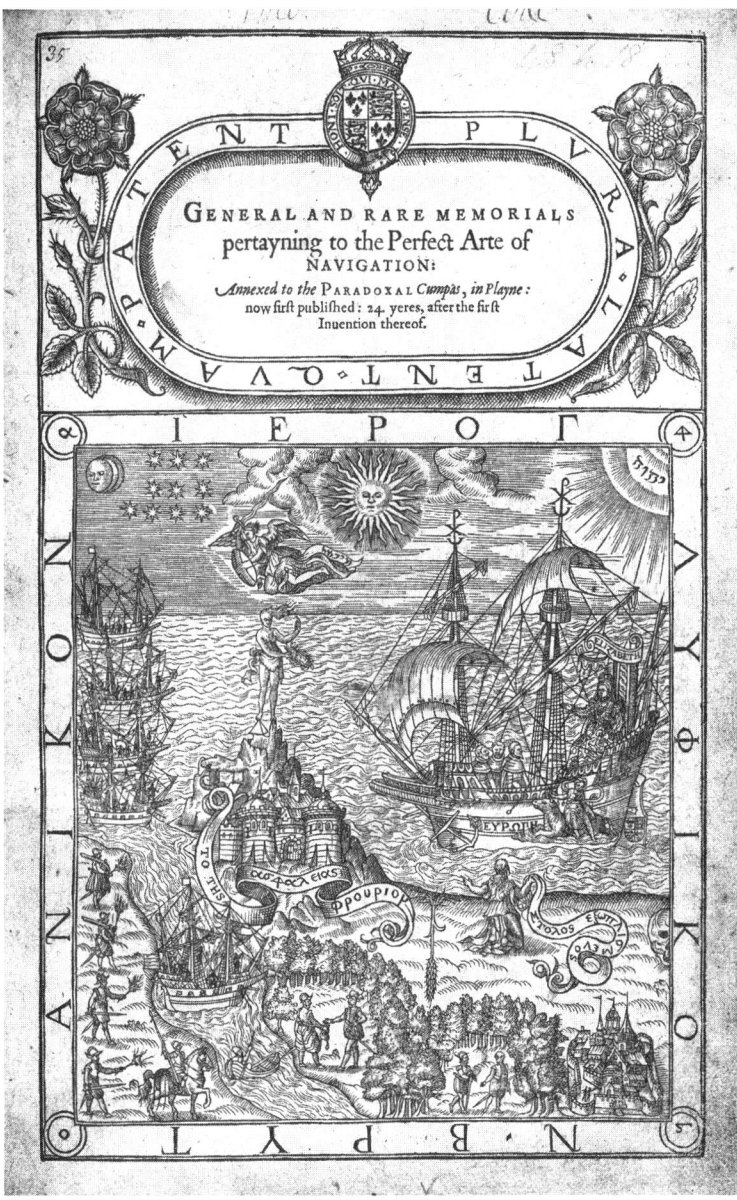

In John Dees Imagination wurde das Britische Empire entworfen.
Das Titelblatt zu seinem Traktat über die «perfekte Kunst der Navigation»
von 1577 zeigt Elisabeth an Bord des Schiffes «Europa» thronend,
mit prophetischem Blick nach Westen – Amerika

die Engländer patriotische Energiebündel mit großem Hunger nach Bewährung. «Gib mir eine Landkarte, und dann lass mich sehen, wie viel mir noch bleibt zur Eroberung der Welt», lässt der Dramatiker Christopher Marlowe Prinz Tamburlaine in dem gleichnamigen Stück ausrufen.

Auch besaßen die Spanier keine Gilde der «Merchant Adventurers», wie sie sich in London schon im 15. Jahrhundert zur Stabilisierung der Handelsbeziehungen mit Europa zusammengetan hatte. Sie verfügten zudem nicht über ein nationales kommerzielles Netz, um ihr Weltreich ausreichend zu beliefern. So kam es, dass in den spanischen Kolonien, die mit Alltagsgegenständen unterversorgt waren, englische Kaufleute nicht ungern gesehen waren. Unter der Hand konnte man mit ihnen trotz des offiziellen Embargos Handel treiben, auch mit Sklaven, die ein John Hawkins aus Westafrika herbeizuschaffen wusste. In der Kunst der Seefahrt, in der Psychologie an Bord sowie in ihrem händlerischen Spürsinn waren die Engländer den Spaniern also weit überlegen. Es versetzte ihrem praktischen Idealismus und ihrer Ruhelosigkeit einen mächtigen Schub. Was Wunder, dass sich die Idee vom Britischen Empire im Kopf eines attestierten Astrologen wie John Dee festsetzen konnte. Freilich, von solchem Höhenflug des Gedankens war die realistische Elisabeth Tudor nicht angekränkelt.

Dennoch erhielt schon 1578 Sir Humphrey Gilbert von der Königin eine Sechs-Jahres-Lizenz, «entfernte, barbarische und heidnische» Landstriche entlang der nordatlantischen Küste Amerikas für eine mögliche englische Inbesitznahme auszukundschaften. Als nautischer Berater diente auch ihm der unbeirrbare John Dee, der zuvor schon Martin Frobisher unterwiesen hatte. Sogar Walsingham, Elisabeths Sicherheitschef, schaltete sich diesmal ein mit der verlockenden Einladung an katholische «Rekusanten», in Gilberts Unternehmen zu investieren, um vielleicht eine neue Heimat für ihren Glauben zu finden. Der Kronrat allerdings stellte sich quer: Zuerst sollten die Rekusanten die zum Teil horrenden Strafen für ihre Unbeugsamkeit zahlen, was die meisten nicht konnten, wodurch Walsinghams Idee versandete. Aber Gilbert holte sich andere Geldgeber an Bord, unter anderem mit dem Versprechen, das sagenumwobene «Norumbega», ein Gebiet südlich des Sankt-Lorenz-Stroms im heutigen amerikanischen Bundesstaat Maine, für Interessenten in Besitz zu nehmen. Sir Philip Sidney war einer davon: Er kaufte von Sir Humphrey 3 Millionen Morgen Land in Norumbega – das weder er noch Gilbert je zu sehen bekamen.

Erst im Juni 1583, nach vielen Verzögerungen, startete der Kapitän nach Norumbega und Kanada. In St. John auf Neufundland, weit südlich der eisigen Regionen, in denen Frobisher vergeblich nach der Nordwest-Passage gesucht hatte, warf er Anker. Mit großer Geste erklärte er einen Umkreis von 600 Meilen zu englischem Gebiet und nahm dieses für die Krone in Besitz – in Norumbega dagegen kam er nie an. Statt nun aber Voraussetzungen für eine englische Koloniegründung zu schaffen, verzettelte sich der Alchemist, der er war, auf seiner Suche nach Gesteinen, von denen er sich endlich das erhoffte Gold versprach. Lange Zeit über hatte Spaniens in Mexiko und Lima eroberter Reichtum Frobisher, Gilbert und ihresgleichen benebelt mit der Idee, im Norden auf ähnliche Weise glücklich werden zu können. Auf der Rückkehr nach England aber findet Gilbert, der wackere Seemann, in einem Sturm nahe den Azoren den Tod. Um dieses Ereignis wird sich bald eine nationale Legende ranken: Demnach sieht man Gilbert in letzter Minute auf seinem Schiff «Squirrel» am Vormast kauern, mit einem Buch in der Hand. Sein Abschiedsruf muss ans Ohr eines Mitreisenden auf einem Begleitschiff gedrungen sein: «Wir sind dem Himmel gleich nah auf See wie auf der Erde.» Das war ein Aphorismus aus Thomas Morus' «Utopia» – dem Buch, mit dem man Gilbert angeblich hatte untergehen sehen. So gesellte sich zur Heldenhaftigkeit eines elisabethanischen Seefahrers das dazu passende Heldenepos.

c *Walter Raleigh scheitert mit Virginia*

Die Abenteurer lagen Elisabeth unverwandt in den Ohren, darunter ein neuer Tonangeber, der nach Dee beredt das Wort führte für eine Aufnahme des Kampfes gegen die Gegenreformation und gegen die Handels- und Kolonialmacht Spanien. Walter Raleigh, ein aufsteigender

Stern an Elisabeths Hof, Seefahrer, Soldat und Schriftsteller, bestellte bei Richard Hakluyt, einem Geistlichen und namhaften Geographen, 1584 die Denkschrift «A Discourse of Western Planting». Sie war dazu gedacht, die Königin für eine englische Kolonie zu gewinnen, aber jetzt nicht mehr im unwirtlichen Norden Amerikas, sondern an der warmen Ostküste nördlich von Florida, im heutigen North Carolina. Bis dahin waren die Spanier noch nicht vorgedrungen, es war also sozusagen freies Schussfeld. Um die Königin nicht mit allzu aggressiver Sprache gegen Spanien zu beunruhigen, argumentierte Raleigh und mit ihm Hakluyt (gesprochen: Hackle-wit), man wolle dem wahren Glauben zur weiteren Verbreitung verhelfen. «God's glory», die Bekehrung der Heiden, stand im Vordergrund, Missionierung also, mit der Abstufung von «to convert, to cultivate, to conquer» – konvertieren, kultivieren, erobern, aber friedlich. Es war eine berückende Aussicht, an der Küste einen Beobachtungsposten zu errichten, um die Vorgänge in der Karibik und dem südamerikanischen Kolonialreich Spaniens verfolgen zu können.

Auch fühlte sich Hakluyt, ein kenntnisreicher Sammler aller verfügbaren Landkarten, darunter die der beiden Flamen Mercator und Ortelius, als Propagandist der überseeischen Berufung Englands. Zur Aufgabe des Landes sollte gehören, auch die von Spanien unterdrückten Eingeborenen von ihrem Joch zu befreien. Als Begründung zitierte Hakluyt ausgiebig aus einer 1583 erschienenen Übersetzung des aufrüttelnden Buches von Bartolomé de las Casas, dem Dominikanermönch, über die Vernichtung der Indianer im Gefolge der spanischen Conquista. Fünf Jahre nach der Denkschrift für seinen Auftraggeber schreibt sich Hakluyt dann mit einem weiteren Werk in die Geschichte der frühen englischen Seefahrt ein, mit seinem reich illustrierten «The Principal Navigations, Voyages and Discoveries of the English Nation». Es ist eine Sammlung aller bisherigen englischen Pionierfahrten, zum Vorbild und zur Anregung für Nachwachsende wie auch für das englische Nationalgefühl. Hakluyts Gedanke ist, politische Energien für ein Programm der Expansion zu bündeln. Die auf drei Bände erweiterte Ausgabe von 1599/1600 wird zu einem auch literarischen Standardwerk des elisabethanischen Zeitalters.

Walter Raleigh hatte das noch nicht ausgelaufene Sechs-Jahres-Patent seines Halbbruders Humphrey Gilbert übernehmen dürfen, und so schickte er im Frühjahr 1584 zwei erprobte Kapitäne zu den Outer Banks im heutigen North Carolina, einer dem Festland vorgelagerten Inselkette. Dazwischen fanden die Kundschafter einen schmalen Durchschlupf in den dahinter liegenden Sund mit der Insel Roanoke in seiner Mitte. Was die beiden Kapitäne Philip Amandas und Arthur Barlowe als Berichte nach Hause brachten, war allerdings reine Erfindung: Friedliche Indianer, die wie vor dem Sündenfall lebten, «frei von Arglist und Verrat», auf fruchtbarer Erde, in der die Pflanzen in kürzester Zeit zum Blühen und Reifen gelangten. Solche übertriebenen Berichte gehörten zur Usance der Planer, in diesem Fall Raleighs, die so das nötige Interesse wecken und das nötige Geld auftreiben wollten, damit die Ausfahrt überhaupt möglich wurde. Raleighs Emissäre brachten unter anderem zwei Indianer aus Roanoke mit nach London zurück, lebende Zeugen des angeblichen Paradieses. Elisabeth war immerhin gerührt vom Einsatz ihres neuen Günstlings, sie erhob ihn zum «Sir» und erlaubte ihm, die geplante Kolonie, die sich so vielversprechend anhörte, Virginia zu nennen, in Anlehnung an sie, die jungfräuliche Königin. Auch durfte er sogleich das passende Wappen anfertigen lassen: «Walter Raleigh, Ritter, Lord und Gouverneur von Virginia».

Doch als 1585 der offizielle Besiedlungsauftrag an ihn erging, zeigte die Queen, wie knapp bemessen ihr Enthusiasmus in Wirklichkeit war. Während sie Graf Leicester im selben Jahr Tausende von Soldaten und eine starke Flotte für den Einsatz in den Niederlanden mitzugeben im Begriff war, stellte sie dem frisch geadelten Raleigh aus königlichen Beständen ein einziges 160-Tonnen-Schiff mit achtzig Seeleuten, zwölf Kanonieren, acht Soldaten und viel Schießpulver zur Verfügung. Mehr wollte sie nicht investieren. John Guy kommt in seinem jüngsten Werk, «Elizabeth. The Forgotten Years» (2016) zu einem eindeutigen Resümee: In ihren Augen waren dies alles «monströse unbefristete Verpflichtungen», die zu ihrer Finanzierung fast unlimitierte Ressourcen verlangten. Koloniale Expansion erschien der Königin als «Traum der Verdammnis».

Und wie schnell sollte sich im Fall der Roanoke-Siedlung Raleighs Traum in einen Albtraum verwandeln! In der Ausführung glich der Siedlungsplan mehr einem militärischen Exerzitium als dem durchdachten Versuch einer Koloniegründung. Nur Männer waren mit von der Partie, zumeist Soldaten, die sich bei der Unterdrückung Irlands bewährt hatten. Von Feldarbeit oder Handwerkskünsten verstanden sie wenig, zu ihrer Ernährung waren sie auf die Indianer angewiesen. Richard Grenville, der Kapitän, und Ralph Lane, der Gouverneur, hatten Disziplin und Ordnung im Kopf, nicht Diplomatie. So dauerte die friedliche Symbiose zwischen Neuankömmlingen und Eingeborenen nur kurze Zeit, bald brachen Versorgungskrisen aus. Lane verhängte Strafaktionen wegen angeblicher Vorkommnisse von Diebstahl, was unter den Indianern die Feindseligkeit nur wachsen ließ: Sie wollten sich nicht mehr als bloße Nahrungslieferanten für die Eindringlinge hergeben, zumal im Winter die eigene Ernährung schwer genug wurde. Demoralisiert, durch Krankheit und Überfälle dezimiert, gab Lanes Kolonie im Juni 1586 auf. Sir Francis Drake, der zufällig nach einem Beutezug im spanisch beherrschten Westindien in dieser Gegend vor Anker gegangen war, rettete die halbverhungerten Landsleute auf seinen Schiffen in Richtung Heimat.

Raleigh zieht jetzt die Konsequenzen und stellt für 1587 eine aus Männern, Frauen und Kindern gemischte Aussiedlergruppe zusammen. Alle benötigten Handwerke sind vertreten, ein neuer Gouverneur wird ernannt. Aber drei versprochene englische Versorgungsschiffe kommen erst Ende Juli in Amerika an – zu spät für eine den Ernährungsbedarf deckende Aussaat und Ernte. Die Aussichten für die Siedler unter unversöhnten Eingeborenen und bei anhaltender Dürre verschlechtern sich rapide. Gouverneur John White, im Nebenberuf ein begnadeter Aquarellist, von dem an die 100 faszinierende Blätter zum Leben der Eingeborenen erhalten sind, wird geradezu gedrängt, nach England zurückzukehren und die dringend benötigte Versorgung für die «Cittie of Raleigh» zu organisieren. Es wird ein Abschied für immer. In der Heimat zieht der Krieg gegen Spanien herauf, und Elisabeth beschlagnahmt sämtliche Schiffe des Königreichs für den Kampf gegen

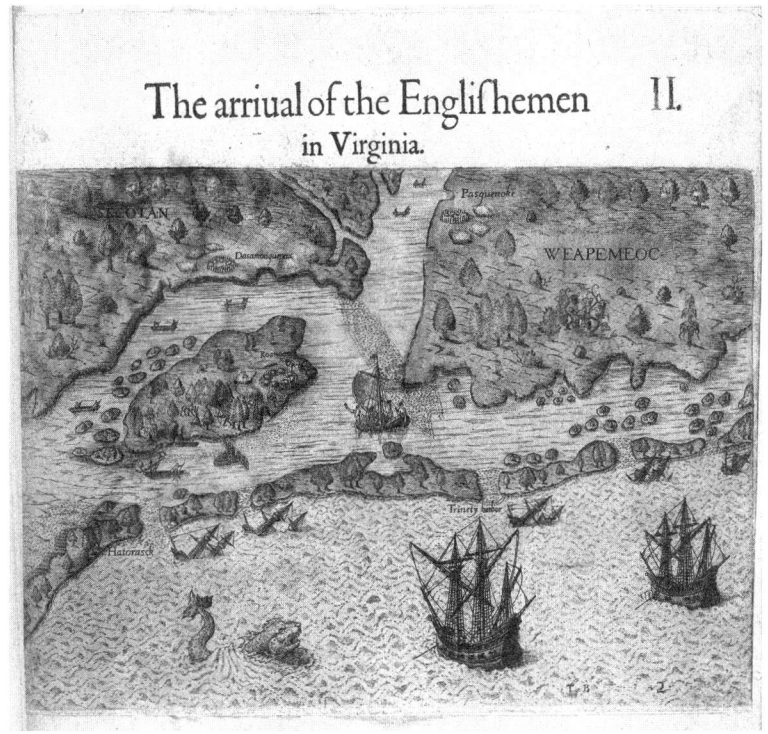

*Farbiges Blatt von John White mit der Küste von North Carolina
und Roanoke Island, wo Raleigh sein «Virginia» gründete*

Philipp II. Was sind 115 im fernen Amerika zurückgelassene Siedler, wenn die Freiheit des Mutterlandes auf dem Spiel steht!

Als White drei Jahre nach seinem Abschied Roanoke endlich wiedersieht, ist von der Siedlung nichts mehr übrig als zerstörte Hütten, verrostetes Werkzeug, aufgebrochene Kisten und ein mysteriöses Wort, das in ein Palisadenfragment geritzt ist – «CROATOAN», der Name eines befreundeten Indianerstammes auf den heutigen Inseln Hatteras und Ocracoke. Eine eingehende Suche nach den einstigen Siedlern muss wegen hereinbrechender Unwetter abgebrochen werden, White kehrt dem Traum Sir Walter Raleighs erneut den Rücken. Das Rätsel der «Lost Colony» von Virginia ist nie gelöst worden. Immerhin können wir hinzulernen: Nicht mit John Smith in Jamestown 1607 oder den

Pilgervätern in Massachusetts 1620 begann die Geschichte der englischen Besiedelung Amerikas, sondern zur Zeit Elisabeths I. mit Walter Raleighs gescheitertem Abenteuer auf Roanoke.

Auf einer anderen Ebene ist dieses Unternehmen jedoch nie verloren gegangen. Durch den Nebel der Geschichte sprechen John Whites Aquarelle zu uns wie Botschaften aus einer fiktiven Welt, die durchaus real existierte in einem unverwechselbaren Moment. Bald schon erhielten seine Blätter ikonischen Status: 1590 brachte der flämische Buchdrucker und Kupferstecher Theodore de Bry in Frankfurt Thomas Harriots «A Briefe and True Report of the New Found Land of Virginia» heraus, mit Stichen nach 28 Originalen aus Whites Sammlung; Harriot, ein Mathematiker und Astronom, hatte den ersten Besiedlungsversuch 1585/86 miterlebt. Es wurde eine Prachtedition in vier Sprachen – Englisch, Französisch, Lateinisch, Deutsch. Über 150 Jahre lang prägten Whites Darstellungen das Bild Europas von den Eingeborenen der Neuen Welt.

KAPITEL 14

Die Königin und ihre Untertanen

a Der Elisabeth-Kult. Die Porträts

Das Charisma der «Virgin Queen», ihre Ausstrahlung, nahm nach dem Sieg über die Armada fast mythische Züge an. Ihr Image erhielt in Edmund Spensers allegorischem Epos «The Faerie Queene», «Die Feenkönigin», das 1590 zu erscheinen begann, in der zentralen Figur der Gloriana eine neue Einfassung – das Bild einer sagenhaften Königin, der die Ritter mit den Ruhmestaten ihrer Kämpfe huldigen. Ganz im Sinne des Dichters, der sich von der wirklichen Elisabeth hatte inspirieren lassen, wurde «Gloriana» jetzt der Ehrenname der Königin, prägend für ihr Bild in der Geschichte. Um Gloriana und die jungfräuliche Königin entstand ein Kult des Triumphalen, dem Elisabeth selber Vorschub leistete. So erwartete sie, während ihr Äußeres sichtlich alterte, immer klangvollere Hymnen an ihre Jugend und Schönheit; beide wurden Versatzstücke der royalen Propaganda. Doch war Elisabeth zu klug, um nicht zu wissen, dass permanente Bewunderung auch einen Overkill an Schmeichelei erzeugte, ein Spiel latenter Unehrlichkeit um eine angebetete Ikone, die man in ihrem Fall gleichzeitig mit expressiver Inbrunst als Frau umwarb. Bei der Erforschung von Elisabeths Psychologie kann man auf diese Aspekte ihrer Herrschaft und Ausstrahlung nicht verzichten.

Schon früh hatte sie einen holländischen Alchemisten installiert, der ihr das Geheimnis ewiger Jugend entschlüsseln sollte. Jenseits von Alter und Zeit jagte sie der Vorstellung eines geschlechtsunabhängigen Glücks nach, aber sie genoss es gleichzeitig, wenn sich offen gezeigte Zuneigung auch mit sexuellen Signalen zierte, was die emotionale Temperatur bei Hof beträchtlich steigerte. Sie ermunterte es geradezu. Gestandene Personen wetteiferten um ihre Gunst mit bewusst übertriebener Rhetorik, was extravagante Sprachblüten hervorbringen konnte, Gesten von absurder Unterwürfigkeit.

Sir Christopher Hatton, den sie als erstklassigen Tänzer entdeckte und schätzen lernte und durch etliche Positionen beförderte, bis zur höchsten, dem Lordkanzler, ist ein gutes Beispiel, wenn auch eines unter vielen. Als Einziger unter Elisabeths Favoriten hat Hatton nie geheiratet, was ihm als kunstvollem Bewerber um ihre Liebe besondere Glaubwürdigkeit verlieh. Seine sinnliche Erfüllung suchte er in einer privaten Affäre, der eine uneheliche Tochter entsprang. Aber in seinen Schreiben an Elisabeth spielte er oft den geradezu kindisch Verliebten, gefesselt an die Ausstrahlung seiner Angebeteten. Dann legte er die Rolle des Höflings und Untergebenen beiseite. Einen Ring, den er ihr schickte, als Talisman gegen ansteckende Krankheiten, begleitete er mit der Empfehlung, sie solle ihn an einer Kette «zwischen Euren süßen Brüsten» tragen, dem «keuschen Nest beständiger Reinheit». Einmal, während einer Abwesenheit vom Hof von nur zwei Tagen, schrieb er stammelnd: «Euch zu dienen ist der Himmel, Euch fern zu sein mehr als die Qualen der Hölle. Wollte Gott, dass ich doch nur eine Stunde bei Euch sein könnte! Mein Geist ertrinkt in Gedanken, Staunen überkommt mich. Ertragt mich, Ihr meine liebste, süße Lady. Leidenschaft überwältigt mich. Ich kann nicht mehr schreiben. Liebt mich, denn ich liebe Euch. Lebt immerdar.» Hatton verdanken wir den Satz, die Queen «fischte nach den Seelen der Männer, mit einem verführerischen Köder, dem man nicht entgehen konnte». Er wusste, wovon er sprach.

Von Elisabeths eigentümlichem Faible, Männer in ihrem Leben mit Spitznamen zu betiteln, rein zu ihrem Vergnügen, haben wir schon gehört (siehe Kap. 11d). Manche der so Herausgehobenen mögen das nicht unbedingt als schmeichelhaft empfunden haben. Man fühlt sich unwillkürlich an Barbra Streisand in der Rolle der Diva in dem Musical «Hello, Dolly!» erinnert, der die Männer huldigen, während sie die Marionettenfäden spielen lässt und ihrer Umgebung tiefblickend zuzwinkert. «Chatting up the boys», sagt man im Englischen salopp –

eine souveräne Anmache der «Jungs» durch die Primadonna. Von ihrer Mutter Anne Boleyn hatte Elisabeth Sprachwitz und Schlagfertigkeit geerbt, Waffen, mit denen sie jedes Gegenüber, auch ausländische Potentaten, auszustechen beliebte. Als ein französischer Botschafter sich einmal vor ihr beschwerte, er habe sechs Tage lang auf seine Audienz warten müssen, reagierte sie spitzbübisch: «Gewiss, in sechs Tagen wurde die Welt erschaffen. Aber das war Gottes Werk, mit dessen Allmacht die Schwächen des Menschen nicht zu vergleichen sind.»

Im Rückblick auf die elisabethanische Zeit erscheint in den Ritualen der Verehrung das Muster kriecherischer Höflinge, die sich persönliches Fortkommen versprachen. J. E. Neale sah darin «die eigentliche Raison d'être des Hoflebens». Zweifellos verlangte der Dienst auch Unterwürfigkeit, «service» und «servitude» gehörten zusammen, und die Macht der Majestät beruhte vor allem darauf, Gunst zu gewähren oder sie vorzuenthalten. Wir werden noch sehen, wie zuletzt Elisabeths Taktik der Begünstigung im Falle des Grafen Essex an ihre Grenze gelangte, weil der aufstrebende Höfling sich nicht mehr an die Regeln des Spiels hielt und den Aufstand probte – was er mit seinem Leben bezahlte.

Edmund Spenser, der mit der «Faerie Queene» ein Schlüsselwerk der elisabethanischen Spätzeit schrieb, lässt in seiner «Mother Hubbard's Tale» klagen: «Du weißt gar nicht, solange du's nicht versucht hast, welche Hölle es ist, so lange warten zu müssen, was aus einer Bewerbung wird», wobei man «Bewerbung» auch durch «Beförderung» ersetzen kann. Schiller, der für seine «Maria Stuart» gründliche Studien unternommen hatte, legt Graf Leicester die gleiche Frustration in den Mund, wenn dieser Mortimer gegenüber räsoniert:

Wisst Ihr, wie's steht an diesem Hof, wie eng
Dies Frauenreich die Geister hat gebunden?
(...) Unterworfen
Ist alles unterm Schlüssel eines Weibes,
Und jedes Mutes Federn abgespannt.

Am Tudor-Hof war Schmeichelei geradezu die Erkennungsmelodie, Direktsprache hatte Seltenheitswert. Die normale Art, sich zu artikulieren – so vertraute der unglückselige Thomas Wyatt, der unter Mary I. unter die Räder kam, einem Freund an –, sei, «eine Krähe einen Schwan zu nennen, den Löwen einen Feigling, Schmeichelei als Eloquenz und Grausamkeit als Gerechtigkeit darzustellen». Wie im alten Rom bildeten sich in Elisabeths Spätzeit am Hof Lager und gewannen zunehmend an Einfluss. Gehörte man zu einem solchen, sprach man von Freundschaft, wenn nicht, sprach man verächtlich von Parteiungen. Wir schauen auf die Kehrseite der Kultur der Renaissance, in der Täuschung, Heuchelei und Spiegelfechterei Urstände feierten und Ausflüchte oder Winkelzüge das Ansehen von Staatskunst genossen. Machiavelli ist hier nirgendwo fern. Auch Elisabeth war nicht frei von solchem Denken. Eine Delegation holländischer Bürger, die den Umfang des englischen Einsatzes in den Niederlanden kritisch hinterfragte, kanzelte sie ab – Untergebene hätten nicht das Recht, das Auftreten eines «Prinzen» zu beurteilen: «Königliche Versprechen müssen nicht immer wörtlich genommen werden, denn Prinzen verhandeln auf prinzliche Weise und nach dem Verständnis eines Prinzen, wie es eine Privatperson nicht haben kann.» Stephen Alford nennt in seiner Burghley-Biographie Elisabeth geradezu «die Magnifizenz des Zynismus».

So weit wollen wir hier nicht gehen, da man nie aus dem Auge verlieren darf, was es bedeutete, sich gegen das frauenfeindliche Stereotyp des Zeitalters durchsetzen zu müssen. Darauf offenbar bezog sich Robert Cecil, Lord Burghleys Sohn und sein Nachfolger als Staatssekretär, nach dem Tod der Königin, als er sagte, Elisabeth sei «mehr als ein Mann und, offen gestanden, manchmal weniger als eine Frau» gewesen. Zu Anfang setzte sie ihre Weiblichkeit als Köder ein, um die Männer, die ihr dienten, an sich zu binden. Das war ein traditioneller Trick des «schwachen Geschlechts», mit dem die Queen oft kokettierte, wann immer es ihr dienlich war. Das Wort «love» wurde eine bevorzugte Vokabel in ihrem Sprachschatz. Als sie Lady Harington einmal fragte, worauf die Zuneigung zwischen ihr und ihrem Ehemann beruhe, gab diese zur Antwort: «Liebe und Gehorsam». Was Elisabeth mit delikater

Dialektik für sich selber übernahm: «Entsprechend dieser Devise erhalte ich mir das Wohlwollen aller meiner Ehemänner, meines lieben Volkes. Denn wenn sie sich nicht meiner besonderen Liebe zu ihnen sicher wären, würden sie mir nicht so bereitwillig ihren schönen Gehorsam entgegenbringen.» Daraus destillierte sie auch das Konzept amouröser Unterwürfigkeit bei Hof, als sei die Liebe und Hingabe ihrer Diener deren freier Wahl entsprungen und nicht der Nötigung durch eine mächtige Fürstin.

Aber mehr als Liebe und Gehorsam waren im Spiel – erotisches Begehren trat hinzu. Als jungfräuliche Göttin dämpfte, als Frau stimulierte Elisabeth es. Noch 1597 – die Königin war in ihrem 64. Lebensjahr – notierte sich der Astrologe Simon Forman einen erotischen Traum (siehe Kap. 7d), in dem er und Elisabeth auf einem Gang in der Natur miteinander flirteten und er sich erbot, «diesen kleinen Bauch ein wenig größer» zu machen. Dabei hatte Thomas Bentley bereits 1582 in seinem Traktat «The Monument of Matrones» Elisabeth in ihrer «perpetual virginity» gerühmt, als die unberührte und unberührbare Mutter der Kirche, in Analogie zu Maria, der Mutter Gottes. Das schrieb er, nachdem die Königin sich endlich von einer Heirat mit dem Herzog von Alençon verabschiedet hatte, ein endgültiges Lebewohl auch an die Idee der Ehe überhaupt. Die Verteidigung der Unberührtheit der Königin wurde jetzt vorrangig wichtig, um sie von der allgemeinen Auffassung auszunehmen, wonach Frauen durch sexuelle Enthaltsamkeit ihre Natur beschädigten und in Krankheit endeten.

Mehr als zwanzig Jahre lang hatte sich das Gespräch um die Frage einer möglichen Heirat Elisabeths gedreht, gespeist aus der Sorge um die Thronnachfolge. Mit der «Virgin Queen», der jungfräulichen Königin, fand eine ideologische Umdeutung statt und gewann mehr und mehr an Popularität, unter Beimischung religiöser Obertöne. Die Feier von Elisabeths Thronbesteigung am 17. November 1558 wurde oft bis zum 19. des Monats ausgedehnt, dem Namenstag der heiligen Elisabeth von Thüringen. Auch der Geburtstag der Queen, der 7. September, erhielt eine gleichsam religiöse Rahmung. Es war der Vorabend des Festes von Mariä Geburt, so wie der Todestag der Königin, der 24. März

1603, auf den Vorabend von Mariä Verkündigung fallen sollte. Das waren Omen, die auf die Jungfrau Maria verwiesen. Anfänglich verletzte die Vorstellung, die Feiern zu diesen Anlässen könnten Ersatz für den traditionellen Marienkult sein, noch viele Katholiken und Protestanten. Für die einen war es Blasphemie, für die anderen Idolatrie, waren doch Heiligen- und Marienanbetung seit der Reformation verpönt, als Ablenkung von der Verehrung Gottes.

Doch der intensive Bildersturm, der unter Elisabeths Vater Heinrich VIII. begann und religiöse Gemälde und Statuen systematisch zerstörte, hatte eine große Leere im Gemütshaushalt der Menschen hinterlassen wie nach einer theologischen Amputation. In diese Lücke strömte der Kult Elisabeths als jungfräulicher Königin. An die Stelle juwelenbehangener Marienstatuen trat die Figur der prächtig arrangierten und geschmückten Figur der Königin an ihrem Hof. Sie wurde auf ihren Sommerreisen und in Umzügen herumgetragen wie früher das Bildnis Mariens. Aus «Gegrüßet seist du, Maria!» wurde «Long live Eliza!», mit gleicher Inbrunst intoniert.

Die Suche nach einer weiblichen Gottheit in der protestantischen Ära hatte einen Anker gefunden. Elisabeth selber förderte den Kult der Virgin Queen und übernahm als persönliche Emblemata Symbole, die seit langer Zeit mit Maria assoziiert waren: die Rose, den Mond, den Hermelin und den Phönix. Genau diese Bilder gewannen in der Dichtung und in der Gesellschaft überhaupt an Identifikationskraft. Am Ende von Elisabeths Zeit auf dem Thron sprach ein Gesetz sogar von «Ihrer geheiligten Majestät». Diese quasi-religiöse Definition der Herrscherfigur galt eigentlich in der Renaissance allgemein, beruhte die Aura des Herrschers doch darauf, dass er eine von Gott erwählte Ausnahmeerscheinung war. Bei Elisabeth kam der Wunsch ihrer Propagandisten hinzu, sie als Frau aus der Gender-Ordnung herauszunehmen und sie dadurch dem üblichen Vorurteil zu entziehen.

Bei den Figuren, mit denen man die Königin verglich, ging es jedoch nicht nur um den christlichen Hintergrund. Die Antike, die in der Renaissance leidenschaftlich wiederentdeckt und -belebt wurde, lieferte zusätzliche Muster. Die «zwei Körper» der Königin erweiterten sich in der Anspielung auf antike Vorbilder zu einem dritten, wenn man so will – zu Image und Allegorie. Triebfeder dieser Entwicklung war Edmund Spenser mit seinem Versepos über die «Faerie Queene», die Feenkönigin Gloriana. Sie wechselt in diesem Epos häufig ihren Namen – etwa zu Belphoebe, einer selbstbewussten, sittsam verheirateten Frau, Erweiterung des griechischen Namens der Jagdgöttin Phoebe, die sich auch Angriffen auf ihre Tugend zu erwehren weiß. Belphoebe zur Seite stehen in bunter Gesellschaft Figuren aus der arthurischen Legende oder weibliche Gestalten der antiken und biblischen Überlieferung: Judith und Deborah aus dem Alten Testament, Diana und Cynthia, die Mondgöttin, aus der römischen Mythologie. Den klassischen Dichtern Ovid und Vergil entnimmt Spenser die Virgo Astraea, eine imperiale, apokalyptische Figur, die bei Vergil mit dem Versprechen eines künftigen Goldenen Zeitalters auftritt. Viele Anspielungen bei Spenser gelten der gegenwärtigen Königin und der Hoffnung auf Wiedergeburt englischer Größe. Doch lässt der Dichter auch Kritik durchblicken an der ungeklärten Nachfolge, die als tiefe Sorge die Thronzeit Elisabeths überschattete.

Den höfischen Festen, Lanzen- und Reiterturnieren, bei denen selbsternannte Favoriten die königliche Gunst zu gewinnen hofften, gingen in der Regel allegorische Aufführungen zur Verherrlichung von Gloriana voraus. Solche «tilts» standen jeweils unter der Leitung des «Queen's Champion», eines Adligen aus Elisabeths engerem Kreis, der die Tugend seiner Fürstin zu verteidigen hatte gegen alle schauspielenden Herausforderer, die als Gegner ihrer Jungfräulichkeit auftraten. Oder es wurde, wie 1590 bei der Abschiedsvorstellung von Sir Edward Lee als «Queen's Champion», eine Allegorie aufgeführt, bei der ein aus Taft gewirkter Pavillon der Feenkönigin aus dem Boden emporwuchs und sich in eine Laube der Jungfrau Maria verwandelte. Da verbanden sich protestantisches Rittertum, höfische Liebe und fromme Andacht zu einem Arkadien der Harmonie. Bei einer anderen Gelegenheit erschien ein als südamerikanischer Prinz Verkleideter, um der Monarchin zu huldigen. Ehrfürchtig überreichte er ihr drei erlesene Geschenke: die Gabe ewiger Jugend, die Freiheit, wie ein Schmetterling von einem

Bewunderer zum anderen zu flattern, sowie Pfeil und Bogen, «um zu verwunden, wenn es ihr gefällt». Man feierte Elisabeth als die Personifikation eines Goldenen Zeitalters – auch wenn das Gold oft nur eine hauchdünne Blattgoldauflage auf einer entbehrungsreichen Wirklichkeit war, wie Hans-Dieter Gelfert geschrieben hat.

Aber das wichtigste Instrument der Kommunikation majestätischer Gegenwart war etwas anderes – nicht die höfischen Festspiele oder die literarische Überhöhung von Gloriana, sondern vielmehr die Bilder, Gemälde, Miniaturen, die diese Königin begleiteten, die optische Untermalung des Elisabeth-Kults. Sir Roy Strong, der renommierte Kunsthistoriker, kommt auf 80 Einzelporträts, 21 Gruppenbilder, 20 Miniaturen, viele davon in Juwelen eingefasst, dazu 32 Kupferstiche und 23 Holzschnitte; aber es waren, wie er resümiert, «wahrscheinlich viele mehr». Bei den meisten davon handelt es sich um Kopien oder Nachbildungen eines Musters von Elisabeths Physiognomie, das der Hof für allgemein reproduzierbar freigegeben hatte; so existieren allein zehn Versionen des Armada-Porträts von 1588 (siehe Kap. 1). Man begegnet hier einem wahren Gewerbe visueller Öffentlichkeitsarbeit, wie es bei keinem anderen Renaissance-Herrscher zu beobachten ist. Eine Elisabeth-Darstellung zu besitzen galt als Statussymbol. Robert Dudley, Graf Leicester, hatte über fünfzig in seinem Schloss in Kenilworth hängen, ein stolzer Hinweis darauf, wie nah er der Königin stand.

Doch hatte sie keinen offiziellen Hofmaler angestellt wie ihr Vater den Deutschen Hans Holbein den Jüngeren. Von nervöser Disposition, nahm sie sich ungern Zeit für Sitzungen, sondern vergab Aufträge ohne Terminversprechen, darunter in ihren letzten zwei Jahrzehnten an den Goldschmied und Miniaturisten Nicholas Hilliard, dessen gemalte Kleinformate – oft in Form von Anhängern – sie gerne an Diener und Hochgestellte bei Hof verschenkte als Zeichen ihrer Gunst. Hilliard machte sich freilich in den 1570er Jahren auch einen Namen mit zwei großflächigen Porträts, benannt nach dem großen Juwel, der sich jeweils im Zentrum der Darstellung befindet und einem Pelikan bzw. einem Phönix nachgebildet ist. Die Allegorie war deutlich genug: Der Phönix galt als Symbol der Auferstehung, das man auch säkular deuten konnte, als Image neuer nationaler Macht unter dieser Königin. Und der Pelikan stand in der katholischen Ikonographie für Christus, der sein Blut den Gläubigen als Nahrung opfert. Das war eigentlich ein bedenkliches Spiel mit dem seit Heinrich VIII. geltenden Verbot jeglicher Idolatrie, zeigt aber, wie weit Elisabeth sich mit der Anspielung auf ihr jungfräuliches Opfer für das mit ihr verheiratete Volk bereits vorwagen durfte.

Die Königin vergab aber nicht nur Porträtkunst-Aufträge: Sie war selber das Kunstwerk, bei dem es nicht auf Originalität ankam wie in späteren Jahrhunderten, sondern auf das Emblematische der Darstellung. Entscheidend waren die Kleidung, das Make-up, die Juwelen, dabei immer wieder Perlen, das Zeichen der Unschuld, einzeln oder in Ketten. Die Inszenierung spiegelte das «Semper eadem», das Motto von Elisabeths Mutter, wider und sollte Macht vermitteln, nicht Begehrtheit. In dem Armada-Porträt von 1588 zum Beispiel lässt der Maler George Gower eine große herunterhängende Perle, das Zeichen der Keuschheit, an der Stelle enden, wo bei Männerkleidung gemeinhin das «codpiece» seinen Platz hatte, der Hosenlatz oder Hosenbeutel. Es signalisierte für jeden Kenner, dass Elisabeths Macht in ihrer Jungfräulichkeit lag.

Alles musste Hoheit ausstrahlen, die Juwelen hatten im Kerzenlicht der langen Wintermonate zu glänzen, dass es die Augen der Umstehenden blendete. Elisabeths Schmuck galt als der erlesenste in ganz Europa, selbst der Papst soll neidisch gewesen sein. Bis zur Zeit der Armada-Schlacht hatte die Königin bereits an die 630 Stücke erworben, vieles davon stammte aus der Beute von gekaperten spanischen Schiffen, oder sie hatte es als Geschenk zu Neujahr empfangen, wenn man der Königin mit ausgesuchten Juwelen imponieren wollte. Zum Ankleiden Elisabeths in ihrer ganzen Extravaganz benötigten die Kammerfrauen morgens zwei Stunden und noch einmal die gleiche Zeit zur «Abrüstung» für die Nacht. Man frotzelte, es gehe schneller, ein königliches Schiff aufzutakeln, als die Queen herzurichten. Anstoß an ihrer äußeren Opulenz nahmen vor allem die Puritaner, was Elisabeth unwirsch vom Tisch wischte, als ihr eine solche Kritik vom Londoner Bischof zu Ohren kam: «Wenn der Bischof sich weiter in solche Debatten

Das «Darnley-Porträt» von Federigo Zuccaro, 1575/76

einschalten möchte, werden Wir ihn für den Himmel ausstatten, aber er mag ohne seinen Bischofsstab den Marsch dahin antreten und auch seine Gewänder zurücklassen.»

Da neben den Juwelen die aufwendigen Garderoben im Vordergrund standen (man zählte bei Elisabeths Tod circa 1900 von ihnen), waren lange Porträtsitzungen mit dem «Modell» in der Tat keine Erfordernis: Die öffentlichen Auftritte der Monarchin – «ein lebender Kleiderständer», so hat ein Tudor-Kenner sie bezeichnet – gaben genügend Gelegenheit zum Studium der Stoffe. Das Antlitz der Monarchin stand ohnehin fest, seit der Italiener Federigo Zuccaro Mitte der siebziger

«Porträt mit dem Sieb» von Quentin Metsys dem Jüngeren, 1583

Jahre das einzige lebensechte Porträt Elisabeths aus dieser Zeit angefertigt hatte, das sogenannte Darnley-Porträt (benannt nach einem frühen Besitzer), das fünfzehn Jahre lang als maßgeblich für die Physiognomie der Königin zu gelten hatte. Die Maler mussten sich nur mit den Lieblingsemblemen Elisabeths auskennen – neben Pelikan und Phönix und den unvermeidlichen Perlen waren das etwa der zunehmende Mond, das Symbol für Konstanz und Reinheit, oder das Sieb als Symbol der Keuschheit und der Hermelin, auch er ein Statement für Reinheit. Das Sieb figuriert in mehreren Gemälden Elisabeths, am berühmtesten in dem Porträt aus dem Jahr 1583 von Quentin Metsys dem Jüngeren, einem flämischen Maler. Es war eine Anspielung auf die römische Vestalin Tuccia, die der Sage nach zum Beweis ihrer Keuschheit ein Sieb voller Wasser zum Tempel der Vesta trug, ohne dass ein Tropfen durchlief oder verschüttet wurde.

Bei der Wiedergabe des königlichen Konterfeis kam es nicht auf Naturalismus an – die Majestät war das Ziel, ihre Gehorsam erheischende Autorität. Porträts waren von Anfang an Instrumente der Propaganda, nicht der realistischen Wiedergabe. Das betonte der Hof überdeutlich, als er 1594 die offizielle Devise erließ, die inzwischen Sechzigjährige nur noch unverwelkt jugendlich darzustellen – die «Maske der Jugend» (Roy Strong) sollte dominieren, um von den Sorgen um die Zukunft abzulenken. Dass Elisabeths Eitelkeit dabei eine Rolle spielte, steht außer Frage.

Grund für die Entscheidung von 1594 war unter anderem ein unvollendetes Miniaturporträt von Isaac Oliver, für das die Königin sich sogar bereitgefunden hatte Modell zu sitzen. Kleidung und Schmuck waren diesmal nur angedeutet, das Gesicht zieht alle Blicke auf sich, es hatte Muster werden sollen für weitere Nachbildungen. Der Hof war jedoch unzufrieden mit dem Resultat und unterdrückte die Verbreitung. Kein Wunder – das Bild zeigt uns Elisabeth, wie sie wohl wirklich war, alternd, die Lippen geschlossen wie in leichtem Spott, während die Augen Intelligenz und Schlagfertigkeit andeuten, doch eher defensiv. Aus den blassen Zügen spricht jedenfalls nichts Hoheitsvolles. Offenbar hatte das Stereotyp der Virgin Queen für Eingeweihte sein Verfallsdatum überschritten.

Die bleiche Physiognomie Elisabeths auf allen Abbildungen seit dem Darnley-Porträt entsprach im Übrigen dem Schönheitsideal der Zeit. Weiß musste das Gesicht geschminkt sein, «weiß wie die Felsen Albions» nach einem geflügelten Wort. Dazu benutzte Elisabeth eine kosmetische Paste aus Eiweiß, gestoßenen Eierschalen, weißen Mohnkörnern, Alaun und Natriumborat; Letzteres, auch Borax genannt, verwendeten schon die alten Ägypter zum Einbalsamieren. Je älter Elisabeth wurde, desto dicker legte sie diese Bleiweiß-Mischung auf Gesicht und Dekolleté auf, wobei sie gelegentlich einen Hauch von Karmesinrot

Isaac Olivers unvollendete Miniatur von 1594, die der Hof verwarf

hinzufügte. David Starkey nennt sie, hübsch despektierlich, «eine englische Turandot».

Ungefährlich war das Bleiweiß, ein basisches Bleikarbonat, nicht, vor allem, wenn es häufiger als die empfohlenen drei Mal pro Woche angewendet wurde. Es garantierte zwar eine glatte weiße Oberfläche, aber darunter alterte die Haut rasch. Für das Ideal des hellen Teints gab man dem Bleiweiß häufig sogar noch Quecksilber hinzu, um die bleichende Wirkung zu erhöhen. Toxische Folgen wie Hautschäden oder Haarausfall blieben nicht aus. Als Elisabeth später wieder einmal in einen Spiegel sah, nachdem sie lange Zeit über alle Spiegel vom Hof verbannt hatte, entdeckte sie an ihrem Gesicht die schädlichen Folgen ihrer kosmetischen Usancen und erkannte, wie lügenhaft all die Schmeichler die Mär von ihrer ewigen Jugend verbreitet hatten. Dabei handelte es sich um eine von ihr sanktionierte Legende – doch wie so oft, wenn sie nach

Schuldigen suchte, schaute sie zuallererst auf andere, nicht auf sich selber.

Problematisch stand es auch um ihre Zähne. Sie wusch sie mit einer in Honig gekochten Mischung aus Weißwein und Essig und rieb sie ordentlich mit Zahntüchern, die sich in jedem Inventar des Adels fanden, neben goldenen Zahnstochern. Das Ergebnis war nicht unbedingt geglückt. Überhaupt ließ ihr Erscheinungsbild in fortgeschrittenen Jahren für kritische Beobachter manches zu wünschen übrig, wie man unter anderem der Beschreibung des französischen Botschafters André Hurault, Sieur de Maisse, in seinen Erinnerungen entnehmen kann: «Ihre Kleidung war leicht geöffnet, sodass man ihren Busen sehen konnte, und immer wieder nestelte sie weiter an dem Stoff, als sei ihr zu heiß. Dabei öffnete sie ihre Robe so weit, dass man ihren Bauch bis zum Nabel sehen konnte. Die Haut über ihrem Busen ist ziemlich faltig, ihr Gesicht lang und dünn, ihre Zähne gelb und unregelmäßig, weniger auf ihrer rechten als auf ihrer linken Seite. Viele fehlen, sodass man sie nicht leicht versteht, wenn sie spricht.» Aber auch de Maisse begeistert sich für Elisabeths zahllose Juwelen, «nicht nur auf ihrem Kopf, sondern auch um ihre Halskrause, ihre Arme, an ihren Händen, dazu eine große Anzahl von Perlen um die Handgelenke und an ihrem Körper».

Der Diplomat ist offenbar leicht betreten in der zweistündigen Audienz bei der Monarchin im Dezember 1597. Der offene Ausschnitt ihrer Robe macht ihn unsicher, wohin er schauen soll. Aber er rühmt den Charme der Queen, «sie bewahrt ihre Würde» und gibt allgemein den Eindruck «von kräftiger Disposition an Geist und Körper». Das Gespräch der beiden behandelt die verschlungene europäische Diplomatie der Zeit, und der Franzose bewundert, wie präzise und beweglich Elisabeth auf die subtilsten Aspekte aller Fragen eingeht.

Auch der deutsche Rechtskundige Paul Hentzner aus Brandenburg ist beeindruckt von der charismatischen Erscheinung Elisabeths. Gegen Ende des Jahrhunderts begleitet er sein Mündel, einen schlesischen Adeligen, auf einer dreijährigen Reise durch Italien, die Schweiz, Frankreich und England und berichtet später darüber. Er erlebt die englische Königin mit rothaariger Perücke in einem juwelenbesetzten «tiefgeschnittenen weißen Seidenkleid». Ihm fällt besonders «die schmale Hand mit den langen Fingern» auf, die immer schon gerühmt wurde, dazu ihre «schmale, leicht gebogene Nase, ihre weiße Haut und schmalen dunklen Augen». Dagegen sind Elisabeths verbliebene Zähne bei Hentzner sogar «schwarz», ein Defekt, den er darauf zurückführt, «dass die Engländer einem zu starken Verzehr von Zucker verfallen sind». Womit er bei der Monarchin, die Süßigkeiten und süßen Nachtischen nicht widerstehen konnte, den Nagel auf den Kopf traf. Die Celebrity von Gottes Gnaden, die sie war, erlaubte sich manche menschliche Schwäche.

b William Shakespeare: Wie es Eliza gefällt

Ob die Königin das Theater ihrer Zeit, gar Shakespeare selber, beeinflusste, ist oft diskutiert und ebenso oft angezweifelt worden. Das hängt auch damit zusammen, dass wichtige Stücke des gefeierten Autors erst nach Elisabeths Tod, zur Zeit der Stuart-Dynastie, entstanden, wie «Othello», «King Lear» oder «Macbeth». Dennoch darf, ja muss man Shakespeare der großen Königin gleichsam gutschreiben, denn das England, in welches der 1564 in Stratford-on-Avon Geborene hineinwuchs und in dem seine Phantasie Flügel bekam, war ihr England. Es war eine «ruhelose Welt» (Neil McGregor) im Aufbruch, in der die ausgreifende Seefahrt, die Aufarbeitung der englischen Geschichte, ein bohrender, fragender Geist oder auch der Triumph über die Armada sich zum ersten Mal zu einem englischen Nationalgefühl addierten, auf dem Shakespeare aufbaute und dem er mit seiner psychologischen Wünschelrute nachging, bis in die Verästelungen der menschlichen Seele selber. War es Zufall, dass er für ein Theater schrieb und darin spielte, das «The Globe» hieß?

Dem Theater und seiner Beziehung zum Hof kam zugute, dass Elisabeth die puritanischen Stadtväter Londons nicht ausstehen konnte, ebenso wenig wie diese die «playhouses», die Theater, die in ihren Augen kaum mehr waren als verdeckte Bordelle. Sie ließen sie bei jeder

*Wo William Shakespeare sein Genie aufführen konnte:
«The Globe» am Südufer der Themse in London*

sich bietenden Gelegenheit schließen, erst recht, wenn dafür auch ein gesundheitlicher Grund vorlag wie die oft auftretende Beulenpest. Um sich vor den ständigen Belästigungen durch die Stadtverwaltung zu schützen, erbaten diverse Theatertruppen die Schirmherrschaft durch große Namen aus dem Umkreis der Königin, wodurch ihre Hilferufe gleichsam reichsunmittelbar wurden und königliche Interventionen zur Folge hatten. Denn Eliza, wie man sie liebevoll verkürzt nannte, wollte sich in ihre Vergnügungen nicht von fremder Seite hineinreden lassen. 1583 gründete sie sogar eine eigene Truppe, die «Queen's Men», wovon der Kronrat die Londoner Stadtregierung mit der Aufforderung in Kenntnis setzte, den Schauspielern eine Lizenz für sechs Tage in der Woche zu erteilen, da ohne diese Einübung «die gespielten Stücke Ihrer

Majestät Bedürfnis nach Entspannung nicht ausreichend zufriedenstellen können».

Denn das elisabethanische Theater war ursprünglich «ein kommerziell betriebenes Unterhaltungsmedium», wie Hans-Dieter Gelfert festhält. Nicht das einzige wohlgemerkt. Eines größeren Zuspruchs als selbst die Theater erfreuten sich so blutige Schauspiele wie die Bären- oder Bullenhatz, wobei das Interesse sich darauf konzentrierte, wie lange die Tiere sich der Meute der sie angreifenden Bluthunde erwehren konnten. Der Kronrat verfügte, «dass Bärenhatz und ähnlicher Zeitvertreib zum Vergnügen der Majestät aufrechterhalten bleiben». Beim Theater gefielen Elisabeth vor allem die burlesken Vorstellungen, je derber, desto besser. Ein gewisser Richard Tarlton, offenbar ein Genie von einem Komiker, verursachte ihr solche Lachkrämpfe, dass sie schließlich darum bat, den «Kerl, der sie so unkontrollierbar zum Lachen bringt», nicht mehr einzusetzen.

In den 1590er Jahren stiegen die «Lord Chamberlain's Men» zur führenden Truppe auf, bei der Shakespeare Schauspieler und Aktionär war, und das Niveau der Dramen zog spürbar an. An zwei aufeinanderfolgenden Abenden im Dezember 1594 trat, so belegen Dokumente, der Autor vor Elisabeth in Greenwich in zwei «Komödien und Interludien» auf, doch sind deren Namen nicht überliefert. An den beiden Teilen von «König Heinrich IV.» amüsierte sie später vor allem die Figur des Falstaff, die Shakespeare bekanntlich zuerst als Sir John Oldcastle einführte, aber auf Einspruch der Familie dieses Namens umbenannte – eine Beschwerde, die Elisabeth unterstützte. Auf Bitten des Hofes ließ Shakespeare Falstaff noch in einer weiteren Komödie auftreten, «Die lustigen Weiber von Windsor».

Zwei Beispiele mögen belegen, wie sich Shakespeare von der Zeitgeschichte zu konkreten Anspielungen inspirieren ließ. In «König Richard II.», geschrieben 1599, spricht John of Gaunt, der Gründer des Hauses Lancaster, die Worte, die so etwas wie das Hohelied des englischen Patriotismus geworden sind und die hier bereits zitiert wurden (siehe Kap. 1): «Dies Volk des Segens, diese kleine Welt,/Dies Kleinod, in die Silbersee gefasst,/(...)/Der segensvolle Fleck, dies Reich, dies England.» Der Text, den Shakespeare dem Grafen 200 Jahre nach dessen Zeit in den Mund legt, entspringt eindeutig der Armada-Erfahrung von 1588. Überhaupt sind Shakespeares Historienstücke sein Beitrag zur ewigen Frage des Königtums und dessen Gefährdung in Zeiten des Übergangs, wie sie der Krieg der Rosen zwischen den Häusern York und Lancaster der Insel beschert hatte und wie man sie bei einer ungeklärten Thronfolge wieder befürchtete. Diese Dramen stützten im Übrigen die Legitimität der Tudors, man darf sie geradezu als Propaganda für die herrschende Dynastie lesen.

Das zweite Beispiel entstammt dem «Sommernachtstraum», verfasst um 1594, der bei Elisabeth und ihrem Hof großen Anklang fand; er wurde mehrmals in den königlichen Palästen aufgeführt. Im zweiten Akt rekapituliert Oberon, während er mit der ihm trotzenden Titania hadert, eine allegorische Liebesanekdote, in der Cupido «in voller Wehr zwischen Mond und Erde» seinen Pfeil «auf eine holde Vestal', im Westen thronend», abzielt. Dann fährt er fort:

Allein ich sah das feurige Geschoss
Im keuschen Strahl des feuchten Monds verlöschen.
Die königliche Priesterin ging weiter,
In sittsamer Betrachtung, liebefrei.

Ein Spiel mit bekannten Details aus der amourösen Laufbahn der Königin. Mit der «holden Vestal', im Westen thronend» erinnert Shakespeare an Elisabeths Unberührbarkeit, vor welcher Cupidos Pfeil «im keuschen Strahl des feuchten Monds» – eine Wortschöpfung aus Tugend und Sinnlichkeit – verlöscht. Die Anspielungen liegen offen zutage, doch da sie eingebettet waren in ein ausgelassenes, komödiantisches Umfeld, frei von vergröbernder Kritik, konnte dieser Rekurs auf ihre Vita Gloriana nur erheitern.

Ganz anders steht es mit «König Richard II.» und der Art, wie das Stück im Februar 1601 von den Rebellen um Graf Essex als Speerspitze gegen die Königin missbraucht wird (siehe Kap. 15b).

KAPITEL 15

Graf Essex oder der letzte Aufstand

a *Ein junger Adliger verweigert den Respekt*

Mit zunehmendem Alter wurde Elisabeth schwieriger, inflexibler. Häufige Zornesausbrüche endeten in Standpauken, die von Ohrfeigen akzentuiert wurden. Unschlüssigkeit, ihr altes Leiden, trat vermehrt hervor. Entschieden griff sie nur durch, wenn sich am Hof sexuelle Liederlichkeit ausbreitete oder Ehen ohne ihre Einwilligung geschlossen wurden. Allein 1591 wurde die Hälfte von Elisabeths Ehrendamen, viele von ihnen Teenager, wegen Skandalen entlassen. Eine davon, die fünfzehnjährige Anne Vavasour, war von Richard de Vere, dem 17. Earl of Oxford und Schwiegersohn von Lord Burghley, verführt worden und brachte ein Kind von ihm zur Welt. Beide landeten eine Zeitlang im Tower – dieses Faktum ist belegt, während die in den 1920er Jahren aufgekommene Theorie, Oxford sei der eigentliche Autor von Shakespeares Dramen, jeglichen Beweis schuldig geblieben ist. Auch Walter Raleigh, den die Königin einst für seinen (vergeblichen) Versuch einer Koloniegründung in Virginia geadelt hatte, musste eine Haft im Tower verbüßen, weil er Elisabeth Throckmorton, eine führende Hofdame, ohne Erlaubnis der Queen geheiratet hatte. Politische Gespräche oder gar Kontakte standen dem weiblichen Dienstpersonal in Elisabeths Umgebung nicht zu. Überhaupt änderte sich an der Rolle der Frau unter dieser Monarchin wenig – als Feministin kann man Elisabeth nicht vereinnahmen. «Sie war die einzige Petticoat-Politikerin ihres Reiches», wie Christopher Haigh formuliert.

Der Abschied von vielen ihrer Weggefährten machte ihr zu schaffen, er bedrückte sie wie ein Memento mori. Ihr loyaler Robin Dudley, Earl of Leicester, war schon im Armada-Jahr gestorben, der gewissenhafte Walsingham folgte ihm 1590 und achtzehn Monate später ihr «Wetterhahn», Christopher Hatton. 1596 starben Drake und Hawkins, die beiden Seehelden, und 1598 Sir Francis Knollys sowie Blanche Perry, Elisabeths alte Nanny und Lebensbegleiterin. Doch traf die Königin in diesem Jahr 1598 am schwersten der Tod von Lord Burghley, William Cecil, der quasi ihr zweites Ich gewesen war. Gichtkrank, musste er zuletzt in seinem gepolsterten Stuhl zu den Sitzungen des Kronrats getragen werden. Elisabeth kam kaum über seinen Tod hinweg; wenn in ihrer Nähe Burghleys Name erwähnt wurde, brach sie in Tränen aus.

Um die Verluste der Wegbegleiter aus der Frühzeit zu ersetzen, hielt sich die Queen an die Söhne der Dahingeschiedenen, die die Stühle der Väter füllten. Auf William Cecil, ihren Ersten Staatsminister, folgte sein Sohn Robert, leicht bucklig, ihr «kleiner Elfe», ihr «Pygmäe», wie sie ihn nannte; er war verlässlich und gewissenhaft wie der Vater. Auf Dudley, Graf Leicester, folgte sein Stiefsohn Robert aus der Ehe von Lettice Knollys, Leicesters Frau seit 1578, mit ihrem ersten Mann, dem 1. Earl of Essex. Auch auf vielen weiteren Positionen bei Hof nahmen die Söhne die Plätze der Väter ein. War es Zeichen von Elisabeths Unsicherheit in Personalfragen oder nur Ausdruck ihres Konservativismus, dass sie das Bewerbungsdrängen neuer Namen zu ignorieren schien? Ein Teil ihrer Natur folgte ihrem Lieblingsmotto «Semper eadem», und noch immer hatte sie auch ein Auge für auffällige Figuren am Hof, gutaussehende, aufstrebende junge Adlige, von denen sie sich gerne umschmeicheln ließ in ihrer selbst injizierten Fiktion ewiger Jugend.

Und so trat Robert Devereux, der 2. Graf Essex, auf die Bühne, 1565 oder 1566 geboren, 33 Jahre jünger als Gloriana. Der Stiefsohn von Leicester war anziehend in seinen rätselhaften Launen, die Elisabeth in ihrer anfänglichen Nachsicht wie so viele für die Geburtswehen des Erwachsenwerdens ansah, bis sie lernte, sich vor ihnen in Acht zu nehmen und sie gleichsam einzuzäunen – was ihr letztlich nicht gelang. Essex' Ahnen gingen auf mittelalterliche englische Nobilität zurück. Als er neun war, starb sein Vater Walter Devereux, der 1. Earl of Essex, der sich als königlicher Marschall in Irland erschöpft und dabei sein ganzes Vermögen verloren hatte. Minderjährig kam der junge, verarmte Sohn unter die Vormundschaft Lord Burghleys. In dessen Haus erzogen, mit Tutoren wie dem Erzbischof von Canterbury, hatte der junge Earl die besten Voraussetzungen bei seinem Start ins Leben, und entsprechend setzte er alles daran, sich voranzubringen. Christopher Hibbert entwirft in «The Virgin Queen» ein knappes, packendes Charakterprofil von ihm:

«Leichtsinnig, eitel, achtlos extravagant, dabei arm, ein Gelehrter wie auch ein Sportler, temperamentvoll, direkt und groß im Nachtragen, spurtete er durchs Leben wie in dauernder Eile. Er aß schnell und wie abwesend, als kümmere ihn nicht, was auf seinem Teller lag. Er konnte vom Bett einer Geliebten in sein Studierzimmer oder eine Kapelle eilen, zur Kontemplation über irgendwelche Geheimnisse, ehe er sofort wieder dahinschoss auf einer anderen Suche. Henry Wooton, Diplomat und Autor, sagte von ihm: ‹Ungeduldig ließ er sich von seinen Dienern ankleiden, ohne Gedanken an das, was er trug; er schenkte sein Haar und sein Gesicht seinem Barbier, seine Augen seinen Briefen, seine Ohren den Bittstellern.› Sehr gut aussehend, entwickelte er nach zögerlichen Anfängen jene Selbstsicherheit, die seine Zeitgenossen später für anmaßend halten werden.»

Zur Melancholie, wenn nicht zur Depression neigend, zeigte Essex bipolare Symptome (wie wir heute sagen würden), die vieles von dem Unglück erklären, das ihn schließlich ereilte. Zeitgenossen sprachen bei ihm von der seit Aristoteles geläufigen «Megalopsychia» – dem Hochmut, der sich überlegen fühlenden Seele. Draufgängerisch, dabei äußerst unterhaltsam, nahm er die Königin anfänglich für sich ein. Für seine arrogante Art, die er mit seinem Rivalen um Elisabeths Gunst, dem etwas älteren Sir Walter Raleigh, teilte, hatte die Queen eine gewisse Schwäche. Sie pflegte ihn zum Kartenspiel bis in die Morgenstunden einzuladen. «Spätabends», schrieb einer von Essex' Dienern kurz nach dessen zwanzigstem Geburtstag, «ist immer nur mein Lord Essex bei ihr, spielt ein Spiel nach dem anderen mit ihr und kehrt erst in seine Gemächer zurück, wenn die Vögel zu singen anfangen.»

So nahm sich das ungleiche Paar gegenseitig gefangen: er in dem

Gefühl, sie beeinflussen zu können und damit Macht zu gewinnen, sie in dem Bewusstsein ihres ungebrochenen Charismas, das augenscheinlich auch bei einem viel Jüngeren noch seine Magie entfaltete und ihrer Femininität und Herrschaft schmeichelte. Beide erlagen sie einem Irrtum, wie wir sehen werden: Auf dem Grund ihrer Beziehung lag ein Kalkül der Macht, das sich mit Gesten der Zuneigung, ja der Liebe, nur maskierte.

Die Generation, die jetzt heranwuchs, durchschaute die Maskeraden und kunstvollen Täuschungen bei Hofe. Wenn ein Leicester Galanterie demonstrierte oder Sir Christopher Hatton sich von seinen extraganten Worten hinreißen ließ (siehe Kap. 14a), waren sie, bei aller Gesteltzheit, ehrlich in ihrer tiefen Ergebenheit Elisabeth gegenüber. Ein ungeduldiger Jugendlicher in seinen Zwanzigern dagegen sah in dem Austausch von so vielen Floskeln nur entleertes Theater und in der perückenbestückten und bepuderten Majestät nur die Figur einer überholten Zeit. Da musste man mitspielen, solange es Vorteile brachte, Beförderungen, auf die Essex ein Anrecht zu haben glaubte. «Auch wenn die Süße Eurer Natur sich in größte Bitterkeit verwandeln sollte», schrieb er der Queen, «stünde es nicht in Eurer Macht, wie groß Sie als Königin auch sein mögen, mich dazu zu bringen, Sie weniger zu lieben.» Noch im Kompliment hört man eine gewisse Überheblichkeit heraus, die sich der alternden Königin gegenüber als eigene Instanz definiert. Essex' Sache war die bedingungslose Hingabe nicht, zu der Burghley kurz vor dem Tod seinen Sohn Robert verpflichtete: «Diene Gott, indem du der Königin dienst, denn jeder andere Dienst ist Versklavung durch den Teufel.»

Essex dagegen suchte militärische Glorie, die Ehre für seinen Namen, und diesem Dienst widmete er sein kurzes Leben. In dem ruhmesverliebten jungen Mann und dem leicht buckligen Staatssekretär Robert Cecil personifizierte sich die Antithese zwischen Rittertum und Bürokratie, zwischen dem Schwert und der Feder. Die Feder sollte sich am Ende mächtiger erweisen als das Schwert. Ein Hofbeamter, der die Ambitionen des hoffnungslos ichbezogenen Grafen durchschaute, bemerkte sarkastisch: «Essex hat nur einen Freund und einen Feind – der

*Der Earl of Essex als schmachtender Höfling,
von der Zaunrose Eglantine umgeben, Elisabeths Lieblingsblume*

Freund ist die Königin, der Feind er selber.« Bis er sich schließlich auch die Königin zum Feind machte.

Ersten Geschmack an militärischem Ruhm fand er in den spanischen

Niederlanden, wo ihm sein Stiefvater Leicester in den 1580er Jahren die Gelegenheit gab, sich zu bewähren. Er war bei dem Scharmützel in Zutphen dabei, bei dem der gefeierte Philip Sidney sein Leben verlor. Seine Mutproben im Ausland imponierten am Hof und gewannen ihm bald die Gunst der Königin. 1590 heiratete er Sidneys Witwe, Frances Walsingham, die Tochter von Elisabeths Spionagechef Sir Francis Walsingham. Mittellos wie er war, war der junge Mann gänzlich von der Queen abhängig: Da er keinen eigenen Landbesitz oder andere Pfründe besaß, finanzierte er sich mit dem, was seine Monarchin ihm an Posten zuschanzte. Als Erstes war das die Aufsicht über die Stallungen («Master of the Horse»), die er von seinem Stiefvater übernahm. Nach dessen Tod erbte er als wichtigste Einnahmequelle die Steuerhoheit über süße Weine – Teil jener Privilegien, die Elisabeth einzelnen Mitgliedern des Hofstaats gewährte als Ersatz für regelmäßige Gehälter, für die das Geld nicht reichte. 1593 wurde Essex Mitglied des Kronrats, was seine Finanzen abrundete und ihm ein Leben auf großem Fuße erlaubte – das aber nie gesichert genug, weil allein abhängig von der Gunst der Königin war. Was, wenn sie diese zurückzog? Was dann? Man wird sehen.

Ohne Bedenken überreizte der Earl seine Karte, im blinden Vertrauen auf seine Nähe zur Majestät. Schon 1589 widersetzte er sich ihrem Verbot, an der «Englischen Armada» teilzunehmen, einer Expedition, mit der Elisabeth unter Ausnutzung der Armada-Niederlage vom Vorjahr die Spanier weiter zu schwächen wünschte. Essex stahl sich heimlich vom Hof und eilte von Plymouth aus der eigenen Flotte nach, zu schnell für die Abgesandten der Königin, die ihn rechtzeitig abfangen wollten. Das schlecht geplante Unternehmen endete kläglich für England – für Essex hingegen weniger, weil er sich mit einer typisch grandiosen Geste einen Namen machte, indem er sein Schwert ins Stadttor von Lissabon versenkte, wie um seine Duftnote zu markieren. Gezielt arbeitete er an seinem Ruhm.

Unter den Stichwortgebern im Kronrat führte er die schärfste Sprache gegen Spanien, und so ließ sich die Königin erweichen, ihn 1591 in Frankreich einzusetzen, wo der neue König Heinrich IV. sich einer spanischen Intervention in der Normandie zu erwehren hatte und die Stadt Rouen von den Spaniern und der katholischen Liga zurückzuerobern suchte. Halb warnte Elisabeth ihr königliches Gegenüber vor dem Ungestüm des jungen Grafen – der brauche Zügel, keine Sporen. Aber wie so oft, wenn ihre Militärführer weit entfernt von England agierten, zählte das Wort der Königin wenig. Essex vergeudete die Kraft der ihm Untergebenen in draufgängerischen Unternehmen, und widerborstig wie immer zeichnete er 21 seiner Kämpfer mit der Erhebung in den Adelsstand aus – eine Amtsanmaßung, die Elisabeth empörte, verlieh sie selber doch solche Titel eher sparsam, höchstens zehn pro Jahr. Aber der junge Graf, der über keine eigenen Reichtümer verfügte, hatte mit diesen Ernennungen das Rezept gefunden, sich Freunde zu machen und den Grad seiner Popularität zu erhöhen, als Basis wachsender Macht.

Gegenüber seinem Ungestüm wirkte Elisabeth zuweilen wie hilflos. Ihr üblicher Trick, führende Persönlichkeiten gegeneinander auszubalancieren – eine hausgeschneiderte Balance-of-power-Politik –, verfing nicht bei diesem Mann, zu dem sie kein Gegengewicht fand. Seine wechselnden Stimmungen, seine unkontrollierbaren Wutausbrüche waren ihr ein Gräuel. Doch wollte sie sich andererseits von ihrem Favoriten auch nicht erpressen lassen. Einmal gab sie ihm eine freundliche Warnung: «Pass auf dich auf, guter Essex, und sei so klug, dir selber zu helfen, ohne deinen Feinden Vorteile zuzuspielen; dann wird meine Hand bereit sein, dir mehr zu helfen als jedem anderen.» Eine Ermahnung an taube Ohren.

1593 war Frankreichs König Heinrich IV. zum Katholizismus übergetreten («Paris ist eine Messe wert»). Um den Verrat eines protestantischen Bündnispartners zu verwinden und zur Beruhigung ihrer durch Essex strapazierten Nerven machte sich Elisabeth an die Übersetzung des spätrömischen Philosophen Boethius und seiner «Tröstungen der Philosophie». Boethius empfiehlt, geduldig zu sein, sich in Gott zu fügen und dessen heiligen Willen nicht entschlüsseln zu wollen. Man muss sich über die Kleinheit der weltlichen Dinge erheben. Unser Geist beruft uns zu göttlicher Gnade, während die exzessive Betonung der Aktion uns zu bloßen Körpern reduziert. Die Ermahnung hätte besser zu Essex und seinem unstillbaren Tatendurst gepasst.

Ihn konnte oder wollte Elisabeth dennoch nicht ignorieren. Aufgeschreckt durch einen plötzlichen spanischen Überfall auf die Küste Cornwalls, schickte sie im Juni 1596 Essex als Lord General of the Army, Howard als Lord Admiral und Walter Raleigh als Stellvertreter nach Cádiz, um dem Bau einer neuen spanischen Armada zuvorzukommen. Es gelang auch, Cádiz zu plündern und zu verwüsten, was allgemein als einer der empfindlichsten Rückschläge für Philipp II. im Ringen mit England eingestuft wurde. Aber 32 spanische Schiffe versenkten sich selber in der Bucht von Cádiz, um ihren reichen Dukatenschatz nicht in englische Hände fallen zu lassen. Der Großteil der spanischen Flotte in Lissabon blieb unbehelligt, und ein Abstecher zu den Azoren, den Essex wollte, wurde nicht ausgeführt. Ebenso wenig wie der Plan des Grafen, in Cádiz eine Garnison zu errichten als Vorposten der englischen Macht auf dem Kontinent. Elisabeth hatte nicht vor, auf dem europäischen Festland mehr als nötig zu bluten – der Kampfstärke spanischer Truppen hätte England nichts Vergleichbares entgegenzusetzen gehabt.

Doch hatte Essex in einer kühnen Sololeistung die Stadtmauer von Cádiz erklommen und sich als Anführer seiner Soldaten durchaus bewährt, was seinen Heldenruhm zu Hause weiter beflügelte. Dass er allerdings erneut dem Willen der Königin zuwider handelte und diesmal sogar 68 seiner Freunde eigenmächtig zu Rittern schlug, vertiefte den Graben zwischen ihm und Elisabeth, auch wenn sie es diesmal ungeahndet ließ. Von Mal zu Mal erhöhte Essex den Spieleinsatz, es war wie seine ganz persönliche Einladung an die Nemesis.

Nach der Rückkehr aus Spanien erwartete ihn eine große Enttäuschung: Der Posten des Ersten Sekretärs, auf den er sich kapriziert hatte, war an Robert Cecil gegangen, Lord Burghleys leicht buckligen Sohn, dessen administratives Können Elisabeth schätzte; Essex hatte sie nie ernsthaft als Alternative erwogen. Es war eine doppelte Erniedrigung für den Ehrgeizigen, da er zuvor schon etliche seiner Personalvorschläge bei der Königin nicht hatte durchbringen können – unter anderem hätte er gerne Francis Bacon, seinen wichtigsten Berater, den späteren berühmten Philosophen und Essayisten, als Generalstaatsanwalt oder, ersatzweise, als zweiten Kronanwalt gesehen. Für jeden Prominenten bei Hof war die Frage, was er für seine Freunde tun konnte, ein Testfall seiner Ehre. Entsprechend persönlich getroffen fühlte sich Essex von den Ablehnungen. Um sein Mütchen zu kühlen, stolzierte er in trotziger Auflehnung mit seinen Anhängern als Sieger von Cádiz durch London, ein Condottiere, ein Liebling der Menge. Popularität eines Untertanen aber hatte im 16. Jahrhundert einen sinistren Unterton, sie klang nach Aufwiegelung, Verrat. Loyalität war einzig der Majestät geschuldet. Daher untersagte Elisabeth den Druck eines Pamphlets zum Lobpreis von Essex' Ruhmestaten wie auch öffentliche Gebete für den «Helden von Cádiz».

Bacon war alarmiert. Er riet Essex dringend davon ab, mit der Königin zu konkurrieren und sich mit seiner Popularität zu brüsten. Als Favorit müsse er einige Regeln beachten, darunter diese: immer der Königin den Hof zu machen und seine militärischen Ambitionen für eine Weile zurückzustellen. Es war wie in den Wind gesprochen bei einem Unseligen, dem der tiefe Respekt vor der Monarchin fehlte. Bacon ließ es im Übrigen nicht bei seinem Rat für Essex bewenden, er versuchte vielmehr, sich ein genaues Bild zu verschaffen, warum die Königin den Earl nicht hochkommen lassen wollte. Er fand vier Gründe: Essex ließ sich nicht bändigen; es war bei ihm zu wenig von den Talenten und dem Reichtum vorhanden, die er haben musste, wollte er seine Ambitionen rechtfertigen; er appellierte zu direkt an die Zuneigung der Menge zu ihm; und er war Soldat. Der letzte Punkt spricht von großer Hellsicht bei Elisabeth. Instinktiv fürchtete sie jenen Typus, wie ihn Shakespeare später mit Coriolan, dem Helden seiner gleichnamigen Tragödie, zeichnen wird, wenn er ihm die Worte in den Mund legt: «Ich steh', als wär' der Mensch sein eigner Schöpfer,/Und niemand blutsverwandt.» In Essex begegnete Elisabeth dem Hochmut des Volkstribuns.

Doch noch scheute sie den Bruch. Lytton Strachey, der so großartig über die Viktorianer geschrieben hat, verrannte sich gar in die Vermutung einer Liebesaffäre Elisabeths mit dem Earl («Elizabeth and Essex», 1928). Doch mag der Essayist mit seiner blühenden Spekulation auch überzogen haben, Tatsache ist, dass der häufige Zank zwischen der

Königin und ihrem Favoriten für Beobachter manchmal aussah, als raufe sich da ein Paar zusammen, das nicht voneinander lassen konnte. Elisabeth, entsetzt über Essex' Insubordination, gab von Fall zu Fall nach, wenn der Graf sich wie ein beleidigtes Kind in den Schmollwinkel zurückzog oder Krankheit mimte, die ihn davon abhielt, bei Hof zu erscheinen. Dort galt längst das geflügelte Wort, Graf Essex' Größe habe einzig damit zu tun, «wie sehr Elisabeth ihn fürchte – und wie sehr sie ihn liebe». In diese Richtung wies auch der Autor und Parlamentarier Sir Robert Naunton nach dem Tod der Königin in seiner Geschichte ihrer Thronzeit, «Fragmenta Regalia» (1641): «Das Alter machte die Königin nachgiebig und versöhnungsbereit, wie das so geht, wenn sich das geeignete Objekt findet. Und Essex sog alles zu schnell ein, wie ein Baby den bereitwilligen Schnuller.»

Der ruhelose, ehrensüchtige Essex – als Militarist, wie man ihn nennen könnte, widersprach er im Kronrat allen Argumenten, die einem möglichen Frieden mit Spanien das Wort redeten. In der Frage Frieden oder Krieg reagierte er altrömisch: Frieden konnte nur kommen *nach* einem Sieg, der auf jeden Fall erst errungen werden musste; an dem Krieg mit Spanien ging mithin kein Weg vorbei. So baute sich zwischen Essex und den Cecils, dem alten Lord Burghley und seinem Sohn Robert, die beide eher der Friedenspartei zuneigten, langsam aber sicher eine Unversöhnlichkeit auf. Essex schalt seine Gegner «Insulaner» ohne Weltsicht und europäische Ambitionen. Da vermochte auch Elisabeth nicht zu schlichten, zerrissen wie sie in militärischen Fragen schon immer war.

Aber im Frühjahr 1597 drang die Kunde einer neu aufgestellten spanischen Armada nach England. Nach vielen Rangeleien ließ sich Elisabeth von Essex' Entschlossenheit überreden und machte ihn im Sommer zum Generalleutnant der Armee und der Navy und zum Anführer einer Expedition, die als Erstes in Ferrol und La Coruña, an der Nordwestspitze Iberiens, die spanische Flotte zerstören und anschließend den Silberschiffen aus den Kolonien auflauern und sie kapern sollte. Doch Essex konterkarierte wieder einmal Elisabeths Anweisungen und segelte in der Erwartung, die spanische «flota», den Silbertransport,

Graf Essex als Erwachsener

dort abfangen zu können, als Erstes zu den Azoren. Dort zerstritten sich er und sein Stellvertreter Raleigh dermaßen heillos, dass das Unternehmen ohne Erfolg abgebrochen werden musste; die «flota» gelangte ungestört nach Spanien, die Engländer gedemütigt in ihre Heimathäfen. Die «Islands Voyage», wie die Expedition in Anspielung auf die Azoren-Inselgruppe bald genannt wurde, war das letzte Seegefecht in Essex' Karriere, das er mit der gleichen energischen Inkompetenz absolvierte wie alle seine militärischen Aktivitäten.

Dennoch spie er im Kronrat weiterhin Feuer und Schwefel, seine Animosität gegen Spanien kannte keine Grenzen – sein Verdacht, Elisabeth könnte für einen Frieden optieren, auch nicht. Der alte Burghley, wachsend besorgt um Essex' geistige Balance, schob ihm wenige Wochen vor seinem Tod im Sommer 1598 in einer Sitzung einen Zettel zu mit der Warnung aus Psalm 55,24: «Die Blutgierigen und Falschen werden ihr Leben nicht zur Hälfte bringen.»

Ein prophetisches Wort. Essex ist jetzt 32 Jahre alt – er wird nur noch zweieinhalb Jahre zu leben haben.

b Das Ende der Hybris unterm Beil

Am 1. Juli 1598 führt er selber den ersten Streich gegen sich. Im Kronrat berät sich Elisabeth mit einem kleinen Kreis der Mitglieder, wer als Lord Deputy nach Irland geschickt werden soll, um eine Rebellion niederzuschlagen, die der königlichen Souveränität über dieses ungebärdige Land gefährlich zu werden droht. Wieder einmal kommt Essex mit seinem Personalvorschlag nicht durch, weil die Königin ihr souveränes Recht beansprucht und auf einem Kandidaten beharrt, den sie für fähiger hält. Das quittiert er damit, dass er der Monarchin voller Groll ostentativ den Rücken zukehrt. Das aber lässt bei der 64-Jährigen das Fass des Unwillens über ihren Höfling überlaufen. Erregt springt sie auf und verpasst ihm ein paar Ohrenknuffe, mit dem Ruf: «Get him gone and be hanged!», sinngemäß übersetzt: Fort mit Euch und lasst Euch aufhängen. Das wiederum provoziert Essex – er legt die Hand an sein Schwert, als wolle er blankziehen. Im letzten Moment stellt sich der Earl of Nottingham zwischen die Königin und ihren Höfling und verhindert das Schlimmste. Worauf Essex laut protestierend aus dem Saal stürmt: Er könne sich solch einen Affront, solche Demütigung nicht gefallen lassen, selbst von der Hand Heinrichs VIII. hätte er sie nicht hingenommen. Weiß vor Erregung und starr blickt Elisabeth dem Herausforderer nach, als könne sie nicht glauben, was sie soeben erlebt hat.

Wer gedacht hätte, der Missetäter, der mit seinem Verhalten zu jeder anderen Zeit sein Leben verspielt hätte, würde sich jetzt untertänigst entschuldigen, sah sich getäuscht: Essex in seinem Wahn war vielmehr davon überzeugt, es sei die Königin, die ihm ein Wort des Bedauerns schulde. Er schrieb ihr, sie habe nicht nur «alle Gesetze der Zuneigung gebrochen, sondern auch gegen die Ehre Eures Geschlechts verstoßen». Der Lordsiegelbewahrer Egerton versuchte daraufhin, Essex gut zuzureden und ihn auf die richtige Bahn zu lenken: «Das Schwerste, mein lieber Lord, ist eben, sich selber zu bezwingen. Ihr seid noch nicht so weit gegangen, dass Ihr nicht umkehren könnt.» Doch Essex ist unbeugsam und antwortet mit einer geradezu revolutionären Philosophie: «Wenn mir eine der schlimmsten Erniedrigungen zugefügt wird, soll ich dann aus Gründen der Religion klein beigeben? Verlangt Gott das von mir? Ist es gottlos, es nicht zu tun? Wie das – können Herrscher nicht irren? Kann einem Untertan kein Unrecht geschehen? Ist irdische Macht oder Autorität unbegrenzt? Entschuldigt, entschuldigt, aber ich habe nie solchen Prinzipen beigepflichtet.» Der gefallene Engel pflanzt sein «Non serviam!» auf – «ich werde nicht dienen!» – und rüttelt mit seinen wie herausgeschleuderten rhetorischen Fragen an den Grundfesten der göttlichen Begründung der Königsmacht, was neunzig Jahre später in der Glorreichen Revolution zum Durchbruch kommen wird. Hier formuliert dies ein lediglich tief in seinem Ego Getroffener, aber er verweist damit wie beiläufig auf den kommenden Angriff auf das Gottesgnadentum.

Am 4. August 1598 stirbt Lord Burghley, William Cecil, 78-jährig – er hat sich in vierzig Jahren Dienst für seine Monarchin buchstäblich bis zum Umfallen aufgerieben. Die Trauer um diesen Abschied lässt bei Elisabeth und am Hof kurzzeitig alle Geschäfte ruhen, danach erweisen sich die Überlegungen zur Neuordnung als Glück für Essex: Die Königin ist abgelenkt und beantwortet seine Unbotmäßigkeit lediglich mit der Weigerung, ihn zu empfangen. Das nagt an dem Ex-Favoriten, wie man ihn jetzt wohl nennen muss, der nicht ohne die Nähe zur Majestät leben kann, obwohl er sich in seinem Hochmut ihr überlegen wähnt. Aber sie ist noch immer das Zentrum der Macht und ihrer Ausstrahlung. Um zurückkehren zu können, verfällt Essex auf eine Idee, die schon sein Stiefvater Leicester in Tagen der schlimmsten Verstimmung zwischen ihm und Eliza anzuwenden pflegte: Er meldet sich krank – das zieht bei Elisabeth immer. Sie schickt ihre Ärzte zu ihm in seine Londoner Wohnung, wo er bald wiederhergestellt ist und sich hoffähig zurückmeldet.

Gerade rechtzeitig, denn in Irland nahm der Aufstand gegen Englands Souveränität immer bedrohlichere Formen an. Der Anführer der Rebellen, Hugh O'Neill, Earl of Tyrone, hatte eine große Zahl von Freischärlern um sich geschart, landeskundige Guerillakämpfer, der Aufstand griff von seinem Lager im Norden, in Ulster, auf die ganze Insel über. In Irland sahen die Engländer immer schon ein potenzielles Sprungbrett für einen Eroberer, der den Angriff auf das englische Mutterland wagen könnte. Entsprechend brutal unterdrückte London diese «Plantation», seinen eigentlichen kolonialen Besitz, und leistete sich Grausamkeiten, die in England selber schon längst nicht mehr geduldet waren. Die Beherrschung Irlands war für Elisabeth freilich ein ständiger finanzieller Aderlass – «wolle doch Irland im Meer versinken», klagte sie gegenüber dem französischen Botschafter de Maisse. Doch der jüngsten Krise konnte sie nicht ausweichen. Nun gab es unter den englischen Adligen zwar viele zur See Erprobte, aber keinen eigentlichen Heerführer wie Essex, der, wenn auch nicht sonderlich erfolgreich, immerhin die nötige Erfahrung für Landoperationen mitbrachte. Versessen darauf, sich zu rehabilitieren, ohne einen kriecherischen Kotau für seine Brüskierung der Monarchin vollführen zu müssen, ergriff der Graf mit beiden Händen die Chance zu neuer Glorie, obwohl er Irland als Kriegsschauplatz immer verachtet hatte.

Elisabeth ging mit der Essex überantworteten Truppenstärke aufs Ganze – es wurde Englands größtes Landaufgebot bis dahin: 20 000 Fußsoldaten, 2000 Berittene, dazu eine Ausstattung mit Munition und Waffen, die ihresgleichen suchte. Der Auftrag: Tyrone sofort in seiner Hochburg im Norden Irlands angreifen. Aber Essex ist eben Essex – er widerspricht: Erst im Sommer könne man gegen Tyrone in Ulster vorgehen, er wolle derweil die südlichen Provinzen Leinster und Munster von Widerständlern befreien. Es folgen zwei Monate erfolglosen Wanderns durch die Hügel von Südirland, wobei Essex' Truppen, in Hinterhalten überfallen und auf ewiger Suche nach Proviantierung, große Einbußen erleiden, ein dramatischer Verlust auch an Kampfmoral. Die Männer sind müde, krank, hungrig und frustriert, keinen Rebellenführer von Belang geschlagen zu haben. Die Zeit läuft Essex davon.

Böse Briefe erwarten ihn in Dublin. Elisabeth hält mit ihrem wachsendem Unmut nicht hinterm Berg und verlangt von Essex, erst nach London zurückzukehren, wenn der Earl of Tyrone besiegt sei. Das Vertrauen in ihren Heerführer ist restlos erschüttert – wen hat sie da an die Spitze des aufwendigsten Landunternehmens ihrer Thronzeit gestellt? Als die Engländer Ende August endlich in Ulster aufkreuzen, traut sich Essex keinen Vergleich mehr mit der Kampfstärke Tyrones und seiner Mannen zu, die ihn siegesgewiss auf seinem Marsch in den Norden beschatten – seine Truppe ist auf beinahe 6000 Soldaten geschmolzen, eine weitere Katastrophe droht, wenn er sich jetzt noch in den Kampf stürzt. So vereinbart er ein Treffen mit Tyrone mitten in der Furt des Flüsschens Lagan, wo er und der Rebellenführer hoch zu Pferd eine Stunde lang einen Waffenstillstand aushandeln, ohne Zeugen. Tyrone sei doch zivilisiert und gefügig, argumentiert er; in der Tat hat der Earl seine Erziehung in England durchlaufen, ehe er sich nach der Rückkehr nach Irland den Aufständischen anschloss. Doch zivilisiert oder gefügig – mit einem Rebellenführer zu verhandeln, galt im 16. Jahrhundert als Hochverrat. Schlimmstenfalls also war Essex ein Verräter, bestenfalls ein unrettbarer Dummkopf.

Die Abmachung zwischen ihm und dem Iren vom 8. September 1599 besagte, dass die Rebellen alles von ihnen bis dahin eroberte Terrain behalten durften und die Engländer keine neuen Garnisonen oder Forts errichten würden. Der Waffenstillstand solle sich alle sechs Monate verlängern. Während dieser Frist könne jede Seite nach vierzehntägiger Vorankündigung den Kampf wiederaufnehmen, was Tyrone sehr entgegenkam, erwartete er doch vor Ende des Winters spanische Hilfe.

Elisabeth ist entsetzt, als sie von diesen Vorgängen hört. An Essex schreibt sie, sein Umgang mit ihren Truppen sei nicht nur unehrenhaft und verschwenderisch gewesen (16 Millionen Pfund hatte die Expedition nach heutiger Rechnung verschlungen, die Gefallenen nicht gezählt), sondern auch «gefährlich und verachtenswürdig». Er habe nur einen «hohlen Frieden» geschlossen – dem Eid des Verräters Tyrone könne sie «ebenso wenig trauen wie der Religion des Teufels». Was sie da noch nicht einmal weiß, ist, dass Essex weitere 81 Kommandeure zu

Rittern geschlagen hat, womit er die Zahl solcher Ernennungen durch ihn auf insgesamt 170 gebracht hat, mehr als ein Viertel der Ritter in ganz England. Die Königin ist außer sich, als sie es erfährt.

Dann fasst Essex einen überstürzten Entschluss, der Vorhang hebt sich zum letzten Akt der Tragödie: Er will Elisabeth persönlich die Gründe für seine irische Strategie erläutern und bricht am 24. September 1599 überstürzt – ohne vorherige Benachrichtigung seiner Herrin und in Verletzung ihrer Order, in Irland zu bleiben – mit einer Eskorte von 200 Leuten nach London auf, wo er vier Tage später eintrifft. Ohne Aufenthalt galoppiert er zum Schloss nach Nonsuch weiter, wo sich der Kronrat und Elisabeth gerade aufhalten, dringt ungewaschen in ihr Schlafgemach vor, fällt vor ihr nieder und küsst ihr die Hände, während der Dreck von der wilden Reiterei noch auf seinem Gesicht klebt. Sprudelnd und ungeordnet erzählt er seine Geschichte. Die Königin, unsicher, was diese plötzliche Ankunft bedeutet und ob Essex nicht ein Heer mitbringt, um ihr seinen Willen aufzuzwingen, flüchtet sich in Freundlichkeiten und vertröstet ihn auf später – sie müsse sich erst einmal ankleiden und er sich umziehen. An diesem Morgen hat Essex eine unverzeihliche Majestätsbeleidigung begangen: Elisabeth ist noch nicht hergerichtet für den Tag und folglich ungeschützt seinen ungebetenen und unstatthaften Blicken ausgesetzt – grau, faltig, ohne Perücke, das Haar in Strähnen über ihr ungeschminktes Gesicht herabhängend, das genaue Gegenteil der visuellen Propaganda von ewiger Schönheit und Jugend. Das verwindet sie noch weniger als Essex' militärische Inkompetenz.

Doch gewinnt sie allmählich ihre Fassung zurück und gewährt dem Sünder nach zwei Stunden eine längere Anhörung, was Essex hoffen lässt. Am Nachmittag dann die dritte Begegnung mit ihm. Jetzt ist sie umgewandelt und entschieden unversöhnlich – sie weiß: Er hat keine Truppen mitgebracht, und so kann sie ihm sein Versagen vorhalten: Fast 10 000 Mann sind verloren, die Staatskasse um kostbare Reserven beraubt – er sei «ein Skandal für unser Reich und eine künftige Gefahr für den Staat». Sie verhört ihn scharf, er verheddert sich in Widersprüche, ist verdutzt über ihre veränderte Haltung, fängt an, sich mit ihr zu streiten, aber kann sein Scheitern in Irland nicht kohärent erklären. In kaltem Zorn entlässt sie ihn – es wird ihr letztes Treffen gewesen sein. Als ihr Patensohn Sir John Harington, den Essex in Irland geadelt hat, mit einer Botschaft des in Ungnade Gefallenen zu ihr kommt, löst das einen cholerischen Anfall bei ihr aus: «Bei Gott, Sohn, ich bin keine Königin, dieser Mann steht offenbar über mir. Wer hat ihm befohlen, so bald hierherzukommen? Ihr seid alles eitle Schurken, Essex der Schlimmste. Verschwindet!»

Aber der Kronrat und die Königin müssen vorsichtig vorgehen. Essex ist in London noch immer sehr populär, Slogans zu seiner Unterstützung und gegen seine Feinde am Hof – an der Spitze Sir Robert Cecil – werden an die Mauern von Whitehall gepinselt. Man stellt ihn daher nicht sofort vor Gericht, sondern erst einmal unter Hausarrest, in der Obhut des Lordsiegelbewahrers Egerton. Im März 1600 darf er in seine Residenz am Londoner Strand ziehen, Essex House, bleibt aber auch dort unter Bewachung und zunächst in Einzelhaft.

Was man Essex vorwarf, hatte der Kronrat immerhin bereits im November 1599 bekannt gemacht, jedoch noch nicht als formelle Anklage, eher als vorbeugende PR-Maßnahme, um seine Anhänger auf den Gerichtsfall vorzubereiten. Erst im Sommer 1600 erfolgte die amtliche Anklage, nicht vor der gefürchteten «Star Chamber», sondern durch eine Kommission aus Kronräten und Richtern. Sie stützte sich im Wesentlichen auf vier Punkte: Essex hatte die Order, sogleich nach Ankunft in Irland gen Ulster zu marschieren, missachtet; er hatte eine wahllose Zahl an unautorisierten Ehrungen vorgenommen; er hatte mit dem Führer der Rebellen konferiert; und er war ohne königliche Erlaubnis nach London zurückgekehrt, praktisch ein Fahnenflüchtiger. Es lief auf groben Ungehorsam gegenüber der Königin hinaus. Die Kommission hatte keine Befugnis, Essex in den Tower zu werfen, entkleidete ihn aber aller Ämter, bis auf das des Hofstallmeisters.

Der Königin genügte das nicht. Sie grollte dem Geist der Auflehnung in Essex, und seine flehentlichen Briefe, ihn wieder zum Hof zuzulassen, wies sie als heuchlerisch zurück. «Beeile Dich, mein liebes Papier, in ihre Nähe zu gelangen, aus der ich Unglücklicher verbannt bin», hatte er geschrieben. «Küss ihre schöne, korrigierende Hand, sag ihr, du kämest vom schmachtenden, darniederliegenden, verzweifelnden Essex. Solange ich nicht in Eure gnädigste Gegenwart aufgenommen werde, ist alle Zeit nur eine ewige Nacht für mich und die ganze Welt nur ein Sarg für den untertänigsten Vasall Eurer Majestät.» Wie sich die Verhältnisse gedreht hatten: Der Mann, der sich seiner Königin überlegen wähnte und alle Hofrituale nur als Theater vor einer alternden Jungfer ansah – hier lag er ihr zu Füßen und winselte um Gnade.

Jetzt war es an Elisabeth, *sein* Theater zu durchschauen. In einem Gespräch mit Francis Bacon wurde sie deutlich: «Mein Lord Essex hat mir einige sehr pflichtschuldige Briefe geschrieben, die mich rührten. Doch was ich für den Überfluss seines Herzens hielt, ist, so sehe ich jetzt, nur ein Flehen um die Fortsetzung seiner Einnahmen aus dem Handel mit süßen Weinen.» Sie wusste um Essex' Achillesferse: seine totale Abhängigkeit von ihrer Gunst und den Privilegien, die diese ihm verschaffte. Die Ämter hatte der Kronrat ihm bereits genommen – ohne die Abgaben aus dem Weinhandel war Essex finanziell ruiniert. «Einem wilden Tier muss man seinen Nachschub an Nahrung abschneiden», befand Elisabeth kalt triumphierend. Es war der Dolchstoß: Im Oktober 1600 erneuerte sie nicht ein weiteres Mal die Vereinbarung, die zehn Jahre lang wesentlich zu Essex' Unterhalt beigetragen hatte, mit (nach heutiger Währung) jährlich 400 000 Pfund.

Essex ist schockiert, fühlt sich wie entmannt. Da er ohne eigene Mittel ist, bricht das Kartenhaus seiner selbstgebastelten Bedeutsamkeit in sich zusammen. Die wächsernen Flügel dieses Ikarus schmelzen unter den Hitzestrahlen der Majestät, und er stürzt ab. «Die nach dem Zepter von Königen greifen, verdienen keine Gnade», ist Elisabeths erbarmungsloser Kommentar. Die Summe ihrer Enttäuschungen von diesem Hochmütigen ist über sie gekommen wie auch der Wunsch nach seiner Vernichtung. Und bei Essex bricht die Krankheit der Selbstüberschätzung jetzt erst richtig aus: Verfolgungswahn, nicht die Aufarbeitung der Ursachen seines Unglücks nimmt Besitz von ihm. Sein hin- und herschwankendes Gemüt und der dünne Firnis seiner Loyalität zur Königin weichen dem Gefühl tiefster Feindschaft. Es dominiert nur noch ein Gedanke bei ihm: der Aufstand, die Rache an den Robert Cecils dieser Welt, die Elisabeth mit lauter Einflüsterungen gegen ihn vergiftet haben. Der Favorit, der er einmal war, wandelt sich vom Bittsteller zum Verschwörer und bereitet das Komplott vor, das ihn das Leben kosten wird. Der Gedanke an die Revolte macht ihn trunken. Er nimmt Abschied von seinen Sinnen.

Aber auch Elisabeth ist von tiefer Verbitterung gezeichnet. Auf einem Maskenball bei Hof fragt sie Mary Fitton, eine schmetterlingshafte Maid, was ihre Verkleidung bedeute, wen ihre Maske vertrete. «Affection», so die Dienerin – Liebe, Zuneigung. Darauf die Königin, spontan: «Affection! Affection is false.» Sie hat einst viel in die Zuneigung zu dem stürmischen jungen Mann investiert. Jetzt steht sie vor nichts als den Trümmern dieser Beziehung.

Essex House am Strand wird zum Zentrum zunehmender Umtriebe, die Flammen des Aufstandes lodern. Um den jungen Verräter scharen sich lauter Zu-kurz-Gekommene der Gesellschaft, bankrotte Adlige, frustrierte Postensucher, gescheiterte Hofangestellte, landlose Ritter und paramilitärische Faktoten und Henkersknechte – Treibgut der Tudor-Gesellschaft, das unerwünscht und unrettbar auf der Oberfläche des öffentlichen Lebens dahinschwimmt. Troublemaker jeder Art sind darunter, auch puritanische Prediger, die Calvins Doktrin verbreiten, wonach Männer von Autorität und Verantwortung berechtigt seien, in bestimmten Umständen den Herrscher zurückzuhalten, zu korrigieren, ja wenn nicht zu entthronen. Und natürlich verfolgte Katholiken, von denen einige im Jahre 1605 bei der Pulververschwörung dabei sein werden, bei der der König und das Parlament in die Luft gesprengt werden sollen. Kurzum, es ist ein buntes Ensemble von Abenteurern, die wie Essex verzweifelt knapp bei Kasse sind und das mit ihrer Rebellion zu überwinden hoffen. Der Plan ist, Essex' Rivalen am Hof gefangen zu setzen, den Tower und Whitehall in Besitz zu nehmen und die Königin zu zwingen, Essex' Männern jene Posten zu überlassen, die sie für Robert Cecil und seinen Stab reserviert hat. Essex selber ist als Lord Protector vorgesehen.

Die Sprache des Putschisten wird derweil immer verwirrter. Wüste Verunglimpfungen kommen ihm über die Lippen – der Geist der Königin sei «so verkümmert wie ihr Körper». Harington geht auf Distanz zu ihm: «Er wütet wie ein Verrückter.» Obendrein erfindet Essex die Mär und lässt sie an James VI. in Schottland, den vermuteten Nachfolger auf dem Thron in London, weiterleiten, dass Cecil heimlich Kontakt zu Spanien aufgenommen habe, um die Infantin Isabella nach Elisabeths Tod auf den englischen Thron zu bringen. Es ist eine Zeit gezielter Falschmeldungen, Erregung soll geschürt werden.

Anfang 1601 erhält der Kronrat genauere Hinweise auf die Verschwörung und fordert Essex auf, am 7. Februar bei Hof zu erscheinen und sich zu erklären. Das kann, das will der Verdächtigte nicht tun, aber da er sich enttarnt sieht, gibt er hastig als Devise aus, der Morgen des 8. Februar, ein Sonntag, sei der Moment loszuschlagen. Um sich so richtig in Stimmung zu bringen und Enthusiasmus zu entwickeln für den Gedanken, einen angeblich despotischen Herrscher – Elisabeth – zu stürzen, gehen Freunde von Essex am Abend zuvor ins Globe Theater, um sich Shakespeares «Die Tragödie von König Richard II.» vorspielen zu lassen. Der war 1399 von seinen Gegnern abgesetzt und in der Gefangenschaft ein Jahr später ermordet worden; auf dem Thron folgte ihm Lord Bolingbroke, der Herausforderer, als Heinrich IV. Der Kronrat hatte «Richard II.» nur unter der Bedingung zur Aufführung freigegeben, dass die Szene der Amtsenthebung des Monarchen gestrichen würde – offenbar zur Schonung von Elisabeth, die schon genügende Male eine Herausforderung ihrer königlichen Majestät erlebt hatte, um so etwas jetzt im Theater durchgehen zu lassen. Entsprechend zurückhaltend waren die Schauspieler der «Lord Chamberlain's Men», der Theatertruppe Shakespeares, das Stück nun ungekürzt aufzuführen. Aber ein Honorar von vierzig Schillingen (heute etwa 460 Pfund), das Vielfache ihrer üblichen Gage, machte sie nachgiebig. So avancierte am Abend des 7. Februar Shakespeares ungekürzte Tragödie zu einem Politikum. Sie diente zur Anfeuerung einer siegesgewissen Meute für den Aufstand gegen eine andere Majestät.

Mit Essex geht es jetzt schnell in den Abgrund, die Nemesis zögert nicht. Vier Abgesandte des Kronrats, die ihn am Morgen des 8. Februar in seiner Residenz abholen wollen, werden kurzerhand gefangen gesetzt, und der Usurpator stürzt sich mit etwa 200 seiner verwegenen Gesellen, unvorbereitet und nur mit ihren Degen bewaffnet, auf die Straße in Richtung Osten, der City. Mit Schlachtrufen wie «Ein Mordkomplott trachtet mir nach dem Leben!» und «For the queen, for the queen!» sucht Essex Sympathie zu wecken für ihn, den populären Helden, wie auch für die angeblich bedrohte Königin. Im Übrigen baut er auf die Zusage des Sheriffs von London, Thomas Smythe, des obersten Ordnungshüters der Stadt, 1000 Bewaffnete würden auf ihn warten und ihn unterstützen. Nichts davon trifft ein – weder die Bewaffneten noch die Begeisterung der Menschen für die Rebellion. Die puritanischen Prediger hatten Essex Falsches gesagt und der Sheriff ihn belogen. Das hindert die Hasardeure nicht daran, im Haus von Thomas Smythe, der sich heimlich davongemacht hat, über die Vorräte herzufallen und drei Stunden lang ein wildes Gelage zu feiern. Es ist wahrlich ein Aufstand von absurder Orientierungslosigkeit, Spiegelbild von Essex' derangiertem Verstand. Der Rückweg durch die City wird den Rebellen bereits durch aufmarschierte Milizionäre versperrt, sodass sie sich via Themse in Essex' Residenz retten müssen. Dort hat man die vier Kronräte bereits freigesetzt, weil man das Spiel für verloren gegeben hat, sodass sie als Geiseln zum Verhandeln mit dem Hof nicht mehr in Frage kommen. Da der Earl of Nottingham droht, das Haus zusammenschießen zu lassen, ergibt sich Essex mit einigen Getreuen und legt Schwert und Degen gegen das Versprechen nieder, zivil behandelt zu werden und einen fairen, unparteiischen Prozess zu bekommen. Die Illusion eines Hochverräters!

Und Elisabeth? Am Morgen des 9. Februar trifft sie sich mit dem französischen Botschafter und gesteht, sie habe Essex zu lange nachgegeben, aber «dieser verrückte Undankbare hat am Ende enthüllt, was er längst vorhatte». Wäre er statt nach Osten zur City direkt westlich nach Whitehall eingeschwenkt, hätte sie ihn persönlich herausgefordert, «wer von uns beiden hier die Herrschaft hat». In der Krise bewahrt die Königin äußerste Ruhe, überzeugt, dass das Volk auf ihrer Seite steht. Selbst die Falschmeldung, in der City sei der Aufstand in vollem Gange, quittiert sie, «als handele es sich um eine Auseinandersetzung in der

Fleet Street», dem Viertel der Drucker und Verlage, wie Robert Cecil später bewundernd rekapituliert.

Aber nach Beendigung der Krise brach die Anspannung der zurückliegenden Tage bei Elisabeth voll durch, wie wir aus John Haringtons nachgelassenen Papieren wissen. Sie wies kostbare Speisen zurück, aß überhaupt wenig, jede Nachricht aus der City beunruhigte sie. Die vielen Komplotte und geplanten Anschläge auf ihr Leben griffen jetzt doch ihre Psyche an, wie ihr Patensohn berichtet: «Sie durchquert ihre Privatgemächer mit den Füßen stampfend und stößt zuweilen ein rostiges Schwert in großem Zorn in die Tapete. Auch nach der Krise lag immer ein Schwert auf ihrem Tisch. So gestört ist die Ordnung, dass Ihre Majestät auf Tage keine gute Laune zu erkennen gibt und jeden, der ihr irgendein Ungemach verursacht, grob beschimpft.»

An Essex war Elisabeths Macht gescheitert, Menschen zu dominieren und durch ihr überwältigendes Ego gefügig zu machen. Sie hatte sich offensichtlich überschätzt. Mit Essex lag auch dieser ihr eigener Irrtum offen zutage. Seine Rebellion war die Rebellion einer vereitelten Hoffnung, die sie, die Königin, anfänglich so sehr ermutigt wie später frustriert hatte. Darin lag ihr strategischer Fehler.

Dem Gedanken einer Begnadigung des Hochverräters, die viele ihr vorschlugen, konnte sie nicht nähertreten. «In solchen Fällen müssen wir die Milde beiseitelegen und extreme Maßnahmen ergreifen», gestand sie dem französischen Botschafter. Essex selber erklärte in einem seiner vielen Gemütsexzesse, er sei «der größte, gemeinste, undankbarste Verräter, den es je in diesem Land gegeben hat». Am 19. Februar findet der Prozess gegen ihn statt, Francis Bacon, dessen Ratschläge Essex in den Wind geschlagen hat, ist der Autor der Anklageschrift. «Euer Ehrgeiz trachtete nach Usurpation», resümiert Sir Robert Cecil, an Essex gewendet, kühl dessen Fall – den juristischen wie auch das Faktum seines Sturzes. Doch der Ex-Favorit, der im Anblick der Ewigkeit auf Versöhnung erpicht ist, antwortet seinem Widersacher: «Klar und frei möchte ich Euch mit meiner ganzen Seele vergeben, denn ich will in Nächstenliebe für alle Menschen scheiden.» Sein Todesurteil unterzeichnet die Königin nur einen Tag später, so sicher fühlt sie sich in der

Notwendigkeit der Hinrichtung diesmal. Kein Zögern wie 1572 vor der Exekution des Herzogs von Norfolk oder wie 1587 vor der Hinrichtung Maria Stuarts. Am 25. Februar 1601 folgt im Innenhof des Towers die Enthauptung. Wie bei der schottischen Königin braucht auch jetzt der Henker drei Schläge, um den Kopf vom Rumpf zu trennen.

Bis auf sechs werden die anderen Verschwörer begnadigt, darunter auch Henry Wriothesley, der 3. Earl of Southampton, dem Shakespeare einst seine beiden frühen Versepen «Venus und Adonis» sowie «Der Raub der Lucretia» gewidmet hat und in dem viele den ungenannten Adressaten seiner Sonette sehen wollen.

Elisabeth sitzt am Virginal, dem Spinett der Zeit, als ein Bote ihr die Nachricht von Essex' Tod überbringt. Sie legt eine kurze Pause ein, schweigend. Dann spielt sie weiter.

KAPITEL 16

Elisabeth I.:
Ende und Übergang

«Doch mit des Geschickes Mächten/Ist kein ewger Bund zu flechten.» Man kann leicht an Schillers Aphorismus denken, wenn man die Hofpropaganda betrachtet, die das Alter der Königin hinter einem Firnis ewiger Jugend zu verbergen suchte. Elisabeth hat in den neunziger Jahren des 16. Jahrhunderts die sechzig überschritten, weit über die durchschnittliche Lebenszeit der Zeitgenossen hinaus. Das wirft immer wieder nicht nur die Frage der Nachfolge auf, sondern rückt ganz unmittelbar auch ihr Lebensende in den Blick. Sie kennt die Spekulationen, sie ist oft damit konfrontiert worden und ist darauf vorbereitet mit einer selbstironischen Replik: «Mortua non sepulta» – «Tot, aber nicht begraben». Als Hofprediger Reverend Dr. Rudd im Beisein der Herrscherin wenige Jahre vor ihrem siebzigsten Geburtstag einmal einen frommen Gedanken an die Adresse der Fürsten der Zeit richtet: «Ihr seid Götter, aber werdet sterben wie alle Menschen», bedankt sich die Königin lauthals, wie es ihre Art war: «Mr. Rudd, Ihr habt mir eine gute Leichenrede gehalten, aber ich werde sterben, wie ich es will.»

An ihre Sterblichkeit durften, je älter Elisabeth wurde, vor allem die Porträts auf keinen Fall erinnern. Im Gegenteil: Die beiden letzten zu ihrer Lebenszeit entstandenen Gemälde vermitteln noch einmal in Reinkultur die Phantasiewelt der jugendlichen Virgin Queen. Das «Regenbogen-Porträt» aus der Zeit um 1600, das man allgemein dem Maler Marcus Gheeraerts dem Jüngeren zuschreibt, besticht mit seiner detaillierten Fülle, die Ausstrahlung der idealisierten Königin erscheint in allegorischer Intensität. In der rechten Hand hält sie einen Regen-

Apotheose von Macht und Jugend: Das «Regenbogen-Porträt» von 1602 zeigt die 69-jährige Königin als strahlend junge Frau

bogen, das Symbol des Friedens, das einst Noahs Arche nach der Sintflut als rettendes Zeichen gesandt wurde. Dazu passt die lateinische Inschrift «NON SINE SOLE IRIS» – «kein Regenbogen ohne Sonne», den göttlichen Ursprung allen Lebens. Elisabeths reiches Brokatgewand lässt einen tiefen Ausschnitt frei, darunter das mit Feldblumen dekorierte Mieder. Und ganz unüblich für die Zeit, hat der Maler das Haar in geringelten Locken herabfallen lassen – ein Zeichen unschuldiger Jugend. Doch die auf das Gewand gemalten Augen und Ohren sprechen eine andere Sprache: Die Queen, der Souverän, ist darüber im Bilde, was sich in ihrem Reich tut! Aber sie regiert mit der Weisheit der Schlange, deren Abbild auf dem linken Ärmel ins Auge sticht, wo sie einen Rubin in Form eines Herzens im Mund hält – in Elisabeth triumphiert die Ratio über die Liebe, die Umsicht über die Emotionen. Juwe-

Elisabeth I.: Ende und Übergang

Die Maske der Jugend: Elisabeth wird von adligen Bediensteten des Hofs in einer Sänfte getragen. Die Königin ist zur Zeit dieses Gemäldes von Robert Peake, 1601, bereits 68 Jahre alt

len und Perlen finden sich überall, auf dem Haupt in einem phantastischen Turban, der Halt gibt für eine angedeutete Krone, und um den Hals die unvermeidliche, lang herunterhängende Perlenkette, Symbol der Keuschheit. Eine perfekte Ikonographie. Der Maler Robert Peake setzt die Augenwischerei ewiger Jugend noch einmal fort, wenn er Elisabeth als junge Frau in einer offenen Sänfte von ihren Höflingen zu einem Hochzeitstermin tragen lässt.

Wir heben diesen Gipfel malerischer Fiktion, vom Hof propagiert, noch einmal hervor, weil die Wahrheit, Elisabeths wirkliches Bild, gegen Ende ihrer Thronzeit damit dramatisch kollidierte. Die Anhänglichkeit des Volkes an eine Herrschaft, deren Beginn schon so lange zurücklag, lockerte sich mehr und mehr – die Leute konnten den jährlichen Gedenktag von Elisabeths Thronbesteigung, den 17. November, «Queen Bess's Day» genannt, immer weniger als Epiphanie eines neuen Zeitalters begreifen. Denn Tatsache war: Es gab nicht viel zu feiern in Glorianas letzter Dekade, die nicht mehr einem Goldenen Zeitalter glich. Eine Kluft tat sich auf zwischen dem Bild von «Eliza triumphans» und der sich verschlechternden wirtschaftlichen und sozialen Lage in ihrem Reich. Mit der Schließung der Klöster unter Heinrich VIII. war eine Quelle der Wohltätigkeit versiegt, der Mangel wurde greifbarer, Bettler drängten vermehrt in die Städte. Die Kriegsveteranen ließen die Zahl derer, die um Arbeit und Nahrung bettelten, weiter anschwellen. Das Parlament, alarmiert, verabschiedete 1598 das «Poor Law», ein Gesetz zur Bekämpfung der Armut, das 1601 in Kraft trat und dem zufolge sich jetzt jede Gemeinde um ihre Armen kümmern musste. «Poor houses» wurden eingerichtet, später «workhouses» genannt, die noch bis ins frühe 20. Jahrhundert der Armenfürsorge dienten.

Vier regenreiche Jahre, gefolgt von zwei Jahren der Dürre, führten ab 1594 zu Missernten und Versorgungskrisen, sodass allenthalben die Aufsässigkeit wuchs. Ein Weber aus Ardleigh in Essex heizte die Stimmung einer größeren Zuhörerschaft mit der Aufforderung an, «den reichen Flegeln, den reichen Getreidehändlern die Kehle durchzuschneiden». Ein gewisser Edward Hext, Friedensrichter aus dem westlichen Somerset, schrieb an Burghley eine aufrüttelnde Warnung, er meint, eine Gesellschaft kurz vor dem Zusammenbruch zu sehen: Eine Verbrechenswelle von enormen Proportionen schwappe über seine Grafschaft, herumstreunende Banden, die bis zu sechzig Mann stark seien, terrorisierten die örtliche Bevölkerung, was die Vollstreckung von Gesetzen behindere. «Sie wiegeln die Armen auf, indem sie ihnen die Ohren vollstopfen, dass die Reichen alles in ihrer Hand halten und die Armen aushungern.» Preissteigerungen, Kriege, ein Schrumpfen des Handels, schlechte Ernten – das alles überschattete Elisabeths späte Jahre. Ein Bauer, der von einem Constable zurechtgewiesen wurde, er habe die Gesetze der Königin nicht beachtet, fand drastische Worte: «Was reden Sie mir von der Königin! Scheiße auf die Königin!» Und ein einfacher Arbeiter sprach vielen aus dem Herzen: «Die Königin ist bloß eine Frau, beherrscht von Adligen, und der Adel und die Gentry stecken doch alle unter einer Decke, und auch die Gentry und die Bauern halten zusammen, sodass die Armen gar nichts bekommen.»

Der Lebensstandard von Lohnempfängern fiel dramatisch. Unruhen und Aufstände wegen der hohen Nahrungsmittelpreise waren die Folge, Diebstahl wurde endemisch, die Menschen gerieten in Panik. Die Zentralregierung, die von den schlechten Nachrichten allerorten überwältigt war, konnte sich oft nicht anders helfen, als mit großer Härte gegen Dissidenten vorzugehen. Viele kamen an den Galgen. Die allein in London in diesen Jahren verhängten Todesstrafen sprechen eine deutliche Sprache: 1596 waren es 64, 1597 80, 1598 125 – fast eine Verdoppelung in nur zwei Jahren.

Derweil war Elisabeth unablässig bemüht, im Parlament um neue Subsidien nachzusuchen für die militärischen Kampagnen, die einfach nicht aufhörten. Aber die Abgeordneten wurden zunehmend widerborstig, bis 1593 sanken die bewilligten Gelder auf weniger als die Hälfte dessen, worüber Elisabeths Vater Heinrich VIII. verfügen konnte. Bei den desaströsen Ernten, der immer wieder auftretenden Beulenpest, der ruinösen Inflation, Hungersnot und der Gefahr von Bauernaufständen rettete sich Elisabeth von Fall zu Fall durch saftige Steuererhöhungen für den Adel, Zwangsanleihen und langfristige Schuldverschreibungen. Obendrein verkaufte sie Kronlande, was ihrem Staatssekretär Robert Cecil die Haare zu Berge stehen ließ.

Um den Abgeordneten die Sorge zu nehmen, sie trachte nach territorialer Expansion, brachte Elisabeth unermüdlich ihre Defensivstrategie ins Spiel, so in einer berühmten Parlamentsrede von 1593, aus der hier schon einmal zitiert wurde (siehe Kap. 3a): «Man mag es mir als Einfalt auslegen, dass ich in der ganzen Zeit meiner Herrschaft nicht darauf aus war, mein Territorium zu erweitern, denn Gelegenheit dazu hat es gegeben. (...) Ich erkenne meine Weiblichkeit und Schwachheit in diesem Punkte an. (...) Ich bin zufrieden, Königin zu sein über das, was mir gehört, und als gerechte Fürstin zu regieren.» Auch im Kronrat trug sie wiederholt ihre Philosophie vor, wie ein Vermächtnis: «Ich führe keine Kriege, ich bewaffne mich nur zur Verteidigung.» Das lag fundamental ihrer Auffassung von ihren Pflichten zugrunde – sie war keine «warrior queen», keine Kriegerkönigin. Nichts hielt sie für gefährlicher als militärische Überdehnung – den «imperial overstretch» in der Sprache des 21. Jahrhunderts.

Die allgemeine Desillusionierung hatte viel mit der permanenten Knappheit der königlichen Finanzen zu tun, die sich zusammen mit der notorischen Sparsamkeit der Königin zu einer dauernden Notlage addierte. Eine ökonomische Depression hing über dem Land, das Monster Militär war seit 1585 unersättlich; allein das niederländische Sieb hatte 1,4 Millionen Pfund durchgelassen (224 Millionen nach heutiger Umrechnung), das Armada-Jahr 273 000 Pfund (43,6 Millionen) verschlungen. Dieser nicht enden wollende – unerklärte – Krieg, dazu der Unterhalt englischer Hilfstruppen in Frankreich und den Niederlanden und, am aufwendigsten, die Kosten für das aufsässige Irland – «Elisabeths Vietnam», wie in der Forschung gesagt worden ist – strapazierten die Finanzen derart, dass die Bezahlung des Hofstaats immer kleinlicher ausfiel. In ihrer Not ermunterte die Königin das höhere Personal, sich nebenher durch Patronage schadlos zu halten und Geld für jede Art von Dienstleistungen zu nehmen. Das beförderte ein System der Bestechung, von dem sogar ein so Unbescholtener wie der große William Cecil, Lord Burghley, profitierte. Als Leiter des «Court of Wards» hatte er die Aufsicht über unmündige Adelskinder, deren Väter früh verstorben waren – wie den Earl of Essex –, und er ließ sich seine Pflichten von den betroffenen Familien ordentlich vergolden, wenn er sie nicht an Meistbietende verkaufte.

Steuerbetrug und Bestechlichkeit sprachen sich herum, Beobachter fühlten sich an die «Annalen» des römischen Historikers Tacitus erinnert, eine Chronik der Servilität und Speichelleckerei in Rom unter Kaiser Tiberius. Fand man hier nicht ein Muster für den Niedergang der höfischen Tugenden unter der späten Elisabeth? Aber im Kern des Problems stand eben auch ein Niedergang der Zahlungsfähigkeit des Hofes. Zur Erleichterung ihrer Kostenlast ermunterte Elisabeth ihre höheren Chargen nicht nur, sich durch Patronage schadlos zu halten, sie griff auch zu einem noch wirksameren Mittel – der Vergabe von Monopolen, von Privilegien, mit denen der solchermaßen Berechtigte sein Einkommen aus dem Vertrieb diverser Produkte aufbessern konnte. Es war praktisch eine private Steuer, wie wir sie schon beim Earl of Essex kennengelernt haben, der seine aufwendige Lebenshaltung zum großen Teil aus der Steuer auf den Handel mit süßen Weinen bestritt. Die Aufgabe königlicher Entlohnung verschob sich somit von der Krone auf die Konsumenten: Die Hilfe, die sich die Königin bei ihren finanziellen Engpässen verschaffte, mussten die Verbraucher ausbaden.

Was Wunder, dass der Protest dagegen immer heftiger wurde. Die Liste dieser Monopole, auch nur in Auswahl, verschlägt einem noch heute den Atem. Da lagen Abgaben auf dem Bierbrauen für den Export, auf Importen von Korinthen, auf der Herstellung von Papier, von Glas, von Stärke, Steintöpfen und -flaschen und selbst auf Filzhüten. Einige Monopolisten kontrollierten die Verteilung von Blei, Zinn, Salz, Anis, Essig und Fischöl, Tabak, Weinen und Brandy, wieder andere das Gerben von Leder, Verbrennen von Holzkohle, Räuchern von Sardinen, das Einsalzen und Verpacken von Fischen oder oft verschriebene Arzneien, sogar die Herstellung und den Verkauf von Spielkarten – der von Elisabeths Favoriten Sir Walter Raleigh kontrolliert wurde. Für die Monarchin war die Vergabe solcher Privilegien Teil ihres «royal prerogative».

Im Oktober/November 1601 brach schließlich die Rebellion im Parlament offen aus, bei Gelegenheit einer neuerlichen Bitte Elisabeths um Bewilligung von Geldern für den fortgesetzten Krieg in Irland. Ein Rechtsanwalt aus Berkshire, Francis More, greift die Königin persönlich an: «Keine ihrer Handlungen hat sich als so gefährlich für das Gemeinwesen erwiesen wie das Gewähren dieser Monopole.» «Blutsauger» nennt ein anderer Abgeordneter die Monopolisten: «Was soll aus uns werden, wenn die Früchte unseres eigenen Bodens von uns genommen werden durch eine höhere Autorität?» Als ein Abgeordneter eine Liste vorzulesen beginnt, was alles den Monopolen unterliege, unterbricht ihn ein junger Rechtsanwalt, William Hykewill, mit einem provokanten Zwischenruf: «Ist Brot nicht dabei?» «Nein», antwortet er selber, «aber wenn keine Vorsorge eingreift, wird auch Brot vor dem nächsten Parlament dabei sein.»

Elisabeths Albtraum scheint wahr zu werden: der Aufstand der Straße. Schon warnt Robert Cecil vor «bösen Leuten, die nur allzu froh wären, wenn Souveränität von Popularität abgelöst würde». Die Erfahrung mit Essex und seinem Aufstand ist noch in aller Erinnerung. Neue

Unruhen aus Kent und London werden gemeldet, und die Königin begreift, dass sie ihren Wunsch nach höheren Subsidien nicht durchbringen kann ohne einen Kompromiss bei den Monopolen. So lässt sie durch den Speaker verkünden, sie werde Missbräuchen nachgehen und diese abstellen. Doch nimmt sie nur zwölf Monopole zurück, darunter die für Töpfe und Flaschen, für Stärke, Salz, Essig, Fischöl und das Salzen und Verpacken von Fisch, wobei sie diese Konzessionen nicht als vom Parlament auferlegt darstellt, sondern ausdrücklich als Geschenk ihrer königlichen Gunst, ihres Prärogativs. Dennoch, die Büchse der Pandora eines selbständigen Parlaments war geöffnet.

Auch ein halbes Entgegenkommen bei den Monopolen genügte, um der Königin den Dank des Parlaments zu sichern – und die erbetenen Subsidien zur Fortsetzung des Krieges in Irland. Am 30. November 1601 bestellt Elisabeth das Parlament in die große Audienzhalle des Whitehall-Palastes, es drängen sich 150 Abgeordnete, einen neuerlichen Höhepunkt ihrer rhetorischen Brillanz zu erleben: Die «Golden Speech» wird in der Tat als ihr Vermächtnis in die Geschichte eingehen, gleichzeitig als ein Beispiel ihrer kunstvollen Manipulation öffentlicher Stimmungen. Der Entwurf der Rede, der später aufgefunden wurde, liest sich recht trocken, abgefasst in einem eher gedrechselten Schreibstil, aber die Königin benutzte ihre sorgfältig vorbereiteten Konzepte meist als Gedächtnisstütze, um dann frisch zu extemporieren, je nachdem, was der Augenblick ihr eingab. So setzt sie auch diesmal zu ihrem hohen Flug der Worte an. Anfangs entschuldigt sie sich für die durch die Monopole entstandenen «Irrtümer, Probleme, Zumutungen und Lasten». Auch als Fürstin habe sie gewusst, dass sie «für meine Taten dereinst Rechenschaft ablegen» müsse. Dann folgt das immer wieder zitierte Bekenntnis: «König zu sein und eine Krone zu tragen ist glorioser für die, die zuschauen, als ein Vergnügen [«pleasure»] für den Träger selber. Der Name König oder die königliche Autorität haben mich nie so verzückt, wie dass Gott mir das Instrument an die Hand gegeben hat, Seine Wahrheit und Glorie hochzuhalten und dieses Königreich zu verteidigen gegen alle Gefahren, gegen Unehrenhaftigkeit, Tyrannei und Unterdrückung. Unter den Gnaden, die ich Unwürdige von Gott erhalten habe, ist auch diese – dass er mir das Herz gegeben hat, niemals Feinde aus dem Ausland oder im Innern zu fürchten.» Kein Zweifel besteht bei ihr und den Untertanen: Gott ist ein Engländer, und Er steht auf ihrer Seite.

Aber Elisabeth ist noch nicht fertig, sie endet mit ihrer ganz eigenen Erkennungsmelodie, mit der sie ihre Zuhörer zu Tränen rührt: «Wenn Gott mich auch hoch erhoben hat, so sehe ich es doch als den höchsten Ruhm meiner Krone an, dass ich mit eurer Liebe regiert habe. (...) ich begehre nicht länger zu leben und zu regieren, als es euch zum Wohle gereicht. (...) Wenn ihr auch manche mächtigeren und weiseren Fürsten hattet und haben werdet, so habt ihr doch nie einen gehabt und werdet ihn nie haben, der euch mehr liebt und für euch sorgt als ich.» Das ist der Kammerton ihrer Ära seit Anbeginn, mächtig angestimmt auch in der Armada-Rede von 1588 und einer bahnbrechenden Rede 1592 an der Universität Oxford. Ihr letzter Satz ist wie ein Tusch: «Mr Secretary und ihr, mein Kronrat, bittet doch die Anwesenden, ehe ein jeder von ihnen in seine Grafschaft zurückkehrt, er möge vortreten und mir die Hand küssen.» «Kissing hands» war bis ins 20. Jahrhundert das Ritual, das jedes neue Mitglied des Kronrats – inzwischen nur noch ein beratendes Gremium ohne politischen Einfluss – vor dem Souverän zu absolvieren hatte. Als das Parlament am 19. Dezember aufgelöst wird, dankt der Speaker der Königin «für den glücklichen, ruhigen, den süßesten und komfortabelsten Frieden», der dem Land je beschert war und ihm noch lange beschert sein möge. «Gesegnet sei Gott und Eure Majestät.» Der Tenor trifft die Zuhörer ins Mark, aller Streit scheint vergessen, man ahnt das baldige Ende der 68-Jährigen.

Bedenkt man die steigende Unzufriedenheit mit der Regierung am Ausgang der elisabethanischen Ära, so ist bemerkenswert, dass es nicht zu einem Aufstand kam wie 1569 in der «Northern Rebellion» (siehe Kap. 10a) oder dass Essex kein nennenswertes Gefolge zur Auflehnung gegen das Regime zu inspirieren vermochte. Daran zeigt sich, dass Elisabeths 44 Jahre auf dem Thron eine Stabilität erzeugt hatten, die gegen Krisen im Innern und Kriege im Ausland gewappnet war. Direkte Steuern lasteten auf den Engländern nicht so schwer wie die «taille» auf den Franzosen, die Gemeindesteuern mussten nicht mehr als drei Prozent des königlichen Bedarfs decken – in Spanien waren es acht. Obwohl Elisabeth als Repräsentantin des Gottesgnadentums unbedingten Gehorsam erwartete, regierte sie nicht mit tyrannischer Knebelung. Und der religiöse Kompromiss, der zur neuen Staatskirche führte, dem Anglikanismus, wirkte wie ein Schwamm, in den sogar die konservative schweigende Mehrheit mehr und mehr aufgesogen wurde. Wem die Zeremonien seiner Pfarrei nicht gefielen, der ging zu einer anderen. Auf die Frage beispielsweise, ob ein Geistlicher bei der Taufe das Kreuzzeichen auf der Stirn des Täuflings zu machen habe, gab die Königin die berühmte Antwort: «All can, none must, some ought» – «Alle können es tun, keiner muss, einige sollten es». Auch das war eine ihrer klassischen «answers answerless».

Last but not least entwickelte sich unter Elisabeth im Land die Anerkennung des Rechtsweges als Mittel, private Satisfaktion zu finden. Diese Verbesserung hatte die Monarchin schon zur Zeit ihrer Krönung zugesagt. Es waren zwischen siebzig und achtzig Prozent der Leute unterhalb der Gentry, also der Handwerker und anderer Lohnabhängiger, die sich schließlich der Gerichte bedienten. Rechtsmittel galten als wirksamer denn die Gewalt. Auch das Parlament war ein Sicherheitsventil für Beschwerden oder auch die Gilden, die eine latente Fremdenfeindlichkeit gegenüber den nach England geflohenen holländischen und französischen Handwerkern aufgriffen und sich im Parlament für protektionistische Gegenmaßnahmen einsetzten. England war auf dem Weg, eine «juristische Insel» zu werden. Die sich allmählich herausschälende Rechtskultur sollte im 18. Jahrhundert der französische Philosoph Montesquieu in seinem Hauptwerk «Vom Geist der Gesetze» als den großen Vorteil der englischen Verfasstheit rühmen.

Die Nachfolgefrage freilich ließ Elisabeth bis zuletzt unbeantwortet – und drängte sie damit in den Untergrund, weil niemand sie öffentlich anzusprechen wagte. Ein Protegé von Robert Cecil, Thomas Wilson, machte privat zwölf mögliche Kandidaten für die Thronfolge aus. «Man sieht», so folgerte er trocken, «die Krone wird nicht auf den Boden fallen mangels eines Kopfes, der sie tragen könnte.» Aber die Ge-

*Postumer Realismus der Darstellung:
Die Königin ermüdet, von Zeit und Tod überwacht, 1610*

danken richteten sich mehr und mehr auf den schottischen König James VI., den Sohn Maria Stuarts und Urenkel der Schwester Heinrichs VIII. Margaret Tudor. Vor allem Cecil etablierte einen «back channel» zu ihm, einen geheimen Informationskontakt, wobei er sorgfältig vermied, James' Recht auf den englischen Thron beim Namen zu nennen – es wäre Hochverrat gewesen. Er schrieb an den König aber mit der Absicht, ihm bei der erwarteten Nachfolge Elisabeths zu assistieren.

Der schottische James VI. sollte in den gemeinsam verwalteten England und Schottland schließlich als James I. regieren; zu «Großbritannien» vereint wurde die Insel erst 1707.

Die Königin verfiel in den letzten Jahren ihres Lebens in wiederkehrende Depressionen. Sie sei amtsmüde, erklärte sie gegenüber dem französischen Botschafter. Nach ihrem Tod entstand das Bild eines unbekannten Malers, wie es zu ihren Lebzeiten nie hätte veröffentlicht werden dürfen. Es zeigt der Welt eine ganz andere Elisabeth – den Kopf mit der rechten Hand gestützt, das Gesicht voll tiefer Melancholie, zu einer Seite die schlafende Zeit, hinter ihr der Tod in Form eines Schädels. Es ist die wohl lebensechteste – wenn auch erst postum entstandene – Darstellung einer von der Last ihrer langen Thronzeit gebeugten Frau.

Ein wenig hellt sich die Stimmung der Königin auf, als Charles Blount, Baron Mountjoy, der als Kommandeur in Irland auf Essex folgte, zu Weihnachten 1601 einen vernichtenden Sieg über den Earl of Tyrone und dessen irische Rebellen erzielt und ein spanisches Kontingent daraufhin um Frieden nachsucht, weil es die irische Sache für verloren erklärt. Am 2. Januar 1602 segeln die Spanier heim, und England ist in alleiniger Kontrolle Irlands, Tyrone noch ein Flüchtling. Am 16. Februar lenkt Elisabeth in der Frage des Umgangs mit dem Rebellen ein, den die Engländer mit einer brutalen Politik der verbrannten Erde in die Enge getrieben haben. Sie ermächtigt Mountjoy, einen Frieden zu finden, und wählt die salomonischen Worte: «Wir wollen in Betracht ziehen, dass Gnade bei der höchsten Autorität einen so eminenten Platz einnimmt wie Recht und Strafe.»

Ihren 69. Geburtstag im September 1602 bringt Elisabeth noch leidlich über die Bühne, aber ihr Gedächtnis lässt nach wie auch die Augen – der Kronrat muss ihr Schreiben an sie laut vorlesen. Als ihr Patensohn Sir John Harington sie mit einigen selbst verfassten humorvollen Gedichten aufmuntern will, winkt sie ab: «Wenn du die schleichende Schlusszeit kommen fühlst, amüsieren dich solche Späße nur noch wenig. Ich habe das Vergnügen daran hinter mir.» Noch nicht ganz hinter sich hat sie ihre diplomatischen Pflichten, und so rafft sie sich am 6. Februar des Folgejahres, des Jahres ihr Todes, zu ihrer letzten Audienz auf, mit dem Gesandten Venedigs, Giovanni Scaramelli, der sein Beglaubigungsschreiben überreicht. Sie findet sogar Worte für eine bemerkenswerte Strafpredigt: Warum der Doge fast 45 Jahre gezögert habe, sie anzuerkennen. Diese Kränkung könne nicht an ihrem Geschlecht liegen, «denn das mindert keineswegs mein Prestige, noch beleidigt es andere, die mich behandeln, wie man auch andere Fürsten behandelt.» Der Diplomat nimmt den Rüffel sportlich und rühmt Elisabeths Italienisch, das sie lange Zeit über nicht mehr verwendet hat.

Mitte Februar stirbt ihre engste Freundin, Gräfin Nottingham, die Vorsteherin ihrer Privatgemächer, an deren Totenbett die Königin lange verweilt, untröstlich. Wie ein böses Omen empfindet sie es um diese Zeit, dass ihr Krönungsring, der sich tief in ihren geschwollenen Finger eingegraben hat, mit einer Eisenfeile durchbrochen werden muss – das Symbol ihrer heiligen Verpflichtung, der Ehe der Monarchin mit ihrem Volk. An Heinrich IV., den französischen König, schreibt sie: «Das Gewebe meiner Herrschaft, Stück für Stück, fällt von mir ab.»

Anfang März machen ihr Schwellungen im Rachen zu schaffen – ist es ein Geschwür, eine Mandelentzündung, eine Grippe? Sie lehnt alle Arzneimittel ab. Tagelang verbringt sie auf Kissen gebettet am Boden, in «unverwandter Melancholie», und hört auf zu essen. Es ist offensichtlich, dass der Wille zu leben sie verlassen hat; auch sträubt sie sich, das Bett aufzusuchen. Darauf fasst sich Sir Robert Cecil, ihr kleinwüchsiger, leicht verwachsener Staatssekretär, ein Herz und ermahnt seine Herrin: «You must go to bed», und sei es nur, um das Volk zu beruhigen. Doch Elisabeth, plötzlich hellwach, schießt zurück: «Kleiner Mann, kleiner Mann, ‹muss› ist kein Wort, das man gegenüber Prinzen verwenden darf. Würde Euer Vater [Lord Burghley] noch leben, hättet Ihr nicht so zu sprechen gewagt. Aber Ihr wisst, dass ich sterben muss, und das macht Euch überheblich.» Auch der Bruder von Lady Nottingham, Robert Carey, versucht, die Königin zu überreden, ins Bett zu gehen. Elisabeth lehnt ab: «Wenn Ihr in Eurem Bett solche Gesichte hättet wie ich in meinem, würdet Ihr mich nicht dahin überreden wollen.» Sind es Bilder der Hinrichtungen von Maria Stuart, von Essex? Das Schuldgefühl über den Tod einer gottgesalbten Herrscherin lässt Elisabeth nicht los, und auch der Gedanke an Essex treibt ihr oft Tränen in die Augen. Er ist hingerichtet worden unter anderem, weil er mit Tyrone, dem irischen Rebellen, Frieden schließen wollte. Und jetzt hat sie selber Lord Mountjoy ermächtigt, eben diesen zu finden, den Frieden. Warum musste Essex sterben? Verstörender Gedanke.

Auf einen niedrigen Stuhl lässt sie sich dann doch heben und bald auch wieder auf die Beine stellen. Wie in übermenschlicher Anstrengung verharrt sie stundenlang in dieser Position, schier angewurzelt, bis man sie wieder auf die Kissen am Boden bettet. So liegend verbringt sie fast drei Wochen in ihrer Kleidung, zuweilen einen Finger im Mund, wie meditierend, aber so gut wie ohne Worte. Ihr Leben versiegt, die Nachricht davon verbreitet sich rasch jenseits der Mauern von Schloss Richmond. «Es war erstaunlich», schrieb später der Historiker William Camden, «wie sich Puritaner, Papisten, Ehrgeizlinge und Schmeichler bei Tag und bei Nacht, zu Land und zur See nach Schottland aufmachten, um die aufgehende Sonne, den König, anzubeten und sich seiner Gunst zu versichern.»

Am 21. März lässt sich Elisabeth endlich ins Bett tragen, wo sie ihre Stimme endgültig verliert, sich auf die Seite dreht und ihrem Ende entgegensieht, nur mit Gesten in der Lage anzuzeigen, dass man ihr bestimmte Meditationen vorlesen solle. Als eine Gruppe von Beratern an ihr Bett tritt und sie bittet, ihren Nachfolger zu benennen, soll sie Berichten zufolge bei Erwähnung von James VI. mit den Fingern einer Hand auf ihrem Kopf das Zeichen einer Krone gemacht haben. Das ist nie endgültig bestätigt worden, aber es genügte als Symbol einer vermeintlichen Stafettenübergabe an den Nachfolger. Cecils Plan begann ohnehin bereits anzulaufen – die Pferde waren gesattelt, um die Botschaft vom Tod der Königin nach Schottland zu tragen. Der Staatssekretär hatte dem Stuart-König bereits den Text der Proklamation zugestellt, mit dem dieser in London als neuer Souverän ausgerufen werden würde.

Am 23. März findet sich John Whitgift, der Erzbischof von Canterbury, ein, Elisabeths braver Mitkämpfer gegen den Fanatismus der

Puritaner, kniet am Bett nieder und rezitiert die Sterbegebete. Zweimal will er sich, ein alter Mann, erheben, aber jedes Mal bedeutet ihm die Königin per Händedruck zu bleiben. Erst weit nach Mitternacht verlassen der Bischof und andere Umstehende den Raum. Es bleiben Dr. Parry, ihr Kaplan, und zwei Freundinnen aus alter Zeit. Am Morgen des 24. März 1603, eines Donnerstags, kurz vor drei Uhr, haucht Elisabeth ihren Geist aus.

Welche Ironie: Sechs Tage nach ihrem Tod, am 30. März, gibt Graf Tyrone auf und unterwirft sich der Königin und ihrem Gnadenangebot, ohne zu wissen, dass sie bereits nicht mehr lebt. Postum ist Elisabeths größter Albtraum ihrer späten Jahre, die Angst vor der Rebellion in Irland, beendet worden. Ähnliches gilt auch für die Beziehungen zwischen England und Spanien: 1604 schließen beide Länder endlich einen Friedensvertrag, der durch die Lösung der Irland-Frage im Jahr davor möglich geworden war. Am Ende lag die Straße zum Frieden in Irland und in Schottland, nicht in Spanien oder Holland. Beim Tod der großen Königin ist ihr Reich von zwei Lasten befreit: Ein Schotte auf dem englischen Thron beseitigt endgültig die alte französische Bedrohung von Norden und der Frieden in Irland die spanische Bedrohung von Westen.

Am 28. April wurde der Leichnam der Königin mit einem zeremoniellen Trauerzug in der Kapelle Heinrichs VII. in der Westminster Abbey zu Grabe getragen. Auf dem Sarg, der von vier in schwarzen Samt drapierten Rappen gezogen wurde, lag eine lebensgroße Plastik der Königin in ihrem parlamentarischen Ornat, komplett mit Zepter und Reichsapfel. Die Trauernden entlang den Straßen konnten diese lebensecht nachgebildete Figur der Königin auf ihrem letzten Weg verfolgen. Das farbige Blatt eines anonymen Künstlers ist die erste bildliche Darstellung eines königlichen Begräbnisses in der Geschichte Englands.

Dass der Übergang im Herrscherhaus von den Tudors zu den Stuarts unblutig verlief, ohne Kämpfe und ohne Infragestellung der Legitimität des neuen Königs, muss man zu den größten Geschenken Elisabeths an die Geschichte ihres Landes rechnen. Kein Bürgerkrieg, kein dynas-

Elisabeths Mausoleum in der Westminster Abbey

tischer Streit beschwerte den Wechsel. Allerdings kehrte zunächst alle Welt zu den Vorurteilen zurück, was das Regiment einer Frau anging, dem zu gehorchen den hochmögenden Männern der Zeit oft gegen den Strich gegangen war. Der neue König folgte einer patriarchalischen Linie: Könige würden mit den «Vätern einer Familie verglichen», sagte er vor dem Parlament in London, «denn ein König ist der wahre parens patriae, der politische Vater seines Volkes». Das wurde in den kommenden Jahrzehnten der Konsens. Als Vater seines Volkes musste der König sich auch nicht sonderlich anstrengen, um die Liebe der Untertanen zu gewinnen, wie es Elisabeth zu ihrer Leitlinie gemacht hatte. Angesichts der Ausschweifungen am Stuart-Hof sollten sich die Menschen bald mit Wehmut an das Zeitalter ihrer «Good Queen Bess» erinnern.

Die wurde zunächst in der Gruft ihres Großvaters Heinrich VII. beigesetzt, doch ließ James ihr 1606 ein großartiges Monument im rechten Seitenschiff der Lady's Chapel errichten, der Erweiterung der Westminster Abbey, wohin er 1612 auch den Sarg seiner Mutter Maria Stuart aus der Kathedrale von Peterborough überführen ließ. Somit fanden die beiden großen Kontrahentinnen im Leben eine gemeinsame Grabstätte im Tode. Dieser Tatsache ist eine kurze Inschrift gewidmet, deren schlichte Worte alles sagen: «Partner beide in Thron und Grab, hier ruhen wir Schwestern, Elisabeth und Maria, in der Hoffnung auf Auferstehung.» Auf subtile Weise betonte James damit die Legitimität der Erbfolge von den Tudors zu den Stuarts. Seiner Mutter errichtete er später ein eigenes Grabmal in einem Seitenarm der Lady's Chapel.

Doch die eingemeißelte Würdigung am Kopf der marmornen Figur von Gloriana spricht zur Nachwelt wie ein Empfehlungsschreiben: «Ein ewiges Denkmal für Elisabeth, Königin von England, Frankreich und Irland. Tochter von Heinrich VIII., Enkelin von Heinrich VII., Urenkelin von Edmund Tudor, Landesmutter, Pflegerin der Religion und des Lernens; für die vollkommene Beherrschung zahlreicher Sprachen, für großartige Veranlagungen, sowohl des Körpers als auch des Geistes, und für königliche Tugenden, die über die ihres Geschlechts hinausgehen.»

EPILOG

Sprechen wir einmal von der historischen Entwicklung des Schachspiels. Ursprünglich waren dessen Figuren alle männlichen Geschlechts, dem König zur Seite stand der Wesir, sein Minister oder Berater. Nach der Invasion der Araber im Europa des 8. Jahrhunderts kam die Königin hinzu, aber noch als eher schwache Figur, die sich nur ein Feld in der Diagonale weiterbewegen durfte. Der Springer war der wichtigste Verteidiger. Lange herrschte Zweifel: Kann die Königin den bewaffneten Springer ersetzen? Als Frau? Das einschlägige Standardwerk «De Ludo Scachorum» («Über das Schachspiel») des italienischen Mönches Jacopo de Cessole hatte als Eigenschaften der Königin ihre Schamhaftigkeit und Keuschheit hervorgehoben, nicht ihre strategische Mobilität. Das änderte sich zur Zeit Isabellas von Kastilien (1451–1504), selber eine passionierte Schachspielerin: Die Königin wurde jetzt zur dominanten Figur auf dem Brett.

Die «warrior queen» Isabella, die kriegerische Monarchin mit ihrer innenpolitischen Macht, wurde das lebende Vorbild für die neue Bewegungsfreiheit der Königin im Schach. Deren gewachsener Bedeutung entsprechend sprach man jetzt vom «Schachspiel der Herrin» («scacchi de la donna») oder, in pejorativer Absicht, vom «Schachspiel der verrückten Frau» («scacchi alla rabiosa»). In Elisabeths letzten Thronjahren pries der Poet Nicholas Brenton in einem Gedicht «The Chesse Play» die siegreiche Macht der Königin in den höchsten Tönen. Er hatte natürlich «Eliza triumphans» vor Augen, ihren allen Kämpfen abgetrotzten Triumph.

Das werden die männlichen Zeitgenossen der großen Tudor-Königin, die häufig über die «verrückte Frau» an ihrer Spitze nörgelten, eher zähneknirschend zur Kenntnis genommen haben. Bischof Aylmer begrüßte 1559 die Ankunft einer Frau auf dem Thron Englands aus der Defensive: Das Land sei trotz Elisabeth in sicheren Händen, denn die Berater und das Parlament würden für die nötige Absicherung gegen die Unberechenbarkeit ihrer weiblichen Natur sorgen. Und am Ende ihrer 44-jährigen Herrschaft ging 1603 ein Seufzer der Erleichterung durchs Land, dass mit dem Nachfolger James die Kette des Seins, die «chain of being», jetzt endlich wieder die ihr angemessene Ordnung zurückerlangt habe, sprich: einen Mann an der Spitze. Wie die Königin über diese Vorurteile triumphierte, bildet einen Höhepunkt der englischen Geschichte, und zugleich ist es der Leitfaden dieses Buches. Elisabeth war nach den Maßstäben der Zeit ein politischer Hermaphrodit, als Frau eine Königin in ihrer Sterblichkeit, aber – mit der göttlichen Gewalt des Amtes ausgestattet – zugleich ein König und Repräsentant der Autorität der Monarchie. Ihre Rolle bescherte ihr einen Machtzuwachs auf der einen Seite, eine Reduktion des nur Weiblichen auf der anderen. Robert Cecil fand dafür die berühmte Formel: «Sie war mehr als ein Mann und, offen gestanden, manchmal weniger als eine Frau.» Dem stellte Elisabeth ihre eigene Perspektive zur Seite, unübertroffen in der Armada-Rede von 1588 formuliert (siehe Kap. 1): «Ich weiß, dass ich zwar den Leib eines schwachen, kraftlosen Weibes habe, dafür aber Herz und Mark eines Königs, noch dazu eines Königs von England.» Das machte sie, wenn nicht immun, so doch gewappnet gegen alle Gegner ihrer Herrschaft.

Diese war ihr nicht in den Schoß gefallen, vielmehr gelangte Elisabeth an die Macht trotz widrigster Aussichten. Tochter einer wegen angeblicher ehelicher Untreue hingerichteten Mutter, mehrfach enterbt, von einem Adligen mit pädophiler Neigung fast um ihre Zukunft gebracht, von ihrer katholischen Halbschwester und Vorgängerin auf dem Thron, Mary I., in den Tower geworfen – das sah nicht nach dem Königsweg zum höchsten Amt des Landes aus. Doch war es ein Anschauungsunterricht, der die junge Elisabeth mit den Gefahren des Zeitalters vertraut machte, mit der Herausforderung des machtpolitischen Würfelspiels.

Ein Mann wäre leicht verführt gewesen, sich in den Tumult zu stürzen und auf dieser oder jener Seite Partei zu ergreifen. Noch der große viktorianische Elisabeth-Forscher James Anthony Froude konnte es der Königin zum Beispiel nicht verzeihen, dass sie sich nicht entschieden an die Spitze des europäischen Protestantismus gestellt hatte, als Bannerträgerin der antikatholischen Front an der Seite der holländischen Rebellen gegen Spanien und der Hugenotten gegen den französischen Hof. Derartige tatendurstige Einflüsterungen, mit denen einige Höflinge auch sie traktierten, wies Elisabeth jedoch weit von sich. Sie besaß eine verlässliche Antenne für die Gefahren nationaler Überdehnung, und kraft dieser Vorsicht sicherte sie das Patrimonium, den ihr anvertrauten Bestand Englands. In Holland und Frankreich ließ sie sich nur widerstrebend und spät mobilisieren.

Denn das Königreich stand zu Beginn ihrer Herrschaft auf unsicheren Füßen und musste sich aus der Rolle der Zweitrangigkeit unter den europäischen Mächten erst hocharbeiten. Dabei bewahrte die Rivalität zwischen Frankeich und Spanien, die Elisabeth mit ihrer zum Teil hinterlistigen Heiratspolitik geschickt für sich nutzte, England vor der Eroberung, bis das Königreich zu stark war, um erobert zu werden. Ein Geniestreich.

Freilich trifft hier ein Goethe-Wort aus dem Zweiten Teil des «Faust» zu, wenn Mephistopheles, mit den «drei gewaltigen Gesellen» Habebald, Haltefest und Eilebeute an seiner Seite, prahlt: «Krieg, Handel und Piraterie, dreieinig sind sie, nicht zu trennen.» Gegen Spanien führte die Königin einen unerklärten Krieg unter Einsatz ihrer überlegenen «sea dogs», ihrer wagemutigen Seefahrer, die sich nicht scheuten, Beute zu machen, als seien sie akkreditierte Piraten. Die Grenze zwischen Freibeuterei und Handel war fließend in diesem Jahrhundert ohne kodifiziertes Seerecht. England kam über den Umweg der Piraterie allmählich auf den Geschmack eines immer weiter ausgreifenden Handels mit der Welt. Aber auch hier widerstand die Königin allen Gelüsten nach einer territorialen Eroberung außerhalb Englands. Das Kolonialreich erhielt erst nach ihr, nach dem Frieden von Westminster mit Spanien 1604, festere Umrisse.

Hans-Peter Schwarz hat in einem Gespräch mit dem Autor Elisabeth I. eine «amoralische Herrscherin mit Augenmaß» genannt. Daran ist so viel richtig, dass sie nicht den religiösen Fanatismus ihres Zeitalters teilte, sondern zur Definition des nationalen Interesses von absolut säkularen Grundsätzen ausging. Die Gewohnheit ihres persönlichen Gesprächs mit dem Schöpfer hielt sie nicht davon ab, sich strikt zweckdienlich zu verhalten, und ließ sie auch vor machiavellistischen Winkelzügen nicht zurückschrecken. Auf dem letzten Porträt zu ihren Lebzeiten, dem «Regenbogen-Porträt», ist auf dem linken Ärmel ihres Prachtgewandes eine Schlange aufgestickt mit einen Rubin in Form eines Herzens im Maul. Ein sprechendes Symbol: Diese Frau ist Rationalistin bis in die Fingerspitzen, sie hat ihre Gefühle meist unter Kontrolle – anders als Maria Stuart, die für sich reklamierte, «my heart is my own», mein Herz gehört ganz mir, und damit ihr Schicksal besiegelte.

Elisabeth, «Gloriana», wie man sie nach Edmund Spensers Epos «The Faerie Queene» nannte, hatte einen Favoriten, vor dem alle anderen zurückstehen mussten: England, ihr Reich, ihre Untertanen, mit denen sie sich für verheiratet hielt. Gewiss war auch das eine Pose bei ihr und diente das beständige Wort von der gegenseitigen Liebe zwischen dem Volk und seinem Souverän der Verstetigung ihrer Herrschaft. Aber es war konkret genug und ehrlich genug, um ihr das Leben einer Virgin Queen nahezulegen, einer jungfräulichen Königin. Auch dabei war ein Machtkalkül im Spiel: Mit der Weigerung zu heiraten, widersetzte sich Elisabeth dem Vorurteil ihrer Zeit, dass die Frau dem Mann, ihrem «Gouverneur», untergeordnet sei, fügsam bis zur Selbstpreisgabe. Insofern ist sie, obwohl nie Feministin, eine Ikone auch für unsere Zeit.

«Amoralisch» war auch die Renaissance in ihrer Hinwendung zur Welt, zur Individualität, zum von der Kirche unabhängigen Lernen. Die führenden Geister, mit Montaigne als klassischem Beispiel, waren durch und durch vom Säkularen, der «Entdeckung des Ich» (Richard Friedenthal) durchtränkt. «Die Welt, nicht die Kirche, gab den Ton an, nach dem das Zeitalter der Elisabeth tanzte und sang», schrieb Sir Walter Raleigh. Auch in Shakespeares Dramen findet sich keine Auseinandersetzung um konfessionelle Identitäten – eine Vorsicht, die sich für den Sohn eines vermuteten Rekusanten ohnehin verstand. In solchem geistigen Milieu entwickelte die heranwachsende Prinzessin Elisabeth ihre Liebe zur Bildung, zu ihren eigenen Talenten, zu ihrer mit Diskretion gemischten Vitalität. Sie war eine große Schauspielerin von Anbeginn, eine Exhibitionistin geradezu mit ihrem Hang zu »public relations«. Dabei baute sie auf ihr eigenes Urteil und das ihrer Hauptberater, die sie oft genug zur Verzweiflung trieb mit ihrem Zögern und Zweifeln – auch das eine «weibliche Untugend», wie man ihr vorhielt, doch oft genug der Weg, um eine unnötige Beschädigung des nationalen Interesses zu verhindern.

Elisabeth wirkt auf uns Heutige wie die politische Regisseurin ihrer eigenen Lebensleistung. Sie besaß eine charismatische Fähigkeit, ihre Umwelt an sich zu binden: die Universitäten durch Gelehrsamkeit, die Soldaten und Seeleute durch ihren Mut, den Adel und die Höflinge durch Koketterie, das Volk durch Jagen, Reiten, Tanzen und die jährlichen Reisen durchs Land, ihre beliebten «progresses». Enttäuschung trat erst ein, als die ökonomische Lage sich gegen Ende der 1580er Jahre verschlechterte und notorische Sparsamkeit die Königin daran hinderte, eingegangene Versprechen – etwa zur Entlohnung der Kämpfer in der Armada-Schlacht – einzuhalten.

Die «amoralische Herrscherin», die von fundamentalistischen Puritanern geradezu des Unglaubens geziehen wurde, erwies ihrem Land schließlich den allergrößten Dienst mit der Beilegung des Streits zwischen Protestanten und Katholiken. Sie hatte als Heranwachsende erlebt, wie unter ihren Halbgeschwistern Eduard VI. und Mary I. England von Extremen hin- und hergerissen wurde: hier die forcierte Reformation, dort die ebenfalls forcierte Hinwendung zur alten Religion, dem Katholizismus, unter Begleitung blutiger Intoleranz. Ihr Kompromiss, der «mittlere Weg», vereinte Elemente beider Konfessionen zur Legierung des Anglikanismus. Dieser stieß zunächst viele als «theologisches Chamäleon» (G. M. Trevelyan) ab, half aber, auf Jahrhunderte den Kompromiss als Grundfigur englischen Denkens, englischer Philosophie zu verankern.

Mit Elisabeth triumphierte die Staatsräson über alle partikularen Interessen, seien es die Interessen der Religion oder der Machtkämpfe bei Hof, und die Königin bewahrte damit ihrem Reich einen Frieden, um den andere Länder England beneideten. Schon 1579 prangte in Christopher Saxtons «Atlas» ein Titelblatt, das Elisabeth thronend zwischen zwei allegorischen Figuren, «Geography» und «Astronomy», zeigt, mit einer darunter zitierten lateinischen Huldigung an sie als Bewahrerin des Friedens: «Während ringsum traurige Kriege die Völker ermüden und dunkle Irrtümer auf dem ganzen Erdkreis wüten, beschenkst du die Britannier mit langem Frieden und mit wahrer Frömmigkeit.» Eine Haltung, die noch bis zur Zeit des Dreißigjährigen Krieges prägend war, aus dem sich die Insel bekanntlich heraushielt. Dafür förderte die lange Friedensperiode unter Elisabeth die Herausbildung eines ausgeprägten Nationalbewusstseins, dem die Queen mit ihrer Betonung der Einheit des Landes jenseits aller religiösen Zuordnungen Nahrung gab. Sie übertrug geschickt den «mittleren Weg» des religiösen Kompromisses auf die patriotische Ebene mit ihrem Refrain, sie wolle nicht Königin der Protestanten oder der Katholiken sein, sondern Königin der Engländer.

Das traf sich mit einem Wort des französischen Königs Heinrich IV., als er einmal vor dem Parlament seine Toleranzpolitik begründete: «Wir sollten keinen Unterschied zwischen Katholiken und Hugenotten machen. Wir sollten alle gute Franzosen sein.» Bernd Roeck schreibt dazu in seinem Standardwerk «Der Morgen der Welt. Geschichte der Renaissance»: «Das Wohl (...) der ‹patria› – der Stadt, der ‹Heimat›, schließlich eines ganzen Landes oder Reiches – gewann als politischer und moralischer Wert an Bedeutung. (...) Heinrichs Worte zeigen, dass sich das Europa der Dynastien und Patrioten, der Katholiken und Protestanten allmählich in ein Europa der Nationen zu verwandeln begann.» Darin schließlich bestand auch die Moral Elisabeths, der «amoralischen Herrscherin mit Augenmaß»: England zu festigen als selbstbewusste Nation, befreit von religiösem Fanatismus. Dem galt ihr Kampf, diese 44 Jahre einer singulären, gleichwohl von Einbrüchen bedrohten Zielstrebigkeit.

Epilog

Francis Bacon, der Staatsmann, Philosoph, Essayist, resümierte: «Eine Regierung durch eine Frau ist zu allen Zeiten etwas Seltenes gewesen, eine glückliche noch seltener, aber Glück und Dauer zusammen das Seltenste überhaupt.» Bei ihrer Krönung hatte Elisabeth drei Versprechen abgegeben: den Untertanen den Zugang zu den Gerichten zu erleichtern, mit der religiösen Einigung ein Bollwerk gegen den Fanatismus zu errichten und ihr Reich gegen äußere Feinde zu verteidigen. Sie blieb in allen drei Punkten ihrem Vorsatz treu, auch gegen die protestantischen und katholischen «Dschihadisten» (Hans-Peter Schwarz), die im Innern ihre Macht und die Stabilität des Königreiches bedrohten. Sie behielt die Oberhand wie die Königin im Schach – die gefährlichste Spielfigur, da sie am flexibelsten kämpfen kann.

Als Figur des Widerstandes gegen die Feinde Englands wurde Elisabeth I. so etwas wie die heilige Johanna der Insel, wenn immer Gefahr für die Nation drohte. Das reichte als Inspiration bis ins 20. Jahrhundert. Elisabeths Tilbury-Rede von 1588 bildete den rhetorischen Hintergrund für viele Ansprachen Winston Churchills, mit denen er im Zweiten Weltkrieg das Rückgrat seines Landes zu stärken versuchte. Im Radio liefen während der Luftschlacht über England wiederholt Passagen aus Elisabeths Abschiedsansprache an das Parlament, der «Golden Speech» von 1601. Patriotische Sätze aus Shakespeare traten ihnen zur Seite und übertrugen das 16. Jahrhundert in den Kontext des 20. Im Juni 1944, am D-Day zur Rückgewinnung des Kontinents, zitierte ein Kommandeur in seinem Landungsboot Heinrich V. in Shakespeares gleichnamigem Drama vor der Schlacht von Agincourt (1415) mit der berühmten Ermunterung an die Soldaten: «Folgt Eurem Mute, und bei diesem Sturm/Ruft: Gott mit Heinrich! England! Sankt Georg!»

Im Auf und Ab ihres Jahrhunderts durchlief die Tudor-Königin einen Wechsel der unterschiedlichsten Einschätzungen ihrer Person, wie es bei einer Thronzeit von 44 Jahren nicht anders sein kann. Das färbte auch ihr Bild in der Nachwelt, wo sich bis heute Bewunderer und Skeptiker akademische Gefechte voller Inbrunst liefern. Elisabeths erster Biograph, William Camden, beschönigte im Jahrhundert nach ihr in seinen «Annalen» viele Schattenseiten von Elisabeths sprunghaftem

Charakter. Doch wird auch heute niemand Camdens grundlegendem Resümee widersprechen: «Kein Vergessen wird jemals die Glorie ihres Namens begraben, denn die glückliche und gefeierte Erinnerung an sie lebt und wird im Gedächtnis der Menschen auf immer leben.»

ANHANG

DANK

Das Drama um den Brexit hat die Entstehung dieses Buches überschattet wie eine drohende Entladung der Geschichte. Da war das Studium der Tudor-Königin ein willkommener Kontrapunkt, der freilich immer wieder auch nach vorne wies: Finden sich im England vor 450 Jahren etwa Analogien mit den heutigen Briten in ihrem europäischen Umfeld? Noch im Jahr seines Todes habe ich diese Frage mit Hans-Peter Schwarz diskutiert, dem großen Historiker, der Parallelen sah, mich aber gleichzeitig davor warnte, die Einzigartigkeit der elisabethanischen Epoche vorschnellen Vergleichen zu opfern. So ging kein Weg an dem Eintauchen in die Originalität des 16. Jahrhunderts vorbei. Welcher Ort wäre besser dafür geeignet als Hatfield House in Hertfordshire, wo sich das Archiv William Cecils befindet, der Elisabeths Erster Sekretär und als Lord Burghley eine der überragenden Gestalten seiner Zeit wurde? Auch Schiller hat ihm in «Maria Stuart» ein unvergessenes Denkmal gesetzt. Lord Salisbury, Nachfahre der Cecil-Familie, sowie sein Bibliothekar und Archivar Robin Harcourt Williams führten mich durch die in Hatfield House, einem Schloss der Stuarts, gelagerten Bestände, wo ich die Handschriften und Dokumente, das Rückgrat auch dieser Biographie, einsehen konnte – ein Augenöffner. Viele Kundige begleiteten dann den entstehenden Text, wobei ich besonders Alan Posener und Achim Güssgen-Ackva danken möchte, die zu dem Buch im Ganzen mit ihrer Kenntnis der britischen Geschichte wertvolle Anregungen beisteuerten. Weitere Freunde halfen bei vielen Einzelkapiteln, so Michael Stürmer, Herbert Kremp oder Karl Wilhelm Pohl. Elmar Schulz-Vanheyden half als Altsprachler, so manches lateinische Zitat – die Königin beherrschte Latein fließend – in verlässliches Deutsch zu verwandeln. Letzten Schliff erhielt das Manuskript durch

Stefanie Hölscher, die schon meine früheren Bücher im Verlag C.H.Beck lektoriert hat und mich diesmal mit ihrer stilistischen Umsicht und historischen Kennerschaft geradezu beschämte. Dennoch: Was immer an Fehlern allen Mitlesern entgangen sein mag, geht natürlich einzig auf meine eigene Kappe.

London, 2. Januar 2019

ZEITTAFEL

1527 Heinrich VIII. sucht die Annullierung seiner Ehe mit Katharina von Aragon
1533 Heinrich VIII. heiratet Anne Boleyn
7. September: Prinzessin Elisabeth geboren
1534 Suprematsakt: Heinrich VIII. erklärt sich zum Oberhaupt der englischen Kirche
1536 Anne Boleyn hingerichtet. Heinrich VIII. heiratet Jane Seymour
1537 Prinz Eduard geboren. Jane Seymour stirbt
1540 Heinrich VIII. heiratet Anna von Kleve, dann Catherine Howard
1542 Catherine Howard hingerichtet. Geburt von Maria Stuart
1543 Heinrich VIII. heiratet Catherine Parr, seine sechste Ehefrau
1544 Elisabeth wird wieder in die Thronfolge eingesetzt
1547 Tod Heinrichs VIII. Eduard VI. König. Catherine Parr heiratet Thomas Seymour
1548 Catherine Parr stirbt
1549 Thomas Seymour verhaftet. Elisabeth verhört. Sturz von Lord Protector Somerset
1550 William Cecil erhält die Aufsicht über Elisabeths Ländereien
1553 Tod von Eduard VI. Neun-Tage-Königin Lady Jane Grey. Mary I. rückt nach
1554 Wyatt-Rebellion. Elisabeth im Tower. Mary I. und Philipp von Spanien heiraten
1555 Rekatholisierungskampagne. Beginn der Verbrennung protestantischer Häretiker
1558 Calais geht verloren. Maria Stuart heiratet den französischen Dauphin
17. November: Elisabeth I. wird Königin
1559 Religiöse Einigung: Supremats- und Uniformitätsgesetze
1560 Friede von Edinburgh. Amy Robsart, Robert Dudleys Frau, tot aufgefunden
1562 Intervention in Le Havre. Elisabeth schwer an Pocken erkrankt
1563 Rückzug aus Le Havre
1564 Robert Dudley wird zum Grafen Leicester erhoben
1565 Maria Stuart heiratet Henry Lord Darnley
1566 James, Maria Stuarts und Darnleys Sohn, geboren
1567 Darnley ermordet. Maria Stuart zur Abdankung gezwungen
1568 Maria Stuart flieht nach England. Ihr Prozess in York wegen angeblicher Beihilfe zur Ermordung Darnleys. Francis Drake entkommt in Ulua

(Mexiko) einer Gefangennahme. England konfisziert eine für die spanischen Truppen in Holland bestimmte Schiffsladung Geld. Der Konflikt mit Spanien beginnt
1569 Northern Rebellion, der Aufstand des katholischen Adels
1570 Papst Pius V. exkommuniziert Elisabeth
1571 Ridolfi-Verschwörung. William Cecil zu Lord Burghley erhoben
1572 Wilhelm von Oranien und der Aufstand der Niederlande. Herzog von Norfolk hingerichtet. Bartholomäus-Massaker in Frankreich
1573 Sir Francis Walsingham baut den Geheimdienst aus
1575 Leicester empfängt Elisabeth in seinem Schloss Kenilworth
1577 Beginn der Weltumsegelung Francis Drakes (bis 1580)
1578 Herzog von Alençon zu Heiratsverhandlungen in London
1580 Ankunft der ersten Jesuiten-Missionare in England
1581 Alençon zum zweiten Mal in England
1583 Throckmorton-Verschwörung
1584 Tod von Alençon. Wilhelm von Oranien ermordet. «Bond of Association» zum Schutz Elisabeths
1585 Leicester an der Spitze einer Armee in den Niederlanden
1586 Babington-Verschwörung. Maria Stuart wegen Hochverrats verurteilt
1587 8. Februar: Hinrichtung Maria Stuarts
1588 Sieg über die Armada. Leicester stirbt
1590 Tod Walsinghams
1594 Beginn von vier Jahren mit schlechten Ernten
1595 Beginn der Rebellion von Hugh O'Neill in Irland
1596 Essex zeichnet sich in Cádiz aus. Robert Cecil, Burghleys Sohn, wird Erster Sekretär
1598 Streit zwischen Essex und Elisabeth. Lord Burghley stirbt. Tod Philipps II.
1599 Essex' erfolglose Kampagne in Irland. Unerlaubte Rückkehr und Gefangennahme
1600 Prozess gegen Essex
1601 Essex hingerichtet. Elisabeths «Golden Speech»
1603 24. März: Elisabeth I. stirbt
Schottlands James VI., Maria Stuarts Sohn, folgt als James I. Elisabeth auf dem Thron. O'Neill in Irland kapituliert
1604 Friedensvertrag mit Spanien

LITERATUR

Die Tudor-Ära nimmt in der britischen Forschung einen überragenden Platz ein, und die Publikationen könnten Seiten um Seiten füllen. Angesichts der Vielzahl muss dieses Literaturverzeichnis sich disziplinieren, damit der Leser nicht verwirrt wird. Es verzeichnet vornehmlich solche Titel, die zur weiteren Orientierung und Vertiefung hilfreich sein dürften. Dabei ist eine Auswahl von Schriften vorangestellt, denen sich der Autor der vorliegenden Biographie besonders verpflichtet fühlt und auf die im Text mehrfach verwiesen wird. Separat aufgeführt werden am Ende Sammelbände mit der Klärung wichtiger Einzelfragen, die in Gesamtdarstellungen der Vita von Elisabeth I. oft nicht berücksichtigt werden.

Brigden, Susan: New Worlds, Lost Worlds. The Rule of the Tudors 1485–1603. London 2000.
Collinson, Patrick: Elizabethans. London 1994, revised ed. 2003.
Ders.: The Reformation. London 2003.
Ders.: Elizabeth I Oxford 2007.
Ders.: This England. Essays on the English Nation and Commonwealth in the Sixteenth Century. Manchester 2011.
Doran, Susan: Elizabeth I and Religion 1558–1603. London 1994.
Dies.: Queen Elizabeth I. London 2003.
Dies.: The Tudor Chronicles. London 2008.
Dies.: Elizabeth I and Her Circle. Oxford 2015.
Elizabeth I: Collected Works. Hg. von Leah S. Marcus u. a. Chicago 2000.
Guy, John: Tudor England. London 1988.
Ders.: My Heart Is My Own. The Life of Mary Queen of Scots. London 2004.
Ders.: The Children of Henry VIII. Oxford 2013.
Ders.: Elizabeth. The Forgotten Years. London 2016.
Haigh, Christopher: Elizabeth I. London 1988.
Marshall, Peter: Heretics and Believers. A History of the English Reformation. Yale 2017.
Mattingly, Garrett: The Armada. Boston 1959.
Plowden, Alison: Danger to Elizabeth. The Catholics under Elizabeth I. London 1973.
Dies.: Marriage with My Kingdom. The Courtships of Queen Elizabeth I. London 1977.
Smith, Lacey Baldwin: Elizabeth Tudor. Portrait of a Queen. Boston 1975.

Somerset, Anne: Elizabeth I. London 1991.
Starkey, David: Elizabeth. Apprenticeship. London 2000.
Ders.: Six Wives. The Queens of Henry VIII. London 2003.
Ders.: Crown and Country. A History of England through the Monarchy. London 2010.
Weir, Alison: Elizabeth the Queen. London 1998.

Weitere Literatur

Alford, Stephen: Burghley. William Cecil at the Court of Elizabeth I. Yale 2008.
Ders.: The Watchers. A Secret History of the Reign of Elizabeth I. London 2012.
Ders.: London's Triumph. Merchant Adventurers and the Tudor City. London 2017.
Appel, Sabine: Elisabeth I. von England. Die Biographie. Esslingen 1994.
Dies.: König Heinz und Junker Jörg. Heinrich VIII. gegen Luther gegen Rom. Darmstadt 2016.
Asch, Ronald G.: Die Stuarts. Geschichte einer Dynastie. München 2011.
Berg, Dieter: Die Tudors. Stuttgart 2016.
Bicheno, Hugh: Elizabeth's Sea Dogs. How the English Became the Scourge of the Seas. London 2012.
Borman, Tracy: Elizabeth's Women. The Hidden Story of the Virgin Queen. London 2009.
Dies.: The Private Lives of the Tudors. Uncovering the Secrets of Britain's Greatest Dynasty. London 2016.
Brimacombe, Peter: All the Queen's Men. Stroud 2000.
Brotton, Jerry: This Orient Isle. Elizabethan England and the Islamic World. London 2016.
Castor, Helen: Elizabeth I. A Study in Insecurity. London 2018.
Childs, Jessie: God's Traitors. Terror & Faith in Elizabethan England. London 2014.
De Lisle, Leanda: After Elizabeth. How James, King of Scots, Won the Crown of England in 1603. London 2005.
Dies.: The Sisters Who Would Be Queen. The Tragedy of Mary, Katherine & Lady Jane Grey. London 2008.
Duffy, Eamon: The Stripping of the Altars. Traditional Religion in England 1400–1589. Yale 1992.
Elton, G. R.: England and the Tudors. London 1955.
Eßer, Raingard: Die Tudors und die Stuarts. Stuttgart 2004.
Fraser, Antonia: Mary Queen of Scots. London 1969.
Dies.: The Six Wives of Henry VIII. London 1992.
Gelfert, Hans-Dieter: Shakespeare. München 2014.
Gimson, Andrew: Gimson's Kings and Queens. Brief Lives of the Monarchs since 1066. London 2015.
Gristwood, Sarah: Elizabeth & Leicester. London 2007.

Dies.: Game of Queens. The Women Who Made Sixteenth-Century Europe. London 2016.
Harrison, G. B.: The Letters of Queen Elizabeth. London 1935. (Deutsch: Die Briefe der Königin Elisabeth von England. Wien 1938.)
Hibbert, Christopher: The Virgin Queen. A Portrait of Elizabeth I. London 1990.
Hilton, Lisa: Elizabeth I. Renaissance Prince. London 2014.
Hogge, Alice: God's Secret Agents. Queen Elizabeth's Forbidden Priests and the Hatching of the Gunpowder Plot. London 2005.
Hutchinson, Robert: Elizabeth's Spymaster. Francis Walsingham and the Secret War that Saved England. London 2007.
Ders.: The Spanish Armada. London 2013.
Jenkins, Elizabeth: Elizabeth the Great. London 1958. (Deutsch: Gloriana. Königin Elisabeth I. von England. Tübingen 1958.)
Johnson, Paul: Elizabeth. A Study in Power and Intellect. London 1974.
Jurewitz-Freischmidt, Sylvia: Krone und Schafott. Maria Stuart und Elisabeth I. Eine Doppelbiographie. Gernsbach 2008.
Klein, Jürgen: Elisabeth I. und ihre Zeit. München 2004.
Kluxen, Kurt: Geschichte Englands. 2. Aufl., Stuttgart 1976.
Lacey, Robert: Robert Earl of Essex. An Elizabethan Icarus. London 1971.
Lee, Stephen J.: The Reign of Elizabeth I 1558–1603. Abingdon 2007.
Licence, Amy: In Bed with the Tudors. The Sex Lives of a Dynasty from Elizabeth of York to Elizabeth I. Stroud 2012.
MacCaffrey, Wallace: Elizabeth I. London 1993.
MacGregor, Neil: Shakespeares ruhelose Welt. München 2013.
Macintyre, Donald: The Privateers. London 1975.
Mancall, Peter C.: Hakluyt's Promise. An Elizabethan's Obsession for an English America. Yale 2007.
Marshall, Rosalind K.: Mary I. London 1993.
Dies.: Mary Queen of Scots. Truth or Lies. Edinburgh 2010.
Martin, Colin, und Parker, Geoffrey: The Spanish Armada. London 1988.
Mattingly, Garrett: Renaissance Diplomacy. New York 1955.
Milton, Giles: Big Chief Elizabeth. How England's Adventurers Gambled and Won the New World. London 2000.
Muhlstein, Anka: Die Gefahren der Ehe. Elisabeth von England und Maria Stuart. Frankfurt a. M. 2005.
Neale, J. E.: Queen Elizabeth I. London 1934.
Ders.: The Age of Catherine de Medici and Essays in Elizabethan History. London 1943.
Ders.: Elizabeth I and Her Parliaments 1559–1601. London 1964.
Nette, Herbert: Elisabeth I. mit Selbstzeugnissen und Bilddokumenten. Hamburg 1982.
Oetzel, Lena: ‹Gespräche› über Herrschaft. Herrscherkritik bei Elisabeth I. von England 1558–1603. Husum 2014.

Osborne, June: Entertaining Elizabeth I. The Progresses and Great Houses of Her Time. London 1989.
Panzer, Marita A.: «Bloody Mary». Maria I. Tudor. Berlin o. J.
Perry, Maria: The Word of a Prince. A Life of Elizabeth I. from Contemporary Documents. Woodbridge 1990.
Plowden, Alison: Elizabethan England. Life in an Age of Adventure. London 1982.
Posener, Alan: William Shakespeare. Hamburg 2001.
Pryor, Felix: Elizabeth I. Her Life in Letters. London 2003.
Ronald, Susan: The Pirate Queen. Queen Elizabeth I, Her Pirate Adventurers, and the Dawn of Empire. Stroud 2007.
Rowse, A. L., und Harrison, G. B.: Queen Elizabeth and Her Subjects. London 1935.
Ders.: The English Spirit. Essays in History and Literature. London 1944.
Ders.: The England of Elizabeth. The Structure of Society. London 1950.
Rice, George P., Jr.: The Public Speaking of Queen Elizabeth. New York 1951.
Ridley, Jasper: The Love Letters of Henry VIII. London 1988.
Ders.: The Tudor Age. London 1998.
Roeck, Bernd: Der Morgen der Welt. Geschichte der Renaissance. München 2017.
Schama, Simon: A History of Britain, Bd. 1. London 2000.
Schmidthüs, Karlheinz: Die Briefe des heiligen Thomas More aus dem Gefängnis. Freiburg 1938.
Skidmore, Chris: Death and the Virgin. Elizabeth, Dudley and the Mysterious Fate of Amy Robsart. London 2010.
Steinhilber, Berthold, und Kendlbacher, Ralph: Die Klage der Steine. Geheimnisse britischer Klosterruinen. Freiburg 2000.
Stone, Lawrence: The Causes of the English Revolution 1529–1642. London 1972.
Strachey, Lytton: Elizabeth and Essex. A Tragic History. London 1928/2014.
Strong, Roy: The Cult of Elizabeth. Elizabethan Portraiture and Pageantry. London 1977.
Ders.: Gloriana. The Portraits of Queen Elizabeth I. London 1987.
Suerbaum, Ulrich: Das elisabethanische Zeitalter. Stuttgart 1989.
Tombs, Robert: The English and Their History. London 2014.
Trevelyan, G. M.: History of England. Illustrated ed., London 1973.
Waller, Maureen: Sovereign Ladies. The Six Reigning Queens of England. London 2006.
Watkins, Susan: In Public and in Private. Elizabeth I and Her World. London 1998.
Whitelock, Anna: The Queen's Bed. An Intimate History of Elizabeth's Court. New York 2013.
Williams, Neville: The Life and Times of Elizabeth I. London 1972.
Ders.: The Sea Dogs. Privateers, Plunder and Piracy in the Elizabethan Age. London 1975.
Wilson, A. N.: The Elizabethans. London 2011.

Wilson, Derek: The Uncrowned Kings of England. The Black Legend of the Dudleys. London 2005.

Zweig, Stefan: Maria Stuart. Frankfurt a. M. 1959.

Sammelbände

Beem, Charles (Hg.): The Foreign Relations of Elizabeth I. New York 2011.

Bindolf, S. T. u. a. (Hg.): Elizabethan Government and Society. Essays Presented to Sir John Neale. London 1961.

Briggs, Asa, und Snowman, Daniel (Hg.): Fins de Siècle. How Centuries End 1400–2000. Yale 1996.

Collinson, Patrick (Hg.): The Sixteenth Century 1485–1603. Oxford 2002.

Doran, Susan (Hg.): Elizabeth. The Exhibition at the National Maritime Museum. London 2003.

Dies. und Richardson, Glenn (Hg.): Tudor England and Its Neighbours. London 2005.

Dies. (Hg.): Doubtful and Dangerous. The Question of Succession in Late Elizabethan England. Manchester 2014.

Guy, John (Hg.): The Reign of Elizabeth I. Court and Culture in the Last Decade. Cambridge 1995.

Ders. (Hg.): The Tudor Monarchy. London 1997.

Haigh, Christopher (Hg.): The Reign of Elizabeth I. London 1984.

Jansohn, Christa (Hg.): Queen Elizabeth I. Past and Present. Münster 2004.

Starkey, David (Hg.): Rivals in Power. Lives and Letters of the Great Tudor Dynasties. London 1990.

BILDNACHWEIS

Berlin, Bridgeman Images: S. 2 (Private Collection/Look and Learn); S. 24, 302, 344 (Granger); S. 27 (Woburn Abbey, Bedfordshire); S. 33 (Hever Castle Ltd, Kent); S. 43, 51 (Royal Collection Trust © Her Majesty Queen Elizabeth II, 2019); S. 45, 119, 243 (National Portrait Gallery, London/Stefano Baldini); S. 64, 91 (National Portrait Gallery, London); S. 67 (Trustees of the Bedford Estate, Woburn Abbey); S. 77 (Isabella Stewart Gardner Museum, Boston, MA, USA); S. 78, 277 (Universal History Archive/UIG); S. 86, 330 (Hatfield House, Hertfordshire); S. 98, 231, 279, 285 (British Library, London/© British Library Board); S. 106 (Bibliothèque Nationale, Paris); S. 157 (Hardwick Hall, Derbyshire/National Trust Photographic Library); S. 175, 331 (Private Collection); S. 189 (Yale Center for British Art, Paul Mellon Collection, USA); S. 200 (National Gallery of Art, Washington, DC, USA); S. 296, 315 (National Portrait Gallery, London/De Agostini Picture Library); S. 297 (Pinacoteca Nazionale, Siena); S. 299, 309 (Victoria & Albert Museum, London); S. 339 (Corsham Court, Wiltshire)

Hertfordshire, Hatfield House: S. 254/55 (Cecil Papers 165/10. Mit freundlicher Genehmigung von ProQuest und Hatfield House)

Kew, Surrey, The National Archives of the UK: S. 71 (ref. EXT11/25)

PERSONENREGISTER

Adolf I., Herzog von Schleswig-Holstein-Gottorf 123
Alba, Herzog *siehe* Álvarez de Toledo, Fernando
Alexander VI., Papst 184, 276
Alford, Stephen 290
Allen, William, Kardinal 19, 187, 227 f., 238, 244, 261, 269
Álvarez de Toledo, Fernando, Herzog von Alba 171, 186 f.
Amandas, Philip 283
Anderson, Edmund 259
Anna von Kleve 42, 123, 355
Aristoteles 97, 307
Arthur Tudor, Herzog von Cornwall/ Prinz von Wales 35
Ascham, Roger 48, 49, 64 f.
Ashley, John 41
Ashley, Katherine «Kat», geb. Champernowne 41 f., 49, 53–56, 121
Aylmer, John 266, 347 f.

Babington, Anthony 244–250, 356
Bacon, Francis 97, 99, 145, 184, 224, 229, 312 f., 322, 326, 353
Bacon, Nicholas 92 f.
Bagehot, Walter 196
Ballard, John 244, 246, 249
Barlowe, Arthur 283
Barnwell, Robert 248
Bazán, Álvaro de, Marquis de Santa Cruz 20
Bedingfield, Henry 73 f.
Bentley, Thomas 291

Blount, Charles, Baron Mountjoy 340, 342
Boethius 311
Boleyn, Anne 19, 32–34, 36–42, 43, 45 f., 57, 65, 70, 72, 83, 90, 121, 164, 202, 289, 295, 355
Boleyn, George 39
Boleyn, Mary 34, 164, 202
Borman, Tracy 57
Bothwell, Earl of *siehe* Hepburn, James
Brandon, Charles, Herzog von Suffolk 52, 60
Brandon, Eleanor 60 f.
Brenton, Nicholas 347
Breuner, Caspar von, Baron von Stubling, Fladnitz und Rabenstein 123, 125
Bromley, Thomas 258
Bryan, Margaret 41
Burghley, Baron *siehe* Cecil, William
Byrd, William 263

Cabot, John 276
Calvin, Johannes 12, 65, 78, 97, 109 f., 151, 182, 323
Camden, William 72, 101, 342, 353 f.
Campion, Edmund 228–236, 249
Carey, Robert 261, 341
Castelnau, Michel de, Seigneur de la Mauvissière 134 f., 211
Castiglione, Baldassare 43, 225
Castor, Helen 84
Cecil, Robert, Earl of Salisbury 290, 306, 308 f., 312, 314, 321, 323 f., 326, 333, 335, 338 f., 341 f., 348, 356

Cecil, William, Baron Burghley 24, 65, 85–87, 92, 105, 109 f., 112, 119, 122 f., 130–134, 138, 142, 145, 148 f., 152–154, 170–172, 174, 179, 190 f., 194 f., 201 f., 207, 211, 223, 228, 235 f., 241, 250 f., 254 f., 257–259, 261, 268, 271 f., 290, 305–308, 312, 314–317, 332, 334, 341, 355 f.
Chancellor, Richard 275
Charles, Prinz von Wales 117
Cheke, John 48
Churchill, Winston 11, 24 f., 29, 353
Cicero, Marcus Tullius 48, 85
Clemens VII., Papst 32, 35
Coke, Edward 337
Coligny, Gaspard II. de 173, 192
Collinson, Patrick 94, 251 f.
Courtenay, Edward, Earl of Devon 69
Cranmer, Thomas, Erzbischof von Canterbury 36, 58, 63 f., 78 f.
Cromwell, Oliver 12, 52, 225
Cromwell, Thomas, Earl of Essex 37, 39, 138 f.
Curle, Gilbert 246 f., 249
Cyprian von Karthago 48

Da Gama, Vasco 273
Darnley, Lord *siehe* Stuart, Henry
Davison, David 258–260
De Bry, Theodore 286
De Espés, Guerau 165, 167, 171, 176
De Quadra, Álvaro 123–126, 131 f., 134
Dee, John 90, 265, 277–281
Devereux, Robert, Earl of Essex 289, 304, 306–327, 334 f., 337, 340–342, 356
Devereux, Walter, Earl of Essex 306 f.
Dormer, Jane 80
Douglas, Archibald, Graf von Angus 156
Douglas, Margaret, Lady Lennox 156
Dowland, John 263
Drake, Francis 14, 17 f., 21, 24, 87, 182, 184, 186, 189, 208 f., 264–266, 272, 276 f., 284, 306, 355 f.

Du Bellay, Jean, Kardinal 34
Dudley, Ambrose, Earl of Warwick 166, 268
Dudley, Guildford 61 f.
Dudley, John, Herzog von Northumberland 58–63, 65 f., 72, 83, 85
Dudley, Robert, Earl of Leicester 25 f., 59, 62, 72, 85, 87, 110, 118–123, 125 f., 128–132, 134–136, 147, 153–156, 166, 168, 194, 196–198, 201–204, 206–208, 212, 214, 220–225, 260, 264–266, 269, 272 f., 283, 289, 294, 305 f., 308, 310, 317, 355 f.
Dudley, Robert 198
Dyer, Edward 120

Eduard II., König von England 256
Eduard IV., König von England 69
Eduard VI., König von England und Irland 41–43, 49–54, 56 f., 60 f., 64, 78, 83, 85, 94, 127, 275, 351, 355
Egerton, Thomas 317, 321
Elisabeth II., Königin des Vereinigten Königreichs Großbritannien und Nordirland 83
Elisabeth von Valois, Königin von Spanien 108
Erasmus von Rotterdam 43, 46, 97
Eric XIV., König von Schweden 123
Essex, Earl of *siehe* Devereux, Robert
Evans, James 188

Farnese, Alessandro, Herzog von Parma 17 f., 21 f., 25 f., 28, 211 f., 215, 219, 221, 266–269
Ferdinand I., Kaiser des Heiligen Römischen Reiches 122, 124
Ferdinand II., König von Aragon und Sizilien/Ferdinand V., König von Kastilien und León 35, 183
Fiennes, Gregory, Baron Dacre 165
Figueroa y Córdoba, Gomes Suárez de, Herzog de Feria 80 f., 89, 99, 107, 119

Personenregister 371

Figueroa y Córdoba, Lorenzo Suárez de, Herzog de Feria 190 f.
Fitton, Mary 323
Fitzroy, Henry, Herzog von Richmond und Somerset 117
Forman, Simon 135, 291
Foxe, John 69
Franz I., König von Frankreich 46
Franz II., König von Frankreich 106 f., 129, 133, 172, 190
Frederick II., König von Dänemark und Norwegen 123, 266
Friedenthal, Richard 270, 350
Frobisher, Martin 21, 184, 276 f., 280 f.
Froude, James Anthony 349

Gallo, Ptolomäus, Kardinal von Como 176, 237
Gardiner, Stephen 68
Gascoigne, George 197
Gelfert, Hans-Dieter 294, 303
Georg VI., König des Vereinigten Königreichs Großbritannien und Nordirland 24 f.
Gheeraerts d. J., Marcus 329 f.
Gifford, Gilbert 244 f.
Gilbert, Humphrey 21, 184, 280 f., 283
Goethe, Johann Wolfgang von 18 f., 218, 349
Goodrich, Richard 88
Gower, George 27, 295
Gregor XIII., Papst 9, 20, 183, 192, 230, 236-238
Grenville, Richard 284
Gresham, Thomas 96
Grey, Frances, geb. Brandon 52, 60-62
Grey, Henry 61
Grey, Jane, Königin von England 52, 61 f., 72, 83, 114, 133, 355
Grey, Katherine 52, 61 f., 114, 133
Grey, Mary 52, 61 f.
Grindal, Edmund, Erzbischof von Canterbury 144-146, 307
Grindal, William 48

Grosseteste, Robert 35 f.
Guy, John 158, 163, 165, 242, 283
Guzmán de Silva, Diego 102, 143, 145

Haigh, Christopher 111 f., 305
Hakluyt, Richard 282
Hamilton, James, Earl of Arran 123
Harington, John 135, 290, 321, 324, 326, 340
Harriot, Thomas 286
Hastings, Henry, Earl of Huntingdon 133, 242
Hatton, Christopher 87, 120, 135, 201, 212, 248, 268, 288, 306, 308
Hawkins, John 21, 182, 184 f., 272, 280, 306
Hayward, John 89
Heath, Nicholas, Erzbischof von York 92
Heinrich IV., König von England 303, 324
Heinrich VII., König von England 39, 276, 343, 345
Heinrich VIII., König von England und Irland 12, 21, 31-47, 52-59, 61 f., 64 f., 67, 70, 73, 75, 78 f., 83, 90, 94, 106 f., 114, 117, 123, 131, 133, 138, 142, 148, 152, 156, 165, 173, 181, 183, 187 f., 224, 274, 292, 294 f., 316, 332 f., 339, 345, 355
Heinrich II., König von Frankreich 68, 106 f., 133, 190
Heinrich III., König von Frankreich/Herzog von Anjou 190 f., 195 f., 205, 210-213, 219, 260
Heinrich IV., König von Frankreich 15, 192, 311, 341, 352
Heneage, Thomas 222 f.
Hentzner, Paul 300 f.
Hepburn, James, Earl of Bothwell 159, 161, 164, 172
Herbert, William, Earl of Pembroke 147
Hext, Edward 332

372 Personenregister

Hibbert, Christopher 307
Hilliard, Nicholas 294
Holbein d. J., Hans 41, 123, 294
Howard, Catherine 42, 57, 83, 355
Howard, Catherine, geb. Carey, Gräfin Nottingham 341
Howard, Charles, Baron Howard of Effingham, Earl of Nottingham 21 f., 28, 267 f., 272, 312, 316, 325
Howard, Douglas, Gräfin Sheffield 198
Howard, Thomas, Herzog von Norfolk 118, 125, 146 f., 165–173, 194, 240, 327, 356
Hurault, André, Sieur de Maisse 300, 318
Hykewill, William 335

Ind, William 58
Isabella I., Königin von Aragon, Kastilien und León 35, 65, 183, 347
Isabella Clara Eugenia von Spanien 264, 324
Isokrates 48 f., 219
Iwan IV., Zar 126 f., 188, 275

Jackson, Glenda 85
Jacopo de Cessole 347
James I., König von England und Irland/James VI., König von Schottland 146, 160–162, 174, 184, 239, 241, 259 f., 324, 339 f., 342–345, 348, 355 f.
James IV., König von Schottland 52, 152
James V., König von Schottland 106, 117, 152
Jeanne d'Arc 353
Jenkins, Elizabeth 135
Jenkinson, Anthony 126 f., 275
Jewel, John 96 f., 139, 176, 180
Johann III., König von Schweden/Johann, Herzog von Finnland 123
Johanna von Spanien 67

John of Gaunt, Herzog von Lancaster 29, 303
Johnson, Samuel 251
Jonson, Ben 102, 273
Juan de Austria 117, 212
Julius II., Papst 35

Karl V., Kaiser des Heiligen Römischen Reiches 34, 38, 65 f., 117, 183
Karl I., König von England, Schottland und Irland 139, 174, 252
Karl IX., König von Frankreich 111, 190, 193 f., 242
Karl, Erzherzog von Österreich 122, 124 f.
Katharina de' Medici, Königin von Frankreich 152, 163, 190–193, 195, 204, 210, 260
Katharina von Aragon, Königin von England 32–36, 38 f., 41, 57, 62, 65, 78, 183, 355
Kett, Robert 58
Knollys, Catherine, geb. Carey 164, 202
Knollys, Francis 164, 202, 306
Knollys, Lettice 198, 202 f., 223, 306
Knox, John 81 f., 84, 90, 109, 151, 158
Kolumbus, Christoph 273
Kranich, Burchard «Dr. Burcot» 133 f.

Lane, Ralph 284
Las Casas, Bartolomé de 282
Latimer, Hugh 56, 77 f.
L'Aubespine, Guillaume de, Baron de Châteauneuf 245
Lee, Edward 293
Leicester, Earl of siehe Dudley, Robert
Leo X., Papst 32
Leslie, John 171
Livius, Titus 48
Lorraine, François de, Herzog von Guise 113
Lorraine, Henri I. de, Herzog von Guise 173, 239 f.
Luther, Martin 31 f., 37, 63, 78

Personenregister

MacGregor, Neil 302
Machiavelli, Niccolò 87, 112, 212, 290
Magellan, Ferdinand 208, 273
Maisse, Sieur de siehe Hurault, André
Maitland of Lethington, William 113–115, 140, 154, 166
Mann, Thomas 217
Marchaumont, Monsieur de 209 f.
Margaret Tudor, Königin von Schottland 52, 75, 106, 152, 156 f., 339
Margarete von Valois, Königin von Frankreich 192
Marguerite d'Angoulême, Königin von Navarra 46
Maria Stuart, Königin von Frankreich und Schottland 12, 18, 28, 52, 75, 99, 103, 106 f., 109–111, 113–117, 129, 134, 138, 146, 149, 151–174, 179 f., 182 f., 190, 195, 207, 225, 229, 236, 238–261, 263–265, 327, 339, 341, 345, 350, 355 f.
Marie von Guise, Königin von Schottland 106, 109 f., 152
Markham, Isabella, Lady Harington 290
Marlowe, Christopher 280
Martin, Anthony 269
Mary I. Tudor, Königin von England und Irland 12, 18, 33, 41 f., 52, 57, 60–71, 73–81, 83–85, 87 f., 90, 92–95, 107 f., 114 f., 126 f., 139, 142, 176, 179, 183 f., 188, 235, 275, 290, 348, 351, 355
Mary Tudor 61 f., 102, 114, 133
Mattingly, Garret 271
Maude, Francis 244, 249
Medina Sidonia, Herzog von siehe Pérez de Guzmán, Alonso
Melanchthon, Philipp 48
Melville, James 103, 155 f., 158, 217
Mendoza, Bernardino de 201, 204, 208–211, 214, 239 f.
Metsys d. J., Quentin 297 f.
Montaigne, Michel de 270

Montesquieu, Baron de, Charles de Secondat 338
Moray, Earl of siehe Stewart, James
More, Francis 335
Morgan, Thomas 244–246
Morus, Thomas 31 f., 35, 43, 48, 281
Mountjoy, Baron siehe Blount, Charles
Murad III., Sultan des Osmanischen Reiches 188 f.

Napoleon I. Bonaparte, Kaiser der Franzosen 19
Nau, Claude 247, 249
Naunton, Robert 314
Neale, John Ernest 232, 289
Nelson, Horatio, Viscount 23
Nero, röm. Kaiser 151
Neville, Charles, Earl of Westmoreland 165, 168 f.
Noailles, Antoine de 68
Norfolk, Herzog von siehe Howard, Thomas
Northumberland, Herzog von siehe Dudley, John
Nowell, Alexander 139
Nur Banu 188 f.

Oglethorpe, Owen 92
Oliver, Isaac 298 f.
O'Neill, Hugh, Earl of Tyrone 318 f., 340, 342 f., 356
Ovid 293

Page, William 206 f.
Paisley, Ian 81
Parker, Matthew, Erzbischof von Canterbury 42, 96, 143–145
Parma, Herzog von siehe Farnese, Alessandro
Parr, Catherine 42, 44–47, 53–55, 57, 83, 355
Parry, Thomas 53, 55 f., 74
Parry d. J., Thomas 343
Parry, William 237 f., 241

Paul IV., Papst 79
Paul VI., Papst 236
Paulet, Amyas 242 f., 246, 249, 256, 259
Paulus von Tarsus 44, 65, 151, 176
Peake, Robert 331
Percy, Thomas, Earl of Northumberland 168 f.
Pérez de Guzmán, Alonso, Herzog von Medina Sidonia 20–23
Perry, Blanche 306
Persons, Robert 228, 230, 235, 238
Petrarca, Francesco 215
Phelippes, Thomas 245 f., 248
Philipp II., König von Spanien 17–20, 22, 27, 29 f., 62, 66–69, 74–76, 79–81, 105, 107–109, 111, 119, 122 f., 125, 131 f., 167, 171, 176 f., 182–184, 186–188, 191 f., 200, 204, 208, 210, 214, 218–220, 236 f., 239, 241, 260 f., 263–267, 270 f., 285, 312, 355 f.
Pisani, Luigi 176
Pius V., Papst 99, 162, 174–178, 356
Plowden, Alison 208, 213, 221, 230
Plutarch 115
Poley, Robert 244
Pompeius, Gnaeus 115
Pope, Thomas 102
Porter, Cole 207

Radcliffe, Thomas, Earl of Sussex 169, 203, 206, 213
Raleigh, Walter 14, 21, 281–286, 305, 307, 312, 315, 335, 350
Randolph, Thomas 152, 154, 158
Renard, Simon 66, 68, 70, 76, 79
Riccio, David 159 f.
Richard II., König von England 29, 256, 303 f., 324
Richard III., König von England 39
Ridley, Nicholas 77 f.
Ridolfi, Roberto 170 f., 173 f., 183, 194, 240, 242, 249 f., 356
Robsart, Amy 118, 128–130, 154, 355

Roeck, Bernd 352
Roper, Margaret 43
Roper, Mary 44
Rudd, Anthony 329

Salignac de la Motte-Fénélon, Bertrand de 193
Sander, Nicholas 232
Sandys, Edwin, Erzbischof von York 80
Saxton, Christopher 352
Scaramelli, Giovanni 341
Schiller, Friedrich 59, 158, 218, 250, 256 f., 289, 329
Schlegel, August Wilhelm 256
Schwarz, Hans-Peter 142, 349 f., 353
Seymour, Edward, Herzog von Somerset 52, 54–56, 58–60, 83, 355
Seymour, Jane 38, 40–43, 52, 57, 60, 83, 355
Seymour, Thomas, Baron Seymour of Sudeley 52–58, 60, 70, 72, 355
Shakespeare, William 11, 29, 37, 57, 102, 112, 253, 256, 301–305, 313, 324, 327, 350 f., 353
Sharpe, Lionel 26
Sidney, Mary 136
Sidney, Philip 192, 206, 225, 281, 310
Simier, Jean de, Baron de St. Marc 201 f., 204, 206
Sixtus V., Papst 29, 264
Smeaton, Mark 39
Smith, Adam 187
Smith, John 285
Smith, Lacey Baldwin 132 f., 143 f., 166, 245
Smith, Thomas 191
Smythe, Thomas 325
Somerset, Anne 135
Somerville, John 237 f.
Sophokles 48
Southwell, Robert 235 f.
Spencer, Diana 117

Spenser, Edmund 287, 289, 293, 350
Starkey, David 44, 46, 70, 74, 130, 299
Stewart, James, Earl of Moray 117, 151, 159, 162, 164 f.
Stewart, Matthew, Earl of Lennox 156 f., 160
Strachey, Lytton 313
Streisand, Barbra 288
Strong, Roy 294, 298
Stuart, Henry, Lord Darnley, Herzog von Albany 156–161, 164, 167, 172, 296–298, 355
Stubbs, John 205 f., 208
Sussex, Earl of siehe Radcliffe, Thomas

Tacitus, Publius Cornelius 334
Tarlton, Richard 303
Throckmorton, Elisabeth 305
Throckmorton, Francis 239 f., 250, 264, 356
Throckmorton, Nicholas 129, 239
Tiberius, röm. Kaiser 334
Tieck, Ludwig 256
Topcliffe, Richard 235
Trevelyan, George Macaulay 99, 351
Tudor, Edmund, Earl of Richmond 345
Tyndale, William 37
Tyrone, Earl of siehe O'Neill, Hugh
Tyrwhitt, Robert 56, 72

Valois, François-Hercule de, Herzog von Alençon 190–192, 195 f., 198–215, 217, 221, 291, 356
Valois, Marie-Elisabeth de 194
Vavasour, Anne 305
Vere, Richard de, Earl of Oxford 305
Vergil 273, 293
Verrazzano, Giovanni da 273

Vespucci, Amerigo 273
Viktoria, Königin des Vereinigten Königreichs von Großbritannien und Irland 191, 251, 349
Villiers, George, Herzog von Buckingham 26

Waller, Maureen 65
Walsingham, Frances 192, 310
Walsingham, Francis 25, 87, 170 f., 192 f., 201, 215, 220, 228 f., 233, 236–246, 248–250, 258, 261, 267 f., 280, 306, 310, 356
Walsingham, Lady, Ursula St. Barbe 192
Weir, Alison 130, 134
Wentworth, Peter 142–146, 148
Westmoreland, Earl of siehe Neville, Charles
White, John 284–286
Whitgift, John, Erzbischof von Canterbury 342 f.
Wilhelm von Ockham 99
Wilhelm I. von Oranien 194, 211, 214, 219, 236, 240, 356
Willoughby, Hugh 275
Wilson, Thomas 338
Wooton, Henry 307
Wray, Christopher 234
Wriothesley, Henry, Earl of Southampton 327
Wyatt, Thomas 62, 69 f., 74 f., 115, 290, 355
Wycliffe, John 36

Xerxes I., Perserkönig 22

Zuccaro, Federigo 296 f.
Zweig, Stefan 158, 242, 251

Aus dem Verlagsprogramm

Englische Geschichte bei C.H.Beck

Sabine Appel
Heinrich VIII.
Der König und sein Gewissen
Eine Biographie
2. Auflage. 2017. 319 Seiten mit 26 Abbildungen. Broschiert
Beck Paperback Band 6056

Thomas Kielinger
Winston Churchill
Der späte Held
Eine Biographie
5. Auflage. 2015. 400 Seiten mit 43 Abbildungen.
Gebunden

Neil MacGregor
Shakespeares ruhelose Welt
Aus dem Englischen von Klaus Binder
3. Auflage. 2016. 347 Seiten mit 125 farbigen Abbildungen.
Gebunden

Jörg Peltzer
1066
Der Kampf um Englands Krone
2., durchgesehene Auflage. 2018. 432 Seiten mit 36 Abbildungen,
9 Karten und 6 Stammtafeln. Gebunden

Peter Wende
Das Britische Empire
Geschichte eines Weltreichs
2. Auflage. 2009. 367 Seiten mit 15 Karten im Text.
Gebunden

Großbritannien bei C.H.Beck

Adam Fletcher
So sorry
Ein Brite erklärt sein komisches Land
Mit Illustrationen von Robert M. Schöne.
Aus dem Englischen von Ingo Herzke
2. Auflage. 2018. 208 Seiten mit 39 Abbildungen. Broschiert
Beck Paperback Band 6298

Hans-Dieter Gelfert
Typisch englisch
Wie die Briten wurden, was sie sind
6., durchgesehene und erweiterte Auflage. 2011.
200 Seiten mit 18 Abbildungen. Broschiert
Beck'sche Reihe Band 1088

Thomas Kielinger
Kleine Geschichte Großbritanniens
2016. 287 Seiten mit 12 Abbildungen und 3 Karten. Broschiert
Beck Paperback Band 6206

Hans-Christoph Schröder
Englische Geschichte
7., aktualisierte Auflage. 2017. 142 Seiten. Broschiert
C.H.Beck Wissen Band 2016

Peter Wende (Hrsg.)
Englische Könige und Königinnen der Neuzeit
Von Heinrich VII. bis Elisabeth II.
2., durchgesehene und aktualisierte Auflage. 2017.
414 Seiten mit 23 Abbildungen und 1 Stammbaum. Broschiert
Beck Paperback Band 1872

Große Frauen bei C.H.Beck

Friederike Hausmann
Lucrezia Borgia
Glanz und Gewalt
Eine Biographie
2019. 320 Seiten mit 20 Abbildungen und 3 Karten.
Gebunden

Thomas Kielinger
Elizabeth II.
Das Leben der Queen
3., durchgesehene Auflage. 2012.
285 Seiten mit 27 Abbildungen und 1 Stammbaum. Gebunden

Daniel Schönpflug
Luise von Preußen
Königin der Herzen
Eine Biographie
3., durchgesehene Auflage. 2010.
286 Seiten mit 32 Abbildungen und 1 Karte. Leinen

Barbara Stollberg-Rilinger
Maria Theresia
Die Kaiserin in ihrer Zeit
Eine Biographie
5., durchgesehene Auflage. 2018.
XXVIII, 1083 Seiten mit 82 Abbildungen,
davon 30 in Farbe, 1 Karte und 3 Stammtafeln. Gebunden

Karina Urbach
Queen Victoria
Die unbeugsame Königin
Eine Biografie
2018. 284 Seiten mit 27 Abbildungen und
2 Stammbäumen. Gebunden

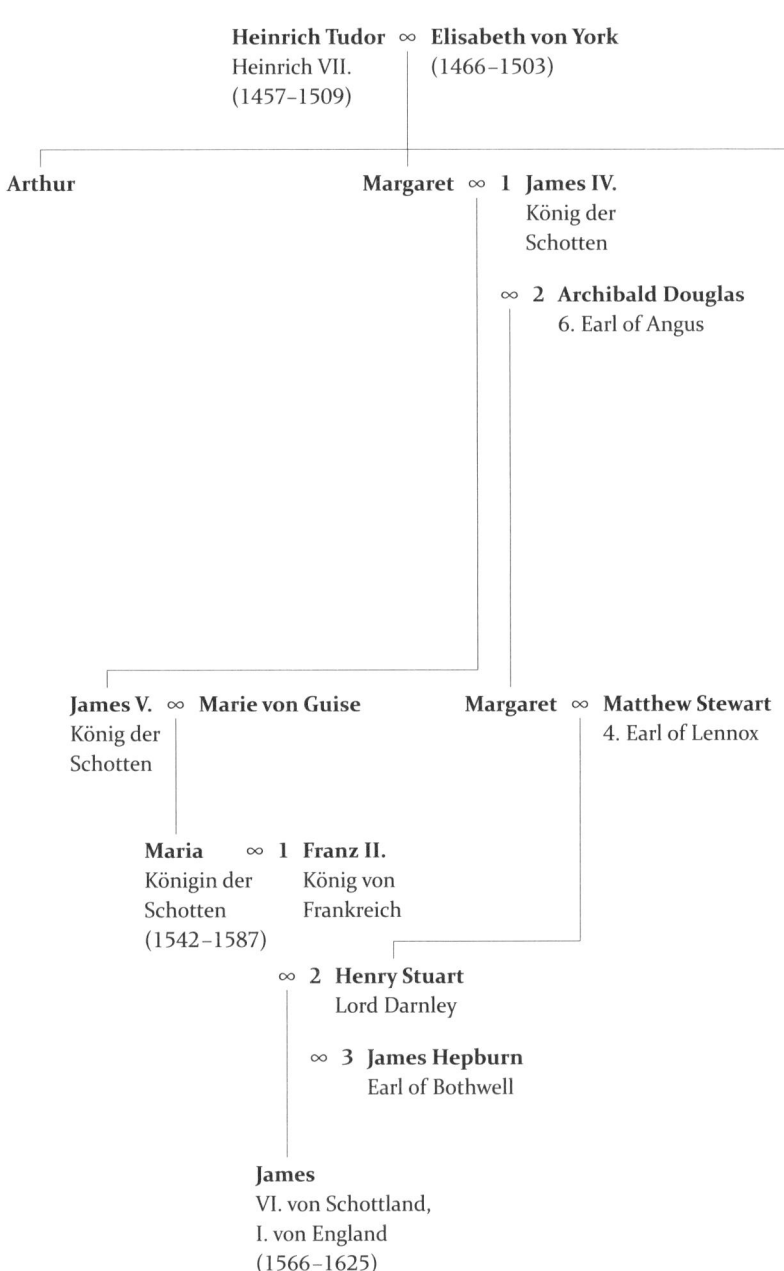